Regional Culture and Cultural Politics

# 지역문화
# 와
# 문화정치

Regional Culture and Cultural Politics

# 지역문화와 문화정치

박해광 · 김기곤

전남대학교출판부

# ■ 책을 내면서

이 책은 내가 2004년부터 전남대학교에 재직하면서 수행했던 많은 조사와 연구, 그리고 학생들과 함께 한 공동작업의 결과물이다. 이 책이 '지역문화'라는 주제를 다루게 된 데에는 몇 가지 이유가 있다. 무엇보다 먼저 내 주의를 끈 것은 지역에서 소란스럽게 만들어지고 있는 '문화 담론'들이었다. 광주는 마침 노무현 정부에서 시작된 아시아 문화중심도시 조성사업이 진행 중이다. 중앙정부 주도로 어떤 형태의 도시를 개발한다는 취지의 이 사업은 이전의 국가주도 개발 사업과 크게 다를 것도 없지만, 그것이 문화라는 개념을 점유하고 있고, 이 문화라는 개념이 주는 모호성 때문에 복잡하고 혼란스러운 정책 담론들이 우후죽순 만들어지고 배치되는 상황은 참으로 흥미로운 것이었다. 지역의 문화라는 실체를 말하기 이전에 이미 지역은 시끄러운 문화 담론의 공론장이었던 것이다. 비단 이것은 광주라는 지역만이 아니라 대부분의 지역에서도 공히 관찰되는 공통점이라 할 것이다. 그런데 문제는 윌리엄스를 비롯한 여러 이론가들이 얘기했듯이, 문화란 참으로 모호하고 복잡한 개념인 점에 있다. 저마다 주목하고 강조하는 바에 따라 문화라는 개념은 상이한 내용을 담게 되고, 이에 따라 때론 통약 불가능한 내용들이 문화라는 한 틀에 포장되어 버리기도 한다. 더구나 이것이 어떤 정책적 수단이나 혹은 목적이 될 때 그 혼란은 엄청나게 커질 수밖에 없다. 이런 상황을 목격하면서 지역에서 문화라는 개념이 갖는 의미를 탐구해 볼 필요를 느끼게 되었다.

그런데 이 출발점은 실은 매우 복잡하게 얽힌 문제들의 일각에 불과한 것이었다. 지역의 문화적 양상은 고도로 복합적인 여러 구조적 조건들이 결합되어 있다. 예컨대 지역을 문화적으로 낙후한 곳으로 여기는 일반적인 시선과 함께, 한편에서는 이 지역이 얼마나 문화적으로 앞선 지역인지를 주장하는 예향 담론이 동시에 작동하고 있다. 규모만으로 본다면 세계 4대 비엔날레 중의 하나가 개최되는 지역이면서, 동시에 광주에서 열리는 세계적 미술행사가 정작 광주시민을 소외시키고 있다는 비판들이 쏟아져 나온다. 또 문화중심도시 조성사업이 광주의 정신인 5·18을 훼손시키고 있다는 목소리가 나오면서 문화는 5·18과 대립되는 개념으로 받아들여지기도 했다. 그런 와중에 문화는 일종의 개발의 툴로서, 이전의 경제적 개발을 대체할 수 있는 새로운 발전 모델로 수용되고 있는 것도 우려스러웠다.

이런 혼란스럽고 모순된 주장들을 어떻게 이해할 것인가가 내게 중요한 과제로 인식되기에 이르렀다. 물론 그것은 그리 쉬운 과제는 아니지만, 동시에 이러한 복잡성과 모순성이 지역문화를 흥미롭게 만드는 그 핵심이라는 사실을 인정할 필요가 있다. 어쩌면 이런 불협화음들은 이제까지의 역사에서 논쟁의 중심에 있지 못했던 지역이 겪어야 할 당연한 통과의례일지도 모르기 때문이다.

다른 한편으로 여전히 지역의 고유한 문제들, 그리고 그것의 문화적 측면들은 제대로 이해되지 못하고 있다는 자각도 들었다. 지역 주민들의 일상을 구성하고 있는 의례와 상징들, 의미있는 담론들은 별로 주목받지 못한 채 가려져 있는 것이 사실이다. 그리고 이것은 어쩌면 근대가 만들어낸 표준화된 삶에서 일탈하는 것을 두려워하며 지역 스스로 애써 그 변이들을 숨기고 시선에서 배제시켜버린 결과일지도 모른다.

이것은 지역 주민들이 갖고 있는, 발전의 대열에서 뒤처질지도 모른다는 불안의 정서에서 강하게 드러나기도 했다. 이 때문에 나는 이 책에서 지역문화를 얘기한다는 것은 이들의 삶의 다양성을 확인하고 이를 긍정하는 것임을 강조하고 싶었다.

이와 함께 나는 지역 농촌에서 벌어지는 국제결혼 현상을 관심있게 지켜보아 왔다. 이미 많은 논의들과 정책들이 이들 국제결혼 이민자 여성 및 그 가족을 대상으로 하여 쏟아져 나오고 있고, 이는 상당히 다행스러운 일이다. 그런데 지역을 중심으로 벌어지고 있는 이 혼종화 현상, 국제결혼 및 외국인 노동자 문제는 지역이 이제 중앙에 대비되는 변방이 아니라 전지구화라는 새로운 힘이 지역을 동시대적인 소용돌이 속으로 끌어들이고 있음을 의미한다. 지역은 전지구화라는 포스트 모던한 시대의 핵심 장소가 되어 버렸다. 완전히 서로 다른 문화가 지역 농촌에서 결합하여 어떤 문화적 변이를 낳을 것인지는 앞으로 우리 사회의 정체성을 규정하는 중요한 변수가 될 것이다.

이런 여러 이유 때문에 지역문화를 큰 주제로 하여 고민을 담아 보고 싶었고, 이는 앞으로도 꾸준히 지속될 '우리' 연구의 중요한 주제가 될 것이다. 이 책은 그 출발점이라 생각한다. 노력에 비해 이 책이 보여주는 성과는 미흡하지 짝이 없지만, 한가지 위안으로 삼는 것은 동료 및 학생들과 함께 연구하고 작업한 경험의 소중함이다. 동료와 함께 공동의 관심사를 천착하는 것, 그리고 학생들이 착실히 읽고 사색하고 또 고민하면서 어엿한 연구자로 성장해가고 있음을 지켜보는 것은 새삼 즐거운 일임을 깨닫는다.

마지막으로 이 책에 참여한 필자들 뿐만 아니라, 도움을 준 많은 분들께 감사를 드린다. 나간채 교수님을 비롯한 BK21 참여 교수님, 연구교수님, 학생들은 공동의 관심을 토론하고 또 함께 조사했다. 박사과정생 송유미는 이 책의 색인 만들기를 기꺼이 도와주었다. 또 이 책은 내가 보스턴에서 연구년을 수행하는 동안 완성되었는데, 연구년 동안 많은 도움을 준 Wentworth Institute of Technology의 George Katsiaficas 교수, Suffolk University Rosenberg Institute의 Ronald Sulesky 교수, 사회학과의 Felicia Wilts 교수에게 감사를 드린다. 마지막으로 많은 조사에 성실하게 응해주신 분들께도 감사를 드린다.

2012년 5월

필자들을 대표하여

박해광 씀

# ■ 목 차

## 제1부 지역문화의 재해석과 문화향유

## 제2부 도시공간의 변화와 문화실천

# 제4부 지역과 다문화주의

## ■ 표목차

# ■ 그림 목차

# 제1부
# 지역문화의 재해석과 문화향유

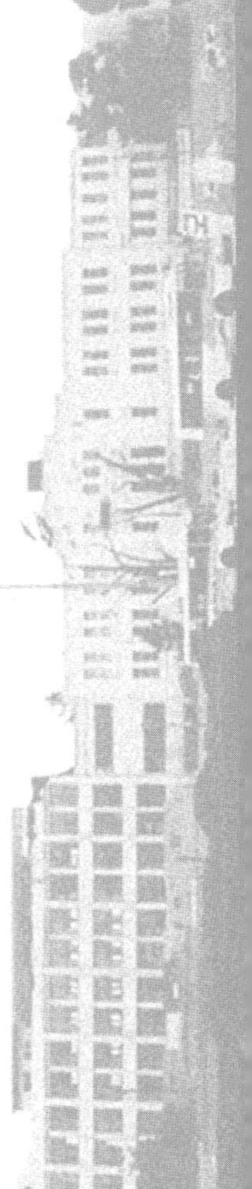

Chapter 1

# 지역문화의 문화정치적 이해

박 해 광

## 1. 지역문화라는 익숙하고도 낯선 대상

나는 이 책에서 몇가지 익숙한 어휘들, 즉 지역, 공간, 장소, 문화 등의 개념들과 씨름해보려 한다. 이 어휘들은 매우 익숙하고 상식화된 것들이지만, 이 익숙함과 진부함은 기존 연구의 축적이나 풍부한 토론의 결과로 비롯된 것이 아니라 일상적으로 자주 그리고 쉽게 말해지는 친숙함에 기인하는 것이다. 지역이나 공간, 지역문화에 대한 담론들이 충분히 형성되었다고 보기는 어렵기 때문에, 이 친숙함은 결국 표피적인 것이고, 어떤 과장된 이미지일 것이다. 바꾸어 말하면 이 익숙함 내에 되짚어 보기가 필요한 어떤 공백이 있다는 얘기다.

사실 지역은 수많은 어휘와 상투어, 모순적인 이미지, 복합적인 관계들이 중첩되어 있는, 다양하면서도 동시에 이질적인 모습을 보여주는 대상이다. 예컨대 지역은 자주 '전통'과 밀접히 연결되어 있는 것으로 인식된다. 그것은 지역이 농촌이라는 공간을 많이 포함하고 있기 때문에 생겨난 자연스런 인식의 결과로 여겨지지만, 실상 농촌은 이미 근대적 질서에 따라 해체되고 재편되어 온 근대의 일부분임을 우리는 잘 알고 있다. 그럼에도 왜 지역은 여전히 이 전통의 이미지를 굳게 보유하고 있는 것일까? 혹은 무엇이 이 전통 이미지를 계속 강요하고 있는 것일까? 또다른 모호성은 반대로 지역을 쉽게 보편화된 대상으로 판단하는 것에서 비롯된다. 근대의 돌진은 강력하게 모든 사회 공간들을 균질적인 것으로 만들어버렸다고 여긴다. 그래서 어떤 사건이 서울에서 벌어지건 다른 지방에서 벌어지건, 그것이 가진 공간적 속성의 차이란 무시되어도 된다고 여긴다. 특히 최근의 지역 담론들은 그 지역이 어디가 되었든 상관없는 일반화된 것들, 예컨대 문화도시나 도시 재생, 창조도시, 지역개발 등이 무차별적으로 적용될 수 있다고 말한다. 각 지역이 가진 특성이나 맥락은 거의 논의되지 않은 채 무시된다.

우리의 근대적 농촌 정책이 저곡가에 기반한 농촌 희생 정책이었음은 주지의 사실이다. 농촌은 근대화의 희생양이었고 도시 지역과 수도권이 발전을 구가할 때 농촌은 더이상 아무도 살고 싶어하지 않는 저발전의 섬이 되었다. 결혼하기 힘든 농촌 총각 문제와 그에 대한 대안으로 시작된 국제결혼 현상도 근대적 농촌정책이 만들어낸 농촌의 피폐화라는 결과 중 하나라 할 수 있다. 그런데 또한 모순적이게도 최근 도시민들의 귀농・귀촌이 증가하고 있다. 도시의 삶에 염증을 느껴 목가적 삶을 꿈꾸며 전원으로 돌아가거나, 농업에서 적극적인 대안을 발견하려는 도시민들이 늘고 있다. 농촌의 저발전이 이제는 근대적 삶에 대한 대안처럼 다시 주목받고 있다. 이런 복합성과 또한 모호성이 바로 지역이 가진 성격의 한 부분이다. 그리고 지역문화란 바로 이런 특이한 복합성과 모호성을 내용으로 하는 문화일 것이다.

현실적으로 지역문화는 대개 현대적인 것 보다는 '전통적이고 민속적인 것'이라는 이미지를 갖고 있다. 또 지역은 중심이나 중앙에 대비되는 '하위적인 것' 혹은 '열등한 것'이라는 이미지도 내장하고 있다. 이런 이미지는 일말의 진실을 반영하고는 있지만, 대체로는 고착화되고 편견이 반영된 이미지 작용의 결과인 경우가 더 많다. 바꾸어 말하면 이것은 지역을 특정한 시선을 통해 보려는 어떤 작용이 개입되어 있음을 의미한다. 이런 고착화된 시각은 근원적으로 폐쇄적인 이분법의 논리구조를 갖고 있기 때문에, 양자택일이 아닌 어떤 다른 대안적 사고를 애초에 봉쇄해 버리는 특징을 갖고 있다. 그러한 폐쇄성이 자연화되고 굳어짐으로써 나타난 결과가 바로 이러한 지역에 대한 고정된 관념과 이미지인 것이다. 이 때문에 지역문화 연구를 위해서는 이러한 폐쇄성이 어디에서 기인하는가, 그리고 그것은 무엇을 억압하고 있는가라는 질문을 필수적으로 제기할 필요가 있다.

우리는 언제나 어떤 지역 속에 살면서 그 지역을 경험하고 사고한다. 지역은 공간적인 것이기도 하고 동시에 우리의 일상에 깊게 결합되어 있는 구체적인 삶이기도 하다. 그렇기 때문에 지역은 즉각적인 인식의 대상으로서 자명하게 성립되는 것처럼 보이지만, 이 자명성은 실은 그것의 친숙함과 익숙함에 기인하는 것임을 알 수 있다. 지역문화 연구란 우선 이 친숙함과 익숙함에 거리를 두고, 그것을 낯설게 바라보려는 시도가 그 출발점이 되어야 할 것이다. 낯설게 본다는 것은 지역에 대한 경험을 즉각적인 것이 아니라 매개된 경험으로, 지역을 주어진 것으로가 아닌 만들어진, 그리고 여전히 구성중인 것으로 이해하는 것이다. 또한 낯설게 보려는 노력은 지역을 안정적인 것이 아니라 유동적인 것, 특히 전지구화하는 흐름 속에서 탈영토화와 재영토화의 부침을 겪고 있는 현장으로 간주하는 것 역시 필요하다. 사물을 고정화, 고착화시키는 시각은 결국에는 그 대상의 본질을 불변으로 것으로 간주하려는 이론적 보수성을 드러낼 수밖에 없다.

지역의 고유한 역사와 맥락에 따라 형성되어 온, 그리고 여전히 구성되고 있는 지역문화들이 존재한다. 그러한 특수한 지역문화를 '발견'하는 것은 여전히 중요하다. 하지만 보다 중요한 것은 그 지역문화를 어떻게 드러낼 것이며, 그 드러냄을 통해 가능해질 어떤 실천적 의미와 결과들을 구성해내는 것이다. 이것이 실천적일 수밖에 없는 이유는 지역문화라는 것이 언제나, 그리고 결국 지역 공간 내에서의 삶과 의미를 성찰하는 것에 귀결되기 때문이다.

바스카(Bhaskar)는 인식의 영역이 경험, 현실, 실재로 위계화되어 있다고 주장한다(Bhaskar, 1975). 이를 단순하게 지역문화라는 대상에 그대로 대입해 본다면, 우리는 지역문화의 경험과 현실, 그리고 보이지는 않지만 작동하는 인과적 실재세계를 상정할 수 있다. 경험으로부터 실재로 진입하는 것, 이것이 어떻게, 그리고 어떤 과정을 통해 가능할 것인지를 검토해 보는 절차를 필요로 할 것이다. 이를 위해 우선 이 연구가 명시적으로, 혹은 암묵적으로 전제하는 구체적인 지역 경험 대상은 광주·전남 지역이다. 지역 연구에 '적합한' 지역이 따로 존재할 수는 없겠지만, 광주·전남 지역은 여러 점에서 지역 연구의 흥미로운 대상이다. 내가 2004년부터 지금까지 거주하면서 경험하고 사유해 온 내가 사는 지역이면서, 우리 역사의 가장 중요한 순간 중 하나인 1980년 5월의 경험이 현재적인 의미로 여전히 간직되고 있는 지역이기도 하다. 또 광역시도 중에서는 경제적으로 가장 낙후된 지역 중의 하나이면서도, 동시에 전통문화와 예술 뿐만 아니라 현대 예술이 활발하게 거론되는 곳이기도 하다. 그런가 하면 여전히 지역차별의 희생양, 지역감정의 중심지로 인식되기도 한다. 이런 간략한 몇가지 사실만을 놓고 보아도 광주·전남이라는 지역을 특정한 어휘나 이미지로 묘사한다는 것은 힘들다는 것을 짐작할 수 있다. 경험의 차원에서 광주·전남 지역은 실로 복잡하고 다양한 양상을 띠고 있다. 그렇다면 연구의 출발점은 이 경험의 복잡함과 다양함에 대한 이해가 되어야 할 것이다. 경험의 차원에서 지역문화 연구는 이러한 특이성과 복합성들을 우선 풍부하게 드러내게 될 것이다.

이 경험적 지역으로부터 구체적인 지역문화의 현실에 대한 분석으로 나아갈 것이다. 내가 이해하는 문화 현실은 문화의 실천적이고 구성적인 어떤 층위이다. 예컨대 광주 지역을 이미지화하는 실천은 지역의 상위에서, 외부에서, 그리고 내부에서 끊임없이 실천되고 있다. 그 결과 광주 지역의 이미지는 '5·18'이거나, '전라도'이거나, 혹은 '문화도시'이기도 한 다양한 중층적 의미화의 결과를 갖게 되었다. 여기에는 다양한 주체들, 예컨대 지역 주민, 지자체, 중앙정부, 시민단체 등의 실천이 개입되어 있다. 이러한 실천들을 통해 지역문화의 현실은 끊임없이 구성되고 재구성됨을 보여주고자 한다. 실재의 수준은 이러한 실천을 만들어낸 어떤 기제들에 대한 이해에 해당될 것이다. 그것은 인과적일 수도 우연적일 수도 있으며, 매우 거시적이거나 미시적인 수준을 포함할 수도 있을 것이다. 어쨌든 이런 목적과 방향을 따라 지역문화를 논해 보고자 하는 것이 이 연구의 기본적인 문제의식이다.

한편 지역문화를 논한다는 것은 그에 따른 여러 '입장들'을 전제하는 것으로 간주되기도 한다. 그 가능한 전제들을 간략히 정리해 본다면, 우선 지역문화를 강조하는 것은 중앙 중심의 문화나 보편적 문화와 상대적으로 거리를 두고, 지역문화가 가진 의미를 긍정한다는 의미를 내포하는 것일 수 있다. 그것은 지역문화를 어떤 방식으로 이해하든, 지역문화는 중앙 중심의 문화로부터 소외되거나 주목받지 못한 문화를 의미하는 것이기 때문이다. 두번째로, 지역문화는 동질성이나 보편성보다는 차이와 이질성을 강조한다는 의미 또한 내포한다. 보편과 총체를 지향해 온 근대의 서사는 국민국가 단위의 '민족문화'를 보편적 문화로 확립하였다. 지역문화는 이 보편적 민족문화의 하위적 문화이거나 열등한 문화로, 민족문화에 통합되어야 할 대상이라는 위상을 부여받아왔다. 하지만 보편적 민족문화의 허구성은 한편으로 거대한 문화산업의 획일성에 의해, 그리고 다른 한편으로는 분화하는 다양한 주체들의 문화적 실천에 의해 도전받고 있다. 지역문화는 이러한 보편적 문화에 대비되는 지역적이고 이질적인 문화를 대표한다. 셋째, 지역문화 연구는 어느 정도 포스트모던한 흐름을 반영한다. 보편적 서사를 거부하고 지역화된 서사를 옹호하는 포스트모던한 경향은 지역문화 연구를 근대성에 대한 하나의 대안으로서 주목하기 때문이다.

이런 전제들에 대해 상당 부분 동의하지만, 나는 지역문화 연구가 이런 전제들에 자동적으로 연결된다고 생각하지는 않는다. 오히려 지역문화 연구는 이런 전제되는 입장들 보다 더 풍부한 구체적인 현실로서 이해되어야 할 대상이기 때문이다. 1990년대 지방자치제의 시작과 함께 각 지자체가 주축이 된 지역문화 담론이 매우 활성화되고 있다. 지역문화는 이해의 대상을 넘어 발전의 수단이나 전략의 위상을 부여받고 있고, 또 실제로 그러한 전략 및 정책들이 적극적으로 추진되고 있다. 짧은 기간 동안 지역문화는 오히려 담론의 과잉으로 치닫는 듯 보이기도 한다. 역설적이지만 이러한 지역문화 담론의 과잉과 그로 인한 상식화가 지역문화를 지나치게 익숙한 것으로 만들어 버렸고, 지역문화에 대한 이해와 반성을 가로막고 있다. 이것이 지역문화를 새롭게 그리고 낯설게 바라보아야 할 이유인 것이다.

이런 점에서 지역문화 연구의 출발점은 우선 지역들이 갖고 있는 그 고유성과 특수성을 이해하는 것이 될 것이다. 지역문화의 고유성이란 대상화된 이질적인 것이 아니라, 그 구체적인 역사와 맥락에 의해 만들어진 문화적 실존성임을 보여주어야 한다. 이를 통해 지역문화의 고유성이란 박제화된 특수성에 대립하는 풍부하게 살아있는 문화임을 드러내게 될 것이다. 또한 지역문화 연구는 지역을 정의하는 권력작용에 대한 해부를 포함한다. 지역에 덧씌워진 이름과 이미지들, 편견들의 작용을 분석하고 해체하는 것은 지역문화의 보편성과 올바름을 회복하는 일이다. 또한 지역문화 연구는 결국 지역에서 이루어져 온 지역민들의 삶의 경험이 갖는 대안으로서의 의미를 확인하는 일이 되어야 할 것이다. 그것은 근대적이고 표준적인 도시적 삶과는 다른, 또 물질적 가치만을 추구하는 획일화된 삶과는 다른 또다른 삶의 가능성을 보여주는 것이 될 것이다.

## 2. 지역과 지역정체성

### 1) 지역의 정의

먼저 '지역'에 대한 정의에서 부터 시작해 보자. 지역은 라틴어 'regere'를 어원으로 하는, '지배하다, 방향을 지시하다'라는 의미에서 비롯되었다. 존스턴 등은 지역을 "다른 지역과 구별되는 어떤 종류의 통일성 또는 유기적인 원칙을 지닌 어느 정도 경계지워진 영역"으로 정의한다.(Johnston et. al., 2000) 그런데 이 정의는 너무 추상적이어서 지역의 특성을 이해하는데 그다지 도움을 주지 못한다. 현실 속에서 지역의 실체성이란 오히려 중앙이 아닌 지방, 중심이 아닌 변두리, 보편적인 것이 아닌 개별적이고 하위적인 것으로 간주되는 것이 일반적이다. 즉 지역은 항상 중앙에 대비되는 어떤 것, 중앙의 타자로 존재할 때 더 명확한 실체였던 것이다. 하지만 이런 지역 정의는 상식화된 현실이긴 하지만, 지역을 항상 중앙과의 관계 속에서만 사고하게 만든다는 점에서 인식의 장애를 가져온다. 지역의 특성이란 위계적 관계 속에서만 정의될 수는 없기 때문이다. 우선은 지역을 좀더 개방된 인식 대상으로 설정하고, 지역에 작용하는 요소들, 혹은 지역을 사고할 수 있는 틀을 고민해 보는 것이 필요할 것이다.

이런 점에서 지역(region)은 일단 보편으로 불리는 전체에 대한 상대적인 단위들로 이해하는 것이 합리적이다. 지역은 일정한 경계만을 가질 뿐 그 단위의 규모는 상대적이고 유동적이다. 이렇게 전제할 때 지역을 지방(local), 하위적인 공간, 타자라는 실체로 만드는 것은 지역에 작동하는 어떤 힘, 권력, 이미지와 담론들인 것이다. 특히 실천적 의미에서 지역은 지방을 즉각적으로 대체하는 어휘로 강조될 필요가 있다. 지방은 중앙의 변방이라는 가치평가적 의미로 충만해 있기 때문이다. 지역을 지방이나 하위적인 어떤 공간으로 만드는 힘들의 차원을 세 층위로 구분하여 살펴볼 수 있다. 정치적, 이데올로기적, 그리고 사회적 삶의 측면에서 지역은 물리적 공간으로부터 실체성을 띤 지역이 된다.

### (1) 정치적 공간으로서의 지역

자연 상태의 공간을 사회적 지역으로 만드는 일차적 작용은 정치적인 것이다. 근대 민족국가는 영토를 세세한 단위 공간으로 분할하였다. 이 행정적 구획은 '통치'라는 관심이 공간에 적용된 결과로, 그것의 주된 형태는 지역 범위의 강제나 지역의 기능적 재편의 형태를 띤다. 즉 행정구역의 재편은 전형적인 지역범위의 정치적 강제에 해당된다. 행정구역 획정의 정치성은 그것이 강제적이면서도 지배의 목적성이 명시적으로 작용할 때 가장 뚜렷하게 드러난다. 예컨대 일제 강점기의 제국주의 권력이 만들어낸 권력적 공간 재구성을 지적할 수 있는데, 이 책의 4장에서 분석하고 있듯이 제국주의에 의한 광주 지역 읍성의 해체와 일본식 행정구역으로의 재편은 식민지 이전의 권력 공간을 해체하고, 권력의 중심을 새로이 구성된 제국주의 지배의 공간으로 이전하는 행위다. 이를 통해 읍성을 중심으로 이루어졌던 정치, 경제, 사회, 문화적 행위들이 전혀 다른 의미들로 전환되고 해체되는 것이다. 광주의 경우 과거의 전통적 권력 중심지였던 읍성은 행정권력의 중심지였지만, 일본 제국주의는 이 읍성을 해체하고 새로운 권력 중심지를 읍성 밖의 공간을 일본인 거주지역으로 만들었다. 읍성의 해체는 일제 통치 이전의 전통적인 권력 중심이라는 실체 및 상징성을 해체하고, 일본이라는 새로운 제국주의 권력을 승인하게 만드는 상징적 정치 작용으로서의 의미를 가지는 것이었다.

지역의 기능적 재편 역시 정치적·권력적 작용의 전형적인 산물이다. 산업시설이나 행정기구의 입지는 대개 지리학적, 지정학적 고려의 산물로 논의되지만, 실제 그러한 과정에 개입하는 것은 특정 지역을 둘러싼 정치적 실천들이다. 국가 산업단지를 특정 지역에 조성하거나 혹은 반대로 특정 지역을 선정에서 배제하는 것, 또는 과거 몇년간 진행되어 온 핵폐기장 건설, 신도시 건설을 둘러싼 논쟁 등은 그 자체가 고도로 정치적인 과정임을 경험을 통해 쉽게 확인할 수 있다.

특히 입지 및 지역의 기능적 재편은 그 결과가 종종 지역간 불균형 발전의 문제로 귀결된다. 그리고 불균형발전을 초래하는 혜택 혹은 억압 역시 지역을 둘러싼 전형적인 공간의 정치를 구성한다. 여기에 작용하는 힘이 바로 선별과 배제인데, 한국 현대사의 한 줄기를 구성해 온 지역차별은 바로 이 선별과 배제가 작동한 결과로 해석할 수 있다. 단적인 예로서 과거 몇 년간의 지역 총생산을 지역별로 비교만 해 보아도 이 선별과 배제의 결과가 만들어낸 불균형의 문제를 쉽게 확인할 수 있다. 아래의 표에서 보듯 국내 총생산의 지역별 구성비를 보면 전체 생산의 40% 이상이 수도권(서울·경기도)에 집중되어 있는 반면, 지역 지자체별 생산은 10%를 넘지 못하는 극심한 불균형을 보여주고 있다. 제주도는 전체 생산의 1%를 넘지 못하고 있고, 광주는 2% 남짓, 전라북도도 3%를 넘지 못하고 있다. 이런 극단적인 지역 불균형은 일차적으로 생산자원의 지역 불균형 분배에 기인하는 것이며, 이것은 고도로 정치적으로 결정된 산물인 것이다.

**표 1-1** 지역 총생산 추이: 2005~2010

| | 2005 | 2006 | 2007 | 2008 | 2009 | 2010 |
|---|---|---|---|---|---|---|
| 전 국 | 869,304,594<br>(100.0) | 914,018,451<br>(100.0) | 965,297,715<br>(100.0) | 991,677,406<br>(100.0) | 999,311,446<br>(100.0) | 1,064,815,214<br>(100.0) |
| 서울특별시 | 208,899,249<br>(24.0) | 217,964,649<br>(23.8) | 227,495,134<br>(23.6) | 234,084,208<br>(23.6) | 237,593,605<br>(23.8) | 243,107,058<br>(22.8) |
| 부산광역시 | 48,068,574<br>( 5.5) | 49,726,344<br>( 5.4) | 52,097,835<br>( 5.4) | 52,739,397<br>( 5.3) | 51,348,777<br>( 5.1) | 53,956,724<br>( 5.1) |
| 대구광역시 | 28,756,230<br>( 3.3) | 29,883,464<br>( 3.3) | 31,244,281<br>( 3.2) | 31,665,828<br>( 3.2) | 30,151,476<br>( 3.0) | 32,386,267<br>( 3.0) |
| 인천광역시 | 40,398,460<br>( 4.6) | 43,126,272<br>( 4.7) | 46,309,856<br>( 4.8) | 47,087,213<br>( 4.7) | 47,478,563<br>( 4.8) | 51,132,761<br>( 4.8) |
| 광주광역시 | 18,896,123<br>( 2.2) | 20,126,899<br>( 2.2) | 20,830,752<br>( 2.2) | 20,668,438<br>( 2.1) | 20,671,045<br>( 2.1) | 22,458,366<br>( 2.1) |
| 대전광역시 | 20,029,945<br>( 2.3) | 20,713,092<br>( 2.3) | 21,361,183<br>( 2.2) | 21,642,766<br>( 2.2) | 21,763,285<br>( 2.2) | 23,210,255<br>( 2.2) |
| 울산광역시 | 41,697,339<br>( 4.8) | 42,482,689<br>( 4.6) | 44,265,129<br>( 4.6) | 44,621,843<br>( 4.5) | 43,190,562<br>( 4.3) | 45,360,588<br>( 4.3) |
| 경 기 도 | 169,315,085<br>(19.5) | 182,399,128<br>(20.0) | 193,614,985<br>(20.0) | 201,696,182<br>(20.3) | 203,626,560<br>(20.4) | 226,399,530<br>(21.3) |
| 강 원 도 | 23,014,642<br>( 2.6) | 24,155,170<br>( 2.6) | 25,300,388<br>( 2.6) | 25,530,144<br>( 2.6) | 25,360,210<br>( 2.5) | 26,061,632<br>( 2.4) |
| 충청북도 | 26,720,519<br>( 3.1) | 27,766,109<br>( 3.0) | 29,380,374<br>( 3.0) | 29,962,740<br>( 3.0) | 31,079,226<br>( 3.1) | 33,833,758<br>( 3.2) |
| 충청남도 | 47,497,309<br>( 5.5) | 53,505,296<br>( 5.8) | 57,563,405<br>( 6.0) | 61,568,588<br>( 6.2) | 67,054,755<br>( 6.7) | 76,030,982<br>( 7.1) |
| 전라북도 | 25,221,161<br>( 2.9) | 26,366,427<br>( 2.9) | 27,850,680<br>( 2.9) | 28,227,298<br>( 2.8) | 28,470,868<br>( 2.8) | 29,958,996<br>( 2.8) |
| 전라남도 | 42,815,749<br>( 4.9) | 43,556,629<br>( 4.8) | 46,466,347<br>( 4.8) | 47,303,190<br>( 4.8) | 48,007,611<br>( 4.8) | 49,719,875<br>( 4.7) |
| 경상북도 | 61,757,211<br>( 7.1) | 62,566,153<br>( 6.8) | 67,990,258<br>( 7.0) | 68,527,419<br>( 6.9) | 66,238,860<br>( 6.6) | 68,889,568<br>( 6.5) |
| 경상남도 | 58,250,831<br>( 6.7) | 61,548,688<br>( 6.7) | 64,876,525<br>( 6.7) | 68,017,756<br>( 6.8) | 68,382,548<br>( 6.8) | 73,228,435<br>( 6.9) |
| 제 주 도 | 7,966,167<br>( 0.9) | 8,095,970<br>( 0.9) | 8,650,583<br>( 0.9) | 8,334,396<br>( 0.8) | 8,893,495<br>( 0.9) | 9,080,419<br>( 0.8) |

자료: 통계청, 2011.

최근 한국사회에서는 지역이 핵심적인 정치적 의제가 되었다. 역사적으로는 1995년 지방자치제의 시작과 함께 그 경향이 시작되었으며, 특히 노무현 정부에서 중앙 정부의 핵심 정책의 하나로 '지역균형발전'을 의제화하면서 그 경향은 더 강화되고 있다. 기업도시 건설, 지역별 특화 산업클러스터 건설, 부안 핵폐기물 처리장 건설을 둘러싼 갈등, 세종 신도시를 둘러싼 논쟁 등은 고도로 정치적인 것이었는데, 한 측은 지역을 새롭게 기능적으로 재편하여 지역 경쟁력을 강화하려는 지방정부의 이해가, 다른 한 측은 수도권의 기능이 지역으로 이전됨으로써 초래되는 정치적·경제적 손실을 보전하려는 수도권 세력집단으로 양분되어 극단적으로 대립하였다. 특히 최근 10여년간의 경험은 지역에 대한 정치적 결정을 둘러싼 논란이 상당히 특이하다는 사실을 보여주고 있는데, 그 논란이 모두 수도권 '지역' 대 비수도권 '지역'의 대립과 갈등으로 집약되고 있다는 점이 그렇다. 지금까지 지역의 불균형 발전은 대부분 모든 자원이 수도권에 집중 배치되기 때문에 발생하는 것이었지만, 이제는 그러한 불균형과 수도권으로의 집중을 당연시하고, 그것을 해체하려는 비수도권 지역의 시도에 대해 수도권 지역이 반발하는 양상으로 전개되고 있다는 점에서 이전과는 뚜렷이 다른 점을 보여주고 있는 것이다. 이것은 외견상 수도권이 중앙이 아닌 하나의 지역으로서 스스로 행위하고 있는 것처럼 보이지만, 실상은 수도권의 집중과 독점을 더욱 공고히 하려는 의식적 실천이라는 점에서 지역 이기적이며 상당히 퇴행적인 현상이다. 이것은 지방자치제와 함께 강화된 지역간 경쟁이 초래한 가장 부정적인 결과의 하나라 할 수 있다. 아울러 이것은 지역에 대한 정치적 작용이 과거와는 달리 그 정치적 정당성을 갖추지 못했거나, 혹은 그 정당성이 당연시되지 않고 논쟁에 부쳐졌음을 보여주는 것이기도 하다. 이것은 최근의 지역을 둘러싼 논쟁이 왜 그렇게 강한 저항을 동반하였는가를 설명해 주는 한 이유일 것이다.

지역의 물리적 공간, 주민, 생산물, 경관, 입지 등의 한정된 자원을 동원하는 권력 작용은 지역간 경쟁과 불균형, 중앙-지방의 위계화를 낳는다. 지역에 대한 권력작용은 권력이 지역을 어떻게 정의하는가, 그리고 그것이 지역민의 삶에 어떤 영향을 미치는가라는 분석을 필요로 한다. 지역을 권력으로부터 배제하는 것은 불가능할 뿐만 아니라, 바람직하지도 않다. 오히려 이러한 권력작용을 드러내고 견제함으로써 지역에 대한 권력작용의 방향성을 토론의 대상으로 전환시키고, 이를 통해 지역이라는 의제를 보다 적극적인 것으로 바꾸어 놓는 것이 필요하다.

### (2) 이데올로기로서의 지역

지역은 이데올로기적 상징물이기도 하다. 지역은 중심에 대한 상대적 개념으로서 주변을, 중앙의 관계적 개념인 하위의 지방, 그리고 개방된 공간에 대비되는 폐쇄적 공간, 미발달하고 낙후된 곳, 현대 보다는 과거와 더 가까운 곳 등을 의미한다. 이러한 고착된 이미지는 지역에 작용하는 이데올로기적 과정의 산물이다. 르페브르도 이를 다음과 같이 명확하게 진순하고 있다.

> 공간은 언제나 정치적이고 전략적이었다. ... 공간은 역사적, 자연적 요소로부터 형성, 주조되어 왔지만 이것은 정치적 과정이었다. 공간은 정치적이고 이데올로기적이다. 그것은 글자 그대로 이데올로기로 가득 찬 산물이다.[1)]

그렇다면 지역은 어떻게 이데올로기적으로 구성되는가? 공간은 항

1) H. Lefebvre, *Reflections on the Politics of Space*, 1976; E. Soja, 『공간과 비판사회이론』, 1997: 107에서 재인용.

상 어떤 방식으로 명명된다. 그것은 상징적인 것이며, 특정하게 의미화된 어떤 결과들이다. 우리는 이것을 홀(S. Hall)을 따라 이데올로기적 재현(representation)의 결과로 볼 수 있다. 가장 보편적인 언어적 재현 질서인 이분법을 통해 지역을 정의해보면, 지역에 작용하는 이데올로기적 재현의 성격을 확인할 수 있다.

**표 1-2** 지역/중심의 의미작용 이분법

| 지 역 | 수도권 · 중심 |
|---|---|
| 부 분 | 전 체 |
| 타 자 | 주 체 |
| 주 변 | 중 심 |
| 낙후된 | 발달한 |
| 전통적 | 현대적 |
| 빈 곤 | 부 유 |
| 자연적 | 인공적 |
| 전 원 | 도 시 |

이 이분법에서 지역은 대체로 부정적인 의미 계열체(paradigm)를 이루고 있으며, 그 대립항의 반대쪽인 중심, 수도권 혹은 중앙은 긍정적인 의미 계열체임을 쉽게 알 수 있다. 물론 이 대립항은 지역을 분화되지 않은 전체로 간주하고 있지만, 의미 분화의 질서를 좇아 지역의 상징, 이미지들을 추적한다면, 이보다 훨씬 복잡한 계열체들이 존재함을 확인할 수도 있을 것이다.

지역이 이데올로기적으로 정의되는 것은 대개 지역이 특정한 이미지의 저장고로 작동할 때이다. 이것의 전형적인 예를 우리는 오리엔탈리즘에서 찾을 수 있다. 사이드(Said)가 적절히 지적했듯이 오리엔트는 서양 아닌 지역에 대해 부과된 오래된 믿음과 이미지의 총체다. 서양이 오리엔트를 필요로 한 주된 이유는 서양의 정체성 구성을 위한 타자가 요구되었기 때문이다. 그러한 타자의 상에 대한 이미지와 믿음, 그것과 구별되는 서양적 정체성의 형태들의 총합이 오리엔탈리즘인데, 이것은 동양에 대해 외부의 서양에서 일방적으로 부과된 관념과 이미지라는 특성을 가진다. 이런 과다한 이미지의 부과하는 하나의 기호적 현상이며, 이것은 지역들에 대해서도 동일하게 적용된다.

즉 지역은 하나의 기호적 현상이다. 특정 공간은 하나의 상징이며, 그 상징은 다양한 의미체계 속에서 위치를 부여받고 의미의 놀이 속에서 생성된다. 특히 지역의 의미를 만들어내는 언어 놀이는 환유(metonymy)인데, 이 환유의 놀이를 지배하는 것은 경제성이다. 즉 환유는 다양한 의미들을 축약하여 단순화하는 놀이인 것이다. 지역의 이미지를 고착화하는 환유는 전형적으로 사회적 고정관념의 형태로 만들어진다.[2] 실제로는 지역은 무한히 다양한 의미들이 끊임없이 생성되고 변화하는 공간임에도 불구하고, 사회적 고정관념을 만드는 환유는 이러한 의미들을 거세하거나 억압하고 특정한 고정적 의미만을 지속적으로 강화한다. 그렇기 때문에 공간의 환유는 불모화된 의미의 영역, 자기의미에 갇혀버린 공간, 과잉대표됨으로써 왜곡된 공간의 논리라 할 수 있다. 환유의 놀이를 좀더 세분화한다면, 지역이 하나의 특징으로 환원, 환유되는 과잉단순화(over-simplification), 사회적으로 통념화된 이미지를 부과하는 스테레오타입 만들기(stereotyping), 그리고 부정적인 이미지를 고착화시키는 낙인찍기(labelling) 등으로 구분될 수 있다(Shields, 2005: 611). 이러한 환유 놀이가 각 지역에 어떻게 작동하고 있는지는 각 지역에 부과된 대표적인 이미지만 생각해 보아도 아마 금방

---

2) Lakoff는 환유의 모델을 1) 사회적 고정관념, 2) 전형적인 사례, 3) 이상적인 것, 4) 모범적인 것, 5) 생성원, 6) 하위 모델, 7) 두드러진 사례의 7가지로 제시한다. Lakoff, 1987: 78.

이해가능할 것이다.

환유는 축약과 삭제를 통해 공간의 잡다한 다양성을 통합해버리고 하나의 요소를 돌출적인 것, 과잉 대표된 것으로 만든다. 우리는 가끔 어떤 지역 공간에서 전혀 기대하지 않았던 사실과 광경들을 목격하고 놀라운 감정에 빠지는 경험을 하곤 하는데, 이것은 공간의 환유가 만들어놓은 고정된 이미지에서 일탈하면서 발생하는 경험이다. 환유는 과잉 대표라는 경제적 원리이기 때문에 과소평가된 것들의 발견이라는 일탈의 가능성이 항상 존재한다. 또한 환유는 왜곡된 기호 논리와 재현의 질서 속으로 사람들을 끌어들이고 가두어 버리는 권력이기도 하다. 이러한 공간 환유가 어떤 작용으로, 어떤 모델을 따라 만들어지는가를 분석하는 것이 바로 사회학적-공간기호학적 비판이 될 것이다.

최근 지자체들이 예외없이 지자체를 상징하는 슬로건, 캐릭터, 이미지들을 만들어내고 있다. 대부분 이런 노력은 지자체의 홍보와 이를 통한 경제적, 정치적 성과를 얻기 위한 것으로 볼 수 있는데, 다른 한편으로 이런 노력은 기존의 지역에 덧씌워져 있는 이데올로기적 이미지를 전환, 거부, 재구성하려는 일종의 실천으로도 해석된다. 때로 이 실천은 지역에 덧씌워지는 이데올로기의 논리를 그대로 차용한 역이데올로기적 실천의 양상을 띠기도 한다. 물론 이런 이미지화의 노력이 갖는 문제점이 없는 것도 아니다. 모든 지자체들이 경쟁적으로 이런 슬로건과 캐릭터를 만든 까닭에 겹치거나 비슷한 것도 많아 지자체 간 구별이 어렵고, 각 내용들이 지자체의 성격을 적절히 드러내지 못하는 경우도 많다. 또 성급하게 만들었다가 별다른 호응이 없자 다시 슬로건을 만들어내는 일도 다반사로 일어난다. 결국 지역을 이데올로기적으로 틀지웠던 기호놀이 속으로 지자체들 스스로가 다시 끌려 들어가는 일이 반복되기도 한다. 그럼에도 불구하고 이러한 주체적인 기호놀이는 이데올로기적 의미화와 달리 스스로 수행하는 적극적인 의미실천이라는 긍정성을 가진다. 다만 그 의미화의 상상력이 좀더 자유로워지고 그럼으로써 지역 이미지를 좀더 창조적으로 만들어낼 수 있다면 바람직할 것이다.

### (3) 사회적 삶을 통해 구성되는 지역

지역은 사회적 공간이다. 물리적인 공간은 사회적 삶을 통해 의미를 가진 특정한 삶의 공간으로 변화한다. 즉 지역은 그 속에서 만들어지는 삶의 공간적 형태들에 의해 조건지워지고 변형되며 그것을 통해 구성된다. 인간의 삶이 모든 물리적 공간을 사회적인 것으로 만든다는 것은 자명하다. 하지만 여기서 주목하는 사회적 삶의 공간은 그 속에서 삶을 살아가기 때문에 구성되는 공간의 의미에 대한 것이다. 우리는 사회적 공간을 만드는 두가지 차원을 생각해 볼 수 있다.

먼저 지역의 '내적 차원'에서, 지역은 내부의 삶의 역동성이 충만한 공간이다. 사람들이 의식하든 그렇지 못하든 사회적 삶은 공간의 성격을 지속적으로 형성, 재구성해간다. 사람들의 삶의 양식과 문화, 공간에 대한 관념과 이미지, 오랜 기간에 걸쳐 형성된 제도와 관행, 지역의 역사, 공동체적 집합기억 등은 그 공간을 점유하는 사람들에 의해 특이하고 고유한 것으로 만들어져 간다. 이러한 내적 공간의 특성이란 강한 의미에서 '실존적'이라 할 수 있다. 그것은 사람들의 개인적이고 집합적인 삶이 경험적이고 주관적인 차원에서 강하게 인지되고, 공간과 개인들의 삶이 불가분하게 결합된 것으로 여겨지는, 항상 현재적인 삶이다. 즉 지역을 사회적으로 구성하는 것은 바로 이 현재적인 '정주'이며, 정주를 통해 지역은 객관적 대상일 뿐만 아니라 동시에 주관적 심상으로 전환되는 것이다.

정주가 만들어내는 지역 공간은 개인에게 '나는 누구이며 어디에 속해 있는가'라는 실존적 질문에 대한 잠재적인 해답을 제공한다. 이 실존적 질문에 대한 답이 개인의 정체성을 구성하는데, 이 개인의 정체성은 지역 공간과 밀접히 결합되어 있기 때문에, 결국 개인 정체성은 지역정체성과의 상관물이라 할 수 있다. 이러한 정체성의 연결 혹은 결합은 하나의 '감정 공동체'(community of sentiment)를 형성한다(Appadurai, 1990). 감정 공동체는 집합적인 기억, 기분, 이해 등의 집합표상을 공유하는 정서적 공동체로, 고립된 '나'라는 존재를 환기하지 않고서도 정주의 삶을 형성할 수 있게 만드는 존재론적 근거라 할 수 있다. 정서적 공동체를 유지하는 근간은 뒤르케임(Durkheim)이 지적한 집합표상(collective representation)에 있다. 그것은 체험된 의식이거나 공유된 감정, 합의된 이미지 등을 포함하는 것으로, 의식되지 않고서도 유지, 공유되는 것이 특징이다.

즉 사람들은 자신의 공간에 정체성을 부여하고 그것이 다시 그 경계 내부의 사람들을 정의함으로써 '정체성 공간'이 된다. 정체성이란 공간에 부여된 이름이자 또한 그것이 다시 그 내부인을 호명하는 부름이다. 하이데거(Heidegger)는 '존재란 곧 거주하는 것'이라 여겼다. 인간의 근원적 존재성은 항상 어떤 장소에의 머무는 것, 이탈하거나 추방당하지 않고 머무는 것에 의해 정의되어 왔다. 로마의 시민은 로마라는 구획된 경계 내에 존재하는 자들이었다. 이로부터 이탈된 자들, 추방된 자들, 경계에 있는 자들은 호모 사케르였다. 시민이 된다는 것은 정체성 표현이자 정체성을 지속, 보존하려는 자기 노력의 결과물이기 때문에, 결국 공간은 거주를 통해 머무는 사람의 정체성 자체와 분리불가능한 것이 된다.

한편 지역 내부의 삶은 때로 공통의 습속을 발견하거나 혹은 발명함으로써 구성, 재구성되기도 한다. 지역을 대표하는 상징들은 자연스럽게 만들어지기도 하지만 또 많은 부분은 이러한 발견과 발명의 과정을 거친다. 사실상 근대 사회에서 공통의 습속이나 집합기억은 의도적으로 형성될 수밖에 없는 필연성이 있다. 윌리엄스(Williams)의 구분을 따르자면, 이것은 잔여적 문화에 해당되는 것으로 근대의 지배적인 문화의 변방에 겨우 온존하는 문화다. 하지만 지역 공동체에서 이 잔여적인 문화는 감정 공동체를 구성하는 근간이 되기 때문에 지역의 삶으로부터 완전히 배제되지는 않는다. 그런데 이 잔여적 문화는 지배적 문화에 비해 미약하거나 효율적이지 못하거나, 혹은 지배적 삶의 양식과 충돌을 일으키는 문화일 경우가 많기 때문에, 끊임없이 소멸 혹은 재구성의 압력을 받는다. 그러한 압력의 결과로서 의도적으로 구성되는 것이 바로 만들어진 공통의 습속인 것이다.

이것은 정치적 목적을 가지는 전통의 발명과는 조금 달리 이해되어야 한다. 전통의 발명이 왜곡된 집합기억의 형성이라는 특징을 가진다면, 만들어진 공통의 습속은 지배적 문화 내에서 이루어진 일종의 문화적 변형이라 할 수 있다. 예컨대 시골 마을마다 입구에 예외없이 서 있는 마을 정자의 경우가 그러한데, 이 마을 정자 문화의 근간은 우리의 누정 문화에 있다. 원래 누정(漏丁)이라는 것은 이전의 사대부 문화를 반영하는 것으로, 한가롭게 책을 보기도 하고 야유회도 누리던 유희 공간이었다. 대개 누정은 마을의 경치 좋은 곳에 만들어지는 경우가 대부분이고, 일상적으로 이용되는 공간은 아니었다. 그렇지만 누정은 마을 공동체 성원들이 모여 대면적 소통을 향유하는 기능성을 갖고 있는데, 이러한 누정이 가진 기능성이 근대적으로 변형된 것이 바로 마을 입구마다 세워져 있는 정자다. 이것은 변형된 공통의 습속의 한 전형이라 할 수 있다.

또한 사회적 공간으로서의 지역은 '외부적 · 관계적 차원'에 의해서도 정의된다. 즉 지역을 구성하는 또다른 사회적 차원은 외부와의 경계다. 지역은 물리적, 사회적, 문화적, 인지적 경계를 갖게 됨으로써 하나의 단일성을 부여받으며, 경계를 통해 확정되는 이 단일성은 다른 지역들과의 관계 하에서 그 고유성을 확인받게 된다. 이런 점에서는 지역은 개인들과의 관계와도 크게 다르지 않다. 경계는 마을, 공동체, 혹은 상상된 공간의 경계이며, 지역의 정체성은 이러한 경계를 기준으로 작동하는 경향이 있다.

감정 공동체로서의 지역 공동체의 정서적 경계는 바로 이 외부적 경계를 통해 만들어진다. 우리와 남을 구분하는 경계의 설정은 언제나 내부의 정서적 공유를 강화하는 역할을 수행한다. 이러한 경계가 극단적인 형태로 드러날 때 그것은 지역 감정이 된다. 지역 감정이란 비단 영남과 호남의 대립과 같은 양상만을 띠는 것은 아니다. 최근 내가 수행했던 흥미로운 한 조사는, 지역 공동체의 정서적 경계가 지역 내부에서도 뚜렷하게 존재한다는 사실을 보여주고 있다.[3] 전라남도 광양시는 전통적인 농업 및 어업 지역이었는데, 광양만의 입지를 활용한 광양제철소가 건설되면서 급격한 도시화 및 외부 인구의 유입이 이루어졌다. 이전의 중심지가 광양읍이었다면 새로 건설된 제철소를 중심으로 한 신중심은 동광양이 되었다. 행정구역상 이들 모두가 포함되어 광양시로 승격이 이루어졌는데, 여전히 광양시민들 내부에는 광양읍 토박이와 동광양 외지인의 뚜렷한 정서적 경계가 존재하며, 나아가 이들간 갈등이 있음을 보여주고 있다. 또한 지역에 대해 느끼는 애착에서도 광양읍 지역 주민의 애착이 더 높음을 알 수 있다.

살아온 삶과 강하게 결합되어 형성되는 지역정체성은 한편으로 지역 공간을 추상화하는 자본이나 권력의 힘으로부터 공간의 구체성을 보호하는 힘으로 작용한다. 자신의 삶을 유지, 보호하려는 노력은 이러한 정주의 경험으로부터 나오는 것이다. 지역에 작용하는 정치적, 이데올로기적 힘은 지역을 끊임없이 타자화, 대상화함에 반해, 정주의 삶

3) 광양시, 『광양시 주민화합 증진을 위한 시민의식 조사』, 2010.

속에서 구성되는 사회적 힘은 이들에 대립하면서 지역의 정체성을 유지, 재생산, 그리고 재구성할 힘을 갖게 된다. 물론 다른 한편으로 이러한 지역정체성은 외부와의 경계를 강하게 의식하며, 변화에 대해 스스로를 보호하려는 보수적 태도를 낳기도 한다. 지역을 구체적인 삶의 공간으로 만드는 정주의 경험들을 이해하고, 지역 내에서의 이들의 삶이 근원적인 거주의 기쁨을 확대할 수 있도록 하는 방향을 모색하는 것, 그것이 사회적 공간으로서의 지역에 대해 두어야 할 관심일 것이다. 또한 사회적 공간을 정치적이고 이데올로기적 공간에 대립시키면서, 사회적 공간이 만들어낼 수 있는 풍부한 서사들을 통해 지역에 덧씌워진 정치적, 이데올로기적 작용을 해체하는 것을 지향해야 할 것이다.

### 2) 지역성 · 지역정체성 · 민족정체성

지역을 정의하고 구분짓는 독특한 지역의 특성을 일컬어 흔히 '지역성'이라 칭한다. 하지만 이 지역성(locality)이라는 개념은 그리 명확한 개념이 아니다. 지역성은 '개인 또는 공동체가 특정 공간 또는 장소와 연계해 가지는 일종의 사회적 · 집단적 정체성'을 지칭하는 것으로 지역정체성(local identity)이라 불러도 비슷한 의미를 띠게 될 것이다. 지역내적으로 지역정체성은 그 내부의 성원들이 확인하고 공유하는 의미의 결합체라 할 수 있다. 이것은 모호하지만 그럼에도 불구하고 실체를 가지는 것으로, 그 의미 결합체가 명확하게 확인되는 것은 외부와의 '차이'의 관념이나 혹은 경험을 통해서이다. 정체성은 무엇보다 차이의 확인을 통해 구성되는 것으로, 그 차이를 만드는 것이 바로 지역의 '경계'이다. 즉 지역이란 '차이의 지도' 속에서 공통의 것을 내재화하고 이를 일종의 해석틀로 삼으면서 상징적 공동체를 형성하는 사람들이 '우리'를 이루며 살고 있는 어떤 장소라 할 수 있다. 그리고 지역성 혹은 지역정체성이란, 공간에 구조와 의미를 부여하고 그 공간에 살고 있는 사회집단 사이의 관계를 매개하는 담론과 관행들의 산물인 것이다. 따라서 지역성이란 자연스럽게 형성되거나 원래부터 존재하고 있는 무언가가 아니며, 현상의 지리적 분포로 이해되는 것도, 개인의 장소감각으로 환원되는 것도 아니다. 지역성은 제도적 관행과 지역의 역사를 표현하는 집합적 범주인 과정으로, 끊임없이 구성되고 재구성되는 것이다. 지역성은 그 구성과 재구성의 계기들을 확인함으로써 좀 더 명확히 파악될 수 있다.

지역정체성의 구성 과정은 무엇보다 국가정체성 혹은 민족정체성과 깊은 관련을 맺고 있다. 예외 없이 근대 민족국가는 민족정체성을 창출하는 것을 최우선 과제로 삼았다. 그러한 정체성 창출과정은 때로 폭력이나 전쟁을 동원하기도 하고, 때로는 역사를 발명하고 문화를 재구성하는 작업들, 혹은 강력한 상징을 창출하고 집합적 기억을 공유하는 과정을 동반하였다. 지역은 이러한 민족적 정체성 창출 과정에서 때론 하나의 하위 파트너로 기능하기도 하고 때로는 그것에 저항하기도 했지만, 본질적으로는 민족정체성의 한 요소로 동원되는 것이 일반적이었다. 민족적 정체성은 지역정체성과 구분되는 하나의 전체, 즉 동일성으로 규정될 수 있는 전체를 지칭한다. 즉 민족정체성의 목표는 하나의 민족국가가 지향해야만 하는 '동일성'을 완성하는 것에 있다. 반면 지역정체성은 이러한 동일한 전체의 하위적 존재이면서 이질성과 차이를 의미하는, 즉 민족국가의 타자에 해당되는 것이다. 이 때문에 민족정체성은 지역정체성을 억압할 수밖에 없는 구조적 특성을 갖게 되는 것이다.

민족정체성은 대개 다음과 같은 것들을 공통적으로 갖고 있다. 첫째, 역사적 영토 혹은 고국(homeland), 둘째, 공통의 신화와 역사적 기억, 셋째, 공통의, 대중적이고 공적인 문화(common, mass public culture), 넷째, 모든 성원들에게 적용되는 공통의 법적 권리와 의무, 그리고 마지막으로 성원들의 영토 내 이동성이 보장되는 공통의 경제가 그것이다 (Smith, 1991: 14). 그런데 민족정체성은 분명 근대적 민족국가의 출현과 함께 만들어진 것은 분명하지만, 그 기원과 성격, 작동방식과 형성과정에는 크게 대별되는 두 가지 모델이 존재한다. 이를 각각 '시민 모델(civic model)'과 '민족 모델(ethnic model)'로 명명해 보자.

앤더슨(Anderson)은 민족국가를 순전히 근대적으로 발명된 상상의 공동체로 간주하지만, 이것은 거의 서양의 경험에 국한된 것이다. 이 서양의 첫번째 민족정체성 모델을 일컬어 '시민 모델'이라 칭할 수 있다. 서양 대부분의 민족정체성을 구성하는 이 시민모델은 근대적 영토 경계의 형성에 직접적으로 기반하며, 그 내부의 성원들은 영토에 스스로를 소속시키고 일체화시켜야 한다. 그러한 일체감을 제공한 것이 근대적 시민권이며, 시민권을 구성하는 정치적 제도와 질서였다. 그런데 이 때 영토는 근대적인 '역사적인 땅'이지 그 기원이나 본래의 영토가 아니다. 예컨대 터키(Turkey)는 투르크(Turk) 왕국이라는 광대한 영토를 민족정체성의 기반으로 삼을 수 없다.[4] 그런 점에서 영토는 고국 혹은 고향, 역사적 경험이 살아있는 현재의 영토이어야만 한다. 시민 모델적 민족정체성은 또한 조국(patria), 즉 하나의 단일한 정치적 의지를 가진 법과 제도의 공동체를 필요로 한다. 이 법적이고 제도적인 공동체는 고도로 집중화된 근대 프랑스나 혹은 분권적인 미국과 같은 다양한 모습을 띠지만, 최소한 공통의 정치적 목적과 감각을 표현하는 규제 기구들이 존재한다는 조건이 충족되어야 한다. 이 바탕 하에 시민 모델적 민족정체성은 공동체 성원들 간의 법적 평등이 충족되어야 한다. 마지

4) 투르크족의 한 갈래였던 오스만 투르크 왕국(Osman Turk Empire)은 아시아에서 유럽, 아프리카에 이르는 광대한 제국을 건설했었다. 이 투르크 왕국을 계승한 국가가 오늘날의 터키이지만, 민족국가로서의 터키는 이 투르크 왕국의 영토를 고국으로 여기지 않는다.

막으로 민족정체성은 사람들을 결속시키는 일련의 공통의 이해, 감정, 생각과 열망 등을 포함하는 공통의 문화와 시민적 이데올로기를 갖추어야 한다.

이러한 서양적인 시민 모델적 민족정체성과 구분되는 '민족 모델'적 민족정체성의 특징은 출생 공동체(community of birth)와 고유의 문화가 더 중요하게 작동한다는 점에 있다. 오랜 역사 동안 인종적·민족적 동일성을 유지해 온 사회들, 주로 아시아 국가들은 근대적 민족정체성을 이러한 민족 모델에 기반하여 구성하였다. 개인의 선택에 의해 소속을 결정하는 것이 민족정체성을 구성하는 기반이 되는 시민 모델과 달리, 민족 모델은 성원들이 출생과 함께 속하게 되는 공동체에 유기적인 부분으로 녹아 들어가는 것이 특징이다. 즉 국가란 제일의, 그리고 궁극적인 공통의 혈통 공동체인 것이다(Smith, 1991: 11). 그래서 민족정체성은 시민적 모델에 비해 훨씬 용이하게, 그리고 강하게 확립되는 경향이 있다. 민족 모델적 정체성은 우리 사회를 비롯한 아시아 국가들에서 더 보편적이라 할 수 있다. 이 때문에 민족이라는 관념에는 전통적인 혈통과 근대적인 시민권이 혼합되어 있지만, 혈통에 대한 강조가 더 두드러지는 특징을 보인다.

이러한 민족정체성의 창출에 있어 지역은 선별적인 호출의 대상이 된다. 즉 어떤 지역은 민족성을 구성하는 적극적인 요소로 동원되거나 혹은 어떤 지역은 민족정체성의 구성과정에서 배제되기도 한다. 또 지역은 그러한 민족정체성과는 구분되는 고유한 성격을 존중받지 못한 채 환유적으로 과잉 선별된다. 하지만 지역정체성은 이러한 민족정체성의 하위적 형태로만 결정되는 것은 아니다. 지역정체성은 자체의 고유성, 즉 지역이라는 공간적 영역, 그 내부의 성원들, 성원들을 결속하는 공통의 상징 등을 포괄하는 것이다. 지역정체성과 민족적 정체성의 차이를 대별해 보면 다음과 같다(문재원·이상봉, 2010: 61).

우선 지역정체성은 '상상의 정체성'이라 일컬어지는 추상적인 민족 정체성과 달리 일상의 삶의 이루어지는 장소와 구체적으로 연결된다. 지역정체성 형성의 기반이 되는 장소는 단순한 물리적 공간이나 영토적 경계가 아니라 일상의 삶이 이루어지는 곳인 만큼, 정체성의 형성과 변화를 둘러싼, 이른바 정체성의 정치가 작동하는 방식 또한 매우 구체적이고 현실적이라는 특징이 있다. 또한 민족정체성이 국민 또는 민족성이라는 폐쇄적인 특질을 기반으로 이루어지는 반면, 지역정체성 형성의 기반이 되는 주민 또는 주거성은 상대적으로 개방적이고 유동적이다. 지역정체성은 주거의 이동 등을 통해 바뀔 수 있고 민족적 정체성에 비해 상대적으로 가변적일 수 있다.

지역정체성은 민족정체성의 하위적 정체성이라 할 수 있지만, 민족정체성은 때로 이 지역정체성을 매개하여 구성되기도 한다. 그래서 국민국가가 국가정체성이라는 이름으로 중심적 헤게모니를 형성하면서 다양한 지역의 특성과 차이를 포섭 또는 배제하는 경우, 지역정체성은 동일화 과정에 대한 저항의 의미를 갖기도 한다. 정치적 측면에서 지역에 대한 선별적 배제의 효과는 아마도 내부의 타자를 구성함으로써 중앙에 대한 집중 및 나아가 국민 전체의 통합을 효율적으로 강제할 수 있다는 점일 것이다. 실제로 우리 사회는 이러한 내부적 선별과 배제를 통해 민족정체성을 구성하는 양상을 드러냈다. 상징적 정치로서의 지역감정이나 그것과 강력하게 결합된 지역 불균형 발전은 민족적 정체성과 지역정체성이 상호 조화하기 보다는 대립적일 수밖에 없는 구조적 조건을 제공했다. 중앙과 지역의 대립, 도시와 농촌의 괴리, 지역의 저발전 등은 이러한 민족 및 지역정체성 형성과정의 산물이라 할 수 있다.

한편 1990년대 이후 전지구화 시대에 새롭게 호출되는 지역정체성은 스스로의 지역을 다른 차별화시키려는 노력을 의지적으로 표출하고 있다. 그리고 이 노력은 지역간 경쟁의 양상을 띠면서 지역을 상품화하려는 지역 마케팅으로 모아지고 있다. 장소 판매(place marketing)라는 개념으로 노골화되는 지역정체성의 상업화, 상업적 형성 노력은 전지구화하는 상품화가 지역 자체를 하나의 상품으로 전환시키려는 움직임의 산물이다. 이 계기를 제공한 것이 지방자치제의 시작이지만, 동시에 전세계적으로 시작된 장소간 경쟁 역시 이러한 상업화를 촉진하는 계기가 되었다. 단적으로 이러한 장소 판매 경쟁은 지역별로 중복적으로 만들어지는 '축제'에서 명백하게 드러난다. 2011년 문화체육관광부에 보고된 주요 지역축제만 232개이며(문화체육관광부, 2011: 481), 보고되지 않은 크고 작은 축제들을 모두 더하면 해마다 전국적으로 1,000여개의 축제가 진행되고 있고 그 수는 해마다 증가하는 추세에 있다. 그리고 이들 지역축제의 목적은 지역발전이라는 명목으로 포장되는 경제적 이익에 있음은 주지의 사실이다.

그런데 이렇게 상업화된 축제에 투사되는 지역정체성이란 철저히 타자화된 것이다. 지역 내부의 정주의 삶을 통해 만들어진 축제가 아니라 철저히 외부자의 시선에 맞추어 만들어진 축제이며, 이것은 결국 기획된 문화산업에 지나지 않는 것이다. 축제란 축하하고 감사하는 공동체적 의례였다. 의례가 가진 내용은 과거와 달라질 수 있지만, 그 의례에 담긴 공동체성은 축제를 규정하는 가장 기본적인 성격이다. 현재의 축제가 갖는 문제는 이것이 거꾸로 지역 주민의 삶을 소외시킨다는 점에 있다.

어쨌든 최근 지역정체성에 대한 지역 스스로의 자각이 커지는 것은 일반화된 현상으로 보인다. 이에 따라 축제와 같은 상업화된 지역정체성, 국가와 공모하여 지역 개발에 대한 전망을 강하게 드러내는 개발주의의 변종, 또 지역민 스스로 제기하는 내부적인 문제와 삶의 질에 대한 요구 등이 경합하고 있고, 그 결과로 새로운 지역정체성 규정 작업이 이후로도 지속적으로 벌어질 것이다. 그리고 지역정체성을 어떻게 정의, 재정의할 것인가를 둘러싼 논쟁도 확대될 것이 분명하다.

### 3) 전지구화와 지역성

최근 가속적인 전지구화로 인해 지역은 글로벌과 로컬이 공존, 상호 침투하는 복잡한 공간이 되었다. 바꾸어 말하면 지역은 지금까지의 '숨겨져 있던' 어떤 공간으로부터 전지구적 역학이 직접 작용하는 개방적 공간으로 변모하고 있는 것이다. 이런 새로운 경향성은 우리 사회에서 '농촌'이라는 지역이 어떤 변화를 겪고 있는지만 살펴보아도 단적으로 드러난다.

1997년 UR 협상은 지역이 글로벌 경제에 얼마나 직접적으로 연결되어 있는지를 알려준 하나의 전환점이었다. 이전까지 농촌은 한국 사회 내에서도 잊혀진 섬처럼 고립과 은둔, 혹은 낭만의 근거지로 존재했다. 농촌의 열악한 현실은 일국 내에서 발생한 선별적 산업화 전략의 결과 정도로만 여겨졌고, 근대화-산업화의 부정적 · 부수적 결과이지만 불가피한 결과 정도로만 이해되었다. 하지만 UR은 이러한 농촌의 인식을 글로벌화 현상과 연결시켜 이해하지 않으면 안되는 전지국적 경제의 특징을 일깨워주었다. 또다른 뚜렷한 전지구화 현상으로 농촌 지역의 국제결혼 문제가 부각되고 있다. 1990년대부터 시작된 농촌의 국제결혼은 결혼 기회를 갖지 못했던 한국의 농촌 남성들의 문제가 국제적 인구이동과 연결되어 외국인 신부들을 맞아들이면서 생겨난 매우 새로운 지역적-전지구적 현상이라 할 수 있다. 그 결과 농촌 지역은 새로운 국제적 문화들이 교류하고 갈등하며 새로운 문화적 접변을 만들어내는 중심지가 되었다.

더 나아가 지역은 급격히 소멸하거나 혹은 그 경계가 모호해지고 있고, 그렇기 때문에 지역을 더 이상 고정된 혹은 고립된 어떤 실체로 간주하는 것이 어렵다는 주장도 강하게 대두되고 있다. 한 예로 아파두라이(Appadurai)는 초고속통신망의 구축과 위성통신의 발달이 '지역'을 없애고 공간을 '흠 없는 매끈한 평면'으로 만들고 있다고 주장한다. 포스트모던한 전지구화하는 힘은 거의 모든 지역들을 예외없이 상호 연결된 동시대적 공간으로 만들고 있으며, 더 이상 고유하게 고립되어 있거나 독특하게 살아남아 있는 어떤 특정한 공간을 상상하는 것은 거의 불가능해졌기 때문이다.

그렇지만 이런 전지구화의 힘이 지역연구의 의의를 무효화하는 것은 아니다. 그와는 반대로, 지역은 이런 경향들 때문에 오히려 더욱 더 의미있는 어떤 공간이 된다. 그것은 지역이 고유하면서도 독자적인 문화를 갖고, 그 공간을 삶의 터전으로 삼아 살아가는 구체적인 사람들의 삶의 양식의 결과이기도 하기 때문이다. 즉 지역은 구체적인 일상적 삶이 발생하고 재생산되는 곳, 구체적 장소(place)들의 집합이며, 이들의 삶과 장소적 특징들이 무차별적으로 획일화되지 않는 한 지역의 고유성은 쉽게 사라지지 않으며, 그 결과 지역은 더욱 독특한 전지구적 지역성(global locality)을 부여받게 되기 때문이다. 예컨대 한국의 농촌이 오늘날의 전지구적 인구이동의 한 양상인 국제결혼의 중심지가 되고 있는 것은 전지구적 지역성의 한 전형을 보여주는 것이라 하겠다.

전지구화하는 힘에 대해 로컬리즘을 대립시키고 강조하는 것은 최근의 이론적이고 시대적인 경향을 반영하고 있다. 그것은 포스트 모더니즘의 논의와 닿아 있으며, 거대 서사에 대비되는 지역화된 서사, 작은 이야기들에 대한 관심을 반영한다. 아리프 딜릭(Arif Diylik)은 로컬과 글로벌에 대한 관심이 각각 다음과 같은 대립구조를 갖는다고 주장한다.[5)]

---

5) Arif Diylik, "Global and Local", in Rob Wilson and Wimal Dissanayke ed., p.27.

**표 1-3** 로컬과 글로벌의 논리

| Local | Global |
|---|---|
| 자연에의 동화 | 자연 지배 |
| 경계의 다공성(porosity) | 정치적 정형화의 고정성 |
| 이질성 | 동질성 |
| 일상적 협상으로서의 문화 | 이데올로기로서의 문화 |
| 지역적 지식 | 보편적 과학 지식 |
| 차이와 위치의 정치 | 집권적 정치 |
| 토속적 감성과 영성 | 이성 |
| 구술 문화 | 문자 문화 |

물론 이러한 이분법은 약간은 자의적이기도 하고, 또 약간은 과장된 것처럼 보인다. 그렇지만 우리는 이 구분이 반영하는 시대적 경향성, 즉 글로벌화하는 힘 앞에서 지역이 갖는 의미에 주목할 필요가 있다. 로컬에 대한 관심은 억압된 것의 복원이라는 의미를 갖는다. 그것은 모던한 거대 서사가 억압하고 비가시적인 것으로 만들었던 것들, 즉 자연적인 것, 지역적 지식, 일상적인 것, 구술적인 것 등이 지역을 매개로 재등장하고 있음을 의미한다. 특히 아리프 딜릭은 근대를 지배했던 서구적 이성에 대해 지역에 고유한 감성과 영성(native sensibility and spirituality)을 대비시키며, 이것은 근대의 가속으로서의 지구화에 대한 강한 대안으로서의 의미를 갖는다고 주장한다. 우리는 서구적 근대의 이성과 합리성이 시효만료했음을 이론적으로, 또 경험적으로 확인하고 있다. 발전제일주의는 스스로 그 성장의 한계에 막혀 있고, 과학주의는 자연 지배와 착취로 귀결됨으로써 생태적 재앙을 자초했다. 서구적 합리성은 서양, 백인, 남성 중심 우월주의를 확립했을 뿐이며, 이로 인해 차이, 소수, 외부는 억압되고 무시되었다. 전지구화는 이러한 서구적 근대성을 전지구적으로 확장하려는 한 경향에 지나지 않는다는 것이다.

지역은 이러한 힘과 맞서며 또한 구분되는 다른 속성과 질서를 대표하며, 또 그 대안으로서 새로운 방향성을 제시한다. 물론 이것은 있는 그대로의 지역이 그러한 힘을 갖고 있음을 의미하는 것은 아니다. 그러한 가능성을 지역이 보유하고 있을 뿐이다. 현실적으로 전지구화하는 힘은 지역 공간들을 획일화하고자 하는 강력한 효력을 발휘한다. 대표적으로 지역 공간의 상업화 경향은 지역들을 경제적 경쟁의 주체로 대립시키면서 장소 판매나 지역 상품 브랜드와 같은 노골적인 획일화를 강요하고 있다. 그 결과 침실, 집, 거주지, 광장, 논과 밭, 묘지 등의 일상적 경험의 공간, 즉 정동(affection)의 핵심이자 중심인 이 공간들이 상업적 공간으로의 변모하고 있다. 장소의 고유성이 '팔릴만한 상품'이 되어야 한다는 논리는 후기 자본주의가 만들어낸 상품화·획일화 경향의 뚜렷한 한 예이다. 지역은 이러한 경향 앞에서 지역의 고유한 것을 바탕으로 대립할 수 있다. 전지구화하는 힘에 맞서는 지역의 가능성을 어떻게 확장하고 성장시킬 것인가는 이제부터 고민되어야 할 문제인 것이다. 그리고 그 자원은 바로 전지구화와는 다른, 지역의 자질과 경향성들, 그리고 그러한 특성들의 지역간 연결(trans-locality)이 될 것이다.

## 3. 문화정책과 지역문화 관념의 형성

우리는 문화가 고유한 나름의 자생성의 논리를 갖고 있고, 사람들의 삶 속에서 구체적인 형태로 형성된다는 것을 믿고 받아들인다. 물론 그렇다. 하지만 동시에 문화는 국가의 정책 영역 속에 뚜렷이 존재하고, 국가가 문화의 틀 자체를 생산하거나 혹은 규정한다는 것도 엄연한 사실이다. 왜냐하면 문화는 구체적인 삶이자 동시에 관념이며, 인간의 총체적인 삶인 동시에 만들어진 상징이자 기호이기 때문이다. 이 후자의 관점에서 국가 혹은 권력은 관념의 내용과 경계, 이미지의 양태를 만들거나 혹은 규정하는 힘을 행사할 수 있다. 이런 이유 때문에 지역문화를 이해하기 위해 지역, 그리고 지역문화를 규정해 온 국가의 정책에 대한 이해가 불가피한 것이다. 특히 이 국가 정책은 지역을 '민속과 전통'의 공간으로 고착화시키는데 결정적인 역할을 했다. 그래서 지역문화는 전통적이고 민속적이며 과거의 것을 대표하는 것으로 상식화되었다. 이러한 지역문화 관념이 어떻게 형성되었는지를 이 절에서 살펴볼 것이다.

### 1) 지방, 민속, 그리고 전통

지역에서 문화라는 개념 혹은 관념이 어떻게 인식되고 이해되고 있는가라는 질문을 던져보면 상당히 흥미로운 결과를 얻을 수 있다. 그 한 예로 문화관광부에서 매년 실시하고 있는 『문화향수 실태조사』의 결과를 참조할 수 있는데, 이 조사에서는 사람들을 대상으로 '문화'가 무엇을 의미하는지를 매년 묻고 있다. 91년 조사의 경우는 '문화 이미지'라는 항목으로 '문화 하면 떠오르는 것'을 자기 기입식으로 적도록 했는데, 응답 결과 가장 많이 응답한 문화 이미지는 '민족 · 전통'(11.6%)이다. 이것은 전통문화, 민족문화, 민속문화, 문화유산 등과 계열체를 이루는 이미지들이다. 또한 이와 동일 계열체에 속한다고 볼 수 있는 국악 · 농악(3.4%), 역사(1.7%), 옛향수(0.4%) 등도 문화 이미지를 구성하는 중요한 어휘들이다. 두번째로 많이 응답한 문화 이미지는 '예술' 이미지다. '연극 · 영화 · 무용'(9.4%), '음악 · 미술'(8.2%), '예술창작'(7.8%), '책과 문학'(3.9%), '공연예술'(1.2%) 등이 예술로서의 문화 관념과 연결된 이미지들이다. 10년 후인 2000년에 조사된 『문화향수실태조사』에서도 문화 이미지에 대한 응답은 역사유산(25.0%), 전통예술(16.1%)로, 민족과 전통이라 답한 비율이 41.1%에 이른다.[6)]

---

6) 문화 연상 이미지 조사는 이후 문화향수실태조사 항목에서 누락되어 최근의

이 결과를 일반 대중에게 각인된 어떤 이미지 효과라 해석할 수 있다면, 문화를 민족이나 전통, 국악 등과 동일시하는 이러한 이미지는 또한 지역에 대한 일반화된 이미지와 강하게 연결되어 있음을 짐작할 수 있다. 즉 지역-민속・전통이라는 기호적 연합체(syntagme)가 지역의 성격을 규정하는 대중적 이미지로 자리잡고 있는 것이다. 이러한 이미지 혹은 기호가 어떤 과정, 특히 국가적 정책을 통해 형성되었는지 살펴볼 필요가 있는데, 그 한 원인으로 지목할 수 있는 것이 1958년부터 시작되어 현재까지 지속되고 있는 '전국민속예술경연대회'이다.[7] 전국민속예술경연대회는 지역을 근대라는 관점에서 발굴, 재구성하기 위한 국가적 프로젝트로, 지역을 선별적 전통인 미풍양속이 살아있는 곳으로 호명하는 주된 메커니즘으로 작용해 왔다.

제1회 전국민속예술경연대회는 1958년에 시작되었지만, 이것이 본격적으로 시작된 것은 1961년 2회부터, 즉 박정희 정권이 성립되면서부터이다. 이 대회는 1938년 조선일보 주최로 10일간 열린 '전조선향토연예대회' 중 '민속예술대회'가 그 전례가 되었다. 1958년에 시작된 전국민속예술경연대회는 농악, 민속극, 민속놀이, 민속무용, 민요의 다섯 개 부문을 경연을 통해 선발하는 형태를 갖추었으며, 1961년 2회 대회에서는 이 대회의 취지를, '유서 깊고 전통 있는 민속예술을 다시 찾아내어 육성함으로써 향토문화를 진흥시키고 민속의식을 앙양하여 국가재건을 위한 정신적 터전을 이룩함에 있다'고 밝히고 있다.[8]

---

결과를 참조하기 어렵다. 하지만 이 책의 2장에서 보여주듯이 광주시민을 대상으로 한 2005년 조사 역시 이와 유사한 결과를 보이고 있어, 여전히 문화라는 관념은 전통적인 것, 역사적 유산 등의 이미지가 강한 것으로 추론할 수 있다.

7) 전국민속예술경연대회 명칭은 1997년까지 사용되다가 1998년에 '전국민속예술축제'로 변경되었다.

8) 이두현, 「계승발전에서 국제 교류로-전국민속예술경연대회에 붙여」, 「한국일보」 1961. 9. 26.

▌표 1-4 ▌ 제1회 전국민속예술경연대회 심사기준

| |
|---|
| ○ 구성: 각 지방에서 출연시킨 모든 작품들이 고유의 원형을 어느 정도로 정확히 왜곡 없이 자의로 변개하지 않은 채 의상, 장단, 내용 등에 이를 보유해 왔는가 하는 점<br>○ 기술: 이러한 작품을 실제로 무대 위에 반영시킴에 있어 노래나 춤이나 연기가 어느 정도로 예술적으로 형상화했는가 하는 점. 이 두가지를 심사 요령의 2대 원칙으로 하여 구성 40점, 기술 60점, 합계 100점을 만점으로 한다. |

그런데 1962년 문화재보호법이 제정된 이후 경연대회에서 대상을 수상받은 종목이 무형문화재로 지정되는 사례가 많아지면서, 이것이 대회 수상을 위한 과열 경쟁을 불러일으킴과 동시에 민속경연이 연행 규모의 거대화, 스펙터클을 강조하는 방향으로 변질되는 계기가 되었다. 즉 민속예술경연대회가 구조적으로 전통을 '발명'하도록 부추기는 특성을 갖게 된 것이다. 민속의 발굴이라는 대회의 취지는 실제에 있어 고안과 변형, 발명과의 경계를 짓기 어려운 것이어서 대회가 진행될수록 새로운 민속을 만들어서 참가하는 사례가 점점 늘어나게 되었다. 또한 경연의 성격 상 경쟁을 통해 수상을 하기 때문에 경연의 경쟁력 요소라 할 수 있는 규모, 볼거리, 기술 등을 높이는 방법을 통해 그 화려함을 부각시키는 경우들도 증가했다. 그 결과 이미 1970년대에 들어서면서 경연에 참여하는 민속들이 단순히 원형을 보존하거나 발굴한 것에 그치지 않고, 심지어 존재하지 않는 것을 발명했다는 지적들이 등장하기 시작했다.

> '상을 타기 위해 심사위원과 관객을 지나치게 의식하여 과장공연하는 폐단이다. 관객의 기호에 맞도록 현대적인 색채를 가미해 원형 그대로를 재현한다는 당초의 의도와는 거리가 먼 결과를 빚고 있다.' (「조선일보」 1972년 10월 24일)

'예를 들어 전북팀의 〈벽골제 쌍골놀이〉는 처음 선보이는 종목이었으나, 그런 놀이가 없다는 반론까지 일 정도의 억지 무대화였다. 둘째로 지적된 것은 민속의 원형을 지나치게 각색하여 엉뚱한 놀이로 만드는 경향. 아마 이것은 화려하게 기교를 부려 현대적인 감각으로 처리하면 심사위원의 눈길을 모아 수상권에 들 수 있지 않겠느냐는 판단에서 빚어진 것 같다.' (「조선일보」 1975년 9월 19일)

이 때문에 대회의 형식을 경연대회가 아닌 축제로 전환해야 한다는 주장이 일각에서 제기되기 시작하고 설득력을 얻게 되었다. 하지만 이런 논란은 오래도록 지속되다가 1998년이 되어서야 대회의 형식과 명칭을 경연대회가 아닌 '전국민속예술축제'로 전환하게 되었다. 박정희 정권 시기의 문화예술정책은 여러 법적 행정적 제도화를 본격화함으로써 우리 사회의 문화예술 전반을 틀지우는 중요한 역할을 수행했다. 이런 정책의 일환으로서 전국민속예술경연대회는 우선 '문화란 민속과 전통'이라는 시각을 고정시키는 계기가 되었다.

비단 민속예술경연대회 뿐만 아니라, 박정희 정권의 문화정책의 기조도 지역을 민속과 전통에 연결시키는 한 원인이 되었다. 주지하듯이 박정희는 '민족'을 정권의 정당성으로 강조했다. 이러한 민족에 대한 강조는 민족 문화와 예술, 그리고 문화재에 대한 관심과 연결되었으며, 그것의 구체적인 정책은 문화재 정책으로 나타났다. 1960년대 박정희 정권의 문화재 정책을 살펴보면, 우선 1961년 문화재관리국이 설치되었는데, 이 조직은 고궁을 비롯한 왕실의 재산을 관리하던 구황실재산사무총국의 조직과 문교부 문화재보존과의 기능을 통합하여 문교부 소속의 외국(外局)으로 발족된 것이었다. 이어 1962년 문화재 보호법이 제정되었다. 문화재 보호법은 조선총독부가 1933년 일본의 국보보존법과 사적명승천연기념물보호법을 절충하여 제정한 '조선보물고적명승

천연기념물보존령'이 그 전거가 되었다. 문화재 보호법은 문화재를 이전의 보물, 고적, 명승 등의 명칭을 국보, 보물, 사적으로 변경, 통일하였고, 무형문화재와 민속자료를 지정문화재에 포함시켰다. 이 과정을 통해 역사적 황금시기를 대표하고 문화를 상징하는 것이 바로 '문화재'가 되었다. 문화재보호법은 문화재를 다음과 같이 정의하고 있다.

1. 유형문화재: '건조물, 전적, 서적, 고문서, 회화, 조각, 공예품 기타의 유형의 문화적 소산으로 우리나라의 역사상 또는 예술상 가치가 큰 것과 이에 준하는 고고자료'
2. 무형문화재: '연극, 음악, 무용, 공예기술 기타의 무형의 문화적 소산으로서 우리나라의 역사상 또는 예술상 가치가 큰 것'
3. 기념물: '패총, 고분, 성지, 궁지, 요지, 유물포함층 기타 사적지와 경승지, 동물, 식물, 광물로서 우리나라의 역사상, 예술상, 학술상 또는 경관상 가치가 큰 것'
4. 민속자료: '의식주, 생업, 신앙, 년중행사 등에 관한 풍속관습과 이에 사용되는 의복, 기구, 가옥 기타의 물건으로서 국민생활의 추이를 이해함에 불가결한 것'

문화재보호법은 문화유산을 지정하는 권한이 전적으로 국가에 있으며, 특정한 문화재의 중요성을 판단하는 척도가 어느 정도로 국가적 의미를 갖느냐라는 기준을 확립시켰다. 그 결과 민족 = 민족문화유산 = 문화재 = 문화라는 유추적 등가관계가 성립되고 이것은 다시 민족을 통해 상징되는 국가정체성의 중요한 요소가 되었다. 특히 문화재, 즉 유물과 유적이 민족과 문화를 상징하는 핵심이 되었다는 사실이 강조될 필요가 있다. 유물과 유적은 사라진 과거를 물질적 직접성을 띠고 감각적으로 느낄 수 있는 역사적 실체로 재현된다(Smith, 1985: 209). 그렇기 때문에 민족이나 문화라는 것이 추상의 어떤 관념이 아니라 구체적인 실체로 작용할 근거를 제공하게 되는 것이다. 이 때문에 박정희 정권 초기의 문화정책의 핵심은 문화재 정책, 즉 문화유적의 보존과 관리에 집중되어 있으며, 이는 이후 오랫동안 우리 사회의 문화 정책의 핵심 영역이 되었다. 민족을 정권의 철학적 기반으로 삼았던 박정희 정권에게 문화재란 그것의 구체적 증거이자 체현이며, 나아가 민족 그 자체를 의미하는 것이었다. 이 문화재 중심의 문화 정책 하에서 지역은 문화재의 보유지라는 위상을 부여받았고, 그 문화재가 표상하는 과거의 문화, 민족적인 것, 전통의 이미지를 그대로 내장하게 되었다.

이러한 민속예술경연대회 및 문화재 정책은 '새로운' 지역문화와 민속을 창출하고 보급하는 주된 장이 되었다. 또한 그 결과로 만들어진 무형문화재들은 민족정체성을 대표하는 문화예술이 되었고, 문화 = 전통예술과 문화재라는 기호적 등가를 구성하기에 이르렀다. 이것은 지역을 민속의 공간으로 만드는 일종의 하부구조로 작용했다. 지역에 산재해 있는 문화재와 전통예술은 선별적으로 민족의 이름으로 호명되고, 민속의 발굴은 한편으로 민족이라는 관념을 확대 재구성하는 동시에 지역을 민속의 근원으로 고정시키는 결과를 가져왔던 것이다.

### 2) 지역에 대한 이중적 시선의 형성

그런데 박정희의 문화정책에서 지역은 이중적으로 표상되었다. 한편으로 지역은 복원되어야 할 민족의 미풍양속인 '민속'의 공간이면서, 동시에 초가집으로 상징되는 지방의 과거는 부정되어야 할 것이기도 했다. 시간성의 측면에서도 민속과 전통은 지역의 모순을 구성한다. 보편적 전체나 중심은 근대의 현재적 시간을 지칭하는 반면, 민속과 전통의 장소인 지역은 시간적으로 동시대이지만 동시에 근대 이전의 것을 보유하는 이질적 시간대를 구성한다. 보편적 근대의 관점에서 이러한 이전의 이질적 시간은, 한편으로 보편적 근대를 통해 교정되어야 할 대상이자, 다른 한편으로는 근대 내에서 볼거리를 구성하는 '근대적 스펙터클'로 이중 의미화된다. 그 어느 쪽이든 지역은 편향된 시선과 권력에 의한 조작의 대상으로 격하될 뿐인 것이다.

지역의 전통을 소거할 것과 보존할 것으로 구분하는 그 경계선은 바로 '일상적인 것' 과 '의례적인 것'의 구분이었다. 지역 공동체에 뿌리내리고 있는 일상적 관습과 규약, 문화는 부정과 극복의 대상으로 간주되지만, 그러한 일상으로부터 벗어나 한시적으로 연행되었던 의례나 놀이는 민속으로 부활함으로써 지역의 전통을 맥락으로부터 탈구시키고 몰역사화시켜버린 것이 바로 박정희 정권의 지역문화 정책의 결과였다. 그리고 보존해야 할 지역문화에 대해서는 격상의 법칙, 즉 그 전통은 단지 지역에 그치는 것이 아니라 우리 사회를 대표하는 문화와 미풍양속으로 격상되는 메커니즘이 작동했다. 반면 그러한 전통이 아닌 지역적인 것은 국가의 하위적인 것으로서 '지방적인 것'으로 격하되었고, 지방은 중앙에 의해 통제되고 계도되어야 할 대상으로 위치지워졌다. 지역의 문화를 국가적 가치가 있는 것과 지방적 가치가 있는 것으로 나누는 이분법은 이후로도 지역을 사고하고 판단하는 핵심 원칙이 되었다.

지역이 이러한 이중의 압력에 처하면서 나타나는 필연적인 결과는 '좋은 것'을 선별하고 '나쁜 것'을 폐기하는 선별의 논리가 강화되는 것이다. 그렇다면 좋은 것으로 살아남은 과거, 재구성된 전통이란 어떤 것인가? 그것은 진기한 것, 볼만한 것으로서의 스펙터클, 그리고 민속경연대회에서의 입상과 같은 상품화 가능한 것들이다. 그리고 이 선별된 민속은 그 역사적이고 공동체적인 맥락을 거세당한 것이다. 탈맥락화되고 일상으로부터 유리된 민속과 전통이란 예외적인 것, 의례적인 것, 혹은 새롭게 만들어진 것일 뿐이다. 한 예로 1980년에 전국민속예술경연대회에서 국무총리상을 수상하고 중요 무형문화재로 지정된 밀양백중놀이가 어떻게 그 역사와 명칭, 연행 방식 등에서 새롭게 발명되고 구성되었는지를 보여주는 한 연구는, 이 민속이 정확히 공동체적 맥락에서의 탈구를 통해 구성되었음을 다음과 같이 보여준다.

> "밀양백중놀이에 모여든 사람들의 결합방식에는 두드러진 특징이 있다. 그것은 일단 놀이의 시공간을 벗어나자마자 그들 사이에는 지속적, 일상적인 결합이 거의 존재하지 않는다는 점이다." .. "밀양백중놀이를 구성하는 사람들과의 전체모임은 연희의 종료와 함께 해체되고 그것을 토대로 한 견고한 생활 공동체가 생성되거나 생활조직이 형성되는 경우는 전혀 없다." (이승수, 2007: 337~8)

한편 지자체의 실시는 한편으로 중앙정부로부터 지역의 자율성을 신장시키는 계기가 되었지만, 다른 한편으로는 지역은 스스로의 발전과 생존을 책임져야 하는 부담을 갖게 되었다. 지역에 대한 이중적 시선과 선별 메커니즘은 지역으로 하여금 이를 상업화하는 방향으로 몰아갔다. 거의 모든 지역들에서 예외없이 민속경연대회에 참가한 연희나 혹은 수상을 목적으로 개발된 민속 전통을 장소마케팅 혹은 '축제'로 연결시키는 노력들이 진행되었다. 지방자치단체가 각 도시와 지방의 경제적 성장의 책임을 맡게 됨에 따라 기업의 경영논리를 차용하여 지역의 경제적 이익을 위해 다각도의 노력을 기울이게 되었으며, 특히 지역 이미지를 개선하고 이를 상품화하는 장소마케팅과 관련된 사업이 집중적으로 추진되었다.'(정치영 · 김미숙, 2011: 18). 1995년 이전까지 중앙 문화정책의 핵심은 '문화유산의 보존과 개발', '예술활동의 진작', '문화복지의 증진'에 있었다. 그러나 이런 중앙집중적인 문화정책 하에서는 지역의 특성, 그리고 지역문화에 대한 관심이 문화정책의 핵심 의제로 설정되는 것은 거의 불가능했다. 하지만 1995년 지방자치제의 전면 실시는 지역의 고유한 문화적 관심이 문화정책의 핵심으로 들어올 수 있는 구조적 환경을 제공하였다. 지방자치제 이후 지역문화에 대한 관심의 증가에는 다음과 같은 이유들이 작용했다.

우선 지역의 민속과 전통을 지역 발전을 이끌 수 있는 자원으로 인식하기 시작하였다. 이른바 장소 판매라는 지역발전 전략이 경쟁적으로 도입되면서 장소적 매력, 즉 볼거리로서의 경관 뿐만 아니라 민속, 풍습 등이 마케팅의 요소로 주목받기 시작했다. 그 결과 대표적인 예로 순수 문화예술을 메가이벤트화하는 지역 정책들이 경쟁적 표출되기 시작했다. 특별한 지역 자원이나 산업 시설물을 갖지 못한 지자체들은 지역의 전통과 민속, 축제 요소들을 상품화의 새로운 경제적 도구로 충분히 간주할 만했다. 광주 비엔날레, 청주 공예비엔날레, 부산 국제영화제, 전주 소리세계축제 등은 대표적으로 지자제 이후 시작된 지역의 메가 이벤트들이다. 하지만 장소팔기 경쟁은 지역문화의 다양성을 확장하기 보다는 오히려 획일화를 가져오고, 지역문화의 관심을 상업화, 산업화함으로써 지역문화가 본래 갖고 있는 가능성들, 즉 주민들의 공동체적 결속이나 삶의 질 등과는 유리된 것이 되어버리는 부작용도 내포하고 있다.

이와 함께 문화예술을 지역주민의 삶의 질 제고, 지역정체성의 확립을 위한 수단으로 인식하기 시작했다는 점도 주목할 필요가 있다. 1970년대부터 싹트기 시작한 지역문화에 대한 정책적 관심은 역설적으로 지역민의 삶, 지역의 특수성 등에 대한 고려를 배제한 채, 문화재 등의 역사문화 유적에 대한 관심 혹은 예술 지원에 관심을 집중시킴으로써 문화에 대한 자생적 욕구를 배제, 소외시키는 결과를 낳았다. 민속예술 경연과 같이 지역의 삶과 공동체로부터 유리된 연희나 민속이 역설적으로 지역, 특히 지역주민을 소외시키고 배제하는 결과를 낳은 것이다. 이런 사정에서 지역 주민들에 의한 지역문화에 대한 관심은 자연스럽게 문화재나 유적이 아닌 무형의 문화적인 것들, 지역에서의 삶 등에 주목하는 결과를 낳았다고 볼 수 있다. 물론 이런 과정이 순탄하게 진행된 것은 아니다. 많은 연구들이 지적하고 있듯이 지역 축제나 마케팅을 둘러싼 지자체와 주민간의 갈등, 혹은 주민 내부의 갈등 등이 표출되기도 하였다.

지역에 대한 이중적 시선은 여전히 지역정체성에 굳건한 요소로 작동하고 있으며, 이 때문에 지역 = 지방 = 전통이라는 의미 계열체가 지역의 성격을 규정하고 있다. 문제는 이러한 계열체가 지역의 고유성을 있는 그대로 승인하는 것이 아니라, 왜곡된 환유의 논리로 작동하고 있다는 점이다. 그리고 이 환유를 작동시키는 힘은 지역이 아니라 지역 외부 혹은 중앙적 권력이라는 사실이다. 지역을 지방화, 그리고 상업화하는 이중적 시선은 첫째, 그것이 시대착오적이라는 점에서, 두번째는 그것이 전지구적인 상업화 경향과 결탁하고 있다는 점에서 시급히 교정될 필요가 있다. 무엇보다 지역의 사회적 현실을 구성하는 지역 주민들의 삶이란 전통적인 것이 아니라 현재적인 것이며, 이 현재적인 지역문화에 대한 이해에 바탕해서만 새로운 지역문화가 출현할 수 있을 것이다. 지역을 끊임없이 과거의 전통으로 연결시키는 것은 퇴행적인 것이다.

## 4. 지역문화 연구의 의의와 지역정체성의 회복

지역문화 연구는 실천적 측면에서 다양한 과제를 부여받고 있다. 지역문화 연구가 주목해야 할 관심과, 그러한 관심이 가지는 실천적 의의를 정리해보고자 한다.

### 1) 지역 정책의 문화적 전환(?)에 대한 비판적 성찰

최근 한국사회에서 지역에 대한 관심은 문화 담론의 형태로 표출되는 특징을 보이고 있다. 국가나 지자체의 정책 담론 뿐만 아니라, 시민사회에서 제기되는 다양한 의제들은 뚜렷하게 문화의 외양을 띠고 있는데, 이러한 현상은 일종의 '문화적 전환'이라 불러도 될 만큼 특징적이다. 대략 1990년대 중반부터 본격화된 지역문화담론은 국가의 지역균형발전에 대한 정책의 한 부분으로서 지역 발전을 추동할 수 있는 경쟁력 요소로서 문화 혹은 문화산업에 주목하고 있다. 문화산업에 대한 국가적 관심은 이미 이전부터 고부가가치 산업으로서의 효용성을 강조하는 방식으로 표출되어 왔지만, 지역발전 전략으로서의 문화 담론은 이에 더하여 지역의 갖가지 문화적 자원을 모두 발전의 툴(tool)로서 간주하거나 혹은 그러한 툴로 전환시켜야 한다는 주장들로 가득 차 있다.

그런데 이런 문화산업과 지역발전 담론은 문화를 매우 '모호한' 방식으로 호출한다. 문화는 때로 확실한 어떤 경쟁력 요소로 의미화된다. 즉 지역의 '신성장동력'이거나 '문화를 통한 도시 발전'이라는 표현 속에는 문화를 툴이나 성장 거점 등으로 지칭하고 있다. 또한 한편으로 문화 담론은 주민의 문화예술 향유, 삶의 질을 향상시킨다는 이상을 제시한다. 그렇지만 이 역시 개발을 통해 이루어야 한다는 논리를 담고 있다. 이러한 모순적 문화 담론을 종합해 본다면 이 역시 새로운 '개발주의 담론'이라 칭하는 것이 타당할 것이라 생각된다. 문화는 경제적 발전을 위한 일종의 환상의 해결책으로 호명되고 있고, 이 해결책은 경제적인 것과 개인의 삶의 질을 마법과 같이 공존하게 만들 것으로 기대되고 있다.

지역을 둘러싼 문화담론 역시 이 맥락에서 크게 벗어나지 않는다.

대부분의 문화 담론은 지역의 문화적 다양함이나 풍부함 보다는, 문화를 통한 지역 개발, 장소 판매, 도시 재구성 등의 개발 담론의 연장선상에 있는 담론들이다. '문화도시'나 '창조도시'와 같은 수사(rhetoric)들은 문화를 툴로 하는 도시발전 혹은 도시개발 전략들을 명시적으로 지향하고 있다. 문화는 단지 명목적인 매개물일 뿐이다.

오랫동안 저발전의 발전에 사로잡힌 지역은 예외없이 발전에 대한 열망을 갖고 있다. 그리고 지역의 발전이란 당연히 경제적 발전을 의미한다. 그것은 어느 지역에서나 공통적이며, 실제로 수도권과 지역의 경제적 불평등이 그만큼 심각하기 때문에 나타나는 현상이다. 문제는 이렇게 명확하게 표출되는 경제적 욕구가 '문화'라는 복잡한 개념과 접목되기는 쉽지 않다는 점이다. 많은 지역 도시들에서 진행되고 있는 사업들, 광주 문화중심도시, 부산 영상문화도시, 전주 전통문화도시 등 문화라는 이름을 건 지역개발 사업들은 여전히 그 장래가 불투명하다. 그것은 경제적 발전을 목표로 했을 때 문화는 검증되지 않은 발전의 툴이라는 점에서, 그리고 문화를 통한 지역 주민의 여건을 개선하는 것은 그것이 개발의 방식의 취하고 있다는 점에서 그러하다. 문화라는 관념이 혹시 여전히 개발을 정당화하는 위장막으로 기능하고 있는 것은 아닌지 비판적으로 성찰해 보아야 할 이유가 여기에 있다.

### 2) 지역문화 절대주의의 함정

대략 1980년대 무렵부터 지역 문인 혹은 지역 문학을 중심으로 중앙 중심주의에 대한 비판들이 등장하기 시작했다. 이 논의들의 공통점은 지역 혹은 지방을 중앙 중심주의의 희생양이 되어 왔음을 주장하면서, 지역을 중심으로 한 새로운 문학·문화 담론의 형성을 제안하고 있다는 점이다. 실제로 지역 문단이나 미술의 지역 화단 등이 거의 유명무실하거나, 혹은 지역을 중심으로 의욕에 찬 활동을 하더라도 중앙의 문단・화단이 인정하지 않거나 관심을 기울이지 않음으로 해서 결국 창작 의욕이 꺾이고 마는 일들이 실제로 있어왔기 때문에, 이런 지역 중심 실천의 제창은 상당한 공감을 불러일으킬 수 있었다.

하지만 이런 지역 예술과 문화에 대한 정당한 평가의 요구가 지나쳐, 이것이 중앙 중심주의에 대한 대안으로 주장되거나, 혹은 또다른 지방 중심주의의 제창으로 나아가는 경우도 있다. 이것은 지역문화 절대주의라 불러도 무방할 것이다.[9] 중앙에 대한 상대적 우위를 강변하는 이러한 문화관에는 퇴행적 시각이 도사리고 있다. 즉 여전히 지역을 전통과 민속의 공간으로 정의하고, 이러한 가치를 절대화하여 지역 '전통'을 볼모로 중앙에 대해 벌이는 문화적 농성이라 할 만한 것이 바로 지역문화 절대주의이다.

그런대 이런 지역문화 절대주의가 갖는 문제는 지역문화의 특이성이나 혹은 그 존재 자체를 정당화함으로써 지역문화가 갖는 역사성과 맥락을 등한시하고, 당연시된 지역문화를 정당화할 위험이 있다는 점이다. 앞서 살펴보았듯이 지역문화를 지방적인 것, 혹은 민속과 전통과 결부시키는 이미지는 역사적으로, 특히 정치적 권력작용의 결과로 구성되어 온 것이었다. 또한 그러한 민속과 전통이 지역사회가 본래 갖고 있던 구체적 삶의 맥락과 유리되어 만들어진 하나의 이미지이자 이벤트임을 고려할 때, 있는 그대의 지역문화를 정당화하거나 절대화하는 것은 곧 그 속에 숨겨진 권력작용을 그대로 승인하는 역설적인 결과를 낳게 된다. 지역문화를 전통이라는 이미지 속에 가두고 그것을 고유한

9) 예컨대 이러한 진술들이다. '지역문화는 공간적으로 중앙문화와 맞서면서 한국문화의 부분문화로 지리적 위상을 지니되 민족문화로서 특수성을 확보해주는 문화이다. ... 지역문화는 시간적으로 현대문화와 맞서면서 한국 전통문화의 역사를 이어가되 민속문화로서 특수성을 지니고 있는 문화이다.', 임재해, 2002: 34.

것으로 주장하는 것은 결코 지역문화에 대한 올바른 이해 방식일 수 없다.

따라서 지역문화를 긍정하고 승인하는 것은 지역문화 연구를 위한 하나의 출발점이지 그것의 귀결일 수는 없다. 중심주의 희생양으로서의 지역문화를 복원하는 것은 그것의 절대화가 아닌 상대성을 전제한 것이어야만 할 것이다. 이 전제 하에서 지역문화가 보여주는 다양성들을 그려내는 것이 필요하다. 해석되고 이해되어야 할 많은 지역문화들이 여전히 거기에 있다. 지역문화의 다양성은 이러한 전제 위에서 확보되어야 할 대상인 것이다.

### 3) 정형화된 서사에서 다원적 서사로

이론적이든 현실적이든 지역은 지금까지 일종의 비가시적 대상이었다. 사회학도 마찬가지로 항상 암묵적으로 '하나의 단일한 사회'를 가정해왔고, 그 사회적 현상을 일반화된 결과로 받아들여 왔다. 여기에는 어떤 공간적 차별화, 일정 공간을 단위로 하는 사회적 삶, 분할된 공간들에 각각 부여되는 이미지와 기호들에 대한 이야기들이 묻힌 채 하나의 단일한 표상, 환유의 논리만이 작동했을 뿐이다. 그것은 다름 아닌 일반화되고 '정형화'된 서사들인 것이다. 정형화된 굳어진 서사에 대한 비판은 료타르(Lyotard)의 '거대 서사'(grand narrative) 비판과 동일한 맥락을 공유한다.

근대 시기를 지배했던 담론들은 과학과 이성을 절대시하고, '정신의 변증법, 의미의 해석학, 합리적 혹은 노동하는 주체와 그의 해방, 부의 창조' 등을 주된 담론 내용으로 삼아 왔다. 이런 거대 서사들은 인식과 실천의 단일성을 강제하고 차이를 소멸시키며, 다양한 변이와 구체적 서사들을 억압하고 그것을 비가시적인 대상으로 만들어 버린다. 또 거대 서사는 합리적인 거대 주체를 상정함으로써 이런 주체의 요건으로부터 배제된 혹은 결함 있는 주체들을 소외시키고 타자화한다. 그리고 현실에서 이 거대 서사들은 특정한 자격있는 주체를 지목함으로써, 예컨대 백인·중산층·남성과 같은 위치를 특권적으로 창출함과 아울러 다양한 하위 주체들을 배제한다.

이런 진단과 함께 료타르가 제시하는 '차이의 활성화', '지역화된 작은 서사들'에 대한 옹호는 정형화된 거대 서사에 대한 효과적인 대안이라 할 수 있다. 지역들은 개별화된 서사들은 물론 정형화된 서사의 한 부분을 구성하기도 하지만, 또한 정형화된 거대 서사와는 다른 다양성과 변이들을 포함한다. 예컨대 '개발주의'(developmentalism) 담론을 생각해 보자. 우리 사회의 개발주의는 모든 지역을 아우르는 하나의 거대, 중심담론으로 근대화의 핵심 이데올로기로서의 역할을 수행해 왔다. 비록 그것의 주된 이익이 수도권 중앙과 특정 지역에만 한정되더라도, 모든 지역은 이 개발주의를 지역 발전의 핵심 이념으로 삼음으로써 그것을 지탱하고 재생산하는 하위 주체의 역할을 수행했다. 그런 점에서 지역들은 여전히 개발주의라는 거대 서사에 종속되어 있는 것이다. 하지만 동시에 지역은 이러한 개발의 이익에서 배제됨으로써 존속시키거나 혹은 보호할 수 있는 지역화된 담론들을 갖고 있다. 그것은 개발의 이념과 일치하지 않음에도 불구하고 살아남거나 변형되거나 새로이 만들어진 담론들이다. 최근 등장하는 '문화를 통한 지역 발전'은 이러한 지역화된 담론의 개발주의적 변형으로서 유의미한 사례라 할 수 있다. 2000년대 들어 모든 도시들이 지역 발전의 핵심 동력으로 '문화'를 동원하고, 그것을 통해 지역을 경제적으로 개발하려는 시도들은 개발주의 담론의 핵심에 그대로 닿아 있는 것이다. 그럼에도 불구하고 지역들의 문화 담론은 개발로 정형화될 수 없는 다양한 지역적 변이와 모순들을 드러낸다. 문화를 통한 지역 발전 담론 속에는 전통, 축제, 첨단 영상, 돌담길, 올레길 등 수많은 문화 '요소'들이 서로 모순적으로 대립한다. 이러한 통일될 수 없는 다양성이 바로 지역의 작은 담론들인 것이다. 우리가 확인하고 드러내야 할 것은 이런 담론들을 통한 개발의 의지가 아니라, 개발의 의지 속에 표현되어 있는 지역의 서로 다른 서사들과 문화들이다. 작고 다른, 다양한 문화들이 바로 지역문화인 것이다.

### 4) 중심/주변 이분법의 해체

지역은 중심에 대비되는 주변, 변방으로서 기능하고 존재해 왔다. 실체적이고 상징적인 의미에서 중심과 주변의 대칭관계는 당연시되어 온 현실이었다. 이 관계에서 주변은 항상 중심의 하위 종속적 위치에 처하게 되며, 중앙은 주변에 대해 언제나 인식, 실천, 평가의 준거로 작용하게 된다. 이 이분법은 근대가 유지시켜 온 강력한 이데올로기 체계이다. 특히 지역을 민속이나 전통과 동일시하는 것은 여전히 지역을 저발전의 틀에 묶어 놓고 그것에 기초하여 중앙의 권력을 유지시키려는 이데올로기 작용의 핵심이다. 하지만 근대성이 항상 중심만을 지향하는 것은 아니다. 버먼(Berman)은 '서양을 향해 열린 창'인 상페테스부르크를 '주변부에서의 근대성'이라 칭했다. 즉 때로 근대성은 중심이 아닌 주변에서, 혹은 야생성과도 같은 거리에서 서로 다른 모습으로 출현하기도 했다. 지역 역시 그러한 근대성의 장소이며, 중심의 근대성이 아닌 주변부의 근대성이다. 주변부의 근대성은 고유하고 독특한 문화, 공동체적 정서를 지닌 문화, 이분법에 저항하는 다원성의 문화를 포괄하고 있다. 이분법 구조 속에 억압되어 있는 이 주변부의 근대성을 옹호하고 확장하는 것은 억압적 근대성에 대한 하나의 대안인 것이다.

앞서 우리는 중앙-주변 이분법과 하위종속적 위치로서의 지역의 형성과정이 근대적 민족국가 형성의 전형적인 산물이라는 점을 확인하였다. 근대적 민족국가는 주권과 함께 영토 경계를 설정하고, 국가 정체성을 민족이라는 추상적 개념 속에 응축하고자 했다. 지역은 이런 국가 정체성을 확립하는 과정에서 다양한 방식으로 동원되고 이용되었다. 근대적 민족국가는 전지구화 경향 속에서 흔들리고 있고, 지역 역시 전지구화 속의 지역으로 전환되고 있다. 하지만 하위적-종속적 위치는 오히려 확대, 강화되고 있는 것도 지역의 현실이다.

중요한 것은 중심과 주변의 관계를 역전시키는 것이 아니라, 양자를 동일한 준거로 묶어놓은 이분법적 대립의 틀을 바꾸는 것이다. 문화는 분명 하나의 지역에만 갇혀있기 때문에 고유해지는 것은 아니다. 그리고 고유성이 단지 특이성으로만 승인된다면 그것은 지역을 민속이나 전통과 연결시키는 것과 다를 것이 없다. 지역문화에 대한 관심은 지역의 고유성을 과장하거나, 억압적인 방식으로 특이성을 부각시키는 권력을 분석하고 해체하는 것을 지향해야 한다. 즉 지역의 고유성이 무엇인가를 찾기 이전에, 먼저 무엇이 지역을 고유하게 만드는가라는 질문을 던져야 한다.

### 5) 주변성의 인정과 일상성의 회복

지역은 주변성, 일상성의 원천이다. 우리의 삶은 언제나 일상적이고 또 주변적이다. 중심부의 삶이란 현실에 따로 존재하는 듯 보이지만 사실은 환상이며, 근대적 삶이 만들어낸 이미지다. 중심의 삶을 지향하기 때문에 생겨나는 고갈되지 않는 욕망, 그로 인해 야기되는 원죄 같은 결핍의 느낌이 근대가 만들어낸 삶의 환상이다. 근대적 도시의 일상성은 환몽적이고 부유하는, 고향에 대한 그리움을 간직한 이방인의 일상성이다. 반면 지역의 일상성은 그러한 도시에 의해 승화되는 추상성이 개입하지 않는 덕분에, 구체적이고 전대-전근대가 공존하는, 고향의 이미지로 채워져 있는 일상성이다.

결국 지역문화의 제자리 찾기는 곧 편향된 유형의 삶을 정상인 것으로 만들어온 화석화된 일상을 깨고, 있는 그대로의 일상을 인정하고 회복하는 것이다. 우리는 너무 오랫동안 도시화된, 중앙 중심의, 첨단을 지향하는, 사회적 드라마 같은 삶만을 절대화해오지 않았던가? 중심의 삶이 '서울'로 상징되는 정형화된 추상적인 삶, 그리고 도시적 삶을 대표한다면, 지역은 주변화되고 구체적인 삶, 그리고 비도시적 삶을 대표한다. 지역의 삶이 존재한다는 것을 승인하는 것, 스테레오 타입화된 삶과는 다른 다양성을 확보하는 것이 의미있는 일상의 회복의 시작이다.

### 6) 지역문화의 맥락화와 지역성의 문화정치

중앙이라는 원심력에 이끌려 온 지역문화를 정당하게 인정하고 제대로 이해하는 것은 그 맥락을 존중하는 것에서 시작된다. 지역은 고유한 역사와 실천, 정서와 이미지를 갖고 있다. 지역을 맥락화하는 것은 곧 절대화된 지역 이미지를 상대화시키고, 지역의 고유한 정체성을 승인하는 출발점이다. 맥락에 대한 이해는 거대 서사에 의해 비가시화된 구체성들을 확인하는 작업이다.

글로벌화하고 있는 현대에 지역은 끊임없이 흔들리며 탈구하고 있다. 공간, 장소, 공동체는 더이상 동일한 경계 속에 놓여있지 않다. 이러한 탈구를 가져오는 힘들, 이민자, 국외 거주자, 전지구적인 문화의 상호 침투, 이동성의 증가 등은 근대적 믿음인 안정된 공간 경계와 정주라는 관념을 동요시키고 있다. 하지만 동시에 지역은 그러한 탈구적인 힘들에 대해 끊임없이 저항하며 재교정하려는 노력의 진원지이기도 하다. 그러한 미묘하면서 긴장적인 어떤 위치, 전통적인 공동체와 파편화된 탈근대적 공간 그 사이(inbetween)에 놓여 있는 것이 바로 현재의 지역이 갖는 위상이라 할 수 있다.

지역적으로 살아가는 동시에 전지구적으로 상호연결되어 있는 삶, 중앙이 아닌 지역이 전지구화하는 핵심 장소가 된다는 것은 어쩌면 비극일지도 모른다. 하지만 그럼에도 불구하고 지역적으로 살아가는 동시에 전지구적으로 상호연결되는 삶을 인정하는 이중 촛점(bifocality)이 요구되는 것도 지역이 갖는 한 특징이다. 중앙집중화되고 획일화된 익명적이고 억압적 힘으로부터 지역의 건강한 가능성을 확보하고 이를 통해 능동적이고 주체적인 문화를 형성시킬 힘을 지역에서 찾는 것은 단순한 수사가 아니다. 홀이나 아리프 딜릭 등 많은 문화이론가들은 전지구화에 대항하는 지역의 '힘'에 주목한다. 지역이 힘을 가질 수 있는 이유는 지역이 중앙과는 다른 논리에 의해 구성되며 작동하는 공간이기 때문일 것이며, 결국은 지역이란 다양성과 이질성이 현존하는 공간, 그러한 사람들의 실제 삶의 공간이기 때문일 것이다. 세계화는 획일화, 동질화하는 힘이며, 이 모든 삶을 자본화, 상품화하는 힘이다. 세계화는 상품과 자본의 논리에 따라 삶을 재배열하고, 삶의 특이성과 고유성이 아닌 시장의 보편성을 창출하고자 한다. 하지만 지역은 이러한 획일화, 표준화하는 힘에 대해 지역적 고유성에 기반한, 한계지워져 있기 때문에 오히려 집약된 힘을 표출할 가능성을 갖고 있다. 지역을 구체적인 장소들로 전환시키는 의미화의 문화적 실천은 전지구화, 획일화하는 권력에 맞서는 대항적 지도 그리기이다.

결국 지역성에 대한 관심은 그 자체가 하나의 문화적 실천이다. 지역성에 대한 강조는 지역의 주체들이 마땅히 누려야 할 '문화권리'를 주장하도록 하는 것과 밀접히 연결되어 있다. 지역문화 연구는 지역의 문화적 다양성이 타자적 특이성으로서가 아니라 문화가 가진 본래적 다양성으로서 존중될 것을 지향한다. 또한 이것은 지역의 주체들이 자신의 정체성을 고민하고 재구성할 기회를 확보하기 위한 것이기도 하다.

Chapter 2

# 문화적 정체성과 전통: 광주지역 사례연구[1)]

박해광 · 송유미

## 1. '문화'라는 대중의 관념

'문화'란 매우 복잡하며 포괄적이며 또한 혼란스러운 개념이라는 사실에 많은 사람들이 동의할 것이다. 우리는 이 복잡한 개념인 문화의 두 층위를 구분해서 생각해 보고자 한다. 첫번째 층위인 이론적 층위에서 문화 개념의 복잡성은 그것을 둘러싼 다양한 이론적 실천의 결과물로서, 이론적이고 논쟁적인 개념 내용을 갖는다. 이 경우 문화 개념을 둘러싼 혼란은 이론장 내의 실천이라는 형태로 작동하며, 그렇기 때문에 일정한 경계를 갖는다. 두번째 층위는 문화가 대중에게 널리 퍼져있는 어떤 믿음이나 상식을 표현하는 '어휘', 특히 클리세(cliche)가 되는 경우다. 이 경우의 문화는 대중이 사유하는 어떤 것의 표현 혹은 표상

1) 이 장은 『문화와 사회』 3호(2007)에 게재된 박해광 · 송유미, "문화정 정체성과 전통: 광주 사례를 중심으로"를 수정 · 보완한 것이다.

이며, 이 때 표현 혹은 표상이란 문화라는 어휘를 매개하여 표명되는 개인의 문화적 정체성, 그것을 확인하고 구별하는 작업, 즉 대중의 일상적 삶과 연결되는 확장된 의미를 갖게 된다. 물론 이 경우 '문화'는 그 개념의 다양성이 가진 맥락을 거세당한 채 대중들에게 어떤 의미로 사용되거나 받아들여지는 일종의 상투어일 가능성이 높지만, 이런 상투어는 대중의 문화적 정체성 구성에서 중요한 역할을 수행하는 것이 일반적이다.

이 두번째 층위, 즉 문화를 지칭하는 대중들의 언어에서 뚜렷이 드러나는 현상 중 하나가 문화를 '전통문화'로 간주하는 경우가 상당히 많다는 사실이다. 예컨대 '문화를 무엇이라 생각하십니까?'라는 질문의 응답에서 문화유적, 전통, 민속 등을 답하는 비율이 상당히 높은 비율을 차지하고 있다. 이런 현상을 대중 담론 속의 클리세라 명명해도 문제가 없을 것이다. 앞서 1장에서 이러한 문화 관념이 문화를 전통이나 민속과 연결시키는 국가 정책과 밀접한 관련이 있음을 시사한 바 있는데, 이 장에서는 이를 좀더 구체적으로 분석해 보고자 한다. 즉 왜 대중들은 문화를 전통으로 이해하는가라는 질문을 던져보고자 한다. 대중들의 전통에 대한 관심은 문화에 대한 정의에서 뿐만 아니라 대중들의 문화적 취향에서도 종종 확인된다. 일반적으로 판소리, 동양화, 문인화 등에 대한 예술적 선호, 혹은 한정식 등의 전통음식 등에 대한 선호 역시 대중문화와 대중적 담론 속에 뚜렷한 부분으로 자리하고 있다. 이러한 담론들은 문화와 전통과의 강한 연관을 확립하면서 그것을 끊임없이 재생산하는 기반으로 작동하고 있다.

그렇다면 이러한 전통이란 어떤 의미를 갖는가? 흔히 전통은 '과거로부터 연속되는 것', 즉 '어떤 집단이나 공동체에서 역사적으로 형성·축적되어 계통을 이루며 전하여 내려오는 사상·관습·행동 등의 양식 또는 그 핵심을 이루는 정신'을 지칭한다. 즉 현재에 살아있는 과거를 우리는 전통이라 부른다. 여기서 드러나듯이 전통이란 상대적인 개념, 즉 현재, 현대와 대비되는 개념이다. 또한 이런 과거로 지칭되는 전통이란 선별적이며 복원된 것이기도 하고, 때론 새로이 만들어진 것이기도 하다. 이런 점에서 전통이란 지극히 현재적 현상이라는 아이러니가 성립한다. 그렇다면 이렇게 현재에 호출된 과거란 무엇이며, 또 이러한 호출이 왜 이루어지는가 하는 점이 의문인데, 그 이유는 정체성 형성의 작업과 연관이 있기 때문인 듯하다. 에릭슨(Erikson)이 지적하듯이, 과거와의 연결을 만들어내고, 단절된 시간적 괴리를 과거의 기억들로 채움으로써 연속성을 확립하려는 노력은 정체성 구성의 가장 기본적인 작업이다(Erikson, 1997). 이런 정체성 작업은 민족국가 단위에서도, 지역 공동체, 그리고 개인 수준에서도 발생할 수 있다.

이와 연관하여 생각해 볼 또다른 문제가 '만들어진 전통' 혹은 전통의 발명이다. 홉스봄(Hobsbawm)은 우리가 전통이라 부르는 많은 것들, 고딕풍의 영국 국회의사당 건물, 스코틀랜드를 상징하는 퀼트 옷 등이 실은 가장 최근의 산물, 즉 만들어진 전통(invention of tradition)임을 지적한다. 이 만들어진 전통들은 인위적으로 과거와의 연속성을 내세운다는 공통점을 가지며, 관습과 같이 살아남은 과거와 구별되는 만들어진 전통은 다음의 세가지 특징을 갖는다. 첫째, 특정한 집단들, 실재하는 것이든 인위적인 것이든 공동체들의 사회 통합이나 소속감을 구축하거나 상징화하는 것들이다. 둘째, 제도, 지위, 권위관계를 구축하거나 정당화하는 것들이다. 셋째, 그 주요 목표가 사회화나 신념, 가치체계, 행위규범을 주입하는데 있는 것들이다. 대중 속에 들어와 있는 전통이라는 관념은 이 만들어진 전통을 포함하여, 과거와의 연속성을 확립하려는 노력으로 표현되는 문화적 정체성 작업의 한 형태로 볼 수 있을 것이다(Hobsbawm, 2005: 33). 만들어진 전통은 포괄적으로 전통이라 부르는 범주 속에 포함되어 대중들의 관념 속에 중요한 요소로 작동하고 있다.

이 장에서는 광주라는 공간에 한정하여, 문화와 전통이 연관되는 방식과 양상들, 전통 관념이 문화적 취향 속에서 작동하는 방식을 검토해 보고자 한다. 즉 전통문화가 대중의 문화 담론과 정체성 속에서 끊임없이 지속, 재생산되는 이유를 지역의 구체적인 맥락 하에서 해명해보고자 하는 것이 이 장의 주된 목적이다.

## 2. 전제적 논의: 광주라는 지역과 전통 담론

### 1) 광주 지역의 역사성

이 연구는 광주 시민을 대상으로 한 서베이 리서치 및 심층 인터뷰[2] 결과를 분석에 활용한다. 이 연구는 광주라는 공간으로 한정된 연구이며, 따라서 광주라는 곳에 대한 전제적 이해가 필요하다. 특히 광주는 '예향(藝鄕)'이라는 상징화된 아이콘으로 명명될 만큼 예술적이고 전통적인 분위기가 강한 도시로 표상되고 있다. 이러한 지역정체성과 이미지는 어떤 식으로든 광주 시민의 문화 담론에 영향을 미쳤을 것으로 가정할 수 있다.

광주 시민들이 보여주는 전통에 대한 관념과 광주라는 공간을 연결시키기 위해 우선 검토해야 할 것은 바로 광주라는 공간 자체가 가지는 특수성이다. 흔히 한 도시의 역사가 오랠수록 전통이라는 관념과 강하게 연결될 것으로 예상하는데, 실상 광주는 이러한 연관을 가정하기

2) 분석에 사용된 자료는 2005년 「광주사회문화현황조사」 결과이다. 7년 전의 자료여서 그 시의성에서 다소 결함이 있지만, 이와 비견될 수 있는 자료나 조사결과가 없기 때문에 이 자료를 그대로 이용하였다. 조사는 16세 이상을 광주 시민을 모집단으로 하여 2005년 7월 20일부터 한달간 이루어졌으며, 표본수는 1,000명이다. 표본의 특성과 심층 면접자 명단은 〈부표 2-1〉, 〈부표 2-2〉에 제시되어 있다.

어려운 도시적 특성을 갖고 있다. 사실 광주의 핵심 지역은 그 자체로 지극히 근대적인 공간이자 근대에 만들어진 공간이다. 광주는 1913년 조선총독부의 전국 지방행정구역 개편에 의해 기존의 광주군과 별도로 광주면으로 신설되었고, 광주면에 대한 시가지 조성과 공간 배치 등을 통해 형성된 신도시다. 광주는 1931년 시가의 전역을 33개 정(町)으로 구획하고 명칭을 변경하여 광주읍으로 승격됨으로써 오늘날의 광주의 기본적인 모습을 띠게 된다. 한편 지역 근대화에서 해방과 함께 이루어진 경제개발은 농촌경제 중심의 농업사회를 급격히 해체시키고, 일제시대의 중심도시로 기반을 다진 광주는 인구의 집중과 함께 대도시로 성장했다. 광주읍은 1949년 지방자치법 시행에 따라 광주시로 개칭되었고, 1980년대 도시 외곽으로 팽창하면서 공간이 확대되었다. 1986년 직할시로 승격되고 1988년 광산군이 광주직할시로 편입됨으로써 현재의 공간적 구획을 완성하였고, 1995년 광역시로 개칭되었다.

이렇듯 광주시는 과거로부터 존속해왔던 지역 경계가 명확하지 않으며, 식민지 근대화 이후의 도시 성장과 함께 끊임없이 자신의 경계와 정체성을 변화시켜 온, 근대에 생산된 공간이다. 과거와의 단절을 통해 자신을 확립시켜 온 근대 도시는, 자신의 완성과 함께 그 짧은 생산 과정을 역사화하려는 욕망을 표출한다. 근대적 공간인 광주가 보여준 모습도 이와 다르지 않다. 근대의 성장과 함께 만들어진 도시인 광주가 가진 그 고유성 중의 하나가 역사성에 대한 과도한 집착을 꼽을 수 있다. 그 노력은 다른 지역에 비해 광주가 가진 역사성의 부재를 한탄하면서 어딘가 숨겨져 있을 '역사'를 발굴하려는 노력으로 표출된다. 그러한 기대와 열망을 대변하는 상징적인 유적이 바로 광주 읍성이다. 광주 읍성은 축조 연대조차 불명확하지만 과거 광주에 있었던 역사를 대변하는 유적이며, 이것이 사라진 것은 일제의 식민지 통치와 근대적 도시계획에 따른 것이었다. 광주 읍성을 발굴하여 광주의 역사성을 확인해야 한다는 요구는 언론을 비롯한 지역 시민사회를 통해 끊임없이 제기되어 왔다.

> 그렇지 않아도 광주는 역사가 없는 도시로 인식되고 있다. 한번도 도읍의 자리에 서지 못하고 변방에만 놓여 있다보니 시가지 어디에도 광주의 역사를 내보일 상징적인 옛터 그러니까 고기(古基)가 없어 신흥도시라는 인상이 강하다. 이는 국내외에 왜 광주가 문화중심도시로 적지인지 의문을 갖게 하는 대목이었다. 다행히 광주에는 광주 읍성이 있었다.
>
> 1879년에 발간된 광주읍지에 따르면 읍성은 현 도청을 중심으로 둘레가 8,253척(尺)에 이르고 돌로 쌓아 올린 성벽의 높이가 9척에 달하는 내성이다. 동서남북에 축조된 4대문은 모두 2층구조로 동문은 서원문(瑞元門), 서문은 광리문(光利門), 남문은 진남문(鎭南門), 북문은 공북문(拱北門)이라고 기록하고 있다. 주민들은 이성문을 통해 왕래했으며 도로 역시 이를 중심으로 개설됐으나 1906년부터 훼손되어 일제강점기에 도시계획이 시행되면서 1914년에 마저 철거된 것으로 추정된다. (전남매일, 2003년 10월 6일)

> 과거 산발적으로 논란이 일던 읍성의 실체를 학술적으로 입증하여 광주의 역사성을 부각시켰고 이를 복원한다면 도시의 면모를 전주처럼 고풍스럽게 하여 시민의 큰 자랑거리가 된다는 점이다. 회색의 도시에 4대문이 들어서면 광주의 모습은 그때 역사가 숨쉬는 땅으로 바뀌어 신흥도시라는 달갑지 않은 별칭을 벗을 수 있기 때문이다. (전남매일, 2002년 9월 26일)

광주 읍성의 발굴이 이렇게 지역의 주요한 담론의 하나로 회자되는 것은 광주의 역사적 중요성을 끊임없이 발굴하고 더 오랜 역사적 시간으로 연장하려는 노력의 표현이다. 이것은 역설적으로 광주가 지극히 근대적인 공간임을 보여주는 것에 다름 아니다. '신흥도시'가 아니라 '전통을 가진 도시'라는 명칭을 가지고자 하는 열망은 근대 공간이 보여주는 보편적인 모습의 하나인 것이다.

### 2) 광주의 지역정체성과 예향 담론

광주는 예향으로 불리는 곳이다. 흔히 '마을마다 소리꾼이 있었고 한 집 건너 그림 그리는 이가 있었으며 농사를 지으면 인근에 사는 예술쟁이에게 먼저 갖다주는 인심이 있는 고장'이 예향 광주의 이미지다. 적어도 광주 시민들은 예향이라는 명칭을 자랑스럽게 받아들인다. 예향으로서의 광주를 지탱하는 자원은 의외로 많다. 남성숙(1999: 86)은 예향론의 뿌리를 크게 세 개로 구분하는데, 그 첫째는 광주 주변의 식영정, 환벽당, 독수정, 소쇄원, 풍암정 등의 정자에서 정치를 토론하고 시를 읊었던 사림들의 가사문학이 손꼽힌다. 이 가사문학은 호남의 격조 높은 남도정신을 지탱하는 뿌리라고 얘기된다. 두번째는 남도 미술을 들 수 있다. 소치, 미산, 남농, 의재로 이어지는 남종화 전통은 한국미술의 뚜렷한 맥을 형성했던 것으로 그 자부심을 드러내며, 여기에 김환기, 오지호 등의 현대 미술이 접목되어 예향 이미지를 구성하고 있다. 마지막 뿌리로 남도 국악을 꼽을 수 있는데, 개화기 명창으로 이름 높았던 임방울(1902-1961?)을 비롯하여 남도 소리와 민요의 맥을 잇고 있다는 자부심도 예향 정체성을 구성하는 중요한 요소다.[3)]

하지만 실상 예향이라는 광주의 도시 정체성은 그다지 오랜 역사를 갖고 있는 것이 아니다. 1984년 한 지역 언론사에 의해 『월간 예향』이라는 잡지가 창간되면서 예향이 대중 담론으로 전화하는 계기를 마련했고, 이어 광주시와 구청이 힘을 합해 동구에는 '예술의 거리'를, 그리

3) 이 외에도 의재가 애용했던 진다리 붓 제작, 현대적으로 구성된 오월미술 등이 예향을 구성하는 요소로 포함될 수 있을 것이다.

고 북구에는 '전통예술의 거리'를 조성하면서 예향을 실체를 구성하고자 했다. 여기에 덧붙여, 예향 이미지를 확립하도록 만든 사건이 바로 1995년 광주 비엔날레의 개최다. 비엔날레는 대규모의 현대 미술 축제로서, 광주의 예향 이미지에 근거하여 개최됨과 동시에, 이러한 비엔날레의 도시, 예향이라는 이미지는 서로 상승하는 효과를 만들어냈다. 실제로 비엔날레 창립선언문은 '예향 광주'를 적극적으로 활용하며, 비엔날레가 그 역사의 연장이자 확대 발전임을 명시하고 있다.[4] 이런 점에서 예향이라는 광주의 지역정체성은 명백히 '만들어진 전통'의 혐의가 짙다. 특히 정근식은 이러한 예향이 상징투쟁의 결과임을 밝히고 있는데, 그것은 민주성지이자 5·18 도시인 광주 이미지를 윤색하려는 일종의 정치적 노력의 결과였다는 것이다(정근식, 1996). 즉 비엔날레가 만들어지던 시기에 예향은 광주의 뚜렷한 지역정체성으로 자리잡지 못하고 있었고, 오히려 5월 광주, 민주 성지 이미지와 경합하던 하위적 정체성에 지나지 않았다. 그런 점에서 예향이라는 지역정체성은 만들어진 전통에 가까운 것이라 할 수 있다.

이러한 광주라는 근대적 공간이 지닌 특징과 지역정체성에 근거하여, 광주 지역에서 전통에 대한 인식이 어떻게 변주되고 있는지를 살펴보고자 한다.

## 3. 문화적 정체성의 양상들

### 1) 문화의 정의 방식

앞서 '문화란 무엇인가'라는 질문에 대한 답은 대중의 믿음을 구성하

4) "광주 비엔날레는 광주의 민주적 시민정신과 예술적 전통을 바탕으로 건강한 민족정신을 존중하며 지구촌 시대 세계화의 일원으로 문화생산의 중심축으로 ..", 광주 비엔날레 창립선언문, 1995.

는 클리세이자, 또한 그 자체가 스스로의 문화적 정체성을 구성하는 대중의 실천이며 그 결과라고 전제한 바 있다. 이 전제 하에서, 광주에서 문화란 대중에게 어떠한 개념으로 이해되고 있는지 살펴보자. '문화'란 무엇이라고 생각하는지에 대한 조사 결과는 '사람의 생활이 윤택해지고 여가가 늘어나는 것'이 가장 높은 비율을 보였고, 그 다음이 '역사적 유산과 전통축제' '미술, 음악, 연극 등의 예술', '다양한 생활양식', '학문이 성장하고 교육수준이 높아지는 것', '사회생활의 안정과 갈등의 감소', '과학기술의 발달과 편리성', '문화산업과 문화상품' 등의 순으로 응답하고 있다. 결과는 아래의 표에 제시되어 있다.

**표 2-1** 문화에 대한 정의

| | 빈도 | 퍼센트 |
|---|---|---|
| 미술 음악 연극 등의 예술 | 168 | 16.8 |
| 역사적 유산과 전통축제 | 202 | 20.2 |
| 생활의 윤택과 여가의 증가 | 267 | 26.7 |
| 과학기술 발달과 편리성의 증가 | 48 | 4.8 |
| 학문성장과 교육수준 향상 | 103 | 10.3 |
| 사회생활 안정과 갈등의 감소 | 65 | 6.5 |
| 다양한 생활양식 | 115 | 11.5 |
| 문화산업 문화상품 | 32 | 3.2 |
| 합 계 | 1,000 | 100.0 |

일차적으로 이 문화 정의 내용 중에서 전통이라는 응답이 20.2%라는 상당히 높은 비율을 차지한다는 사실이 관심을 끈다. 하지만 비슷한 질문으로 구성된 조사인 문화관광정책연구원의 「문화향수실태조사」와 비교해 보면 상당한 차이가 드러난다. 1997년 및 2000년의 문화향수실태조사에서 전통으로 분류될 수 있는 '역사유산'과 '전통예술'을 합한 비율은 전체의 52.8%와 51.1%인 반면(문화관광정책연구원, 1997, 2000),

광주 조사에서 전통으로 분류될 수 있는 '역사적 유산과 전통 축제'의 응답 비율은 20.2%에 지나지 않는다. 물론 각 응답 범주들이 조금씩 개념 내용을 달리 하지만, 그럼에도 불구하고 광주에서 문화를 '전통'으로 인식하는 비율은 전국 조사와 비교할 때 상당히 낮은 비율임을 알 수 있다. 이것은 가사문학이나 남종화 전통, 국악 등의 이미지, 즉 전통과 매우 가까운 예향 이미지를 스스로 내면화하고 있는 광주 시민의 응답 결과로 보기엔 상당히 모순적인 결과인 것이다. 이 결과에 대한 분석은 몇 가지 요소들에 대한 검토를 통해 뒷부분에서 이루어질 것이다.

한편 또 다른 관심은 이러한 전통 문화 관념이 어떤 집단에 의해 지지되는가 하는 점이다. 앞에 제시된 2005년 조사 결과 중 문화에 대한 대표적인 정의 방식인 문화예술, 전통문화, 생활양식, 문화산업의 네 범주만을 추출하여 집단별 차이를 살펴보았다.[5] 이 분석에서 우리는 문화에 대한 인식에 차이를 가져오는 계급과 문화자본의 영향이라는 부르디외(Bourdieu, 2005)의 논의를 염두에 두었다.

성별 차이는, 남성과 여성 모두 전통문화를 문화로 간주하는 경향이 높은 가운데 남성은 여성보다 생활양식에 답하는 경우가 많은 반면, 여성은 남성보다 문화예술과 문화산업을 문화로 간주하는 경향이 훨씬 높았다. 전통문화 응답도 여성보다는 남성이 다소 높다.

연령별로는 상당히 흥미로운 결과를 보여준다. 문화를 전통문화로 이해하는 것에는 뚜렷하게 세대 효과가 작동함을 알 수 있다. 10대는 문화를 무엇보다 문화예술로 정의하고 있지만, 전통문화 인식 역시 상당히 높다. 반면 문화를 생활양식으로 정의하는 비율은 상대적으로 가장 낮다. 반면 20대, 30대, 40대는 거의 동일한 문화 정의 방식을 보여

---

5) 이것은 서로 뚜렷이 구분되는 문화 개념을 부각시키기 위해 조작적으로 재구성된 것이다.

준다. 이 집단, 즉 청장년층은 문화를 무엇보다 '전통문화'로 정의하는 비율이 가장 높고, 그 다음이 문화예술이다. 50대와 60대 이상은 10대와 가장 유사한 응답 결과를 보여준다. 즉 문화는 문화예술로 정의되고 그 다음이 전통문화이며, 상대적으로 생활양식으로서의 문화 개념이 낮은 응답을 보이고 있다. 10대와 5, 60대의 문화에 대한 정의가 문화예술이 지배적인 것은 어떻게 해석해야 할까? 이들은 학력과 소득도 낮은 편이라는 공통분모가 있다.[6] 하지만 10대가 고급 문화시설과 행사에 가장 많이 참여한 반면, 50대와 60대는 거의 참여하지 않는 세대임을 고려할 때, 5,60대가 문화예술을 문화로 정의한 것은 자신의 문화적 정체성이 확실하게 성립되지 않은 상태에서 전문가나 평론가의 권위를 따른 내면화의 결과로 볼 수 있다. 덧붙여, 10대의 세대적 감성은 전통이라는 개념에 가장 멀리 있는 경향이 있다는 사실도 부가될 수 있을 것이다. 반면 20대, 30대, 40대는 모두 전통문화를 문화적 정체성으로 삼고 있었는데 이들 집단은 광주에서 나름대로 학력과 소득이 중간층에 위치한 세대이며 활발한 사회활동을 하고 있는 청장년층이다.[7] 또 이들 집단은 광주전남지역축제 참여에 있어서도 상당히 높은 참여율을 보였는데 광주전남지역축제의 성격이 전통문화와 지역문화에 가깝다고 할 때, 이들은 나름의 확고한 문화적 정체성을 정립한 상태에서 전통문화를 문화의 정의로 선택한 것으로 볼 수 있다.

학력별로는 얼핏 학력 효과가 일관되게 나타나지 않는 것으로 보인

---

6) 이들의 학력은 모두 중졸, 고졸로 비슷하지만, 10대는 아직 어리기 때문에 고졸 이하인 것은 당연한 일인 반면 50대와 60대가 대부분 중졸이거나 고졸인 까닭은 어려웠던 가정형편이라든가 그 세대들이 교육과정에 있을 당시의 사회적 분위기 때문으로 그 이유가 달라진다. 한편 가구소득 또한 10대는 51.4%가 대부분 2001-3,000만원 수준이었는데, 5,60대는 2,000만원 이하가 대부분이었다.

7) 이들은 주로 대졸과 고졸 학력이었고 다른 세대에 비해 2,000만원 이상의 가구소득 소유자들이었다.

다. 종졸 이하 저학력 집단은 문화를 압도적으로 문화예술로 이해하는 반면, 고졸 집단은 또한 압도적으로 문화를 전통문화로 이해하고 있다. 이 결과는 부르디외나 갠스(Gans)와 같은 위계적 문화 개념에 입각해서는 해명되지 않는다. 두 집단이 보이는 공통점은 문화를 어느 한가지로 압도적으로 정의하는 경향이 있다는 점인데, 이 두 집단을 대체로 문화 개념을 성찰적으로 사유해 볼 기회를 제공하는 교육 효과가 적었던 집단으로 가정해 본다면, 이 집단들의 문화 정의는 일반적인 통념에 의지한 인식 결과를 보여주는 것으로 해석해야 한다. 중졸 이하 집단은 가장 적은 문화자본을 소유한 집단으로 문화적 정체성이 미확립된 상황에서 보이는 권위에 의존한 결과이며, 이는 부르디외가 지적하는 문화적 선호의 결과를 보여주는 것으로도 해석해 볼 수 있을 것이다(Bourdieu, 2005). 고졸 집단은 이러한 권위를 전통에 의존한 결과로 이해된다. 또한 이는 뒤에서 살펴보겠지만, 이들 집단이 이 지역에서 겪었던 경험들을 일정하게 반영하는 것이기도 하다. 이들 집단과 달리 전문대졸 이상의 문화 경험과 성찰의 교육 효과를 받은 사람들은 문화를 다양하게 정의하는 것으로 드러난다. 물론 전통문화 비율이 상대적으로 높기는 하지만, 문화예술 비율 보다는 생활양식 비율이 높은 것도 매우 흥미롭다.

소득이 사람들의 직접적인 문화 정의에 미치는 영향을 인과적으로 설정하기는 쉽지 않다. 하지만 부르디외가 지적하듯이 소득과 교육은 문화의 계급적 향유를 결정하는 가장 중요한 변수이기 때문에, 높은 소득은 위계적 문화의 상층과 연결되는 것이 일반적이라 할 수 있다. 소득 수준에 따라 임의적으로 4개의 집단으로 구분하고 각 집단별 문화 정의 내용을 분석한 결과, 대체로 소득수준이 낮을수록 전통문화 개념을 지지하는 경향이 있으며, 또 반대로 소득수준이 높을수록 생활양식으로서의 문화 개념 비율이 높아지는 경향을 드러낸다. 흥미롭게

도 생활양식으로서의 문화 개념은 가장 높은 수준의 문화 정의를 대표하고 있다. 교육과 소득이 문화 정의에 미치는 영향을 고려해 볼 때 전통 개념과 계급과의 관련은 상당히 뚜렷하게 확립되어 있다고 결론지을 수 있을 것이다.

**표 2-2** 집단별 문화 정의 방식

단위: 명, %

| | | 문화에 대한 정의 | | | |
|---|---|---|---|---|---|
| | | 문화예술 | 전통문화 | 생활양식 | 문화산업 |
| 성별 $x^2$ = 7.99 p = .04 | 남 | 71 (29.1) | 100 (41.0) | 63 (25.8) | 10 (4.1) |
| | 여 | 97 (35.5) | 102 (37.4) | 52 (19.0) | 22 (8.1) |
| 연령 $x^2$ = 26.25 p = .03 | 10대 | 18 (41.9) | 14 (32.6) | 7 (16.3) | 4 (9.3) |
| | 20대 | 34 (29.3) | 48 (41.4) | 29 (25.0) | 5 (4.3) |
| | 30대 | 27 (23.5) | 44 (38.3) | 33 (28.7) | 11 (9.6) |
| | 40대 | 24 (24.7) | 43 (44.3) | 25 (25.8) | 5 (5.2) |
| | 50대 | 29 (45.3) | 23 (35.9) | 9 (14.1) | 3 (4.7) |
| | 60대 이상 | 36 (43.9) | 30 (36.6) | 12 (14.6) | 4 (4.9) |
| 학력 $x^2$ = 33.56 p = .00 | 중졸이하 | 45 (50.0) | 28 (31.1) | 14 (15.6) | 3 (3.3) |
| | 고졸 | 65 (29.0) | 105 (46.9) | 36 (16.1) | 18 (8.0) |
| | 전문대졸 이상 | 58 (28.6) | 69 (34.0) | 65 (32.0) | 11 (5.4) |
| 소득 $x^2$ = 28.48 p = .00 | 2000만원 이하 | 52 (36.4) | 56 (39.2) | 27 (18.9) | 8 (5.6) |
| | 2001-3000만원 | 60 (28.2) | 103 (48.4) | 39 (18.3) | 11 (5.2) |
| | 3001-4000만원 | 39 (39.4) | 29 (29.3) | 25 (25.3) | 6 (6.1) |
| | 4001만원 이상 | 17 (27.4) | 14 (22.6) | 24 (38.7) | 7 (11.3) |
| 전체 | | 168 (32.5) | 202 (39.1) | 115 (22.2) | 32 (6.2) |

그렇다면 교육과 소득 효과에 의해 낮은 문화 개념이 전통으로, 높은 문화 개념이 생활양식으로 이해되는 경향은 무엇을 의미하는가? 생활양식으로서의 문화는 우선 의미론적으로 상당히 높은 '문화적 삶'을 지칭하는 것으로 보인다. 이런 점에서 생활양식은 정신적 고양을 지칭하

는 문화예술과 사실상 동의어로 이해되고 있는 것 같다. 심층인터뷰에서도 높은 학력을 가진 사람들이 대체로 이런 이해방식을 드러내고 있다.

> "좀 뭐신가 생각할 수 있는 그런 장소들, 맨날 놀기 위한 장소라기보다는 뭔가 그 어떤 그러한 어떤 동산이라든가. 시내 뭐 다 터버리고 만든다고 어쩐다고 하는 것 같드만. 그런 것도 잘 될까 모르겠고. 주로 산책하면서 사색을 할 수 있으면 좋지. 아무래도 그 생각하는 것이 달라지잖아요." (정홍○, 67세, 대학원졸)

문화를 생활양식으로 이해하는 것은 상당히 성찰적인 문화 정의를 내포한다. 문화가 별개의 어떤 대상이 아니라 삶 속에서 구성되는 결과라는 인식은 문화에 대한 다양한 정의 가운데서 일종의 구별짓기를 실천하는 것처럼 보인다. 이것은 교육 효과를 상기해본다면 설득력이 있다.

> "문화는... 그냥 우리가 느끼는 것. 한마디로 그거잖아. 우리는 그냥 평소에 생활방식이나 그런 것들이 있겠잖아? 문화론자? 문화 이런 거 연구하는 사람들은, 나는 그냥 즐기고 있는데, 그걸 하나의 어떤 문화라고 하나의 어떤 용어로 말을 하잖아? 근데 일반 사람들은 이게 어떤 문화이다 인식을 못하고 그냥 주변 사람들과 생활하는 거. 단지 그걸 지역마다 특색이 있으니까 어떤 문화 어떤 문화 구별을 짓는 거고." (정계○, 25세, 여, 대졸)

이상의 내용을 간략히 요약해본다면, 하나의 문화적 실천으로서 사람들이 보여주는 문화 정의에서 전통이 상당한 비율을 차지하지만, 광주로 한정할 때 이는 전국과 비교하여 상대적으로 낮음을 알 수 있었다. 또한 문화 정의는 집단별로, 특히 계급별로 상이한 결과를 보여주었으며, 낮은 계급일수록 전통과 문화예술에, 반대로 상층일수록 생활양식 개념에 주목하는 결과를 보여주었다. 이제 이 결과를 대중의 문화적 취향과 비교하여 검토해보고자 한다.

### 2) 문화적 취향과 전통

문화적 취향은 단일한 척도로 환원될 수 있는 변수가 아니라 관심의 차원, 참여의 차원, 선호의 차원을 포괄한다(서우석 · 이호영, 2006). 이 조사는 관심과 선호의 차원만을 포함하고 있으며, 취향 분석에서는 음악, 미술의 관심과 선호의 차원을 살펴보고 있다. 음악과 미술에 대한 선호는 고급문화, 중상급문화, 대중문화, 광주의 전통문화라는 네 범주로 느슨하게 구분하여 조사되었다. 이 구분은 범주간 배타성이 엄격히 지켜지지는 않고 있다는 한계가 있지만, 다만 이 중에서 광주 지역과 관련한 '전통'이라는 범주는 타 범주와 배타적으로 구분되기 때문에 전통에 대한 선호를 확인하는 지표로서는 충분한 변별력을 가진다. 이 네 범주를 대표하는 음악가 및 미술가를 선정하여, 이들에 대한 취향을 질문했다. 음악에서는 베토벤, 루이 암스트롱, 동방신기와 송대관, 임방울[8] 중에서, 미술 부문에서는 피카소, 이중섭, 이현세, 허백련[9] 중에

---

8) 국창 임방울의 대명사로 판소리 춘향가 중에서 춘향이 옥중에서 이도령을 그리워하며 부르는 소리로 그 부분만 따로 쑥대머리라는 이름으로 널리 사랑받고 있다. 임방울은 1904년 광주시 광산구 송정동 수성마을에서 태어나 조선 5대명창으로 사후 1966년에 광산향토문화연구회가 임방울기념비추진위원회를 구성해 출생지인 광주시 광산구 송정공원에 기념비를 세우고 민초의 소리꾼을 기린 바 있다(남성숙, 1996).

9) 미술에서의 허백련을 선호하는 것은 광주만의 독특한 지역성에 바탕을 두고 있다. 허백련은 서울로 올라가지 않고도 광주 운림동에 있는 자택 허백련춘설헌(許百鍊春雪軒)에서 30여년 머물면서 독특한 남화의 일가를 이룬 미술가로서 예향 광주의 대표적 이미지였다.

서 선택지를 주고 그중에서 선호하는 작가를 선택하도록 했다.

음악적 취향에서 광주 시민들이 가장 선호하는 음악가는 압도적으로 동방신기나 송대관과 같은 대중음악가인 것으로 다음으로 베토벤, 임방울, 루이 암스트롱의 순으로 나타났다. 하지만 이 결과는 선호와 인지가 혼재되어 있는 것으로 해석되어야 할 것이다. 베토벤은 클래식이라는 높은 수준의 예술을 대표하기도 하지만, 동시에 우리 사회에서 가장 유명한 클래식 음악가를 대표하는 것이기도 하기 때문에, 인지의 결과가 상당히 반영되어 있다. 루이 암스트롱도 물론 우리 사회에서 가장 유명한 재즈 음악가 중의 하나이지만, 베토벤에 비해서는 상대적으로 인지가 낮은 것으로 해석하는 것이 타당할 것이다. 반대로 임방울은 광주에 거주하는 사람이라면 거의 인지하고 있기 때문에[10], 결과는 거의 전적으로 선호를 반영한다. 전통 음악가인 임방울에 대한 선호는 베토벤보다는 낮지만, 루이 암스트롱보다는 높다.

**표 2-3** 선호하는 음악가

| | 빈 도 | 퍼센트 |
|---|---|---|
| 베토벤 | 181 | 18.1 |
| 루이 암스트롱 | 64 | 6.4 |
| 동방신기 송대관 | 618 | 61.8 |
| 임방울 | 137 | 13.7 |
| 합 계 | 1,000 | 100.0 |

한편 선호하는 미술가는 음악과 달리 허백련이 가장 높은 비율을 보였다. 미술가의 응답 범주들은 허백련을 제외하고는 우리 사회에서 모두 높은 인지도를 갖고 있다는 점에서 보다 선호를 반영한 결과로

10) 단적으로 광주에서는 매년 임방울 국악제가 개최되고 있다.

해석할 수 있을 것이다. 그런 점에서 이현세라는 대중적 만화가에 대한 인지나 선호가 상대적으로 높은 것은 당연한 것이며, 이보다 허백련에 대한 선호가 높다는 것은 광주 지역의 문화적 정체성이 작동한 결과로 해석될 수 있다.

**표 2-4** 선호하는 미술가

| | 빈 도 | 퍼센트 |
|---|---|---|
| 피카소 | 123 | 12.3 |
| 이중섭 | 180 | 18.0 |
| 이현세 | 338 | 33.8 |
| 허백련 | 359 | 35.9 |
| 합 계 | 1,000 | 100.0 |

이렇게 취향을 통해서 확인해본 광주 시민들의 문화적 정체성은 지역을 바탕으로 생산되거나 지역적인 정체성을 드러내는 예술에 대한 상당한 자부심을 표현하고 있다. 그러나 이는 굉장히 선택적인 자부심으로 음악 선호도에서 예시로 들었던 임방울에 대한 선호도는 그다지 높지 않은 반면, 허백련에 대한 선호는 굉장히 높은 것에서 드러난다.

음악에 대한 선호를 집단별로 분석해 보자. 성별 차이는 존재하지 않으며, 연령별로는 임방울에 대한 선호가 연령과 뚜렷한 연관이 있음을 보여준다. 연령이 높을수록 임방울에 대한 선호는 높은 경향을 보인다. 음악적 취향과 관련하여서는 높은 연령층이 전통을 지지하고 있다고 결론내릴 수 있을 듯하다.

학력별로도 흥미로운 결과를 보여준다. 가장 높은 수준의 문화예술인 클래식(베토벤)에 대해서는 학력이 높을수록 선호도가 높다. 반대로 임방울에 대한 선호는 학력이 낮을수록 선호도가 높은 경향을 보인다.

계급의 또다른 지표인 소득의 효과는 매우 뚜렷한 형태는 아니지만, 계급 효과를 반영하고 있음을 보여준다. 대체로 소득이 높을수록 베토벤에 대한 선호 취향을 보여주는 반면, 임방울에 대한 선호는 소득이 낮을수록 더 높은 경향이 존재한다.

**표 2-5** 집단별 선호 음악가

단위: 명, %

| | | 선호 음악가 | | | |
|---|---|---|---|---|---|
| | | 베토벤 | 루이 암스트롱 | 동방신기 송대관 | 임방울 |
| 성별 $x^2$ = 6.31 p = .09 | 남 | 77 (15.7) | 37 (7.5) | 314 (64.0) | 63 (12.8) |
| | 여 | 104 (20.4) | 27 (5.3) | 304 (59.7) | 74 (14.5) |
| 연령 $x^2$ = 127.16 p = .00 | 10대 | 15 (20.3) | 2 (2.7) | 55 (74.3) | 2 (2.7) |
| | 20대 | 59 (26.1) | 26 (11.5) | 131 (58.0) | 10 (4.4) |
| | 30대 | 53 (22.4) | 15 (6.3) | 151 (63.7) | 18 (7.6) |
| | 40대 | 38 (18.3) | 13 (6.3) | 125 (60.1) | 32 (15.4) |
| | 50대 | 10 (8.3) | 5 (4.2) | 76 (63.3) | 29 (24.2) |
| | 60대 이상 | 6 (4.4) | 3 (2.2) | 80 (59.3) | 46 (34.1) |
| 학력 x= 117.35 p= .00 | 중졸이하 | 4 (2.9) | 5 (3.6) | 86 (61.4) | 45 (32.1) |
| | 고졸 | 56 (13.2) | 15 (3.5) | 295 (69.4) | 59 (13.9) |
| | 전문대졸 이상 | 121 (27.8) | 44 (10.1) | 237 (54.5) | 33 ( 7.6) |
| 소득 $x^2$ = 37.82 p = .00 | 2000만원 이하 | 27 (10.9) | 15 (6.0) | 153 (61.7) | 53 (21.4) |
| | 2001-3000만원 | 71 (18.4) | 21 (5.5) | 252 (65.5) | 41 (29.9) |
| | 3001-4000만원 | 47 (22.1) | 10 (4.7) | 126 (59.2) | 30 (14.1) |
| | 4001만원 이상 | 36 (23.4) | 18 (11.7) | 87 (56.5) | 13 (8.4) |
| Total | | 181 (18.1) | 64 (6.4) | 618 (61.8) | 137 (13.7) |

미술의 경우를 살펴보자. 미술에서는 우선 음악과 달리 전통미술에 대한 매우 높은 선호가 두드러진다. 만화가 이현세와 허백련에 대한 선호가 거의 차이없이 가장 높은 비율을 보이고 있다. 연령 효과는 이

현세와 허백련 선호에 뚜렷한 영향을 미치고 있는데, 연령이 낮을수록 이현세 선호가 압도적으로 높은 반면, 허백련에 대한 선호는 연령이 높을수록 증가하는 경향이 있다. 학력별로 살펴보면 허백련에 대한 선호는 학력이 낮을수록 높게 나타난다. 소득 역시 허백련 선호에 뚜렷한 관련이 있어서, 가장 저소득층에서 허백련에 대한 선호가 가장 높게 나타난다.

**▌표 2-6 ▌ 집단별 선호 미술가**

단위: 명, %

| | | 선호 미술가 | | | |
|---|---|---|---|---|---|
| | | 피카소 | 이중섭 | 이현세 | 허백련 |
| 성별 $x^2$ = 7.92 p = .04 | 남 | 47 (9.6) | 87 (17.7) | 179 (36.5) | 178 (36.3) |
| | 여 | 76 (14.9) | 93 (18.3) | 159 (31.2) | 181 (35.6) |
| 연령 $x^2$ = 117.06 p = .00 | 10대 | 13 (17.6) | 9 (12.2) | 39 (52.7) | 13 (17.6) |
| | 20대 | 47 (20.8) | 39 (17.3) | 93 (41.2) | 47 (13.1) |
| | 30대 | 32 (13.5) | 45 (19.0) | 84 (35.4) | 76 (32.1) |
| | 40대 | 23 (11.1) | 39 (18.8) | 68 (32.7) | 78 (37.5) |
| | 50대 | 6 (5.0) | 23 (19.2) | 31 (25.8) | 60 (50.0) |
| | 60대 이상 | 2 (1.5) | 25 (18.5) | 23 (17.0) | 85 (63.0) |
| 학력 $x^2$ = 66.93 p = .00 | 중졸이하 | 4 (2.9) | 29 (20.7) | 31 (22.1) | 76 (54.3) |
| | 고졸 | 36 (8.5) | 68 (16.0) | 151 (35.5) | 170 (40.0) |
| | 전문대졸 이상 | 83 (19.1) | 83 (19.1) | 156 (35.9) | 113 (26.0) |
| 소득 $x^2$ = 43.75 p = .00 | 2000만원 이하 | 13 (5.2) | 48 (19.4) | 62 (25.0) | 125 (50.4) |
| | 2001-3000만원 | 53 (13.8) | 68 (17.7) | 138 (35.8) | 126 (32.7) |
| | 3001-4000만원 | 32 (15.0) | 34 (16.0) | 86 (40.4) | 61 (28.6) |
| | 4001만원 이상 | 25 (16.2) | 30 (19.5) | 52 (33.8) | 47 (30.5) |
| Total | | 123 (12.3) | 180 (18.0) | 338 (33.8) | 359 (35.9) |

이것은 매우 특이한 현상이다. 허백련의 그림은 전통을 표상하기는 하지만 가장 높은 수준의 한국 미술을 의미하기도 한다. 즉 이러한 높

은 수준의 미술에 대한 선호는 부르디외가 지적하듯이 높은 수준의 문화자본과 관련이 있는 것이 일반적이다. 그럼에도 불구하고 광주에서는 이 높은 수준의 미술 향유가 저학력, 저소득, 고연령 집단과 뚜렷이 연결된 것으로 드러나고 있는 것이다. 이는 앞서 본 음악의 경우도 다르지 않은데, 국악 역시 높은 향유 감각을 필요로 하는 예술임에도 저학력, 저소득, 고연령 집단에서 선호가 두드러지고 있는 것이다. 이러한 결과를 어떻게 해석해야 할까? 첫째로, 전통에 대한 관심, 그리고 지역 전통 예술인에 대한 관심은 향유와 선호, 인지가 혼재되어 있을 수 있다. 즉 이 지역에서 가장 잘 알려진 예술가에 대한 인지는 곧바로 선호로 응답되었을 가능성이 존재하는 것이다. 하지만 이러한 인지와 선호가 전통 예술에 대한 향유를 의미하는 것으로 이해하기는 힘들다. 두번째의 가능성은, 이러한 전통문화에 대한 선호가 실제 계급적으로 하층의 문화와 관련되어 있을 가능성이다. 즉 하층 계급일수록 현대적인 의미의 문화예술 보다는 전통문화에 대한 선호가 높다고 해석할 수 있는 것이다. 하지만 이 선호가 무엇을 의미하는지는 아직 명확하지 않다. 이를 확인하기 위해서는 전통이 지칭하는 의미세계의 영역으로 들어가 볼 필요가 있다.

## 4. 전통의 의미화와 문화적 정체성

이제 이 절에서 우리는 전통이 광주 시민들의 의미세계 속에서 어떻게 위치하며 작동하고 있는지를 탐색하고자 한다. 앞서 보았듯이 광주 지역의 전통에 대한 선호는 상당히 높지만, 타 지역과 비교할 때는 그다지 높지 않으며, 동시에 문화적 취향에서는 광주에 고유한 전통예술에 대한 선호가 매우 뚜렷하게 존재했다. 이러한 모순적인 결과들을 해석하기 위해서는 광주 시민들이 전통문화를 어떻게 해석하고 의미화하는지, 그 의미 지평의 차원으로 들어가야 한다.

그 전에 먼저 광주 지역의 전통문화 중에서 앞서 보았던 전통예술이 얼마나 선호되고 있는지를 살펴보자. 광주 지역에서 전통문화로 분류될 수 있는 목록을 제시한 후 '광주를 대표하는 전통문화'에 응답하게 한 결과, 압도적인 다수(65.5%)가 '음식문화'를 택했다. 반면 앞서 보았던 남도 미술이나 국악은 각각 10.4%, 13.5%에 불과했다.

**표 2-7 광주를 대표하는 전통문화**

| | 빈 도 (%) |
|---|---|
| 음식 문화 | 655 (65.5) |
| 남도 미술 | 104 (10.4) |
| 판소리, 국악 | 135 (13.5) |
| 정철, 가사문학 | 43 (4.3) |
| 차 문화 | 11 (1.1) |
| 정자 문화 | 11 (1.1) |
| 고싸움 놀이 | 32 (3.2) |
| 전통악기 제작 | 2 (0.2) |
| 농악 | 7 (0.7) |
| 합계 | 1,000 (100) |

이 결과 역시 모순적이다. 예술적인 것에 대한 취향에서는 광주 지역에 고유한 전통예술에 대한 매우 높은 선호가 나타나지만, 반대로 광주의 전통문화 내용 중에서 전통예술이 선호되는 비율은 매우 낮다. 압도적으로 많은 사람들이 광주의 전통문화로 음식문화를 지칭하는 것은 복잡한 함축을 갖는다. 광주의 음식문화는 다른 지역에 비해 차별성과 경쟁력을 가지며 일상생활 속에서 쉽게 접할 수 있는 문화적 전통이자 생활문화라는 의미가 분명히 존재한다. 예컨대 음식문화는 바쁜 일상 속에서 주위의 좋은 사람들과 만나고 이야기를 하는 소소한 즐거움을

나누는데 적격이라는 것이다. 이런 점에서 무엇보다 음식문화는 삶 속에서의 경험을 반영한다.

> "지금은 인제 그, 동네, 동네 언니들하고 같이 먹자계를 했었어요. 같이 이제 이렇게 주부들은 특히 맛있는 거 먹으러 갈 기회가 별로 없잖아요. 먹으러 간다고 하더라도 아이들 뒤치다꺼리 하느라고. 재밌게 못먹거든요? 그래서 같이 모여가지고 인제 신랑, 부모, 부부관계에 관한 문제 이런 거 약간 하고 즐겁게 만났다고 한잔 할 때도 있고, 이제 조건 자체가, 떠날 수 없는 조건이잖아요. 우리가 주부니까. 그런 게 있는 거죠. 특별히 문화같은 경우도 같이 향유한다거나 이런 거는 아니에요. 그런 건 아니고 그냥 이제 같이 이야기하고 사는 이야기하고 이렇게." (송미○, 32세, 여, 고졸)

이러한 먹을거리의 풍성함과 넉넉함은 타지역 사람들에게 자랑할 만한 거리가 되기도 한다. 광주의 음식이 다른 지역보다 '값싸고' 맛있다는 것은 광주의 정체성을 구성하는 긍정적인 요소다.

> "인제 여러 가지 자랑을 하죠. 음식문화라든가. 또 예술분야라든가. 내가 볼 때는 인자 그 전주에 뭐...비빔밥. 내가 보기에는 광주만도 못하더라고. 좋은 곳은 안가봐서 그런가 어쩐가는 모르겠지만. 아이고, 광주 오천 원짜리 같으면 아주 근사하거든요? 지금은 인제 현대시장 건너편에 가보면 삼천 원 사천 원 밥 하는 데가 많은데 여튼 음식은 광주가 좋아. 잘해. 사람들 오면은 꼭, 그, 가보고 싶은 곳 음식 대접을 하제. 방금 말한 한정식집이라든가. 서울 같은데서 온 사람들은 먼 반찬이 이렇게 많이 나온다냐 이러거든요?" (정홍○, 67세, 남, 대학원졸)

하지만 광주의 음식 중 무엇이 유명한가에 대해서는 선뜻 대답하는 사람은 드물었고, 대신 어딜 가도 맛있다는 주장이 일반적인 정답처럼 발견된다. 대표 음식으로 한정식을 답한 경우도 있었지만 대개 실제로 접해본 경우는 적었고, 광주에서 79년 동안 살아온 터줏대감조차 광주에서 유명하다는 한정식이 무엇인지 모르는 경우도 있었다. 광주의 전통문화 혹은 전통음식은 거의 모든 조사 대상자들에게 '뭐라 얘기하기 힘든' 것이었다. 이는 음식문화를 자연스럽게 계승되어 현재까지 영향을 미치는 전통이 아닌 만들어진 전통으로 간주하더라도 이해하기 어려운 것이다. 특별한 '음식'이 없는 음식 문화에 대한 자부심과 정체성은 일종의 수사적 실천이거나 공모의 결과처럼 보인다.[11]

> "음식은 특별하게 권할만한 것은 없다고 느끼는데요. 이제 전반적으로 어떤 광주에서 특별하게 전주처럼 비빔밥을 내세운다거나 그런 것은 없다고 생각되는데 전반적으로 음식이 맛있다고 하는 거. 그런 거를 나는 강조하고 싶어요." (김성○, 45세, 남, 대학원졸)

> "광주의 전통음식을 뭐라 얘기하기 힘들더라고요. 제가 비싼 음식을 못 먹어 봐서 그런지 몰라도 저는 그냥 이 지역의 조금 잘하는 백반집, 특히 젓갈이 맛있는 백반집을 가면 대부분 사람이 흔쾌히 하는 것이에요. 제가 맛있게 먹은 것은 두부, 떡갈비 주로 화순 근처로 가다보면 그런 게 있어요. 크게 잘 몰라요. 광주 음식 이런 것을 잘 몰라요." (오미○, 42세, 여, 대졸)

그런데 이러한 전통문화로서의 음식문화에 대한 자부심은 일반적으로 유물과 유적으로 표상되는 전통문화, 즉 역사성을 보여주는 상징물과는 대립적인 의미로 말해진다. 광주에는 전통문화가 없고, 있다 하더라도 광주가 확장되면서 전남의 문화를 받아들인 것에 불과해 광주 자

11) 매년 광주에서 개최되는 김치 축제나 남도 음식 축제 등도 이와 연관이 있을 것이다.

체의 전통문화와 문화유적은 거의 없다는 의견이 지배적이다.

"사실은 광주에 전통문화가 있나요. 광산구의 고싸움.. 이것도 광주에 편입된 지역이고. 고궁이 있다거나 그런 것도 아니고. 산업도시가 아님에도 그런 것이 없다는 게 이상해요. 절이나 충장사.. 무등산성이 있는지도 몰랐다가 이제와 복원이 되고. 어쩌다 수박이 광주를 상징하게 됐는지 모르겠어요." (오미○, 42세, 여, 대졸)

"그냥 광주에서는 고싸움놀이? 이거를 전통적인 거라고 생각하잖아? 그니까 그거를, 광주를 대표하는 전통문화로는 고싸움놀이가 있다고 하잖아? 근데 사람들 인식은 예를 들어서 교육청에서도 3학년 아이들에게 고싸움 놀이를 가르치는데, 저쪽, 남구 쪽인가? 근데 그렇게 얘기하니까 긍갑다 하지 별로 관심은 없는 거 같애. 그리고 가사문학 그것도 가사문학관이 있잖아? 담양에? 있다고 하니까, 아, 긍갑다 하지. 그게 그런 식인 거 같애." (정계○, 25세, 여, 대졸)

"저는 이제 광주라는 곳이 맨날, 아이러니 하다는 느낌이 들거든요? 모순이 정말 있는 건데. 예향의 도시라고는 하는데, 예향이 너무나 없는 도시에요. 그런 정서가." (송미○, 32세, 여, 고졸)

자신의 지역을 예향이라 칭하면서도 지역의 전통문화에 대해서는 잘 알지 못하고, 자부심과 부정적 태도가 공존하는 이러한 결과를, 전통문화 선호라는 태도와 어떻게 연결지어 설명할 수 있을까? 특히 전통문화 선호가 하층 계급의 실천으로 뚜렷이 드러나는 이러한 현상을 톰슨(Thompson)의 논의를 빌어 와 설명해 볼 수 있다. 톰슨은 18세기 산업혁명 이전 이루어진 노동자의 형성과정을 설명하면서, 산업혁명 기간 동안 노동자 집단들이 겪은 경험을 말하기 앞서 18세기의 민중적 전통의 지속에 대해 검토한다. 마을 사람들의 입장에서는 공유지로부터 정기시까지 널리 걸쳐있는 갖가지 권리들과 관습들이 한데 뭉쳐 농촌 빈민들의 경제적 · 문화적 세계를 구성하는 과정이었는데, 인클로저에 의해 촌락의 관습과 권리라는 전통적 외피가 찢겼고, 공유지의 상실은 가난한 사람들에게 추방당했다는 극단적 느낌을 불러일으켰다는 것이다. 그래서 이 가난한 농민들은 모두 도시노동자가 되었는데, 이들 농민의 불만사항이 도시 노동계급의 의식을 구성하고 있던 다른 가닥들로 섞여 들어가, 대리형태로 나타났다는 것이 톰슨의 주장이다. 즉, 도시의 노동자와 하층계급의 세계관 아래에는 농촌적이고 전통적인 문화적 전통이 존재한다는 것이다(Thompson, 2000: 265-294).

이러한 전통에 대한 회고는 인정과 여유, 품앗이와 나누어 먹음, 마을의 관습과 공동체 정신에 연결되어 있는데, 심층 인터뷰에서 이런 태도가 강하게 드러났다. 즉, 지금보다 경제적 여유는 없었지만, '옛날'이 훨씬 좋았다는 정서가 바로 그것이다. 먹을 것이 부족해 실가리죽과 콩나물밥만 먹었어도 생각해보면 '옛날'이 좋았으며, 작은 마을에 살았지만 니 것 내 것 구분이 없었고, 김치를 담그면 동네 사람 모두 함께 모여 밥을 나눠 먹었던 '옛날'에 비하면 지금은 너무나 세상이 삭막해졌다는 것이다.

> "그 시절이 좋았던 것 같애. 지금 애들을 보면 티비에 나오는 뉴스나 이런 게 형제간이 적기 때문에 자살하고 죽고 참을성이 없잖아 지금 사람들은. 우리가 젤로 격동기에 살았던 것 같애. 지금 40대 마흔이 막 넘은 이런 사람들은 이런 얘기 하면 잘 몰라. 45살 이상은 우리 같은 세월을 살았어." (김경○, 48세, 여, 고졸)

> "마을이 안크고, 산동네로 한 70호 정도 그렇게 살았거든. 그러믄 그렇게 한 70호 정도 살았어도. 동네 사람들이 전혀 니 것 내 것이 없었어. 없고, 울타리도 없고 집이 전부다 울타리가 없고 울타리가 있다고 해

봐야 그 옛날에 수숫대 있잖아. 수싯대. 응? 서숙이나 조. 말하자면 그런 것들을 해갖고 울타리 막아놓고 서로 기분 좋으면 잡아당겨 놓고 그걸로 다니고 넘어다니고 막 그러고 살았어." (김효○, 67세, 여, 국졸)

이러한 옛날에 대한 향수, 농촌적이고 공동체인 심성은 대개 노동계급과 나이든 세대에게서 많이 나타난다. 그래서 광주에서 살아온 햇수가 오래되면 될수록 그러한 향수는 전통에 대한 집착으로 나타나는 경향이 있다. 그래서 이들의 옛 관습과 인정에 대한 향수와 집착의 기준은 항상 과거의 광주다. 이러한 정서는 상대적으로 현재의 세태에 대한 반감과 저항이 함축되어 있으며, 현대적인 고급 문화예술에 대한 거리감과도 연결된다.

이들이 다시 되찾아야 할 것으로 여기고 있는 광주 특유의 농촌적인 정서와 순박함은 상대적으로 다른 지역에 비해 광주 사람들이 갖고 있는 장점으로 인식되기도 한다. 이는 매우 특이한 현상인데, 광주에서 오래 살수록, 그리고 하층계급일수록 광주는 점점 야박한 도시가 되어가고 있다고 느끼는 반면, 한편으로 광주는 타 도시에 비해 여전히 시골티가 나는 순박한 도시라는 이중적 감정을 드러낸다.

"(광주 살면서 좋았던 기억이나 다른 곳보다 좋은 점?) 인심이 좀 그래도 너무 도회적이지 않고 도시적이지 않고 약간의 시골냄새가 나는 그런 거. 광주는 그런 거 있어. 광역시라고 하지만은 아직도 그런. 도시만이 아닌 인심이라든가 친근감 그런 것은 있는 것 같애." (박영○, 49세, 여, 고졸)

"광주자랑이요? 일단은 사람들이 특별하게 자랑할 만한 것은 없는데 뭐, 다른 지역에 비해서, 대도시 광주보다 큰 도시에 비해서 사람들이 조금은 아직은 음, 좀더 순박하달까 그런 의미는 아니지만은 대도시에

비해서 정이 있다라는 그런 의미." (김성○, 43세, 남, 대학원졸)

그러나 이러한 순박함이 항상 장점인 것만은 아니다. 청장년층, 고졸과 대졸 이상의 학력, 그리고 서울을 비롯한 타 지역에서 잠시 살았던 이력을 갖고 있는 사람들에게 이러한 여유와 순박함은 '못사는 도시 광주', '발전이 느린 도시 광주'라는 부정적 이미지의 원인이기도 하다. 광주 사람들은 상대적으로 서울이나 타 지역에 비해 여유로운데, 실제로 그것은 소비도시일 뿐만 아니라 발전이 느리고 변화가 없는 정체된 도시이기 때문에 그렇다는  인식이다. 그래서 광주사람들의 여유는 상대적으로 덜 발전된 광주의 경제상황에 대한 반증으로 인식되기도 한다.

"광주사람들은 사는 생활이 서울하고 틀려요. 광주는 굉장히 사치가 심한 데고 놀고먹는 사람들이 많은 데가 광주여. 나는 지금도 이 앞전에도 7월 달에 서울에 갔다 왔는디 딱 전철을 타니까 벌써 느낌이 그래. …… 그렇게 생활이, 훨씬 돈은 없제만은. 쓰는 데가 여기가 소비도시라는 것을 나는 그거를 확실하게 알아. …… 그게 여유가 있는 게 아녀. 그래서 광주가 못사는 거여." (김경○, 여, 48세, 고졸)

"광주가 변하지 않고 있어. 나는 광주처럼 안변한데는 없어 짜증나 죽겠어. 속상해. 광주 같이 안변한데도 없는 것 같애. 난 그렇게 생각해. 발전이 없어, 발전이. 발전이 없다는 거지." (조영○, 53세, 여, 대졸)

이러한 긴장 속에서 광주에서의 여유는 문화향유 보다는 먹고 사는 문제에 대한 집착으로 귀결된다. 실질적으로 삶의 여유가 없기 때문에 어떤 문화시설을 지을 것인가 보다는 기업이나 공장이 들어오는 것에 더 민감한 반면 '문화적인'인 것에 대한 진지한 고민은 그 후의 문제로 여겨지는 것이다.

"근데 많은 사람들의 관심이 문화적인 것보다는 먹고 사는 거에 관심이 더 많아 가지고 공장이 하나 더 들어서냐 안서느냐 머 또 그 개발이 되냐 안되느냐 그런 쪽에 관심이 더 많은 거 같아요. 제가 봤을 때는. 피부로 느껴지고 그것이. 공장이 하나 삼성 그 가전 업체가 하나 더 오고. 그런 쪽에 더 관심이 많지 어떤 피부로 생생하게 아 어떤 우리가 삶의 질이 높아지겠다 아니면은 여가 생활이 좋아지겠다 이런 생각보다는." (박홍○, 45세, 남, 고졸)

이러한 내용으로부터 추론해 보건대, 하층계급은 실제로 전통문화를 주로 향유하기 때문에 전통문화를 선호한 것이 아니라, 문화향유에서 배제되고 소외되었기 때문에 가장 익숙한 과거의 정서를 선호하는 것으로 보인다. 이들이 실제로 전통문화를 향유하면서 전통문화를 선호하는 것은 아니기 때문에 이러한 전통문화의 선호는 광주에서 가상적인 것, 이데올로기에 가까운 성격을 지닌다. 이는 사회화 과정이 특정하게 내면화된 것으로 불가피성과 필연성에 대한 체념적인 인식에 의존하기 때문이다. 그러나 자신이 문화적으로 소외되어 있다거나 불평등하다고 생각하는 의식은 별로 가지고 있지 않다. 그 이유는 우선 문화적 박탈은 자신이 박탈되어 있다는 의식조차 할 수 없게 만드는 성질이 있기 때문이기도 하지만, 이들의 전통은 선별적 전통이 아닌, 혁신 및 당대적인 것과 명백한 대조를 이루는 약한 의미의 전통들이기 때문이다. 윌리엄스(Williams)는 이러한 전통이 종종 사회 속에서 어떤 특정한 헤게모니적 전개에 의해 좌초해버린 집단들에게 후퇴할 자리를 마련해주며 그것이 할 수 있는 일이란 전통적 가치를 회고적으로 역설하는 것 뿐이라고 말한 바 있다(Williams, 1982: 146).[12)]

12) 다른 의미로, 살아남은 과거로서 전통은 의도적 선별성을 지닌 연결과정으로 당대의 질서에 역사적, 문화적 정당성을 부여하는 것이다(Willams, 1982: 147).

## 5. 결 론

전통은 일반적으로 전체 문화에서 약한 구성 부분으로 인식된다. 전통이란 현재가 아닌 과거라는 시간에 연결되어 있고, 소수에 의해서만 지지되기 때문이다. 광주는 이러한 전통이 '예향'이라는 정체성을 구성하는 중요한 요소로 여전히 작동되는 다소 특이한 공간인데, 그것이 더 특이한 것은 대중의 문화 정의에서는 전국과 비교할 때 상당히 낮은 비율을 보인다는 점이다. 이러한 점으로부터 광주라는 공간을 채우고 있는 전통이라는 관념은 상당히 부자유스럽고 작위적이라는 혐의를 읽게 되는 것이다. 분명 이것의 한 원인은 광주가 근대적으로 만들어진 공간이라는 사실과 관계가 있는 듯하다. 이런 점에서 광주는 그 공간적 본질을 개발과 확장에 두고 있다는 사실을 읽어낼 수 있다. 그리고 이 근대적 개발과 확장은 전통보다는 현대적인 문화 개념과 더 강하게 연결되는 것이다.

따라서 하층 계급에 의한 전통 지지는 이러한 공간적 특성의 이면을 보여주는 것으로 해석할 수 있다. 전통은 현대에 대비되는 과거를 지시하며, 이것은 현대적인 문화를 향유하지 못하는 집단에게 정체성 작업의 주된 근거로 작용할 수 있게 되는 것이다. 하지만 이러한 전통에 대한 관념은 고급 예술에 대한 것이 아니라 음식이나 과거의 공동체적 생활, 정(情) 등과 같은 '생활문화'와 연결되어 있다는 점에서 이 전통문화는 회고적이거나 퇴행적이며, 긍정적이기 보다는 부정적 정체성과 더 친연성이 있다. 이런 이유 때문에 광주시가 만들어내고 있는 '예향' 이미지는 하층 계급의 전통 관념과의 관련이 희박하며 종종 모순적으로 충돌하기도 하는 관념이다. 그리고 개인의 과거 경험과 공동체적 정서에 기대는 전통이라는 관념은 결국 지역의 예향 만들기에도 포함되지 못하는 하위적 문화 관념이 되어버리는 것이다. 전통예술은 넓은 의미의 전통과 연결되지만, 이들의 의미세계 속에는 예술이 아닌 과거의 삶의 경험만이 존재할 뿐이다.

결국 대중의 클리세로서의 전통문화라는 관념은 실천 혹은 문화적 투쟁의 과정이자 그 결과임을 드러낸다. 전통문화에 대한 선호는 현대문화에 대비되는 잔여적이고 하위적인 것에 대한 하층 계급의 투사이며, 이것은 고급 현대문화예술의 반대항이다. 이미 퇴행적인 것인 전통은 개인의 체험과 전통 예술을 느슨하게 동질적인 것으로 결합시키면서 정체성을 구성하려는 수동적 노력을 표현하고 있는 것이다.

**부표 2-1** 표본의 특성

| | | 명 | (%) | 평균 |
|---|---|---|---|---|
| 성 | 남성 | 491 | 49.1 | |
| | 여성 | 509 | 50.9 | |
| 연령 | 10대 | 74 | 7.4 | 39.2세 |
| | 20대 | 226 | 22.6 | |
| | 30대 | 237 | 23.7 | |
| | 40대 | 208 | 20.8 | |
| | 50대 | 120 | 12.0 | |
| | 60대 이상 | 135 | 13.5 | |
| 학력 | 중졸 이하 | 140 | 14.0 | |
| | 고졸 | 425 | 42.5 | |
| | 전문대졸 | 44 | 4.4 | |
| | 대졸 | 382 | 38.2 | |
| | 대학원졸 이상 | 9 | 0.9 | |
| 가족소득 | 2,000만원 이하 | 248 | 18.3 | 3,200 만원 |
| | 2,001만원~3,000만원 | 385 | 38.5 | |
| | 3,001만원~4,000만원 | 213 | 21.3 | |
| | 4,001만원 이상 | 154 | 15.4 | |

**▌부표 2-2 ▌ 심층 면접자 명단**

| 연번 | 성명 | 성별 | 연령 | 학력 | 거주지 | 광주 거주 년수 | 직업 |
|---|---|---|---|---|---|---|---|
| 1 | 김경○ | 여 | 48 | 고졸 | 북구 오치동 | 38년 | 가사 |
| 2 | 김경○ | 남 | 47 | 고졸 | 북구 운암동 | 47년 | 자영업 |
| 3 | 김성○ | 남 | 43 | 대학원졸 | 남구 진월동 | 30년 | 학원강사 |
| 4 | 김효○ | 여 | 66 | 국졸 | 서구 쌍촌동 | 65년 | 기타 |
| 5 | 박영○ | 여 | 49 | 고졸 | 북구 오치동 | 17년 | 가사 |
| 6 | 박홍○ | 남 | 45 | 고졸 | 광산구 월계동 | 25년 | 보험업 |
| 7 | 서효○ | 남 | 25 | 대재 | 서구 화정동 | 23년 | 대학생 |
| 8 | 송미○ | 여 | 32 | 고졸 | 광산구 우산동 | 17년 | 가사 |
| 9 | 오미○ | 여 | 42 | 대졸 | 서구 상무2동 | 20년 | 대학 강사 |
| 10 | 정계○ | 여 | 25 | 대졸 | 광산구 신가동 | 25년 | 초등학교 교사 |
| 11 | 정정○ | 남 | 84 | 무학 | 서구 화정동 | 79년 | 무직 |
| 12 | 정홍○ | 남 | 67 | 대학원졸 | 광산구 신가동 | 51년 | 정년 퇴직 (교수) |
| 13 | 조기○ | 남 | 33 | 고졸 | 북구 문흥동 | 14년 | 보험업 |
| 14 | 조영○ | 여 | 53 | 대졸 | 동구 운림동 | 53년 | 자영업 |

Chapter 3

# 지역 문화향유의 성격: 광주지역 사례연구

박 해 광

## 1. 서 론

최근 지역문화에 대한 관심이 커지고 있는 것은 흥미로운 현상이지만, 더욱 흥미로운 것은 이것이 정책 담론 속에서 주로 표명되고 있다는 점이다. 최근의 지역문화를 논하는 담론들이 지역문화의 어떤 측면에 주목하고 있는지는 다소 모호하지만, 문화가 지역의 발전을 위한 수단이 될 수 있다는 주장이 이 담론의 특징이라는 점도 관심을 끄는 부분이다. 이런 점에서 오늘날 문화라는 개념은 한국의 지역 정치의 역사가 도출해낸 기묘한 결과를 지칭하고 있다. 즉 개발주의 시기를 거치면서 끊임없이 시도되고 또 좌절되어 온 지역 발전의 노력이 새로운 발전 패러다임을 의미하는 문화라는 개념에 '상징적으로' 집약되고 있는 것이다.[1] 수도권 중심의 개발정책과 그로 인한 저발전의 발전이

1) 이것이 상징적인 이유는 그 효과가 구체화되지 않았다는 점, 그럼에도 불구하

라는 덫에 사로잡혀 있는 지역에서 하나의 해결책으로 제시된 정책이 문화를 통한 발전이라는 현실은 지나친 아이러니인 듯하다.

물론 문화도 분명 개발의 대상이 될 수 있을 것이며, 지역 발전을 위한 긍정적인 수단이 될 수도 있을 것이다. 그렇지만 문화는 또한 그 생산과 분배의 물질적 토대를 필요로 하고, 문화를 생산 및 향유할 수 있는 개인들의 능력과 감수성을 요구하며, 발전의 수단이기에 앞서 개인의 삶의 내용과 의미에 관련된 것이다. 그렇기에 문화적 개발은 경제적 개발과는 그 논리를 달리 하며, 문화를 통한 발전도 산업단지를 건설하는 것과 같은 개발 논리를 곧바로 적용할 수는 없다. 즉 문화는 그 고유한 속성 상 지역민들의 삶과 유리된 단순한 어떤 수단일 수는 없는 것이다.

하지만 이 담론들은 이미 정책적으로 표출되고 있는 문화발전 사업에 대한 논의를 다양하게 담고 있음에도 불구하고, 정작 지역 내부의 문화적 특성과 그 지형, 그리고 지역민의 문화적 삶에 대한 관심은 보여주지 않는다. 즉 지역의 문화적 힘들이 어떻게 배치, 작동하고 있으며, 집단들은 어떤 실천과 문화적 향유를 보여주고 있는가에 대한 것은 바로 이 담론들에서 부재하는 요소들이다. 그래서 지역의 문화적 특성과 문화 관련 정책을 말하기 위해서는 먼저 지역의 문화적 배치를 이해할 필요가 있다는 문제제기가 타당한 것은 바로 이런 이유에서이다.

문화의 생산과 분배, 그리고 개인들의 향유는 대체로 구조화된 질서를 따라 이루어지며, 이러한 배치의 특성은 각 지역의 고유한 문화 정책의 도출과 그것의 적합성 여부에 영향을 미친다. 그리고 문화정책과 문화 담론, 지역의 문화 생산과 향유 등은 문화라는 고유한 논리가 작동하는 특정한 질서 속에서 이루어진다. 이 중에서 문화향유는 지역에

---

고 다양한 이해관계와 열망을 모두 담는 이미지 정치의 양상을 띠고 있다는 점 때문이다.

서 문화가 어떻게 분배되고, 또 지역민들에게 어떤 방식으로 소비되며, 그리고 어떤 의미로 수용되는가를 결정하는 핵심적인 부분이다. 즉 지역에서의 문화향유 방식을 분석함으로써 지역에서 문화 논리가 작동하는 기본적인 성격을 이해할 수 있다. 이런 취지에서 이 장에서는 광주지역을 사례로 하여 지역문화의 성격을 지역민의 문화향유를 통해 살펴볼 것이다. 그리고 이를 통해 지역에 고유한 문화적 역동성을 이해하고 이로부터 새로운 문화적 실천을 모색할 수 있는 여지를 탐색해 볼 것이다.[2)]

## 2. 문화향유의 의미

### 1) 문화자본과 문화향유

문화향유는 문화예술적 생산물에 대한 특수한 형태의 소비라 할 수 있는데, 그 특수성은 무엇보다 개인들의 향유 능력에 따라 소비 형태가 달라진다는 사실에 있다. 이를 부르디외(Bourdieu)는 문화자본(cultural capital)의 효과로 설명하는데, 그의 논의를 따라 문화향유가 갖는 의미를 요약해 보면, 우선 문화향유는 문화자본의 소유를 대리하는 지표다. 자본이라는 개념이 명시하듯이 문화자본은 개인적 혹은 계급적 소유가 가능한 어떤 문화적 구성물을 지칭한다. 부르디외는 대략 세가지 유형의 문화자본을 구분하는데, 하나는 명백히 경제적 자본으로 치환가능한, 그림이나 작품 등의 예술품의 소유, 두번째는 개인의 투자를 통해 대외적 능력이자 자질 등으로 평가받게 되는 졸업장 등의 자격증이다. 세번째 유형의 문화자본은 비가시적이면서 개인들에게 체화되거나 성

2) 이 장에서 사용된 자료는 2장과 마찬가지로 2005년 「광주사회문화현황조사」 결과이다. 표본의 특성은 2장의 〈부표 2-1〉에 제시되어 있다.

향처럼 만들어지는 취향(taste)이다. 지역의 문화향유는 일차적으로 이 문화자본들의 특정한 분포와 관련되어 있다. 즉 문화자본은 특정한 사회적 질서를 따라 분포하며, 이러한 분포의 특수성이 문화향유의 차이를 만들어 낼 뿐 아니라, 문화향유의 불균등함은 다시 문화자본의 분포에 영향을 미친다.

문화자본은 단지 개인들의 소유물로서만 존재하는 것이 아니라, 그 자본의 성격에 따라 독특하게 구성되는 자본 교환-거래의 영역, 동시에 자본간 대립과 투쟁의 영역, 즉 장을 통해 존재한다. 장(field)은 자본들 간의, 혹은 자본을 소유한 주체(개인 혹은 집단, 계급)들 간의 경쟁, 대립과 투쟁, 교환 등의 행위들이 발생하고 매개되는 공간이다. 시장 개념을 따라 유추된 장의 개념은 자본 소유자들 혹은 개인들에 의해 이윤이나 권력 등의 합리적 추구 행위가 발생하는 영역임을 함축한다.[3] 이것은 문화향유와 같이 단순한 문화적 소비 행위에서도 동일하게 그러한 추구 행위가 발생한다는 것인데, 부르디외는 이를 구별의 이익(profits of distinction)이라 명명한다(Bourdieu, 1997).

사실 좀 더 면밀히 독해해 보면, 부르디외의 구별 개념은 배제도, 억압도, 소외도 아닌 어중간하고 모호한 개념이다. 도대체 구별이 이윤을 창출한다는 것은 어떤 의미이며, 그 이윤은 어떤 형태로 구체화될 수 있는 것일까? 구별이 만약 한 집단이 다른 집단을 타자화하는 배제의 의미라면, 구별은 집단적 경계선을 만들어내고 이를 통해 사회적 성층화를 형성하는데 기여하는 것으로 해석할 수 있다. 또 구별은 소유나 향유할 수 있는 자원의 배분을 불균등하게 함으로써 이익을 발생시

3) 사실 문화장은 생산, 매개, 소비에 걸친 다양한 주체들의 전략적 행위를 통해 구성된다. 이런 점에서 문화향유는 온전한 문화장 분석을 위한 지표로서는 미흡하다고 할 수 있다. 다만 문화향유는 최종적인 문화소비가 계급이나 성, 세대와 같은 사회적 집단, 그리고 개인적 취향 등에 따라 어떻게 분포하는가를 보여주는, 문화장의 주요 부분을 구성하는 것으로 볼 수 있다.

키거나 어떤 집단을 그 이익으로부터 소외시키는 결과를 낳을 수 있다. 혹은 한 집단이 그러한 소유와 향유를 함으로써 다른 집단의 이익을 침해하는 결과에 이를 수도 있다. 하지만 구별은 이런 배제, 전유, 착취와는 다소 다른 차원을 지칭하는 것으로 여겨진다.

우선 구별은 바로 '구분의 경계선'을 만드는 것 자체가 이익이 되는 그러한 행위를 지칭하는 것이 틀림없다. 이 때 이익은 다양한 모습으로 나타날 수 있는데, 올바름, 정당함, 세련됨 등의 칭송이나 인정, 존경의 획득, 우위의 당연시 등이 될 수 있을 것이다.[4] 이익을 획득하기 위한 구별의 방향은 우선적으로 문화와 예술의 위계를 형성하고, 위계의 높은 쪽을 획득, 전유, 소비하는 것이 가장 쉬운 일이다. 즉 고급예술, 고급문화라 칭해지는 대상을 소유, 전유, 소비하는 것이다. 이 경우 구분의 경계선은 문화나 예술 자체가 가지는 차이에 의해 만들어진다. 즉 고급예술과 저급예술의 차이, 순수예술과 상업예술의 구분이 존재하고, 고급예술 및 순수예술을 소비함으로써 소비를 통한 구별짓기가 발생하는 것이다. 이것은 부르디외가 프랑스 혹은 유럽의 상황을 관찰, 분석한 것과도 상당히 맞아 떨어진다. 예술의 경우 고급예술이란 전적으로 미적 가치 자체만을 목적으로 한 산물이면서, 고도의 작품생산 논리가 투영된 결과이자, 다량으로 생산된 것이 아니라 유일무이한 독자성을 가지는 작품일 때 대체로 고급예술이 된다.

두번째 구별을 만드는 방법은 고급문화나 고급예술처럼 그 자체가 구별의 경계선을 만드는 힘은 약하지만, 특정 대상에 대한 소유와 소비를 통해 그것은 '준고급문화' 혹은 '준고급예술'로서 사회적으로 인정되

---

4) 아마도 이러한 예에 가장 타당한 것이 베블렌(Veblen)이 제시하는 유한계급의 '준예절'일 것이다. 품위있는 의상이나 식사 예법 등은 도덕적으로 강제되는 것은 아니지만, 그렇지 못한 사람에게 선호와 존경을 불러 일으킨다. Veblen, 2005.

도록 만드는 것이다. 전형적으로 예술품 구매를 들 수 있는데, 사회적으로 인정되는 예술품의 가격은 일반적으로 소비가능한 상품의 가격을 훨씬 상회하기 때문에, 여기에는 예술품 가격을 지불할 수 있는 능력에 더하여, 일견 비생산적으로 보이는 물품에 소비능력을 투여할 수 있는 취향이 관건이 된다. 우리 사회의 경우 예술품 시장이 점차 확대되고 있는 추세여서 예술품의 소유를 통한 구별짓기 역시 확대되는 것으로 볼 수 있다.

세번째 방법은 문화 소비의 논리를 다른 자본의 논리로 치환가능할 때 가능해진다. 이것은 문화와 예술에 대한 식견이나 취향과는 다소 무관하게, 높은 가격의 문화예술 상품의 소비를 구별짓기의 방법으로 단순히 동원하는 경우에 해당되는데, 우리 사회에서 이러한 소비가 전형적으로 이루어지는 양상이 바로 이른바 '명품'이라 불리는 사치품 소비다. 명품 소비는 소비가 특정 집단에 의해 독점적으로 지속되는 동안은 구별짓기의 효과를 가진다. 하지만 이는 다른 집단, 특히 그 하층 집단에 의한 모방 소비를 불러일으킴으로써 유행 현상을 초래하게 되고, 이 유행이 일반화되면 구별짓기의 효과는 상쇄된다. 이 효과의 지속을 위해 새로운 소비를 상층 집단이 주도하게 되면서 전형적인 유행의 사이클이 재생산된다.

문화향유를 통해 만들어지는 구별짓기는 특정한 문화장 내에서의 문화자본의 불균등한 분포가 만들어내는 일종의 사회적 구분선이라 할 수 있다. 중요한 것은 이러한 구분선이 지역이라는 공간에서 어떤 효과를 산출하는지를 확인하는 일이다. 문화향유에 관심을 가지는 이유는 무엇보다 그 지향의 목적이 이러한 향유의 구분선과 배제의 극복에 있기 때문이다.

### 2) 지역 문화향유 분석의 의미

지역은 중심부에 비해 문화적 자원 자체가 희소하며, 그 배분 또한 다른 양상을 띤다. 또 지역 사회에만 고유한 문화자본들의 존재로 인해 일반적으로 발견될 수 있는 문화장의 구조와는 상당히 다른 모습을 보여준다. 물론 이것은 아직 잠정적인 진술이다. 왜냐하면 우리 사회에서 아직 지역 뿐만 아니라 전국적인 수준에서도 문화장의 특징에 대한 분석이 이루어진 적이 별로 없어 명백히 확인된 사실이 아니기 때문이다.

지역의 문화향유 분석이 갖는 의의는 우선 지역에서 문화향유의 자원들이 어떻게 배분되는지를 보여준다는 점에 있다. 많은 일반화된 이론들이 문화향유가 계급 구분선들, 예컨대 경제적 능력이나 교육 혹은 지역에 따라 차별적임을 지적한다. 하지만 이러한 구분선은 사회와 맥락에 따라 상당히 달라질 수 있다. 문화향유가 가치 있는 대상의 분배와 관련되어 있는 것이라면, 이 분배의 사회적 지도를 그려보는 것이 우선적으로 이루어져야 할 작업이다. 한 예로 최근 문화에 대한 관심이 커지면서 지자체들도 문화향유를 위한 시설에 많은 투자를 하고 있다. 그런데 문예회관이나 대규모 공연장 등의 시설들이 지역 주민들의 이용이 저조하여 방치되거나, 혹은 시설을 채울 프로그램이 없어 활용이 제대로 되지 않는 일들이 자주 언론에 보도되고 있다. 이 경우 무엇보다 지역 주민들의 문화향유 방식에 대한 이해가 선행되고, 이를 바탕으로 시설 이용을 위한 방안들이 도출되어야 할 것이다.

나아가 문화향유는 문화적 불평등의 문제와 관련되어 있다. 대부분의 사회들에서 국가의 문화정책은 보편적인 문화향유를 지향하고 있으며, 이러한 문화향유의 보편화가 문화 불평등을 해소하는 방법이라고 간주한다. 그런데 문화향유는 보편적 접근이나 보편·평등한 소유와 달리, 향유자의 능력과 의지가 함께 결합되어야 하는, 일종의 특수재 소비와 관련된 것이기 때문에 단순한 분배 정의의 문제로 접근하기 어렵다. 문화적 불평등 문제에 접근하기 위해서는 그 불평등이 어떻게 발생하고 분포하는지를 먼저 확인할 필요가 있다. 또 지역 문화향유의 장은 일반적인 문화향유의 양상을 그대로 따르지 않을 가능성이 크다. 경제적 비유를 하자면, 경제가 활황일 때는 생산과 소비의 호순환이 이루어지는 반면, 불황일 때는 소비 자체가 위축된다. 지역 문화장은 문화향유를 위한 자원 자체가 희소하기 때문에 불황기의 소비 패턴, 즉 소비 자체를 삼가는 형태로 나타날 가능성이 크다. 이런 경우 문화소비를 위해서는 우선적으로 소비에 대한 욕구를 자극하는 것에서 출발해야 할 것이다.

결국 문화향유의 성격을 분석하는 것은 지역에서의 삶의 양상들을 고찰하는 일이다. 문화향유의 구분선이나 배제의 경계가 있다면 그것을 어떻게 해소할 것인가를 고민해야 할 것이며, 이 역시 삶의 양상에 대한 이해에서 출발하는 것이다.

## 3. 지역의 문화장과 문화향유

### 1) 문화시설 이용

지역의 문화시설은 수도권에 비해 열악한 편이다. 이것이 지역의 문화향유를 제약하는 요인 중의 하나이지만, 문화시설의 희소함이 문화향유의 저하를 직접적으로 초래하는지 여부는 분석을 통해 검토해보아야 한다. 우선 광주 시내에 존재하는 다양한 문화향유 시설을 크게 상업문화시설과 문화예술시설, 생활문화시설 등 세 범주로 구분하여 지난 3개월간 이들 시설에 대한 이용 빈도를 분석했다.[5)]

---

5) 상업예술시설은 극장과 놀이공원, 문화예술시설은 미술관, 박물관·전시관,

상업문화시설(영화관, 놀이공원) 중 가장 높은 이용 빈도를 보인 것은 영화관으로, 이를 한 번 이상 이용한 사람이 49.6%이다. 반면, 연극공연장을 한 번 이상 이용한 사람은 4.2%에 불과했고, 놀이공원을 한 번 이상 이용한 사람이 23.2%로 나타났다.

**표 3-1** 지난 3개월간 상업문화시설 이용 빈도

| | 없다 | 한 번 | 두 번 | 세 번 | 네 번 이상 |
|---|---|---|---|---|---|
| 영 화 관 | 504 (50.4) | 227 (22.7) | 138 (13.8) | 58 ( 5.8) | 73 ( 7.3) |
| 놀이공원 | 768 (76.8) | 198 (19.8) | 28 ( 2.8) | 1 ( 0.1) | 5 ( 0.5) |

문화예술 시설(미술관, 박물관/전시관, 문예회관, 연극공연장) 이용 빈도는 상업문화시설에 비해 상대적으로 낮다. 미술관을 한번 이상 이용한 사람은 6.3%, 박물관/전시관을 한 번 이상 이용한 사랃은 18.4%, 문예회관은 10.0%로 나타났다.

**표 3-2** 지난 3개월간 문화예술시설 이용빈도

| | 없다 | 한 번 | 두 번 | 세 번 | 네 번 이상 |
|---|---|---|---|---|---|
| 미술관 | 937 (93.7) | 53 ( 5.3) | 7 ( 0.7) | 1 ( 0.1) | 2 ( 0.2) |
| 박물관/전시관 | 861 (86.1) | 121 (12.1) | 10 ( 1.0) | 5 ( 5.0) | 3 ( 0.3) |
| 문예회관 | 900 (90.0) | 82 ( 8.2) | 12 ( 1.2) | 3 ( 0.3) | 3 ( 0.3) |
| 연극공연장 | 958 (95.8) | 33 ( 3.3) | 7 ( 0.7) | 0 ( 0.0) | 2 ( 0.2) |

일상적으로 접할 수 있는 공간인 생활문화시설(문화센터, 도서관, 구민/복지회관, 주민자치센터)의 이용 빈도 역시 전반적으로 낮았다. 생활문화 시설 중 가장 높은 이용 빈도를 보인 것을 도서관으로, 이를 한 번

연극 공연장, 문예회관, 그리고 생활문화시설은 문화센터, 도서관, 구민회관, 주민자치센터를 포함한다.

이상 이용한 사람은 27.9%였다. 구민/복지회관을 한 번 이상 이용한 사람은 11.2%, 문화센터를 한 번 이상 이용한 사람은 7.5%, 주민자치센터를 한 번 이상 이용한 사람은 6.7%였다.

▌표 3-3 ▌ 지난 3개월간 생활문화시설 이용빈도

| | 없다 | 한 번 | 두 번 | 세 번 | 네 번 이상 |
|---|---|---|---|---|---|
| 문화센터 | 925 (92.5) | 37 ( 3.7) | 11 ( 1.1) | 6 ( 0.6) | 21 ( 2.1) |
| 도서관 | 721 (72.1) | 48 ( 4.8) | 33 ( 3.3) | 23 ( 2.3) | 175 (17.5) |
| 구민/복지회관 | 888 (88.8) | 54 ( 5.4) | 23 ( 2.3) | 10 ( 1.0) | 25 ( 2.5) |
| 주민자치센터 | 933 (93.3) | 27 ( 2.7) | 22 ( 2.2) | 2 ( 0.2) | 16 ( 1.6) |

이 결과는 지역 문화장의 특징 중 하나를 그대로 보여주고 있다. 즉 상업시설이든 고급예술 혹은 생활문화 시설이든, 그것을 향유하고 이용하는 사람들이 상당히 희소하다는 사실이다. 물론 이것은 우리 사회 전체의 문화장 구조를 고려할 때 확인되는 중앙과 지역간의 문화적 격차와, 지역 문화의 하위성 및 종속성이 복합적으로 반영된 결과이다. 아울러 문화예술 시설의 향유 자체가 극단적으로 희소하다면, 일반적으로 기대되는 문화장의 논리가 다른 방식으로 왜곡되어 나타날 가능성도 배제할 수 없다.

어쨌든 부르디외가 관심을 가졌던 문화자본과 계급, 그리고 문화장의 구조에 대한 분석을 좀 더 진척시켜 보자. 위의 세 가지 유형의 문화향유 시설은 각각이 고유한 문화향유의 행태와 목적, 내용을 가지지만, 동시에 문화예술시설 〉 생활문화시설 〉 상업문화시설의 순으로 문화적 위계를 가진다고 볼 수 있다. 이 위계는 고급 문화 - 저급 문화, 혹은 순수 예술 - 대중문화의 위계를 반영하는 것이다. 생활문화시설과 상업문화시설의 위계를 구분하는 것은 논란이 될 수 있지만, 대체로 생활문화시설이 대중에게 제공하는 것은 대중문화 보다는 예술에 가깝기 때

문에 고급 - 대중 문화의 위계에서 그 중간 쯤에 위치하는 것으로 보는 것이 타당할 듯하다.[6)]

#### (1) 경제적 계급과 문화시설 향유

여기서 경제적 계급은 단순히 소득 변수를 그대로 사용한다. 소득 이외에 가지고 있는 자산, 직업 및 종사상의 지위 등이 경제적 계급을 설명하는 주요 변수이겠지만, 이 자료에는 자산에 대한 조사가 이루어지지 않았기 때문에 소득 수준만을 고려한다. 소득 수준은 개인소득과 가족소득 두가지 변수를 활용하였다.

분석 결과 개인소득과 문화시설 향유 간에는 뚜렷한 상관관계가 확인되지 않았다. 상업문화시설의 경우 영화관 이용 빈도와 개인소득의 상관관계가 존재하는데, 개인소득이 낮을수록 영화관 이용은 오히려 더 높은 관계를 보여주고 있다. 생활문화시설과 소득의 관련성에서는 도서관 이용과의 관련성이 특히 강하게 드러났는데, 그 관련은 역관계의 양상이라는 점에서 흥미롭다. 즉 개인소득 수준이 낮은 사람의 도서관 이용이 더 높은데, 이것은 도서관이 가진 다양한 기능 중 책의 무료 대여 등의 공적 기능과 관련이 있는 것으로 생각된다. 마찬가지로 구민회관도 소득 수준이 낮은 사람의 이용이 다소 더 높은 것으로 나타났다. 반면 문화예술시설과 개인소득의 관련성은 나타나지 않았다.

한편 가족소득과 문화시설 향유의 관계에서는 전혀 통계적으로 유의미한 결과가 드러나지 않았다. 이 결과는 문화향유를 결정하는 중요한 요인 중 하나인 경제적 계급 혹은 소유할 수 있는 잠재적 문화자본이라는 것이 별로 작동하지 않는 특이한 문화장을 형성하고 있거나,

---

6) 이용률의 높고 낮음이 문화의 위계를 그대로 설명해주는 것은 아니지만, 이용률에서 상업문화시설 보다는 생활문화시설의 이용률이 더 낮다는 점에서도 이 구분은 설득력이 있어 보인다.

**표 3-4** 경제적 소득과 문화시설 향유의 상관관계

| | | 개인소득 | 가족소득 |
|---|---|---|---|
| 영화관 | Pearson Correlation | -.138** | .093** |
| | Sig. (2-tailed) | .000 | .003 |
| | N | 1000 | 1000 |
| 연극공연장 | Pearson Correlation | -.004 | .020 |
| | Sig. (2-tailed) | .907 | .528 |
| | N | 1000 | 1000 |
| 놀이공원 | Pearson Correlation | .027 | .023 |
| | Sig. (2-tailed) | .390 | .461 |
| | N | 1000 | 1000 |
| 미술관 | Pearson Correlation | .018 | .029 |
| | Sig. (2-tailed) | .566 | .353 |
| | N | 1000 | 1000 |
| 박물관, 전시장 | Pearson Correlation | .014 | .034 |
| | Sig. (2-tailed) | .653 | .283 |
| | N | 1000 | 1000 |
| 문예회관 | Pearson Correlation | .046 | .052 |
| | Sig. (2-tailed) | .147 | .100 |
| | N | 1000 | 1000 |
| 문화센터 | Pearson Correlation | -.025 | .025 |
| | Sig. (2-tailed) | .430 | .435 |
| | N | 1000 | 1000 |
| 도서관 | Pearson Correlation | -.344** | .030 |
| | Sig. (2-tailed) | .000 | .336 |
| | N | 1000 | 1000 |
| 구민회관, 복지회관 등 | Pearson Correlation | -.065* | -.007 |
| | Sig. (2-tailed) | .041 | .831 |
| | N | 1000 | 1000 |
| 주민자치센터 | Pearson Correlation | .030 | .038 |
| | Sig. (2-tailed) | .344 | .226 |
| | N | 1000 | 1000 |

**. Correlation is significant at the 0.01 level (2-tailed).
*. Correlation is significant at the 0.05 level (2-tailed).

혹은 그러한 문화자본이 아예 형성되어 있지 않다는 사실을 추론하게 한다. 어쨌든 이 결과는 일반적으로 확인되는 문화자본과 경제적 자본의 높은 상관성이라는 사실이 지역에서는 존재하지 않거나, 혹은 왜곡된 형태로 드러난다는 사실을 함축한다.

### (2) 학력자본과 문화시설 향유

학력자본과 문화시설 향유의 관계는 상당히 높은 연관성을 보여준다. 학력수준이 높을수록 모든 문화시설의 이용횟수가 더 많으며, 그 중에서도 특히 영화관, 도서관, 미술관, 문화센터, 놀이공원 등이 학력이 높을수록 더 많은 이용 빈도를 보여주고 있다.

경제력 보다 학력이 문화시설 향유와 더 높은 연관성을 보이는 것은 이렇게 설명 가능하다. 우선 문화향유는 경제력 보다는 이해 능력 및 접근 능력을 우선적으로 필요로 한다. 역사적으로도 대중의 문화향유의 확대는 읽고 쓰는 능력의 확대에 의해 이루어졌듯이, 문화향유는 일차적으로 접근 능력을 요구한다. 그런데 이 이해 및 접근 능력은 주로 학교 교육을 통해 주어지는 것이 보통이며, 고등 교육으로 갈수록 높은 수준의 문화향유 능력을 습득하게 되는 것이 일반적이다. 부르디외도 지적하듯이 가족을 통한 문화자본의 획득은 오랜 시간의 투자를 필요로 하는 반면, 학교를 통한 문화자본의 획득은 짧은 시간에 대량으로 이루어진다는 점이 이러한 효과를 낳는 것으로 해석될 수 있다.[7)]

한편 이러한 이해 및 향유 능력이 경제적 능력 보다 문화향유에 더 크게 작용하는 경우는 그 향유 대상이 상대적으로 경제적 비용을 크게 필요로 하지 않을 때 주로 발생한다. 모든 소비는 어느 정도 경제적 비용을 요구하지만, 그 비용이 공공재와 같이 상당히 낮아서 경제적

---

7) 또한 대체로 학력이 높을수록 가족을 통한 문화자본의 형성 가능성도 더 높다고 볼 수 있을 것이다.

진입장벽이 없을 때 문화향유는 경제적 능력 보다 교육이라는 향유 능력이 더 중요한 요인으로 작용하게 된다. 위에서 본 문화시설은 대부분 국가나 지자체에 의해 주어진 공공시설이거나, 혹은 상업시설일지라도 그 이용 비용이 매우 낮은 시설들이다. 이런 이유 때문에 문화시설 이용에 있어 경제적 소득 보다는 학력 효과가 더 크게 나타나고 있는 것이다.

또한 학력과 문화시설의 관련성에서 고급 문화시설 이용의 관련성이 부분적으로만 발견되는 것, 그리고 영화관과 같은 대중문화 시설과의 관련성이 높게 나타나는 것도 해석의 여지가 많은 부분이다. 영화와 도서관은 학력이 높을수록 이용 빈도도 높음을 보여주는데, 이것은 영화관이나 도서관 등의 상업시설이나 생활시설 이용도 지역 사회에서는 상당한 문화자본의 존재를 전제로 하는 것임을 함축한다. 미술관이나 박물관 등의 고급 문화시설도 학력과의 관련성이 드러나지만, 그 정도는 상당히 약한 편이다. 반면 구민회관이나 주민자치센터는 오히려 학력이 낮은 사람들이 더 자주 이용하는 경향이 있는 것도 흥미롭다. 문예회관이나 연극 공연은 학력과의 연관성이 발견되지 않았다.

이 결과를 요약해 보면, 우선 두드러진 사실은 문화시설 향유의 편차가 시설별로 매우 뚜렷하게 드러난다는 점이다. 연극 공연장이나 문예회관은 가장 높은 수준의, 혹은 접근성이 가장 낮은 문화시설로서, 학력에 상관없이 이용 자체가 매우 낮아 접근의 높은 진입장벽이 존재하고 있음을 보여준다. 미술관이나 박물관은 학력에 따라 이용의 차이를 드러내지만, 그 상관성 정도가 낮아서 학력이라는 문화자본이 문화시설 향유의 차이나 구별짓기를 만들지 못함을 보여준다. 반면 영화관이나 도서관과 같은 쉽게 접근할 수 있는 시설에서 학력별 차이가 강하게 나타나는 점을 볼 때, 전반적으로 학력이라는 문화자본이 작용하는 문화시설은 고급 문화시설이 아닌 대중적 상업시설이나 생활시설이라는 사실을 알 수 있다.

**표 3-5** 학력자본 및 연령과 문화시설 향유의 상관관계

| | | 학력 | 연령 |
|---|---|---|---|
| 영화관 | Pearson Correlation | .346** | -.570** |
| | Sig. (2-tailed) | .000 | .000 |
| | N | 1000 | 1000 |
| 연극공연장 | Pearson Correlation | .031 | -.090** |
| | Sig. (2-tailed) | .321 | .004 |
| | N | 1000 | 1000 |
| 놀이공원 | Pearson Correlation | .073* | -.223** |
| | Sig. (2-tailed) | .021 | .000 |
| | N | 1000 | 1000 |
| 미술관 | Pearson Correlation | .107** | -.105** |
| | Sig. (2-tailed) | .001 | .001 |
| | N | 1000 | 1000 |
| 박물관, 전시장 | Pearson Correlation | .078* | -.134** |
| | Sig. (2-tailed) | .014 | .000 |
| | N | 1000 | 1000 |
| 문예회관 | Pearson Correlation | .060 | -.096** |
| | Sig. (2-tailed) | .059 | .002 |
| | N | 1000 | 1000 |
| 문화센터 | Pearson Correlation | .079* | -.044 |
| | Sig. (2-tailed) | .013 | .165 |
| | N | 1000 | 1000 |
| 도서관 | Pearson Correlation | .359** | -.543** |
| | Sig. (2-tailed) | .000 | .000 |
| | N | 1000 | 1000 |
| 구민회관, 복지회관 등 | Pearson Correlation | -.088** | .097** |
| | Sig. (2-tailed) | .005 | .002 |
| | N | 1000 | 1000 |
| 주민자치센터 | Pearson Correlation | -.082** | .156** |
| | Sig. (2-tailed) | .010 | .000 |
| | N | 1000 | 1000 |

**. Correlation is significant at the 0.01 level (2-tailed).
*. Correlation is significant at the 0.05 level (2-tailed).

### (3) 연령 · 세대와 문화시설 향유

연령도 문화시설 향유와 높은 관련이 있는 것으로 드러났다. 문화시설 향유와 관련해서 연령 혹은 세대는 학력이나 경제적 능력 보다 더 큰 상관성을 보이고 있는데, 이는 해석되어야 할 지역의 문화 향유가 갖는 특이성이라 할 수 있다. 우선 연령 효과는 구민회관 · 복지관 이용을 제외하고는 모든 문화시설 향유와 부의 상관성을 보이고 있다. 즉 연령이 낮을수록 문화시설 이용이 현저히 높아지는 공통점을 보이며, 반대로 연령이 높아질수록 문화시설 향유는 급격히 낮아지는 경향을 보인다. 이 결과는 우선 문화시설 이용에 있어 연령 혹은 세대라는 진입장벽이 존재한다는 사실을 함축하는 것으로 보인다.

왜 연령이 높을수록 문화시설을 이용하지 않는 것일까? 문화향유란 어떤 의미에서는 바로 생활과의 투쟁이다. 즉 문화생활의 향유와 노동을 비롯한 삶의 영위는 시간의 분배나 경제적 여유 등의 측면에서 서로 충돌하는 가치가 되기도 한다. 이것은 많은 여가 향유와 관련한 조사에서 여가의 장애요인으로 가장 먼저 지목되는 것이 시간 및 경제적 여유 부족이라는 결과와 깊은 관련이 있어 보인다. 일상 생활에서의 우선 순위는 대개 물질적 삶을 유지하는 것에 일차적으로 맞추어지고, 이러한 필요가 상당한 정도로 충족되었을 때에야 비로소 비물질적인 것, 예술과 문화향유에 대한 욕구가 분출되기 마련이다. 그래서 30대 이상의 중장년층들은 생활을 위한 노력이 삶의 더 많은 부분을 차지하는 반면, 반대로 10대와 20대는 상대적으로 이러한 물질적 생활을 위한 노력으로부터 자유롭기 때문에 문화향유가 더 높게 나타나는 것으로 해석할 수 있다.

다른 한편으로 문화시설이 가지는 세대별 진입 장벽과 분리의 문제도 존재하는 것으로 추측된다. 문화시설은 대부분 문화를 직접 교육받고 있는 젊은 연령층에게 더 친숙하게 이용되는 경향이 존재하며, 대중문화시설, 그리고 문화예술시설의 이용도가 높다. 반면 중장년층은 문화시설 접근의 진입 장벽이 존재하며, 상대적으로 문화예술시설 보다는 보다 친근한 생활문화시설 이용을 더 편하게 생각하는 것으로 보인다.

### 2) 문화예술 행사 참여

현재 광주 지역에서 개최되고 있는 대표적인 문화예술 행사는 크게 4개이다. 2년마다 한번씩 개최되는 국제적 미술전시회인 '광주 비엔날레'가 있고, 매년 5월 17일부터 개최되는 전야제를 비롯한 '5 · 18 행사', 광주 지역 내 행사이지만 많은 사람들이 참여하는 '광주 김치축제', 그리고 '광주 국제영화제'를 들 수 있다.[8] 문화예술 행사 참여 역시 문화예술 향유 정도를 파악할 수 있는 좋은 지표가 된다. 일상적으로 이용할 수 있는 문화시설과 달리 문화예술 행사는 1년 혹은 2년에 한번 일정 기간 동안만 개최되기 때문에 흥미로운 이벤트로 지역민들의 주목을 끌지만, 문화시설에 비해 상대적으로 이용 정도가 낮은 것이 특징이다.

경제적 소득, 학력 및 연령과 이들 행사 참여 빈도와의 관계를 분석한 결과, 우선 소득과 문화행사 참여는 전혀 유의미한 관계를 보여주지 않았다. 반면 학력은 밀접한 관계가 있음이 드러났다. 광주 비엔날레, 광주 국제영화제, 그리고 김치축제의 참여 횟수가 학력에 따른 차이를 보였는데, 흥미로운 것은 광주 비엔날레나 국제영화제는 학력이 높을수록 참여 횟수가 높은 반면, 김치축제는 오히려 학력이 낮은 사람들이

---

8) 이 밖에 '임방울 국악제'나 시장 상인들이 주축이 되는 '충장로 축제' 등의 소규모 축제들도 여럿 있다.

더 많이 참여하였음을 보여주고 있다. 이것은 비엔날레나 국제영화제가 비교적 높은 수준의 문화자본 소유와 향유능력을 필요로 하는 고급 문화행사인 반면, 김치축제는 이러한 향유능력을 그다지 필요로 하지 않는 행사라는 차이에서 비롯된 결과로 해석된다. 5・18 행사 참여 빈도는 학력과 별다른 관련성을 보여주지 않았다.

연령과 참여 횟수 간에도 관련이 있는 것으로 나타났다. 광주 비엔날레나 국제영화제, 그리고 5・18 행사는 연령이 낮을수록 참여 횟수가 많은 반면, 김치축제는 연령이 높을수록 참여 빈도가 더 높은 것으로 나타났다. 문화행사 자체에 연령별 성격과 선호가 반영되어 있음을 짐작하게 한다.

**표 3-6** 소득·학력・연령과 주요행사 참여 상관관계

| | | 광주 비엔날레 | 광주 국제영화제 | 광주 김치축제 | 5.18 행사 |
|---|---|---|---|---|---|
| 개인소득 (연/만원) | Pearson Correlation | -.016 | -.013 | .042 | .038 |
| | Sig. (2-tailed) | .605 | .680 | .181 | .233 |
| | N | 1000 | 1000 | 1000 | 1000 |
| 가족소득 (연/만원) | Pearson Correlation | .016 | .037 | -.016 | -.011 |
| | Sig. (2-tailed) | .619 | .245 | .616 | .739 |
| | N | 1000 | 1000 | 1000 | 1000 |
| 학력 | Pearson Correlation | .063* | .100** | -.118** | .041 |
| | Sig. (2-tailed) | .047 | .002 | .000 | .197 |
| | N | 1000 | 1000 | 1000 | 1000 |
| 연령 | Pearson Correlation | -.137** | -.157** | .178** | -.047 |
| | Sig. (2-tailed) | .000 | .000 | .000 | .134 |
| | N | 1000 | 1000 | 1000 | 1000 |

**. Correlation is significant at the 0.01 level (2-tailed).
*. Correlation is significant at the 0.05 level (2-tailed).

본래 민중적 축제는 한차례의 떠들썩함을 통해 삶에서 발생하는 어려움을 상징적으로 해결하는 기능을 갖고 있다. 물론 오늘날의 축제는 대부분 이러한 민중적 축제와의 연관성 없이 하나의 사건이자 구경꺼리로 만들어진 것이지만, 광주 참여에 대한 계급적 편차는 이러한 성격이 혼재되어 있음을 보여준다. 우선 비엔날레는 현대 미술전시회로서 고급 문화예술을 대표한다. 이것은 일정한 감식안과 함께 문화예술에 대한 시간적, 경제적 투자를 요구하기 때문에 주로 상층계급의 취향으로 연결되는 경향이 있음을 보여준다. 반면 김치축제는 가장 지역적이고 민중적인 정서와 연결되어 있으며, 향유를 위한 능력의 유무와 관계없이 쉽게 접할 수 있다는 점에서 민중적 축제와 유사성을 갖는다. 그렇기 때문에 이것은 주로 하층계급의 취향과 연결되는 것이다. 5 · 18 행사는 광주의 역사적 경험을 의례로 재현한 것으로, 두가지 상반된 경향을 갖는다. 하나는 이 행사가 가진 이념적 측면에 대한 동의가 상층계급 일부에 존재하는 반면, 그 축제적 성격은 민중적이어서 하층계급의 선호와 연결된다. 하지만 대체적으로는 보다 하층계급적, 서민적 정서, 그리고 5 · 18의 경험 여부를 반영하기 때문에, 높은 연령 집단 및 저소득층과 보다 친연성을 가지는 것이다.

문화시설 이용 및 문화예술 행사 참여 양태에서 드러나는 광주 지역의 문화향유의 특징을 요약해 보면, 우선 일반적으로 예상되는 경제적 수준과 문화예술 향유의 연관성이 현저히 낮거나 혹은 거의 존재하지 않는다는 점이다. 이것은 잠재적으로, 전반적인 문화예술 향유의 정도가 낮아서 경제적 능력에 따른 편차가 별로 존재하지 않는다는 사실을 함축하는 것으로 해석할 수 있다.

반면 학력 자본이 문화예술 향유에 미치는 효과는 매우 뚜렷하게 나타났다. 대부분의 문화시설 이용 및 문화예술 행사 참여는 학력이 높을수록 참여 빈도가 높음을 알 수 있다. 이것은 문화예술 향유가 무엇보다 감식능력 및 향유 능력을 필요로 한다는 점, 그리고 상대적으로 문화시설 이용이나 행사 참여가 많은 경제적 비용을 필요로 하지는 않는다는 점에 기인하는 것 등으로 해석 가능하다. 따라서 지역 문화장에서는 경제적 능력 보다는 문화예술에 대한 감식 능력이 더 중요한 요인으로 작용한다고 해석할 수 있다.

한편 연령이 문화예술 향유와 높은 연관성을 갖는 것도 지역 문화장의 한 특징인 것으로 나타났다. 이것은 문화예술에 대한 세대 효과가 지역에서 작동하는 것으로 해석할 수 있으며, 또한 문화적 감식 능력이나 접근 능력에서 젊은 세대가 나이 든 세대보다 더 뛰어나다는 점을 반영하는 것으로 볼 수 있다.

### 3) 여가 중 문화예술 향유

여가 시간 중 문화예술 향유에 투여하는 비용과 시간 역시 지역 문화장의 특징을 드러내어 주는 중요한 변수로 볼 수 있다. 우선 여가 생활 중 '문화예술 관람' 및 '문화상품 구입'이 이루어지는 양상, 즉 문화에 대한 소비 양상을 분석해 보았다. 이것은 상대적으로 경제적 능력을 필요로 하는 것이기 때문에 경제적 소득 수준과의 높은 상관성이 기대되는 부분이다.

예상대로 분석 결과는 문화예술 관람 지출 및 문화상품 구입 지출과 소득의 연관성을 보여준다. 개인소득과의 유의미한 관련은 드러나지 않은 반면, 가족소득에서는 소득이 높을수록 문화 관련 소비 지출도 높은 것으로 나타났다. 특히 문화상품 구입 보다는 문화예술 관람이 상대적으로 더 높은 연관성을 가지는 것으로 나타났다.

하지만 경제적 소득 효과보다 학력 및 연령이 문화예술 관람 및 문화상품 구입에 대해 가지는 효과가 더 큰 것으로 나타났다. 학력과의 관

▌표 3-7 ▌소득·학력·연령과 문화예술관람 및 문화상품구입 비용의 상관관계

| | | 문화예술관람 | 도서 등 문화상품구입 |
|---|---|---|---|
| 개인소득(연/만원) | Pearson Correlation | -.007 | .001 |
| | Sig. (2-tailed) | .813 | .976 |
| | N | 1000 | 1000 |
| 가족소득(연/만원) | Pearson Correlation | .123** | .073* |
| | Sig. (2-tailed) | .000 | .021 |
| | N | 1000 | 1000 |
| 학력 | Pearson Correlation | .199** | .243** |
| | Sig. (2-tailed) | .000 | .000 |
| | N | 1000 | 1000 |
| 연령 | Pearson Correlation | -.195** | -.191** |
| | Sig. (2-tailed) | .000 | .000 |
| | N | 1000 | 1000 |

**. Correlation is significant at the 0.01 level (2-tailed).
*. Correlation is significant at the 0.05 level (2-tailed).

련은 모두 학력이 높을수록 문화 관련 지출이 높은 관계를 보이며, 효과의 정도에서는 문화예술 관람 보다는 상대적으로 문화상품 구입이 더 큰 것으로 나타났다. 연령 효과 역시 경제적 소득에 비해 연관 효과가 더 큰 것으로 드러났다. 연령이 낮을수록 문화예술 관람 및 문화상품 구입이 커지는 경향을 보였다.

여가 시간 중의 문화활동 시간 이용에서는 소득과의 약한 관련성이, 그리고 학력 및 연령과의 강한 관련성이 나타나고 있다. 여가 활동 중 감상·관람, 그리고 TV 시청은 수동적이면서 상대적으로 적은 비용으로 여가를 향유할 수 있는 활동을 대표한다. 개인소득과의 상관관계를 분석해 보면, 감상·관람 및 TV시청 모두 개인소득이 높을수록 향유시간은 적은 부의 관계를 보이고 있다. 반면 가족소득에서는 감상·관

‖ 표 3-8 ‖ 소득 · 학력 · 연령과 여가 중 문화활동 시간 상관관계

| | | 감상관람 | TV시청 | 취미활동 | 독서 |
|---|---|---|---|---|---|
| 개인소득 (연/만원) | Pearson Correlation | -.119** | -.081* | -.020 | -.070 |
| | Sig. (2-tailed) | .010 | .011 | .738 | .134 |
| | N | 475 | 983 | 291 | 460 |
| 가족소득 (연/만원) | Pearson Correlation | .173** | -.076* | -.077 | -.022 |
| | Sig. (2-tailed) | .000 | .017 | .190 | .641 |
| | N | 475 | 983 | 291 | 460 |
| 학력 | Pearson Correlation | .127** | -.239** | -.181** | .010 |
| | Sig. (2-tailed) | .006 | .000 | .002 | .835 |
| | N | 475 | 983 | 291 | 460 |
| 연령 | Pearson Correlation | -.153** | .329** | .161** | -.044 |
| | Sig. (2-tailed) | .001 | .000 | .006 | .346 |
| | N | 475 | 983 | 291 | 460 |

**. Correlation is significant at the 0.01 level (2-tailed).
*. Correlation is significant at the 0.05 level (2-tailed).

람에의 시간 투자는 가족소득이 높을수록 증가하는 경향이 있는 반면, TV 시청은 소득이 높을수록 시청 시간이 떨어지는 경향을 보인다. 한편 개인 및 가족소득과 취미활동 및 독서와의 관련성은 발견되지 않았다.

학력 효과를 살펴보면 감상 · 관람 시간은 학력이 높을수록 증가하는 경향이 있는 반면, TV 시청은 학력이 높을수록 시청 시간이 줄어드는 경향을 보였다. 특히 학력과 TV 시청 시간과의 관련성은 상당히 강함을 알 수 있다. 취미활동 시간도 학력이 높을수록 줄어드는 경향을 보이고 있다. 학력과 독서 시간의 관련성은 드러나지 않았다.

연령 효과에서는 연령이 높을수록 감상 · 관람 시간은 감소하는 경향이 있는 반면, TV 시청과 취미활동 시간은 증가하는 경향을 보이고 있다. 독서시간과의 관련성은 발견되지 않았다.

소득, 학력 및 연령에 따른 여가시간 중 문화활동 시간은 일관된 경향성을 보이지 않고 복잡한 양상을 드러내고 있다. 우선 뚜렷한 사실 중 하나는 경제적 수준이나 학력 등과 독서와의 관련성이 전혀 드러나지 않는다는 점이다. 일반적으로 학력이나 연령은 독서와 상당한 연관성을 보일 것으로 기대되는데, 이러한 연관성이 드러나지 않는 것은 독서에 투자하는 시간 자체가 절대적으로 적다는 것이 주된 이유일 것으로 생각된다. 감상·관람에 투여하는 평균 시간이 1시간 12분, TV 시청이 2시간 3분, 취미활동이 1시간 5분인 반면, 독서는 53분에 불과한 것으로 나타났기 때문이다.

여가 중 가장 많은 시간을 투여하면서 또한 가장 소극적인 여가 활동으로 꼽히는 TV 시청은 연령이 높을수록, 개인소득과 가족소득을 포함하여 경제력이 낮을수록, 그리고 학력이 낮을수록 시청 시간이 길다. 이것은 TV 시청이 의외로 계층적으로 뚜렷하게 구분되는 여가 활동임을 보여주는 것이다. 즉 하층계급일수록 TV 시청에 몰입하는 시간이 더 길다. 영화 등의 감상·관람은 뚜렷하지는 않지만, TV 시청에 비해 좀더 고급한 여가 활동인 것으로 보인다. 연령이 낮을수록, 그리고 학력과 경제적 수준이 높을수록 감상·관람 시간이 더 길어, TV 시청과 반대의 결과를 보여주고 있다. 취미활동은 상당히 경제력과 관계있는 것으로 보인다. 개인소득이나 가족소득이 높을수록 취미활동 시간이 긴 것으로 나타나, 취미생활에 지불할 수 있는 경제적 능력이 중요한 것으로 볼 수 있다.

문화시설 이용이나 문화행사 참여와 마찬가지로 개인적 여가시간의 구성도 학력과 경제적 능력, 그리고 세대에 따른 분리가 이루어지고 있음을 보여준다.

### 4) 집의 장식 취향

집 내부를 어떻게 장식하느냐는 일차적으로 개인의 취향을 반영하는 것이다. 그런데 부르디외가 지적하듯이 이 장식 취미는 또한 가족이나 계급의 오랜 훈련과 체화된 습득의 결과를 반영하는 것이기도 하다. 이와 아울러 다른 한편으로는 일반화된 소비 경향 속에서의 이것은 장식 유행 현상과 연결되기도 한다. 특히 집안을 어떻게 장식할 것인가를 주제로 다루는 수많은 잡지와 인터넷 정보가 흘러넘치는 요즘에는 더욱 그렇다. 어쨌든 집의 장식 취향은 문화향유의 한 부분으로서 의미를 가지기 때문에, 지역의 문화향유의 특성을 반영하는 지표로 삼아 분석해 볼 충분한 의미가 있다.

전체 장식 취향의 분포를 살펴보면, 가장 보편화된 거실 장식물은 책과 사진으로, 각각 99.0%와 86.9%이다. 보통의 집 혹은 아파트의 거실은 한 벽면에 TV가 있고 그 반대쪽에 소파가, 그리고 나머지 벽들은 장식물로 채워지는 것이 일반적이다. 이 다른 벽면에 보통 사진(대체로 가족 사진) 액자가 걸리고, 책장이 벽면 한곳에 서 있다. 그런데 여가 시간 활용에서도 보았듯이 독서 시간은 상당히 낮아서, 이 책은 보편화된 거실 장식물이긴 하지만 실제 독서를 위한 책인 경우는 그다지 많지 않은 것으로 생각된다. 다음으로 분재/화분도 장식된 비율이 상당히 높게 나타나며, 오디오 시스템을 거실에 갖춘 경우도 상당히 많다.

양주(26.7%)를 거실에 장식한 경우도 꽤 비율이 높은데, 대개 양주 장식은 전용 장식장을 설치하여 진열하는 것이 보통이다. 다음으로 그림을 거실 벽면에 장식한 비율도 상당히 높으며, 특히 동양화를 장식한 경우가 33.1%로 상당히 높아, 이것이 광주라는 지역 특성을 반영한 것인지 아니면 보편적인 경향을 반영한 것인지 추후 조사해 볼 필요가 있다.9)

반면 조각, 고가구, 브로마이드, 골동품, 실내분수대 등은 장식 비율이 현저히 낮게 나타난다. 이 중 조각이나 고가구, 골동품 등은 그 희소성과 비용 때문에, 그리고 브로마이드나 실내분수대는 유행이 지났기 때문에 장식 비율이 낮은 것으로 추측된다.

**표 3-9** 거실의 장식 취향

| 항목 | 동양화 | 서양화 | 서예작품 | 자수 | 사진 | 조각 | 도자기 | 고가구 | 브로마이드 |
|---|---|---|---|---|---|---|---|---|---|
| 장식비율 | 331 (33.1) | 169 (16.9) | 142 (14.2) | 166 (16.6) | 869 (86.9) | 75 (7.5) | 194 (19.4) | 68 (6.8) | 64 (6.4) |
| 항목 | 분재/화분 | 수석 | 양주 | 골동품 | 책 | 실내분수대 | 어항 | 오디오 | |
| 장식비율 | 573 (57.3) | 128 (12.8) | 267 (26.7) | 66 (6.6) | 990 (99.0) | 56 (5.6) | 139 (13.9) | 514 (51.4) | |

이러한 장식 취향이 경계적 소득, 학력 및 세대에 따라 어떻게 달리 분포하는지를 살펴보자.

### (1) 경제적 소득과 장식 취향

먼저 경제적 소득에 따른 집안 장식 취미의 효과를 검토해 보자.[10) ]장식물이 비교적 고가인 경우 이 장식 취미는 경제력의 영향을 크게 받는 것이 당연하다. '동양화' 장식에 대한 경제적 효과에서는 경제적 소득 간 차이가 발견되지만 경제적 수준과의 단선적 상관관계는 존재하지 않는다. 다만 4001만원 이상의 가장 높은 소득 수준의 층에서 동

9) 광주가 예향(藝鄕)이라 자칭 타칭 불리게 된 것은 '어느 집을 가도 벽면에 그림 한점 걸어 놓을 줄 아는' 문화를 갖고 있기 때문이라고 말해진다. 광주는 의재 허백련과 오지호를 비롯한 많은 예술가를 배출한 지역으로 그 자부심이 높다.

10) 여기서 경제적 능력은 가구소득만을 고려했다.

양화 장식 비율이 가장 높게 나타나는 것을 유의미하게 주목할 필요가 있을 것으로 보인다.

'서양화' 장식에서는 뚜렷하게 경제적 효과가 드러난다. 가구 수입이 높을수록 집안에 서양화를 장식하는 비율도 높은 것으로 나타난다. 이 경우 서양화는 비교적 고가의 장식물로서 기능하는 것으로 해석할 수 있을 것이다. '서예작품', '자수', '사진' 장식과 경제적 소득 간의 관련성은 존재하지 않는 것으로 보인다. 이 장식물 자체가 동양화나 서양화에 비해 별로 선호되지 않는 장식물로 보이며, 장식물로 사용하는 인구 역시 상대적으로 낮은 것으로 나타났다.

'조각' 장식은 뚜렷하게 경제적 소득 수준과의 연관성이 존재하는 것으로 나타났다. 조각을 집안 거실의 장식물로 치장하는 비율 자체는 매우 희소하지만, 고소득 층에서는 상대적으로 비율이 제법 높게 나타나고 있다. '도자기'나 '고가구'는 매우 고식적이고 값비싼 장식 취미를 대표한다. 도자기와 고가구를 비교할 때는 대체로 고가구가 도자기보다 더 값비싼 장식물의 의미를 가지는 듯 하다.[11] 경제적 소득 수준에 따른 도자기와 고가구 장식에서는, 도자기의 경우 경제적 수입이 높을수록 장식 비율이 뚜렷이 높아지는 경향을 보인 반면, 고가구는 경제적 수입이 높을수록 장식 비율이 높아지는 경향은 있지만 그 관계는 유의미하게 뚜렷하지는 않다.

'사진(브로마이드)'는 대체로 본인이 직접 만든 작품 보다는 다른 사람의 작품을 액자틀에 넣어 장식용으로 사용하는 경우가 많은데, 이 역시 경제적 소득 수준과의 관련이 있는 것으로 나타났다.

'분재 · 화분'은 아파트 중심의 생활에서 아파트를 장식하는 가장 보편화된 장식물 중의 하나가 되었는데, 이 영향으로 인해 경제적 소득에

11) 물론 도자기도 오랜 연대를 가진 진품일 경우는 사정이 달라진다.

상관없이 과반수 이상이 모두 거실에 분재·화분 장식을 갖고 있는 것으로 나타났다. '수석'은 일본이나 한국, 중국 등 아시아 몇몇 국가들에서만 유행하는 취미로 알려져 있는데, 생각 외로 고가의 장식물이며, 또 스스로 수석 채집을 할 경우 많은 시간과 경비를 요한다는 점에서 경제적 소득과의 연관성이 큰 장식물이다. 분석 결과 수석 장식은 경제적 소득 수준과 뚜렷한 연관이 있음을 보여준다. 최저소득층의 수석 장식 비율이 6.0%인 반면, 최고소득층은 12.8%로 두배 이상인 것으로 나타났다.

'양주'를 거실의 진열장에 장식하는 것은 값비싸지만 고급스런 감식안을 필요로 하지는 않는 대표적인 장식 취미다. 양주의 가격 자체가 매우 비싸기 때문에 이 장식 취미는 경제적 능력에 직접적으로 영향을 받을 수밖에 없다. 최저소득층에서 양주를 거실에 장식한 경우는 16.1%인 반면, 최고소득층에서는 그 비율이 39.0%로 2배 이상 높음을 알 수 있다. '골동품' 장식 취미는 가장 값비싸고 동시에 가장 높은 감식안을 필요로 하는 취미에 해당된다. 골동품에 투자할 수 있으려면 그것의 예술적이고 역사적이며 경제적인 가치를 판단할 수 있는 능력을 필요로 하기 때문에 단순히 경제적 능력만으로는 이런 장식 취미를 유지하기 어렵다. 분석 결과에서도 드러나듯 최고소득층의 골동품 장식 비율이 상대적으로 높긴 하지만, 뚜렷한 유의미한 연관은 드러나지 않았다.

거실에 '책'을 장식하는 것은 거실 환경을 보다 문화적인 것으로 보이게 하는 효과를 갖는다. 그런데 이 책을 장식, 혹은 기능적인 목적에서 배치하는 것은 매우 일반화되어 있는 것으로 나타났다. 경제적 소득 수준에 상관없이 99%에 이르는 사람들이 모두 거실에 책을 장식·비치하고 있는 것으로 나타났다. '실내 분수대'는 특히 아파트를 중심으로 거실이나 베란다에 작은 정원 등과 함께 장식하는 장식취미 중의 하나

▌표 3-10 ▌ 소득과 거실장식 취향 교차분석: 카이자승 검증

| | 2000만원 이하 | 2001~3000 만원 | 3001~4000 만원 | 4001만원 이상 | 합계 |
|---|---|---|---|---|---|
| 동양화 * | 80 (24.2) | 137 (41.4) | 55 (16.6) | 59 (17.8) | 331 (100.0) |
| 서양화 *** | 29 (17.2) | 50 (29.6) | 41 (24.3) | 49 (29.0) | 169 (100.0) |
| 서예작품 | 36 (25.4) | 48 (33.8) | 27 (19.0) | 31 (21.8) | 142 (100.0) |
| 자수 | 28 (16.9) | 71 (42.8) | 38 (22.9) | 29 (17.5) | 166 (100.0) |
| 사진 | 219 (25.2) | 333 (38.3) | 185 (21.3) | 132 (15.2) | 869 (100.0) |
| 조각 * | 12 (16.0) | 23 (30.7) | 21 (28.0) | 19 (25.3) | 75 (100.0) |
| 도자기 *** | 38 (19.6) | 57 (29.4) | 49 (25.3) | 50 (25.8) | 194 (100.0) |
| 고가구 | 14 (20.6) | 19 (27.9) | 22 (32.4) | 13 (19.1) | 68 (100.0) |
| 브로마이드 * | 7 (10.9) | 30 (46.9) | 12 (18.8) | 15 (23.4) | 64 (100.0) |
| 분재/화분/조화 | 133 (23.2) | 226 (39.4) | 116 (20.2) | 98 (17.1) | 573 (100.0) |
| 수석 *** | 15 (11.7) | 47 (36.7) | 34 (26.6) | 32 (25.0) | 128 (100.0) |
| 양주 *** | 40 (15.0) | 98 (36.7) | 69 (25.8) | 60 (22.5) | 267 (100.0) |
| 골동품 | 14 (21.2) | 25 (37.9) | 12 (18.2) | 15 (22.7) | 66 (100.0) |
| 책 | 246 (24.8) | 381 (38.5) | 210 (21.2) | 153 (15.5) | 990 (100.0) |
| 실내 분수대 | 12 (21.4) | 19 (33.9) | 14 (25.0) | 11 (19.6) | 56 (100.0) |
| 어항·수족관 | 24 (17.3) | 57 (41.0) | 33 (23.7) | 25 (18.0) | 139 (100.0) |
| 오디오 *** | 100 (19.5) | 204 (39.7) | 116 (22.6) | 94 (18.3) | 514 (100.0) |

다. 대체로 젊은 세대의 취미로 알려져 있으며 특별히 경제적 능력을 필요로 하지는 않는 것으로 알려져 있다. 분석 결과는 경제적 소득 수준과의 별다른 연관성이 없는 것으로 나타났다.

'어항 · 수족관'도 실내 분수대와 마찬가지로 특별한 취향이나 경제적 능력을 반영하는 장식 취미는 아니며, 분석 결과에서도 경제적 소득 수준과의 관련성은 없는 것으로 나타났다. 마지막으로 '오디오' 시스템을 거실에 장식하고 있는 경우를 경제적 소득 수준에 따라 살펴본 결과, 소득 수준이 높을수록 거실에 오디오 시스템을 갖고 있는 비율이 높은 것으로 나타났다. 오디오는 그 기기의 가격도 상당하지만 오디오는 '음악'을 향유할 수 있는 능력을 표현하는 지표로서의 의미도 가진다.

### (2) 학력과 장식 취향

학력 효과는 교육과 학습에 의해 만들어진 감식안과 취향이 장식 취미에 어떻게 작용하는지를 나타낸다. 하지만 분석 결과 학력은 경제적 소득이나 연령에 비해 장식 취미에 미치는 효과가 현저히 낮은 것으로 나타났다.

장식 취미가 학력 효과를 반영하는 것은 '서양화', '수석', '양주', '어항 · 수족관', '오디오'이며, 수석을 제외한 항목들에서 학력이 높을수록 장식 비율도 높은 경향을 보였다. 수석은 고졸 학력자의 장식 비율이 가장 높고, 그 다음이 전문대졸 이상, 중졸 이하의 순이다. 이 중 학력과 가장 높은 관련을 보여준 장식물은 서양화와 오디오인데, 서양화는 전문대졸 이상 집단의 56.2%, 오디오는 전문대졸 이상의 집단에서 50.8%가 소유하고 있음을 보여준다.

▌표 3-11▐ 학력과 거실장식 취향 교차분석: 카이자승 검증

| | 중졸 이하 | 고졸 | 전문대졸 이상 | 합계 |
|---|---|---|---|---|
| 동양화 | 46<br>(13.9) | 131<br>(39.6) | 154<br>(46.5) | 331<br>(100.0) |
| 서양화<br>*** | 14<br>(8.3) | 60<br>(35.5) | 95<br>(56.2) | 169<br>(100.0) |
| 서예작품 | 17<br>(12.0) | 57<br>(40.1) | 68<br>(47.9) | 142<br>(100.0) |
| 자수 | 16<br>(9.6) | 68<br>(41.0) | 82<br>(49.4) | 166<br>(100.0) |
| 사진 | 124<br>(14.3) | 367<br>(42.2) | 378<br>(43.5) | 869<br>(100.0) |
| 조각 | 6<br>(8.0) | 30<br>(40.0) | 39<br>(52.0) | 75<br>(100.0) |
| 도자기 | 27<br>(13.9) | 77<br>(39.7) | 90<br>(46.4) | 194<br>(100.0) |
| 고가구 | 11<br>(16.2) | 21<br>(30.9) | 36<br>(52.9) | 68<br>(100.0) |
| 브로마이드 | 5<br>(7.8) | 24<br>(37.5) | 35<br>(54.7) | 64<br>(100.0) |
| 분재/화분/조화 | 76<br>(13.3) | 239<br>(41.7) | 258<br>(45.0) | 573<br>(100.0) |
| 수석<br>* | 13<br>(10.2) | 67<br>(52.3) | 48<br>(37.5) | 128<br>(100.0) |
| 양주<br>** | 23<br>(8.6) | 114<br>(42.7) | 130<br>(48.7) | 267<br>(100.0) |
| 골동품 | 7<br>(10.6) | 32<br>(48.5) | 27<br>(40.9) | 66<br>(100.0) |
| 책 | 138<br>(13.9) | 419<br>(42.3) | 433<br>(43.7) | 990<br>(100.0) |
| 실내 분수대 | 8<br>(14.3) | 25<br>(44.6) | 23<br>(41.1) | 56<br>(100.0) |
| 어항 · 수족관<br>* | 10<br>(7.2) | 62<br>(44.6) | 67<br>(48.2) | 139<br>(100.0) |
| 오디오<br>*** | 53<br>(10.3) | 200<br>(38.9) | 261<br>(50.8) | 514<br>(100.0) |

### (3) 연령 · 세대와 장식 취향

집의 장식 취미와 연령과의 관계는 세대별 취향의 차이나 유행과 밀접한 관련이 있을 것으로 생각된다. 역사적으로 보면 대체로 고색창연함(antiquity)은 좀더 나이 든 세대와, 그리고 새로움(novelty)은 상대적으로 젊은 세대와 관련이 있는 것으로 드러난다. 대체로 동양화와 서양화, 서예작품, 도자기나 고가구, 분재 등의 장식물이 좀더 높은 연령층의 장식 취미와 관련된 것으로 볼 수 있다.

먼저 '동양화'나 '서양화' 등의 회화 작품을 집 안에 장식하는 취미와 연령 혹은 세대와의 관계는 뚜렷하지 않은 것 같다. 상대적으로 나이 든 세대의 장식 비율이 비교적 높긴 하지만 통계적으로는 유의미하지 않다. 반면 '서예작품'은 확실히 연령 효과가 뚜렷한 것으로 보인다. 젊은 세대 보다는 나이 든 세대의 선호가 높음을 알 수 있으며, 특히 40대의 장식 비율이 가장 높은 것으로 나타났다.

'자수' 작품을 거실에 장식하는 것도 연령 효과가 있음을 알 수 있는데, 비교적 젊은 세대인 30대의 장식 비율이 가장 높게 나타났고, 50대 이상의 고령층의 비율이 가장 낮았다. '사진'을 거실에 장식하는 것은 매우 일반화되어 있어 연령에 따른 차이를 보이지 않고 있으며, 반대로 '조각'은 장식물 중 가장 희소한 것 중 하나로, 이 역시 연령에 따른 효과는 발견되지 않는다. 또 '도자기'나 '고가구'도 연령 효과가 별로 존재하지 않는 것으로 나타났다.

하지만 '브로마이드'(사진)를 장식하는 것은 뚜렷하게 연령효과가 존재하며, 대체로 젊은 세대의 장식 취향임을 보여준다. 20대 이하의 장식 비율이 10.0%인 반면, 50대 이상은 3.5%에 불과한 것에서 뚜렷한 대조를 이루고 있다. '분재 · 화분' 장식 취미는 연령과 뚜렷한 연관성을 보이지는 않지만, 상대적으로 40대의 장식 비율이 가장 높게 나타났다.

**표 3-12** 연령과 거실장식 취향 교차분석: 카이자승 검증

| | 20대 이하 | 30대 | 40대 | 50대 이상 | 합계 |
|---|---|---|---|---|---|
| 동양화 | 90<br>(27.2) | 69<br>(20.8) | 74<br>(22.4) | 98<br>(29.6) | 331<br>(100.0) |
| 서양화 | 46<br>(27.2) | 40<br>(23.7) | 42<br>(24.9) | 41<br>(24.3) | 169<br>(100.0) |
| 서예작품<br>* | 34<br>(23.9) | 27<br>(19.0) | 40<br>(28.2) | 41<br>(28.9) | 142<br>(100.0) |
| 자수<br>** | 44<br>(26.5) | 55<br>(33.1) | 38<br>(22.9) | 29<br>(17.5) | 166<br>(100.0) |
| 사진 | 259<br>(29.8) | 208<br>(23.9) | 180<br>(20.7) | 222<br>(25.5) | 869<br>(100.0) |
| 조각 | 31<br>(41.3) | 11<br>(14.7) | 16<br>(21.3) | 27<br>(22.7) | 75<br>(100.0) |
| 도자기 | 55<br>(28.4) | 36<br>(18.6) | 42<br>(21.6) | 61<br>(31.4) | 194<br>(100.0) |
| 고가구 | 22<br>(32.4) | 14<br>(20.6) | 9<br>(13.2) | 23<br>(33.8) | 68<br>(100.0) |
| 브로마이드<br>** | 30<br>(46.9) | 17<br>(26.6) | 8<br>(12.5) | 9<br>(14.1) | 64<br>(100.0) |
| 분재/화분/조화<br>* | 155<br>(27.1) | 136<br>(23.7) | 133<br>(23.2) | 149<br>(26.0) | 573<br>(100.0) |
| 수석 | 36<br>(28.1) | 21<br>(16.4) | 32<br>(25.0) | 39<br>(30.5) | 128<br>(100.0) |
| 양주 | 83<br>(31.1) | 59<br>(22.1) | 61<br>(22.8) | 64<br>(24.0) | 267<br>(100.0) |
| 골동품<br>* | 11<br>(16.7) | 15<br>(22.7) | 16<br>(24.2) | 24<br>(36.4) | 66<br>(100.0) |
| 책 | 300<br>(30.3) | 234<br>(23.6) | 204<br>(20.6) | 252<br>(25.5) | 990<br>(100.0) |
| 실내 분수대 | 13<br>(23.2) | 10<br>(17.9) | 18<br>(32.1) | 15<br>(26.8) | 56<br>(100.0) |
| 어항 · 수족관 | 40<br>(28.8) | 36<br>(25.9) | 38<br>(27.3) | 25<br>(18.0) | 139<br>(100.0) |
| 오디오<br>*** | 157<br>(30.5) | 138<br>(26.8) | 115<br>(22.4) | 104<br>(20.2) | 514<br>(100.0) |

그리고 '수석'과 '양주'를 거실에 장식하는 취미는 연령과는 거의 아무런 관련이 없는 것으로 나타났다.

반면 '골동품'은 연령 효과가 비교적 존재하는 것으로 나타나, 연령이 높을수록 집안에 골동품을 장식하는 비율이 높음을 알 수 있다. 이것은 앞에서도 언급하였던 바와 같이 나이 든 세대가 상대적으로 고색 취미에 더 친화성이 있기 때문으로 해석된다. '책', '실내 분수대', '어항·수족관'을 집안에 장식하는 것의 연령 효과는 존재하지 않는 것으로 나타났다.

'오디오' 시스템의 경우는 연령 효과가 존재하기는 하지만, 20~40대의 장식 비율이 비슷하게 나타나는 반면, 50대 이상은 상대적으로 장식 비율이 더 낮은 특징을 보이고 있다. 즉 오디오는 상당한 정도의 경제적 능력을 필요로 하며, 이와 함께 음악의 향유 능력을 요구하는, 비교적 젊은 세대의 문화적 향유 대상임을 보여준다.

## 4. 분석 및 결론

문화향유를 하나의 자원으로 볼 때 지역은 상대적으로 그 자원이 불균등하게 분포하는 공간이다. 즉 한편으로 향유의 자원은 중심부에 비해 매우 희소하기 때문에 불균형적이며, 또한 이 희소한 자원은 특정한 사회적 구분선을 따라 지역 내에서 매우 불균등하게 배분된다. 이러한 불균형성이 지역 문화장을 어떻게 구조화시키고 있으며, 이러한 구조화의 효과는 무엇인지를 이 장에서 해명해보고자 하였다. 그 결과를 정리해 보면 다음과 같다.

### 1) 문화향유의 특징과 지역 문화장의 성격

분석을 통해 두드러지게 드러난 지역 문화향유의 특성을 몇가지 확인할 수 있다. 첫째, 지역 문화향유가 보여주는 '지역성'의 특성은 문화향유의 장 자체를 제약하거나 혹은 왜곡된 문화향유의 장을 만들어낸다는 사실이다. 이것은 경제적 자본이나 학력과 같은 문화자본의 차이가 크게 드러나지 않으면서, 동시에 문화향유의 절대적 수준이 별로 높지 않다는 사실에서 단적으로 드러난다. 즉 지역성은 전체 문화향유의 질적 측면을 제약하는 효과를 갖는다고 볼 수 있다. 문화장의 크기를 가정할 수 있다면, 지역 문화장은 그 규모에서 상당히 위축되어 있는 문화장의 특징을 가진다고도 볼 수 있을 것이다. 이 때문에 전반적인 문화향유의 절대적 양이 많지 않으며, 그 결과 향유의 집단별 차이가 어떤 대상에서는 과도하게, 또 어떤 대상에서는 그 차이가 드러나지 않는 불균형한 모습을 보이는 것으로 결론내릴 수 있다.

두번째로, 지역 문화향유의 계급 효과는 상당히 약한 형태로 나타난다. 경제적 소득에 따른 문화향유의 차이는 문화시설 이용이나 문화예술 이벤트 참여에서 그다지 두드러지지 않는 반면, 집의 장식을 위한 장식 취미에서만 다소 뚜렷하게 나타났다. 그 이유는 장식물들이 개인 및 계급적 취향을 반영하는 동시에, 경제적 소비 능력을 필요로 하는 소비재이기 때문인 것으로 해석된다. 특히 서양화, 도자기, 오디오 등의 고가 소비재에서 소득 효과가 큰 것이 이를 뒷받침한다. 결과적으로 이는 지역에서의 문화향유가 경제적 능력의 함수가 아님을, 또한 경제적 능력과 문화자본량 간의 직접적 관계가 존재하지 않는다는 사실을 함축한다. 또한 지역의 문화향유가 절대적 의미에서 경제적 능력을 크게 필요로 하지는 않는 것들이 주로 향유의 대상으로 포함된다는 사실도 계급 효과의 미약함에서 유추되는 내용이다.

세번째로, 지역의 문화향유는 계급간의 편차가 그다지 크지 않은 반면, 세대간 편차는 상대적으로 크다는 특징을 갖는다. 젊은 세대는 나이든 세대에 비해 문화와 예술에 대한 관심이 더 높고, 문화향유를 자신의 삶의 일부분으로 자연스럽게 수용하는 세대적 특징을 갖고 있음을 보여주고 있다. 아마도 젊은 세대의 문화에 대한 큰 관심은 단지 지역만이 아니라 보편적으로 발견되는 사실 중 하나일 것이다. 지역 문화향유의 특징으로 볼 수 있는 것은, 30대~40대 장년층의 문화향유가 상당히 낮다는 사실이다. 아마도 생활과 문화향유를 대립적으로 만드는 이들의 삶의 특성이 만들어낸 결과라 생각되며, 아울러 이렇게 장년층의 문화향유를 크게 제약하는 현실이 지역의 문화향유가 보여주는 두렷한 특성이라 할 수 있을 것이다.

네번째로, 교육 수준에 따른 문화시설 이용과 문화예술 이벤트 참여의 편차 역시 상대적으로 뚜렷하게 드러나고 있다. 이것은 두가지 사실을 함축한다. 우선, 문화시설 이용 등의 문화향유는 일정한 교육과 학습을 통한 향유능력의 존재를 필요로 한다는 사실이다. 특히 지역 문화장에서 문화향유는 교육을 통한 접근 능력이 매우 중요한 관건임을 보여주고 있다. 또한 이것은 상대적으로 문화시설 이용이나 문화예술 이벤트 참여가 경제적 지불능력을 그다지 필요로 하지 않는, 즉 비용의 부담을 별로 느끼게 하지 않는 향유 형태라는 사실을 함축한다.

경제학적 가정에 따른다면 희소한 자원은 수요와 공급의 비대칭성으로 인해 소유를 둘러싼 경쟁이 강화되는 것이 일반적이다. 하지만 지역 문화장에서는 자원의 희소성이 그러한 경쟁을 낳는 것이 아니라 전반적인 향유의 저하를 가져오고 있다. 그런데 이 저하는 문화장에서 자원을 구할 수 없기 때문이 아니라, 전반적인 자원의 희소함이 향유의 욕구 자체를 저하시킴으로써 발생하는 것으로 보인다. 또한 경제적 능력이나 학력 등으로 인한 문화향유의 차이가 집단 간에 크지 않다는 사실도 이것과 관련있는 것으로 볼 수 있다. 일종의 낮은 수준의 평등이라 평할 수 있는 것이 바로 지역 문화장의 특징인 것이다.

### 2) 문화향유에서 소외된 사람들

문화시설의 이용이나 이벤트 참여, 여가 향유, 집의 장식 취미 등에서도 문화향유에서 배제되거나 혹은 적극적으로 참여하지 않는 사람들이 존재한다. 부르디외에 따르면 대체로 이들은 노동계급 이하의 하층계급에 속하며, 문화라는 이름 자체에 경외와 선호만을 보일 뿐 적극적인 향유에 나서지 않는 계급이라고 지적한다. 하지만 지역 문화장에서는 이 문화 소외자들은 다소 다른 양상으로 나타난다. 이들이 어떤 사회적 위치에 있는지를 분류를 통해 그 특징을 요약해 본다면 대략 다음과 같은 모습을 띠는 듯하다.

첫째, 문화향유에 가장 큰 연관성이 있는 학력 특성을 본다면, 이들은 대체로 고졸 이하의 저학력층이다. 문화예술의 향유가 교육과 훈련을 통한 감식안의 학습이 결정적이라는 사실을 감안할 때 이 저학력층이 향유에 소극적인 것은 충분히 이해 가능하다.

둘째, 연령 혹은 세대별로 볼 때 3~40대 장년층이 문화예술 향유에 가장 소극적이라는 것은 사실 기묘한 현상이다. 이들이 문화향유에서 제외되는 이유는 지역의 사회경제적 상황과 무관하지 않은 듯 하다. 이들은 직업적으로 가장 일을 많이 하는 계층에 해당되고, 생활과 여가 사이에서 생활을 선택하는 사람들이다. 또한 이것은 부분적으로 전반적인 문화적 향유 대상의 희소함으로 인해 생활 속에서 문화향유의 욕구를 자극받지 못했기 때문에 발생하는, 지역 문화장의 특성을 반영하는 결과로 해석해 볼 수 있다.

셋째, 문화향유에서 드러나는 지역 문화장의 구조는 계급적인 것과 지역적인 것이 역시 혼재되어 있음을 보여준다. 문화축제의 경우 현대적인 고급문화는 고학력, 고소득층의 선호가 두드러지는 반면, 역사적 연결성을 가지는 민중문화적 축제인 김치축제에 대해서는 저소득, 저학력층의 선호가 두드러진다. 이것은 일정한 문화적 해독 능력의 차이를 반영한다는 부르디외의 논의와 상관성이 있다. 하지만 5·18 기념행사의 경우는 참여도도 가장 높으면서 동시에 고학력층의 참여도 두드러진 특징을 가진다. 외형적으로 5·18 행사는 고급 문화행사와 민중적 문화행사의 매개하는 중간적 특징을 가진 것처럼 보인다. 마찬가지로 문화예술시설 향유에 있어서도 학력 및 소득이 낮은 계층의 향유가 현저 낮아서 계급적 편차를 드러내는 것으로 보이지만, 생활문화시설에서는 상대적으로 고연령층의 참여가 높다는 특징을 보인다.

이러한 특징은 모두 문화향유의 계급적 차이와 지역의 역사적 경험이 서로 얽히면서 고유한 지역의 문화장을 구성하는 것으로 해석될 수 있다. 실상 이러한 얽힘의 가장 중요한 매개 변수는 바로 연령 혹은 세대로, 전통의 지속이나 시설 향유, 축제 참여는 모두 적극적인 지지세력인 고연령층의 존재에 의해서만 그 의미가 제대로 해석될 수 있는 것이다. 50대 이상의 연령층은 지역의 역사를 삶 속에서 경험하였고, 그것에 대한 향수를 갖고 있는 사람들이다. 또한 이들은 지역 개발을 위한 새로운 문화적 재구성을 목격하였고, 그러한 문화적 변화로부터 배제되고 있는 사람들이기도 하다. 그렇기에 이들은 익숙하고 이해할 수 있는 과거의 것, 전통적인 것을 선호하는 경향이 있으며, 지역의 고유한 것에 보다 집착하는 경향을 보인다. 또한 이러한 고연령층의 문화는 대체로 저소득층의 문화와 보다 친연성이 있어서, 현대적인 문화 개념이나 향유에는 무관심한 특징을 보이기도 한다.

대부분의 지역에서 문화를 통한 개발의 담론이 교착 상태에 빠지거나 합의를 이루어내지 못하는 것은 아마도 이러한 문화장의 구조를 충분히 이해하지 못한 것에도 그 원인이 있을 것이다. 어떤 점에서 최근의 정책적 문화담론은 이러한 지역의 특수성과 삶 전체를 무시하거나 배제하는 것으로 인식될 수 있기 때문이다. 실제로 광주에서는 문화정책 담론 내에서 지역에 대한 이해의 상이함이 충돌하는 사건들이 연이어 발생했었다. 이는 이 책의 3부에서 보다 자세히 보여줄 것이다.

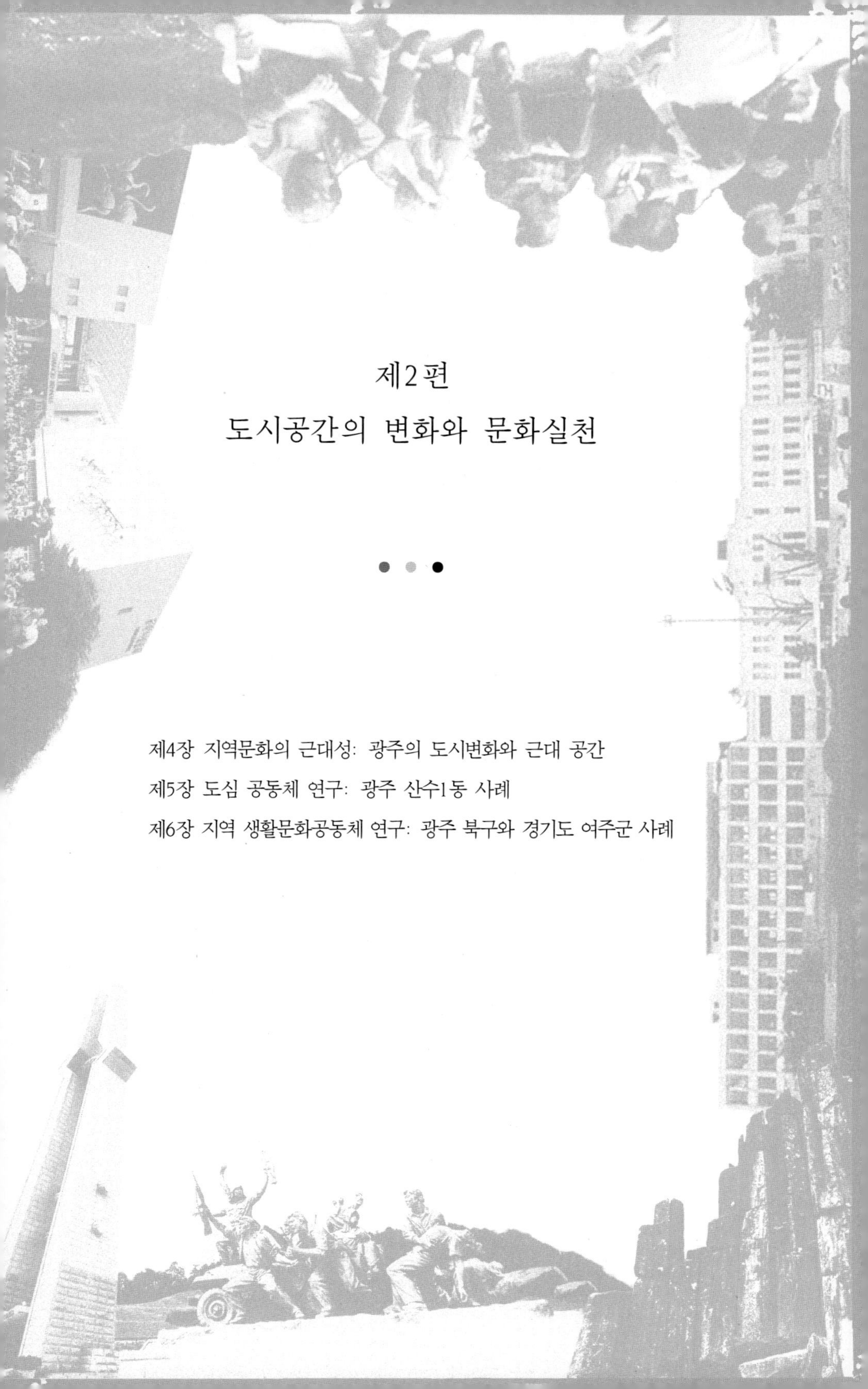

# 제2편

# 도시공간의 변화와 문화실천

Chapter 4

# 지역문화의 근대성: 광주의 도시변화와 근대 공간[1)]

박 해 광

## 1. 근대적 도시 공간과 지역

도시의 형성은 새로운 공간적 근대성이 출현했다는 사실을 의미한다. 19세기 유럽의 경우 산업화는 도시로의 인구 집중을 가속화시켰고, 도시는 이전의 공간과는 완전히 다른 새로운 기능과 이미지를 창출하기 시작했다. 우선 복잡해진 도시 도로체계는 이전의 구불구불하고 복잡한 체계와 다른, 인간을 위한 직선대로 체계로 정비되기 시작했다. 르 코르뷔지에(Le Corbusier)는 자연적 지형을 따라 발달한 이전의 당나귀길과 대비시키면서, 합리적 계산에 따른 공간 구획과, 공간들을 연결하는 직선 대로들의 조합으로 만들어진 직선로만이 인간의 길, 즉 근대적인 길이라 주장하였다. 도시는 그것을 관통하는 대로의 출현과 함께,

1) 이 장은 『호남문화연구』 44집(2009)에 게재된 박해광, "일제 강점기 광주의 근대적 공간 변형"을 수정 · 보완한 것이다.

대로를 중심으로 횡과 종으로 반듯하게 구획된 격자형 도로들의 조합으로 재탄생하게 되었다. 19세기 근대성의 수도로 불리었던 파리의 경우, 나폴레옹 3세에 의해 1853년 파리 지사로 임명된 오스망(Georges-Eugéne Haussmann)은 '창조를 위한 파괴'라는 기치 아래 대로를 건설하고 새로운 하수시설을 만들었으며 중앙시장을 재건축하는 등 파리 시가지를 재정비하기 시작했다. 이전의 옛 거리 폭은 대개 4.5미터 미만이었으며 거리의 안쪽은 좁고 붐비며 불쾌한 냄새가 진동했다(Schwarz, 2006: 65). 오스망은 스스로를 '해체 전문 예술가'로 자처하면서 이를 새로운 대로로 탈바꿈시켰다. 물론 이 대로 건설에는 정치적인 목적도 있었다. 오스망 계획은 파리의 주택 임대료를 급등시켰고, 또 도심을 관통하는 도로는 대부분 노동자 밀집지역을 포함했기 때문에, 가난한 노동자들은 교외로 내몰릴 수밖에 없었다. 실상 오스망 계획의 가장 중요한 부분 중의 하나는 도시를 내란에 맞서 지키는 것이었다. 즉 내전의 상징인 바리케이드가 더 이상 도시에 쳐질 수 없도록 넓은 공간 구획을 만들어내는 것이 오스망의 계획 중 하나였던 것이다(Benjamin, 2005: 109).

하지만 무엇보다 대로의 발달은 자본주의적 상업문화의 가속화 및 도시 스펙터클의 등장을 자극했다. 대로변을 따라 신유행품점, 즉 아케이드-파사쥬(arcade-passage)가 등장하여 유행에 민감한 사람들을 황홀한 소비의 세계로 인도했다. 또 카페, 극장과 인형극, 곡예, 동물원과 밀랍 전시실과 같은 오락거리들이 대로변에 넘쳐났다(Schwarz, 2006: 67). 이런 도심의 볼거리들은 거의 전적으로 새로운 현상이었는데, 특히 이전의 엄격한 계층적 구별 없이, 그리고 남여가 모두 뒤섞여 향유할 수 있는 문화였다는 점에서 이것은 '대중적'인 것이었다. 대로는 볼거리의 중심이 되었고, 군중은 그 대로를 오가며 거대한 환등상(Phantasmagoria)의 일부가 되었다. 대로는 모든 사람들, 인종들의 언어가 만나는 거대한 장소였다(Schwarz, 2006: 75).

그렇다면 이러한 유럽의 원형적 도시 근대화의 에피소드들은 식민지적 상황에서 어떻게 변용되었을까? 식민지에 건설되거나 근대 도시로 변형된 식민지 공간은 산업자본주의와 제국주의적 지배의 결합이 낳은 사생아다. 근대라는 프로젝트는 거대한 흐름으로 인류 역사의 방향을 변화시켰지만, 그것은 어디에서나 동일한 것은 아니었다. 산업주의가 대변한 근대성은 새로운 산업 생산물의 출현과 이에 따른 근대적 삶, 특히 도시적 삶으로의 변모였다. 반면 제국주의는 식민지를 지배국가와는 다른 근대성의 출현을 강제했다. 이런 점에서 식민지 공간의 근대성은 서구나 제국주의 국가와는 다른, 일부의 근대적 경험이 삭제 혹은 왜곡된 새로운 근대성, 혹은 혼성적 근대성이라 할 수 있다. 식민지배 하에서 광주라는 도시 역시 그러한 과정을 겪었다. 그래서 광주 공간의 근대성에 대한 연구는 곧 식민지 근대성이라는 특유한 근대성의 경험을 탐구하는 것이 된다.

우리 사회에 근대성으로 향하는 출구를 제공한 것은 일본 제국주의였다. 이것은 우리 사회가 타 사회의 근대화와 구분되는 출발점을 이룬다. 즉 일본을 경유하여 만들어진 근대성이란 무엇인가, 혹은 일본이라는 사회가 지향했고 조선에 투사했던 근대성이란 무엇인가라는 질문이 필요한 것이다. 또한 여기에 20세기 한국 근대성의 수도였던 경성과 달리, 지역 공간들의 근대성은 또 무엇이 달랐던가, 지역의 근대성이 가진 특징은 무엇인가 라는 질문을 추가하고자 한다. 즉 지역의 근대성에 대한 이 연구는 광주라는 공간을 대상으로 하여, 다음과 같은 질문들에 답해보고자 한다.

첫째, 식민지 근대화 과정에서 광주의 공간적 변화는 어떻게 전개되었는가? 제국주의적 식민 지배는 새로운 근대적-식민지적 공간 창출을 초래한다. 식민지 도시는 이 과정을 통해 새로이 만들어지거나 변형된 공간이다. 광주는 전통적인 읍성을 파괴하고 1913년 조선총독부의 전국 지방행정구역 개편에 의해 광주면으로 신설되었고, 광주면에 대한 시가지 조성과 공간 배치 등을 통해 형성된 신도시다. 그리하여 광주는 1931년 시가의 전역을 33개 정(町)으로 구획하고 명칭을 변경하여 광주읍으로 승격됨으로써 오늘날의 광주의 기본적인 모습을 띠게 된다. 그런데 이러한 신시가지로서의 광주는 도시의 자연발생적 성장의 모습을 띠지 못하고, 오히려 특정한 목적과 작용에 따라 구획되고 분할된 독특한 모습을 보이게 되었다. 그러한 분할을 가져온 가장 중요한 요인이 바로 식민지 지배의 운영에 있었던 것이다. 식민지 운영과 광주 공간의 분할이 어떤 형태를 띠었으며, 그것은 어떻게 작동하였는지를 분석하는 것이 이 연구의 첫번째 관심이다.

둘째, 식민지 신도시로서의 광주의 형성은 삶의 모습을 어떻게 바꾸었으며, 근대적 삶의 방식은 어떻게 만들어졌는가? 1931년 광주읍 인구 조사에 따르면 총 인구는 42,637명이며 이 중 조선인은 36,113명, 일인은 6,199명, 그리고 외국인은 325명으로 조사되고 있다. 이것이 1940년에는 60,463명으로 증가하는데, 이 중 조선인은 52,513명, 일인은 7,878명, 외국인 72명이다. 종사하는 일의 구성은 상업 종사자가 22.5%로 농업 종사자 16.8%보다 높아 상업도시적 성격을 띠어가고 있었다. 공업은 아직 미미하여 방직과 제사의 생산 정도가 이루어졌다. 한편 지역 근대화에서 해방과 함께 이루어진 경제개발은 농촌경제 중심의 농업사회를 급격히 해체시키고, 일제시대의 중심도시로 기반을 다진 광주는 인구가 집중과 함께 대도시로 성장했다. 광주읍은 1949년 지방자치법 시행에 따라 광주시로 개칭되었다. 이러한 인구의 성장과 새로운 경제의 출현에 따른 상업적 성격을 갖는 도시 생활양식의 변모는 식민지적 근대의 성격을 해명하는 핵심을 이룬다.

셋째, 이러한 식민지적 근대성이 가진 그 성격과 논리는 무엇이었는가? 이 연구는 그 성격을 '이중의 이중성'으로 파악할 것이다. 흔히 식민지 도시 건설의 공간 구획은 제국주의 시민과 식민지 시민 공간의 이중성을 창출하는 것으로 얘기된다. 그런데 이는 다시 새로운 이중성, 즉 식민지적 근대화의 수혜를 받은 공간과 그렇지 않은 공간의 이중성을 만들어낸다. 중심과 주변의 구분에 비유될 수 있는 이 이중성을 이 연구는 식민지적 지역 근대성의 뚜렷한 특성이라 주장할 것이다.

한편 이 연구의 시기적 범위는 1905년 일본인의 광주 진출을 기점으로 해방을 맞는 1945년까지의 시기로 한정한다. 이 시기는 일본 제국주의에 의한 근대화와 근대 도시로의 변모가 집중되는 시기이기도 하다.

## 2. 근대적 도시공간의 출현

### 1) 읍성의 해체와 도시 성격의 변화

식민도시가 건설되는 경로는 대개 3가지로 구분된다. 첫째, 광산, 공장 등과 연결된 개항지에 식민 지배를 위한 도시가 형성된 경우로, 인천, 마산 등의 도시가 여기에 해당된다. 둘째, 기존의 대도시 근교에 일본이 신시가지를 건설한 경우로, 주로 만주에 집중되었고 화북의 도시계획 안에서도 유사한 발상이 적용된 경우라 할 수 있다. 마지막으로, 전통 사회의 기존도시 위에 식민도시가 건설된 경우로, 지역 현지 사회의 독자적 도시경관과 경제활동이 남아 일본인 거리와 나란히 발달한 경우인데(김정하, 2005: 179), 광주는 이 중 세번째 유형에 해당된다고 할 수 있다. 이 세번째 식민도시가 보이는 뚜렷한 양상 중의 하나는 전통 경관을 해체하고 새로운 근대적, 제국주의적 경관을 창출해내는 것인데, 광주의 경우 그 시작은 전통 관아 시설이 밀집된 읍성을 해체하고 이를 근대적 대로와 그를 따라 발달한 상가, 그리고 제국주의적 행정의 중심으로 전환시킴으로써 이루어졌다.

광주의 근대 도시 발전에서 읍성(邑城)의 해체는 결정적인 의미를 지닌다. 읍성은 일차적으로 군사적 방어를 목적으로 건설되었는데, 읍성 내에는 주로 관아 건물과 유관 시설들, 사대부 양반계급의 거주지 등이 분포했고, 읍성 밖은 거의 논, 밭, 잡종지, 도로 등으로 구성되어 있었다. 즉 읍성은 전통 시기의 중심 공간이었고, 도시를 읍성 안과 밖으로 구획함과 아울러, 읍성 내에 지배를 위한 주요 시설들 및 지배층의 거주지를 둠으로써 집중된 권력이 행사되는 전통적 공간구조를 대표하는 것이었다.[2] 읍성은 또한 일본인에게도 쉽게 넘나들지 못하는 장벽으로 작용하였기에 제국주의적 지배를 위한 가장 효과적인 방법은 성벽을 철거하는 일이었다(손정목, 1986: 114-5). 이런 까닭에 읍성의 해체는 '식민지적 근대'의 시작이라는 상징적 의미를 지니는 것이다.

조선시대에 읍성이 있었던 곳은 광주를 포함하여 모두 143개 였으며, 이중 큰 곳은 평양과 같이 성벽 둘레가 10km가 넘었고, 광주나 남원은 그 중 작은 곳에 속했지만 둘레가 1.7km를 넘었다(손정목, 1986: 118). 광주 읍성은 방형(方形), 원형(圓形), 자연지세형(自然地勢形) 등의 읍성 형태 중 방형에 해당되는 것으로, 각 방향의 중심부에 성문을 두

2) "성문은 동쪽은 서원문, 서쪽은 광이문, 남쪽은 진남문, 북쪽은 공북문이라 부르는 4개의 문을 갖고 있었고, 성밖은 남문과 서문사이를 제외하고는 모두가 해자로 둘러쳐 있었는데, 북문쪽 해자는 조참보(광주천)에서 물을 읍성 북쪽의 넓은 들로 끌어들이는 농업용수로와 연결되어 있었다고 한다. 성문 위치는 남문은 지금 도청 왼편 도의회 건물 옆의 서석동 가는 길목에 있었고, 서문은 구 동부출장소 근방에, 광주 읍성 정문이던 북문은 충장로 3가에 있는 파출소 자리, 동문은 구 MBC사옥 근방에 있었다. 성벽은 대의동 구 광주문화방송이 있었던 곳에서 제봉로 - 중아초등학교 정문을 돌아 중앙로 네거리, 충장로 파출소 - 북광주 세무서에 못 미치는 곳에서 황금동 네거리(리버사이드호텔) - 전 광주미국문화원 - 구 광주시청 - 전남대 의대로 가는 삼거리 - 전남도청 뒷담 - 구 광주세무서 앞 - 광주지방 노동청 - 구 광주문화방송으로 이어져 있었으며 면적은 대략 1 $km^2$ 미만이었다.", 광주광역시시청건립사.

고 있었다. 동쪽 서원문, 서쪽 광이문, 남쪽은 진남문, 북쪽 공북문의 4대문을 둘러싼 면적은 대략 1km$^2$ 정도였던 것으로 생각되며, 아래의 추정지에 따르면 그 둘레는 4km 이상이 되었던 것으로 여겨진다. 이 읍성의 성벽들은 한일합방을 전후하여 전국적으로 거의 같은 시기에 동시적으로 철거되기 시작했다.

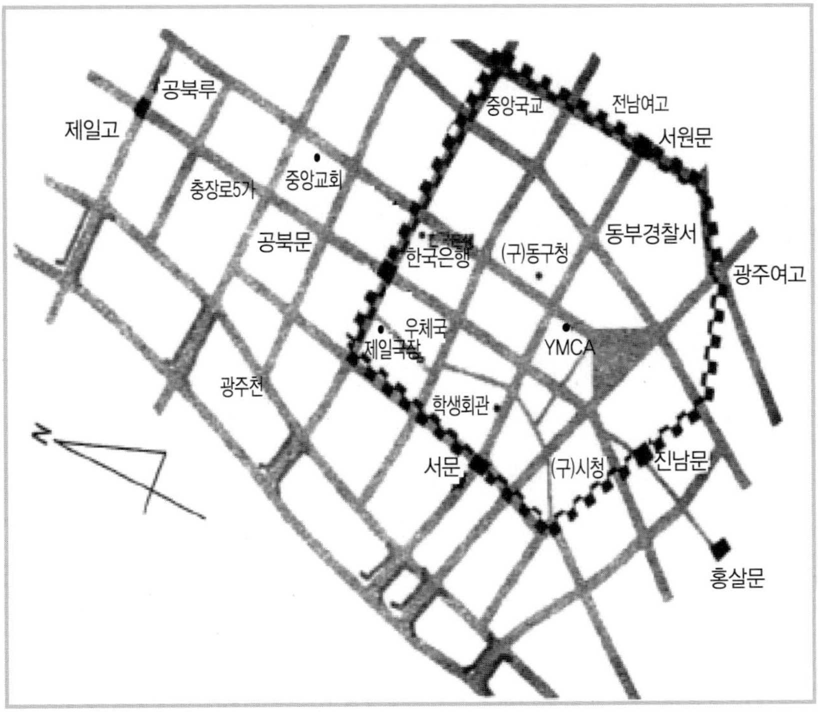


▌그림 4-1 ▌ 광주 읍성 추정지

광주 읍성의 해체는 1908년에서 시작되어 1916년경 완료된 것으로 추정된다(박선홍, 1994: 34). 사대문과 성벽으로 둘러쌓인 읍성의 존재는 광주가 적어도 조선시대 동안 상당한 행정적, 전략적 요충지로서의 위상을 가졌음을 보여주는 것이다. 그림에서 보듯 읍성을 해체한 후 성곽의 자리를 따라 오늘날의 광주 시가의 원형이 된 대로들이 건설되는데, 그 대로가 바로 오늘날의 충장로와 금남로이다. 읍성의 성벽을 해체함으로써 전통적인 공간 중심은 해체되었고, 이 읍성의 해체로 인해 새로운 토지 이용이 촉진되었는데, 그 주된 주체들은 일본인이었다. 석축 구조물로 둘러싸인 읍성은 대부분의 경우 일본인의 성내 거주를 가로막는 장벽이었으므로,[3] 전통 시대의 질서를 대표하는 성벽을 허무는 것은 곧 새로운 식민지 질서를 상징적으로 과시하는 의미를 지니는 것이기도 했다.[4] 즉 읍내(邑內)로부터 시가지(市街地)로 권력의 중심이 이동하게 된 것이다.

읍성의 해체와 함께 식민지 도시 건설을 위한 행정적 개편도 병행되었다. 근대 시기에 접어들면서 광주 지역의 행정적 개편은 여러 차례에 걸쳐 이루어졌다. 1895년 고종의 지방행정 개혁에서는 전국을 13도, 7부, 1목, 331군으로 나누었는데, 이 시기 광주는 41개 면으로 구성된 광주군으로 승격되었다. 이후 1914년 조선총독부의 지방행정구역 개편에서는 광주는 법정면이 되고 4통, 10정, 5리[5]로 재편되었다.[6] 이어 1931년 시가의 전역을 33개 정(町)으로 구획하고 명칭을 변경하여 광주읍으로 승격됨으로써 오늘날의 광주의 기본적인 모습을 띠게 되었다.

---

3) 실제로 평양 개시(開市) 당시 성내 외국인 거주지 선정은 끝내 거부되기도 했다. 손정목, 1986: 122.

4) 손정목은 읍성의 해체가 근대적 도시 발달을 위한 것 이외에도, 일본의 역사적 경험에 읍성과 같은 공간 구성이 없었다는 사실도 그 원인으로 작용한 것으로 지적한다. 일본의 경우 성은 단지 영주의 거주지에 지나지 않았다. 손정목, 1986: 121.

5) 정(町)과 동(洞), 리(里)를 구분하는 기준은 일본인 수였다. 일본인이 비교적 많은 곳은 정으로 구획되었다. 김광우, 1994: 128.

6) 4통은 동문통, 서문통, 남문통, 북문통, 10정은 동광산정, 서광산정, 서성정, 북성정, 중정, 금정, 궁정, 부동정, 화원정, 수기옥정, 5리는 서남리, 금계리, 향사리, 성저리, 서남리 등이다.

읍성의 해체와 함께 이루어진 도시 재구성의 발단은 총독부의 '시구개정사업' 방향에 따른 것이었다. 총독부는 1912년 각 도에 훈령 제9호를 시달하여 주요 시가지의 시구개정 또는 확장을 할 때는 계획설명서 및 도면을 첨부하여 미리 인가를 받도록 하였다. 이것은 당시 일본 동경에서 실시되고 있던 것을 그대로 도입한 것으로, 도시의 도로, 교량, 하천을 근대적으로 정비하고 이를 통해 구획별로 건축물의 근대화를 달성한다는 도시계획의 초보적 개념을 갖고 있던 것이며, 1930년까지 지속된 도시계획의 기본 틀이기도 했다(김영근, 2004: 50). 하지만 이 시구개정 사업의 핵심 내용은 격자형 도로 건설, 즉 가로의 직선화, 확장 및 신설 등 도시의 전반적 개발이 아닌 도심 개발에 있었다. 경성부의 경우에서 전형적으로 드러나듯이 이는 일본인 거류지역을 중심으로 도로를 정비하거나 새로운 도로를 개설하는 형태로 나타났다(김영근, 2004: 52). 즉 통치의 효율성과 일본인 거주 및 상업활동의 편리성을 위한 도시 재편과 도심 개발이 시구개정 사업의 핵심이었던 것이며, 조선인 거주지역에 대한 관심은 부재했다. 이 시구개정 사업의 핵심 내용은 광주의 경우에도 동일하게 적용되었다. 그 결과 해체된 성곽을 따라 격자형 대로들이 건설되기 시작했고, 이 개발된 지역은 빠른 속도로 일본인에 의해 장악되었다.

일본인들이 광주면으로 본격적으로 들어오기 시작한 것은 대략 1900년대 초인 것으로 추정되며, 읍성의 해체와 대로의 건설은 일본인의 진출을 더욱 촉진시켰다. 1907년 전체 5,432명 인구 중 일본인은 387명이던 것이 1914년 광주면의 인구는 조선인 7,881명, 일본인 2738명으로, 전체 인구가 2배 정도 성장한 동안 일본인 인구는 7배 가량 증가한 것을 알 수 있다.

또한 도시 근대화가 본격화된 1917년 시점과 완성된 시기라 할 수 있는 1939년 광주 인구의 직업구조를 통해 도시의 성격 변화를 확인해

**표 4-1** 광주의 인구: 1907~1940

| 연도 | 면적($km^2$) | 전체 인구 | 한국인 | 일본인 | 기타 외국인 |
|---|---|---|---|---|---|
| 1907 | 2.14 | 5,432 | 5,039 | 387 | 6 |
| 1912 | 2 | 10,432 | 8,471 | 1,924 | 31 |
| 1914 | 2 | 10,655 | 7,881 | 2,738 | 36 |
| 1915 | 2 | 10,575 | 8,156 | 2,392 | 27 |
| 1920 | 2 | 12,667 | 9,882 | 2,739 | 46 |
| 1925 | 4.5 | 21,028 | 16,879 | 4,024 | 175 |
| 1930 | 4.5 | 32,547 | 26,113 | 6,199 | 235 |
| 1935 | 19 | 53,705 | 45,458 | 8,017 | 230 |
| 1940 | 19 | 60,463 | 52,513 | 7,878 | 72 |

자료: 조정규, 2002에서 재인용.

볼 수 있다. 1917년 「광주지방사정」에 보고된 직업별 호수 및 인구 분포에서는 조선인이 15,385호, 일본인이 997호로 조사되었다. 직업별로 보면 조선인의 경우 전체 호수의 78%가 농업에 종사하고 있는 반면, 상업 종사 호구는 5.2%에 불과하다. 반면 일본인의 경우는 약 40%가 상업에 종사하고 있어 직업별로 가장 높은 비율을 차지하며, 관공리 28.8%, 농업 인구는 20.4%의 비율을 차지하고 있다.[7)] 즉 1917년에는 아직 전반적인 도시 성격이 농업지역으로서의 성격을 벗어나지 못하고 있음을 알 수 있고, 도심 상업지역을 장악한 것은 전적으로 일본 상인이라는 사실을 보여준다.

하지만 1939년의 상황은 1917년과는 상당히 다른 결과를 보여준다.

7) 일본인 인구 중 농업 종사자가 상당히 높은 비율을 차지하는 것은 일본 제국주의의 체계적인 농업이민 정책에 기인하는 것이다. 농업 이민 정책은 일본의 인구 및 식량문제를 해결함과 동시에 식민지 지배를 강화하기 위한 인구 이입의 필요성 때문에 매우 적극적으로 실시되었다. 이규수, 2007 참조.

**표 4-2** 1917년 광주의 인구 및 직업별 분포

| 직업별 | | 조선인 | 일본인 | 중국인 | 미국인 | 계 |
|---|---|---|---|---|---|---|
| 관공리 | | 117 | 287 | · | · | 404 |
| 농업 | | 11,987 | 203 | 2 | · | 12,192 |
| 상업 | | 796 | 399 | 6 | · | 1,201 |
| 공업 | | 2,280 | 74 | 3 | · | 2,357 |
| 기타 | | 26 | 25 | · | 9 | 60 |
| 무직 | | 179 | 9 | · | · | 188 |
| 계 | | 15,385 | 997 | 11 | 9 | 16,402 |
| 인구 | 남 | 41,148 | 20,17 | 33 | 16 | 43,214 |
| | 여 | 39,481 | 1,611 | - | 19 | 41,111 |
| | 계 | 80,629 | 3,628 | 33 | 35 | 84,325 |

자료: 「광주지방사정」, 1917: 32~33.

조선인과 일본인을 포함한 전체 광주의 인구의 22.5%가 상업에 종사하고 있고 15.2%가 공무·자유업에 종사하는 반면 농업 종사자는 16.2%로 농업지역의 성격이 극히 약화되고 상업 중심지, 행정 중심지 성격이 크게 강화되었음을 알 수 있다. 일본인은 전체 일본인 인구의 85.1%가 상업, 공업 및 공무·자유업 등 근대적 부문에 종사하고 있다. 조선인의 경우도 조선인 전체 인구 중 22.9%가 상업 인구로 가장 높은 비율을 차지하고 있고, 농업 인구는 상업 인구보다 적은 18.5%이다.

이렇게 전통공간인 읍성의 해체 및 상업의 성장과 함께 광주는 빠르게 근대도시와 변모해 갔다. 도심 상업화는 일본인이 광주로 진출하기 시작한 초기부터 이미 일본인에 의한 독점적 소유가 시작되었고, 이는 도심 근대화가 완성되는 시기인 1939년까지 지속되어 광주의 도시 근대화의 성격을 결정하는 뚜렷한 특징이 되었다.

▌표 4-3 ▌1939년 광주의 인구 및 직업별 분포

| 직업 | 조선인 | | 일본인 | | 전체 | | |
|---|---|---|---|---|---|---|---|
| | 세대 | 인구 | 세대 | 인구 | 세대 | 인구 | 비중(%) |
| 농업 | 1,837 | 9,524 | 49 | 246 | 1,891 | 9,779 | 16.2 |
| 광업 | 63 | 314 | 5 | 21 | 68 | 335 | 0.6 |
| 공업 | 1,196 | 7,823 | 248 | 1,108 | 1,449 | 8,949 | 14.8 |
| 상업 | 2,377 | 11,785 | 367 | 1,800 | 2,754 | 13,614 | 22.5 |
| 교통업 | 220 | 1,006 | 85 | 332 | 305 | 1,328 | 2.2 |
| 공무-자유업 | 1,054 | 5,395 | 928 | 3,800 | 1,989 | 9,211 | 15.2 |
| 기타유업자 | 2,726 | 11,773 | 72 | 251 | 2,798 | 12,024 | 19.9 |
| 무업자 | 1,138 | 4,493 | 76 | 330 | 1,214 | 4,823 | 8.0 |
| 계 | 10,611 | 51,513 | 1,830 | 7,878 | 12,468 | 60,463 | 100.0 |

자료: 『광주시사』 2권, 271쪽.

### 2) 근대적 도시계획의 성격

총독부의 시구 개정사업이 전국적으로 실시됨과 아울러, 광주 내에서도 최초의 도시개발 사업이 1911년 4월에 조직된 광주번영회에 의해 시작되었다. 이 도시개발을 주도했던 '번영회'라는 조직은 전남도 경무부의 후원 아래 구성된 지역유지들의 협의체였다. 번영회는 도시의 공원 조성, 각종 도로의 개수 등을 시작하였고, 광주-송정간 호남선 개설을 시도하였다. 이 번영회의 성격은 이들이 추진했던 주요 사업에서 명확히 드러나는데, 그 중 하나인 구강공원(현 광주공원) 설치에서 그 공원 내에 신사와 전몰자 및 병사자를 위한 충혼비를 세움으로써 이 민관 협의체의 목적이 제국주의적 지배에 있음을 보여주었다. 이어 1921년의 '대광주건설계획'은 일제 강점기 광주의 공간 변형에서 상당히 중요한 의미를 지닌다. 당시 광주 군수였던 구라시나마쓰다로우가 광주면장 요시무라기이찌와 함께 제창한 이 계획에 의해 1925년 하수도 설치, 하천개수, 시장정비 등 시가 미화·정화를 위한 면 3대 계획으로 이어지면서 본격적인 식민지적 도시 개조가 시작되었다.

하수도 설치는 1926년에 시작되어 1929년에 준공되어, 오늘날 하수관망의 기본 설계가 완성되었다. 보편적으로 근대적 시선은 하수 시설을 갖추지 못한 식민지를 불결하고 비위생적이며 야만적인 것으로 간주했다. 즉 '똥과 오줌, 더러운 개천, 우물' 등은 위생-문명과 대비되는 불결-야만을 지칭하는 것이 되었고, 이는 이미 근대 계몽운동에서 타파되어야 할 핵심 대상으로 설정되었다. 제국주의의 식민지 지배에서도 이는 핵심 과제가 되었다. 일상적인 식민지 지배를 위해서는 일본인들의 유입이 절대적으로 요구되는데, 그를 위한 선결 과제 중 하나가 위생적인 주거 환경을 조성하는 것이었기 때문이다. 기타무라 유이치로는 이미 「광주지방사정」에서 하수도 문제를 다음과 같이 제기하고 있다.

> 광주 지방에 일본인이 이주한 이래 아직은 다행스럽게도 전염병의 대유행을 봄에 이르지 않았다. 일반시민의 위생관념이 낮고, 시가 위생이 아주 결여되었음에도 불구하고 건강지라는 면모를 갖는 연유 또한 천우라고 할 것이다. .. 이 당시에도 광주시가의 오수를 배제하여 시가지 미관 하수도 북문통의 번화한 곳에서조차도 아직은 관통하는 것이 불능이어서 스며들어간 오수가 우물물을 불결하게 하는 것에 전율하지 않을 수 없다. 만약에 연우(連雨)가 자주 내리면 도로는 순식간에 작은 하천으로 되어 길을 횡단하게 되면 진창에 정강이를 빠뜨리게 된다. 하수도 설비를 갖지 않은 광주는 마치 사람이 입과 위만 있고 장과 항문을 갖지 않은 것과 같은 것이므로 당국에서는 지금 하수도 시설을 급히 완성할 것을 부심하고 있다. (「광주지방사정」, 76쪽)

1926-29년에 이루어진 하수도 공사는 도심 부분에 주로 집중된 것이고, 따라서 주로 일본인 주거시설을 위한 것이었다. 이후 1933년에 이전의 시설이 부분적으로 이루어진 것이어서 개선되어야 함을 총독부에

보고하고 확장 공사를 시행하였다. 하수도 설비의 완성은 식민지 도시의 일상적 지배를 위한 기반이 조성되었음을 의미하는 것이며, 동시에 근대적 도시로서의 모습을 점점 갖추어 감을 의미하는 것이기도 하다.

하천 개수와 시장 정비는 맞물려 있는 문제였다. 광주천은 이전부터 광주 사람들에게 매우 중요한 생활 공간이었다. 넓은 백사장을 따라 주요 상업지인 큰장과 작은장이 개설되었고, 하상부지에는 이미 많은 인구들이 거주하고 있었다. 하천정리 사업은 이러한 하천변 부지의 사용이 금지됨을 의미함과 아울러, 자연형태로 흐르던 하천이 직강화되어 근대적 도심 풍경의 하나로 변모함을 의미하는 것이기도 했다. 하천 개수 사업의 핵심은 광주천의 폭을 좁혀 직선화하고 천변 도로를 개설하며, 하천 개수에 따라 매몰될 하천부지와 토지를 매립하고 새로 구획하여 시장, 상가, 공장 등의 시설 및 일반부지로 분양하는 최초의 신시가지 개발사업의 성격을 지니고 있었다. 또한 시장 정비는 광주천변에 있었던 전통장시인 큰장, 작은장[8]을 없애고 이를 근대적인 시장으로 바꾸는 것이 주요 목표였다.

큰장과 작은장의 전통 시장을 해체하려는 노력에는, 당시의 전통 시장 체제를 매우 기이한 것으로 바라보는 제국주의적-근대적 시선이 자리잡고 있었다. 1917년 「광주지방사정」은 당시의 상업적 거래를 다음과 같이 평가하고 있다.

> 상인은 일반 농민보다 신분이 낮아 자본이 적은 자가 많고, 물자의 교환에 있어 동서남북 시장으로 바삐 다녀서, 이에 도저히 한곳에 안주할 수 있는 여유도 없고, 많은 주막이나 여관을 집으로 삼아 영업을 하며 시가지에 점포나 노점을 갖고 있는 자는 적다.

---

8) 큰장과 작은장은 조선시대에 각각 공수시(公須市)와 부동시(不動市)로 불려졌다. 광주광역시, 1996: 9.

조선인들이 주로 이용하는 이 큰장과 작은장은 근대화된 충장로 상가와 비교할 때 거래 품목이나 거래액에서 상당한 차이가 있었다. 1926년에 보고된 바에 따르면 이들 장시에서 거래된 품목은 쌀, 보리, 포목, 목가공품, 작물, 자기, 토기, 종이, 어물 등 근대적 상품이 아닌 전통적 품목들임을 알 수 있다(박광순, 1978: 62). 그 거래 규모 역시 상당히 작았던 것으로 보인다. 1917년 큰장의 1년간 거래액은 118,586원, 작은장은 12,621원으로 보고되고 있고, 이 중 거래액의 60%가 미곡류라고 보고되고 있는데, 이 거래액은 당시 가장 큰 미곡상이었던 우찌다니(內谷) 정미소의 연간 거래액이 15만원이었던 점을 고려할 때 매우 적은 액수라 할 수 있다.

그렇지만 이 전통장시는 단순한 상업 거래의 중심이었을 뿐 아니라 조선인들이 교류하고 의견을 교환하던 삶의 중심지이며 정치적 중심이기도 했다. 3·1운동이 장터에서 비롯되었던 것은 비단 우연이 아니며, 광주에서도 3·1운동은 작은장에서 먼저 시작되었다. 따라서 전통장시를 해체하고 근대적 시장을 만드는 것은 제국주의적 근대성의 한 전형이 그대로 발현된 정치적 노력이기도 했던 것이다.

이러한 여러 목적을 가진 하천정리 및 시장 정비는 1932년 광주천을 직강화시키고, 하상부지를 신설된 도로 높이로 매립하여 계획된 시가 공간을 창출하는 한편 그 매립지에 근대적 시설을 가진 통합시장을 만들어 냈다. 이 사정시장의 완공에 대해 신문은 다음과 같이 보도하고 있다.

> 호남지방의 물화집산지로 유명하던 재작년의 광주계획으로 인하여 그 점포가 전부 헐려버려 일반 상인의 불편함과 곤란이 막심하던 중, 광주읍에서 그 동안 수만의 경비를 던져서 철근 콘크리트 신축중이던 시장이 근자에야 낙성되었으므로 지난 4일부터 신축된 시장에서 개점

하게 되었다고 한다. 그런데 종래의 광주시장은 작은 장이 4, 9일이며, 큰 장이 2, 7일이던 바 이번에 신축된 장은 큰장 작은장의 구별이 없이 매일 장으로 허가되었다고 한다. (동아일보, 1931년 9월 9일)

한편 제국주의적 식민 지배를 위한 기반 시설에서 핵심적인 것이 또한 철도이다. 철도는 식민지 공간을 유기적으로 연결시키고, 쌀, 목재, 철 등의 자원들을 효율적으로 운반하는데 그 목적이 있으며, 그 종착역은 항구도시로, 일본과의 연결을 위한 매개 역할을 수행하도록 했다. 이러한 목적에서 1914년 송정리-목포간 철도가 완공됨으로써 대전과 목포를 잇는 호남선 철도가 부설되었고, 송정리는 호남 최대의 도시인 광주와 연결되는 내륙 운송의 거점으로 개발되기 시작했다. 광주지방사정은 호남선 철도의 개설의 의의를 다음과 같이 묘사하고 있다.

구불구불하고 단단한 병풍처럼, 높고 높은 고공을 찌르는 노령의 산맥을 깨뜨리고 전라남북도의 보고의 관문을 이룬 호남철도는 실로 새로이 가까워질 우리 판도의 일부에 국민의 팽창과 국운의 증진을 꾀하는 천상의 사절단이다. 지방 주민이 이의 개통을 희망하여 하루라도 빠를 것을 바랐을 때에 준공을 보게 됨에 이른 것은 당시 남조선의 산하가 이르는 곳마다 환희의 소리로 꽉 차 있었음도 지당한 일이다. 또다시 치솟는 파도 같은 물자의 출입과 빈번하기가 베를 짜는 것과 같은 원활한 교통은 유유히 깊은 잠에 빠져버린 지방마을에 크나큰 각성을 일으켜 일진월보하는 문명적 자극을 더욱 가하였으므로, 적어도 연선(沿線)의 각 역에서 아주 큰 지방적 편의와 혜택을 입지 않은 곳이 없다. (「광주지방사정」, 115)

목포는 점차 쇠퇴하고 이리는 아직 중시되지 않으며 다만 송정리가 가장 광휘가 있는 장래를 가지며 두드러진 최대의 역일 것임을 상상하기 어렵지 않은 것은, 실로 당국자가 착안하여 정거장 기타의 설비의 여행에 규모가 결코 심상치 않음을 보아도 알만 하다. (『광주지방사정』, 116)

송정리는 철도 교통의 거점으로 주목받으면서 부상하기 시작했고, 이후 1922년 광주-송정리간 철도가 개통됨으로써 더욱 중요한 공간으로 부각되었다. 또한 송정리역을 중심으로 상가가 발달하기 시작하였고, 물류와 운송, 상업의 중심지로 성장하기 시작했다. 하지만 송정리역의 개발과 함께 일본인이 이곳을 빠르게 장악하여 1913년 송정리 내 일본인 거류자가 이미 5백여명에 달했고, 송정리번영회를 창립하여 송정리 상권을 독점했다.(『광주시사』 2권, 411쪽) 송정리 개발을 통해 광주는 송정리까지 포함한 상당한 규모의 도시로, 그리고 호남 지역의 식민지배 거점 도시로 성장하게 되었다. 송정리의 개발은 광주에 대한 근대적 도시계획이 제국주의적 지배를 목적으로 한다는 사실을 뚜렷이 보여준다.

### 3) 근대적 시가의 형성[9)]

근대 도시계획의 핵심은 도심을 관통하는 근대적 시가를 창출하는 데 있다. 광주의 근대적 시가의 형성은 기존의 대로, 즉 중로인 충장로를 확장함과 동시에 새로운 도심 도로인 금남로를 건설함으로써 이루어졌다. 충장로가 상가를 중심으로 하는 근대적 도시 경관을 창출하는 데 그 목적이 있었다면, 금남로는 일본 식민지 지배의 핵심인 전남도청과 광주역을 잇는 행정적, 권력적 도심 도로라 할 수 있다.

충장로는 1914년 조선총독부의 행정구역 통폐합에 따라 남문통, 서광산정, 서문통, 북문통, 북성정, 화원정, 수기옥정에 속하는 지역으로

9) 이 부분은 조정규(2000)의 연구에 크게 의존하였다. 저자는 일제강점기 광주의 경관변화를 충장로와 금남로를 중심으로 치밀하게 분석하고 있다.

개편되었다. 이 중 남문통, 서광산정, 서문통, 북문통이 오늘날의 충장로 1, 2, 3가 지역에 해당되며, 화원정과 수기옥정은 충장로 4, 5가 지역에 해당된다. 충장로 건설은 읍성의 해체와 함께 일본인들의 읍성 내 토지 매입에 의해 빠르게 진행되었다. 금남로는 1914년 통폐합에 따라 동광산정, 동문통, 중정, 북성정, 수기옥정의 일부를 포함하는 지역이 되었다.

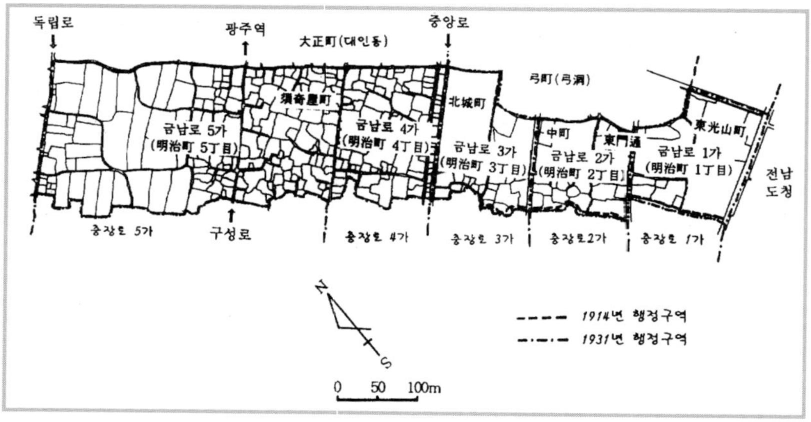


자료: 조정규, 2000.

**그림 4-2** 식민지 시기 광주의 충장로와 금남로

전통적인 광주의 중심은 읍성 지역으로, 이 지역은 전통적인 행정중심지로 상업 기능은 제외되어 있는 것이 특징이다. 근대화 이전 상업은 대부분 읍성 밖(외촌)에서 이루어졌다. 근대 도시는 이러한 상업 기능을 도심의 핵심 기능으로 끌어들이면서 도시적 경관을 만드는데, 그 핵심은 대로의 건설이다. 이런 이유에서 1910년 읍성의 성벽을 헐고, 구 성내에서 광주천을 단(edge)으로 충장로를 기본 축으로 하여 격자형의 도로망 구조를 건설하기 시작했다(조정규, 2000: 58). 이 대로의 도로 폭은 약 7.2m로, 기존의 중로 5m보다 조금 더 넓어진 상태였다. 충장로

는 근대화 이전에도 이미 상당한 폭의 중로를 유지하고 있었고, 이를 더 넓힘으로써 도심을 관통하는 대로의 역할을 하도록 만들었던 것이다. 이후 광주의 도로는 이 충장로를 축으로 하여 남북을 관통하는 중로들을 계속 추가하는 형태로 발달해 갔다.

일본인들은 1910년 읍성 해체 이후 빠른 속도로 충장로 1, 2, 3가 지역을 잠식해 들어왔고, 이 지역은 모두 상업 지역으로 개발되어 도심 경관을 구성하기 시작했다. 그 한 예로 1912년 충장로의 과세 가격 분포를 살펴보면 필지의 과세가격이 평당 15원으로 가장 비싼 지역은 충장로 2가에 집중적으로 분포하고 있고, 그 외 1가와 3가에 소수 분포하고 있음을 보여준다. 반면 충장로 4가와 5가는 과세가격이 대부분 3원 미만이거나 미과세 지역으로 이루어져 있다. 이것은 충장로 1, 2, 3가가 대부분 상업 지역으로 이용되고 있음을 반증하는 것이다. 즉 도시 내 상업 중심지가 충장로 1, 2, 3가를 중심으로 형성되고 있음을 의미하는 것인데, 이러한 핵심 상가의 형성은 대부분 일본인에 의한 것이었다. 아래의 1912년 토지 이용에서도 드러나듯이, 충장로 1, 2, 3가는 논이나 밭, 잡종지가 전혀 없이 대지 및 도로로만 이용되고 있고, 4, 5가도 대지 및 도로의 이용이 상당히 높음을 알 수 있다. 물론 4, 5가는 상대적으로 덜 발달한 상업지역임을 짐작할 수 있다.

일본인에 의한 상가의 형성은 1905년 일본 상인 이쓰쓰 신사부로가 충장로2가 광주우체국 건너편에 잡화점을 차린 것이 그 시작으로, 이후 일본인 상가가 본격적으로 조성되기 시작하였다(「광주지방사정」, 1917). 충장로 대로는 본격적인 상가의 형성과 더불어, 고급 양복, 양장, 양품점, 귀금속점, 요식점, 각종 서비스업, 레크리에이션 시설들이 모여 번창, 광주의 중심업무지역이 되었다(조정규, 2000). 아래의 표에서 보듯 1912년 토지 소유 현황에서 이미 충장로 1-5가 토지의 59.7%를 일본인이 소유하고 있음을 보여준다. 특히 국유지를 제외한 한국인

**표 4-4** 1912년 충장로의 토지이용 실태

단위: 평(%)

| | 대지 | 논 | 밭 | 도로 | 잡종지 | 계 | 비고 |
|---|---|---|---|---|---|---|---|
| 충장로1가 | 4372<br>(83.9) | - | - | 839<br>(16.1) | - | 5211<br>(100.0) | |
| 충장로2가 | 3655<br>(86.1) | - | - | 591<br>(13.9) | - | 4246<br>(100.0) | |
| 충장로3가 | 5535.5<br>(86.8) | - | - | 840<br>(13.2) | - | 6375.5<br>(100.0) | |
| 충장로4가 | 9440<br>(85.2) | 206<br>( 1.9) | - | 1428<br>(12.9) | - | 11074<br>(100.0) | |
| 총장로5가 | 7613<br>(40.5) | - | 9792<br>(52.1) | 1392<br>( 7.4) | 7<br>(0.04) | 18804<br>(100.0) | |
| 총계 | 30615.5<br>(67.0) | 206<br>( 0.5) | 9792<br>(21.4) | 5090<br>(11.1) | 7<br>(0.04) | 45710.5<br>(100.0) | |

자료: 조정규, 2000: 56에서 재인용.

과 일본인 토지 소유 비율을 비교해 보면, 충장로의 일본인 토지 소유는 충장로 1가가 94.9%, 충장로 2가가 83.3%, 충장로 3가 93.5%, 충장로 4가 85.1%, 충장로 5가 71.7%에 이른다. 즉 1912년 경이면 이미 충장로는 일본인이 대부분을 소유한 일본인 구역이 되었음을 알 수 있으며, 그나마 상대적으로 한국인 토지 소유 비율이 높은 곳이 충장로 4가와 5가이다.

반면 금남로 지역에서는 일본인에 의한 토지 소유가 1, 2, 3가는 상당히 높고 특히 금남로 2가는 72.1%를 일본인이 소유한 반면, 금남로 4, 5가는 일본인 소유가 4.5%와 0.3%에 불과하다. 금남로 4, 5가는 읍성 시절 전통적인 읍성 밖 한국인 거주 지역이자 또한 충장로에 비해 상대적으로 상가가 덜 발달했기 때문에 일본인의 진출이 많지 않았던 것으로 추정된다. 그렇지만 1912년의 금남로 역시 대부분의 토지가 대지

**표 4-5** 1912년 충장로의 면적별 토지 소유

단위: 평(%)

| | 일본인 | 한국인 | 국유지 | 회사 | 외국인 | 사찰/재단 | 소유불명 | 합계 | 비고 |
|---|---|---|---|---|---|---|---|---|---|
| 충장로1가 | 1,625 (37.1) | 87 ( 2.0) | 2,613 (59.8) | - | - | - | 47 ( 0.9) | 4,372 (100) | 미확인 3필지 |
| 충장로2가 | 2,022 (55.3) | 404 (11.1) | 404 (11.1) | 747 (20.4) | - | - | 78 ( 2.1) | 3,655 (100) | 미확인 1필지 |
| 충장로3가 | 2,819 (50.9) | 196 ( 3.5) | 1,615 (29.1) | - | 225 ( 4.1) | - | 680.5 (12.3) | 5,535.5 (100) | 미확인 6필지 |
| 충장로4가 | 6,600 (68.4) | 1,159 (12.0) | 543 ( 5.6) | 706 ( 7.3) | 24 ( 0.3) | 308 ( 3.2) | 306 ( 3.2) | 9,646 (100) | 미확인 5필지 |
| 충장로5가 | 11,196 (64.3) | 4,427 (25.4) | 1,105 ( 6.4) | - | - | - | 684 ( 3.9) | 17,412 (100) | 미확인 17필지 |
| 합 계 | 13,066 (59.7) | 1,846 (15.4) | 5,175 (15.5) | 1,453 ( 3.6) | 249 ( 0.6) | 308 ( 0.8) | 1,111.5 ( 4.4) | 23,208.5 (100) | 미확인 총32필지 |

자료: 조정규, 2002:

로 전환되어 밭으로 이용되는 토지는 금남로 2가와 5가를 제외하고는 별로 없었다. 1912년 금남로 지역의 토지 소유와 토지 이용 현황은 다음과 같다.

**표 4-6** 1912년 금남로의 면적별 토지 소유

단위: 평(%)

| | 일본인 | 한국인 | 국유지 | 회사 | 학교조합 | 합계 |
|---|---|---|---|---|---|---|
| 금남로1가 | 1,319 (24.5) | - | 4,059 (75.5) | - | - | 7,390 (100) |
| 금남로2가 | 3,700 (72.1) | 558 (10.9) | 558 (10.9) | - | 315 ( 6.1) | 6,211.7 (100) |
| 금남로3가 | 2,502 (35.7) | 649 ( 9.2) | 3,867 (55.1) | - | - | 7,504.3 (100) |
| 금남로4가 | 362 ( 4.5) | 7,630 (94.9) | - | 52 ( 0.6) | - | 8,495.6 (100) |

| | 일본인 | 한국인 | 국유지 | 회사 | 학교조합 | 합계 |
|---|---|---|---|---|---|---|
| 금남로5가 | 88<br>( 0.3) | 28,543<br>(99.7) | - | - | - | 27,014.8<br>(100) |
| 합계 | 13,528.3<br>(23.9) | 26,018.8<br>(46.0) | 8,484<br>(15.7) | 52<br>( 0.1) | 315<br>( 0.6) | 56,616.4<br>(100) |

자료: 조정규, 2002: 63에서 재구성. 미확인 필지는 제외.

**표 4-7** 1912년 금남로의 토지이용 실태

단위: 평(%)

| | 대지 | 논 | 밭 | 도로 | 계 | 비고 |
|---|---|---|---|---|---|---|
| 금남로1가 | 5,378<br>(86.1) | - | - | 867<br>(13.9) | 6,245<br>(100.0) | 미확인<br>5필지 |
| 금남로2가 | 3,500<br>(59.4) | - | 1,775<br>(30.1) | 616<br>(10.5) | 5,891<br>(100.0) | 미확인<br>5필지 |
| 금남로3가 | 6,308<br>(82.0) | - | 710<br>( 9.3) | 671<br>( 8.7) | 7,689<br>(100.0) | 미확인<br>5필지 |
| 금남로4가 | 8,139<br>(89.9) | - | - | 914<br>(10.1) | 9,053<br>(100.0) | 미확인<br>18필지 |
| 금남로5가 | 15,718<br>(52.1) | 528<br>( 1.8) | 12,531<br>(41.5) | 1,399<br>( 4.6) | 30,176<br>(100.0) | 미확인<br>19필지 |
| 총계 | 39,043<br>(66.1) | 528<br>( 0.9) | 15,016<br>(25.4) | 4,467<br>( 7.6) | 59,054<br>(100.0) | 미확인<br>52필지 |

자료: 조정규, 2002: 58.

1917년 조사된 「광주지방사정」에 따르면 광주의 일본인 상인은 250명, 조선인 상인은 93명이다. 이들 대부분은 소매업자로 도매업을 하는 자는 극히 드문 것으로 보고되었고, 도매상인으로는 미상(米商) 4명, 면상(綿商) 1명, 잡화도소매상 6명 등이다(『광주지방사정』, 58). 또한 광주의 저명한 상점으로 잡화상점 17곳, 포목 면직물 마직물 상점 5곳, 양종상 3곳, 술 된장 등의 일용품상 6곳, 과자상 4곳, 어물점 3곳, 지물

포 1곳, 재목상 2곳, 시계상 5곳, 납품업 6곳, 양복상 3곳, 다다미상 3곳, 인쇄소 2곳, 게따상 2곳, 전당포 6곳, 자전거 및 기계상 4곳, 미곡상 3곳, 양화상 2곳, 일본 및 서양식 만물완구상 4곳, 채소류상 3곳, 표구 및 칠기점 2곳, 고물상 2곳, 염색 세탁상 3곳, 면상 1곳을 소개하고 있는데, 이 중 조선인 상점은 하나도 소개되지 않았다. 이것은 일본인의 진출과 함께 이미 광주의 상업이 일본인 중심으로 급격히 재편되고 있음을 보여주는 것으로 해석된다.

한편 상업의 중심이자 도시 스펙터클의 중심인 충장로에서는 일본인에 의한 토지 소유의 증가와 함께, 한국인 상가와 일본인 상가 간의 공간 분할이 뚜렷이 이루어졌다. 상대적으로 더 번화하고 토지 가격이 비싼 충장로 1, 2, 3가는 일본인 상가로, 그리고 4, 5가는 한국인 상가 밀집지역으로 구획되었다. 그런데 이 두 지역 간의 격차는 상당히 컸던 것으로 보인다. 「광주지방사정」은 당시의 시가 상황과, 일본인 및 한국인 밀집지역 간의 격차를 다음과 같이 묘사하고 있다.

> 서문통, 동문통, 남문통은 시가의 중심으로써 주로 일본인의 상가 건물이 즐비하여 대단히 번성하였다. 수기옥정, 금정 외 5개의 마을은 일본인의 혼주가 많으나 주로 조선인 마을이다. ... 향사리는 조선인 마을로 볏짚이나 띠로 이엉을 한 초가집 온돌로 잇대어져 지저분한 시가이다. (「광주지방사정」, 52, 108)

1930년에 이르러서는 충장로는 충장로 1, 2가의 한국인 토지소유가 전무하고, 충장로 3가도 한국인 토지소유가 2.8%에 불과한 반면, 충장로 4가는 한국인 토지소유가 12.0%, 충장로 5가는 25.4%로 증가하여 충장로 1, 2, 3가와 4, 5가 간의 민족적 분할이 완성된 토지소유 구조를 보여준다.

**표 4-8** 1930년 충장로의 면적별 토지 소유

단위: 평(%)

| | 일본인 | 한국인 | 국유지 | 회사 | 외국인 | 사찰/재단 | 합계 |
|---|---|---|---|---|---|---|---|
| 충장로1가 | 3560.1<br>(95.0) | - | 16<br>( 0.4) | 175.6<br>( 4.6) | - | - | 3,841.7<br>(100) |
| 충장로2가 | 2,255<br>(60.8) | - | 394<br>(10.7) | 1,041.8<br>(28.5) | - | - | 3,660.8<br>(100) |
| 충장로3가 | 3,653.8<br>(62.5) | 166<br>( 2.8) | 90.5<br>(15.5) | 1,125.9<br>(19.2) | - | - | 5,850.7<br>(100) |
| 충장로4가 | 3,849.3<br>(40.0) | 3,003.1<br>(31.2) | 590<br>( 6.1) | 1,858.8<br>(19.3) | 21<br>( 0.2) | 308<br>( 3.2) | 9,630.2<br>(100) |
| 충장로5가 | 10,529.5<br>(60.7) | 3,578.4<br>(20.6) | 58<br>( 0.3) | 3,191.9<br>(18.4) | - | - | 17,357.8<br>(100) |
| 합계 | 13,378.2<br>(59.1) | 3,169.1<br>(16.9) | 1,905<br>( 4.9) | 4,202.1<br>(18.3) | 21<br>( 0.2) | 308<br>( 0.8) | 22,983.4<br>(100) |

자료: 조정규, 2002: 36.

**표 4-9** 1930년 금남로의 면적별 토지 소유

단위: 평(%)

| | 일본인 | 한국인 | 일·한 공동 | 국유지 | 회사 | 외국인 | 사찰/재단 | 합계 |
|---|---|---|---|---|---|---|---|---|
| 금남로1가 | 1,344.8<br>(18.2) | - | - | 4,266.9<br>(57.7) | 1,778.3<br>(24.1) | - | - | 7,390<br>(100) |
| 금남로2가 | 3,100.4<br>(44.9) | 271<br>( 4.4) | 1,271<br>(20.5) | 577.2<br>( 9.3) | 984.1<br>(15.8) | - | - | 6,211.7<br>(100) |
| 금남로3가 | 2,688.3<br>(35.8) | 343<br>( 4.6) | - | 3,937<br>(52.5) | 536<br>( 7.1) | - | - | 7,504.3<br>(100) |
| 금남로4가 | 752.5<br>( 8.9) | 7,138.6<br>(84.0) | - | - | - | - | 604.5<br>( 5.8) | 8,495.6<br>(100) |
| 금남로5가 | 5,648<br>(20.9) | 18,266.2<br>(67.6) | - | - | 2,856.6<br>(10.6) | 244<br>( 0.9) | - | 27,014.8<br>(100) |
| 합계 | 13,528.3<br>(23.9) | 26,018.8<br>(46.0) | 1,271<br>( 2.2) | 8,781.1<br>(15.5) | 6,155<br>(10.9) | 244<br>( 0.9) | 604.5<br>( 1.1) | 56,616.4<br>(100) |

자료: 조정규, 2002: 71을 재구성.

이러한 도심 시가의 발달은 광주의 토지이용 형태를 크게 변화시켰다. 1930년대에 이르면 광주면의 토지 중 79.4%가 대지로 이용되고 있고, 1905년 전체 토지의 21.4%였던 밭은 1930년 6.5%로 급격히 감소하였다. 이러한 토지 이용 형태는 광주가 이제 완전히 근대적인 도시의 면모를 갖추고 있음을 보여주는 것이라 할 수 있다.

## 3. 식민지적 근대 공간의 특징

### 1) 도시 공간의 민족적 · 인종적 분할

식민도시 건설이 대개 그러하듯이 광주의 근대공간으로의 변모 역시 이러한 식민지적 왜곡이 병행되었는데, 그 뚜렷한 양상들을 구체적으로 살펴볼 필요가 있다.

그 첫번째 양상은 일본인들의 급격한 유입이었다. 일본의 식민지 정책의 중요한 특징 중의 하나는, 식민지에 일본인을 적극적으로 이주하도록 함으로써 식민지 도시를 일본의 도시 형태로 변모시키는 것이었다. 그 이유는 이것이 제국주의 지배의 영속화와 깊은 관련이 있었기 때문이다. 식민 지배를 공고화하기 위해서는 식민지 공간을 안정적인 삶의 공간으로 변모시키는 것이 필요하며, 이를 위해서는 모국인들이 식민지를 실질적, 일상적으로 지배하는 것이 필요했다. 이를 위해 일본은 매우 적극적인 이주 정책을 실시했다.

두번째로, 모국인과 식민지인의 주거 및 생활 공간을 철저히 구획하는 것이었다. 이것은 지배의 안정화를 위한 '분할지배'(divide and rule)의 한 전략으로 이해할 수 있다. 거주민들의 계층화를 통해 차별적인 시민권을 부여하는 것은 식민지 지배의 중요한 원칙 중의 하나였다(김백영, 2007). 제국주의 지배국가와 식민지의 구분은 군사적, 정치적 강제에 기반하는 것이지만, 이는 동시에 피지배자들에 대해 문화적 분리를 만들어내는 것이기도 했다. 이것은 식민지의 일상을 지배하는 '풀뿌리 침략', '풀뿌리 식민지 지배와 수탈'로도 이해할 수 있을 것이다(이규수, 2007: 8).

분명히 해야 할 사실은, 근대적 도시계획은 보편적 개념으로 동일시될 수 있는 것이 아니라, 그 근대화의 주체, 정치적 목표와 경제적 이해관계에 의해 매우 크게 달라질 수 있다는 점이다. 특히 제국주의적 지배를 통한 도시 근대화는 이러한 상황으로부터 자유로울 수 없거니와, 광주의 경우도 제국주의적 도시 근대화의 뚜렷한 전형을 보여주었다. 그 대표적인 것이 최초의 도시 개발을 주도했던 '광주번영회'라는 집단의 성격이다. 광주번영회는 광주의 번영이 아닌, 일본 상인의 번영과 이익을 목표로 했던 집단으로, 이들이 주요하게 추진했던 사업에서 그 성격이 명확히 드러난다. 구강공원 조성은 이 번영회의 핵심 사업의 하나였는데, 현재의 광주공원의 전신인 이 공원에는 신사와 전몰자 충혼탑이 건립되었던 것이다.

이러한 이유로 식민지 도시 내에 '일본인 구역'과 '조선인 구역'이 따로 구분되고 이것이 도시의 이른바 이중적 성격을 결정하는 중요한 요인이 된 것이다. 일본인의 유입 및 일본에 의해 도시 근대화를 본격화한 광주의 경우도 예외는 아니었다. 충장로는 특히 그러한 민족적 공간 분할을 극명하게 보여주었다. 앞서 보았듯이 충장로 1, 2, 3가는 광주의 도심 상가 중에서도 가장 발달한 지역으로 일본인에 의한 토지 소유가 집중된 지역이었다. 반면 충장로 4, 5가는 상대적으로 토지 가격이 낮고, 대지 이외의 전답이 여전히 남아 있고, 주로 한국인에 의한 토지 소유가 집중된 지역이었다. 그렇다면 이러한 소유 및 거주의 분할이 어떤 의미를 지니는지를 이해하기 위해, 당시의 충장로 4, 5가의 특징을 살펴볼 필요가 있다. 우선 이 지역은 변두리 상업지역이었다. 또한 주로 한국인 고객을 상대로 하였으며, 주로 거래되던 물품은 주단·포목 등 옷감, 혼수용품인 목물가구(옷장, 이불장, 함 등), 고무신, 쌀, 곡물, 어물 등이었다. 반면 일본인 상가 지역은 신양품점, 즉 새로운 제조업 물품들이 화려하게 거리를 장식했다. 이러한 두 상가 지역의 극명한 대비를 아래의 신문 기사를 통해 짐작해 볼 수 있다. 1926년 9월 29일부터 10월 2일까지 4회에 걸쳐 광주 지역의 사정을 소개한 동아일보 기사는 '화려한 시가도 우리엔 무관, 주인 잃은 광주'라는 제목 하에 산업, 교육, 사회단체 등에 대한 현황을 소개하고 있다. 그 중 상업계를 평한 기사의 일부분이다.

> 광주의 상업계를 일별하면 더욱이 한심치 아니할 수 없는 바에 전 광주 성안이므로 광주의 중앙인 본정(현재 충장로) 일대에는 2-3층 양옥 상점이 즐비하여 항상 그 매매가 은성하나 아무리 눈을 씻어가면서 심방하라고 할지라도 한국인 상점은 한 칸도 발견하기가 곤란할 지경이므로 광주의 한국인 상업계는 여하하다는 것은 개론할 필요가 없거니와 이에 본정 이외의 한산한 지대에 있어서 볼만한 것은 고무신 상점이요, 주단 포목상으로는 심덕선·이재홍 양 상점이며, 잡화상으로는 오직 지정남 뿐이며 완구 및 악기상으로는 김준실이 경영하는 남해당 서점 외에는 해특물산 및 금비 무역상으로 정상호가 경영하는 삼성상회 등이 있을 뿐이다. (동아일보, 1926년 9월 29일)

한국인이 경영하는 변두리 상업지역에서 거래되는 물품은 고무신, 포목, 쌀, 해산물 등 품목도 매우 한정되어 있고 전통적인 상품들에 국한되어 있을 뿐만 아니라, 그 규모도 영세성을 벗어나지 못했다. 이러한 차이는 날이 갈수록 더욱 심화되었는데, 1930년에 발간된 『전남지방사정지』 중 「광주부」(「광주の부」)에 제시되어 있는 상공인 명부를 분석해 봄으로써 당시의 상황을 짐작해 볼 수 있다.

## ▌표 4-10 ▌1935년 상공인명록을 통해 본 상업 현황

| 업 종 | 북문통 | 남문통 | 서문통 | 수기옥정 | 송정리 | 기타 | 합계 |
|---|---|---|---|---|---|---|---|
| 포목 | 2(0) | 1(0) | | 4(4) | 11(9) | 1(1) | 19(14) |
| 잡화 | 3(0) | 1(0) | 1(0) | 9(3) | 21(4) | 12(5) | 47(12) |
| 철물 | 3(0) | | | 1(0) | 1(0) | | 5(0) |
| 과실류 | 1(0) | | | | 1(0) | | 2(0) |
| 양화점 | 1(0) | | | 4(3) | | | 5(3) |
| 어물 | 1(0) | 1(0) | 1(0) | | 3(1) | | 6(1) |
| 도자기 | 2(0) | | 1(0) | | | 1(0) | 4(0) |
| 시계점 | 2(0) | | | 1(1) | | | 3(1) |
| 미싱기계 | 1(0) | | | | | | 1(0) |
| 서적, 문구 | 3(0) | 1(0) | 1(0) | 1(0) | | 1(0) | 7(0) |
| 신발장 | 1(0) | | | | | | 1(0) |
| 청량음료 | 1(0) | | | | | | 1(0) |
| 약종상 | 3(0) | 1(0) | | 4(2) | 3(1) | 1(0) | 12(3) |
| 자전거 | 2(0) | 1(0) | | 1(1) | 3(0) | | 7(1) |
| 과자 | 2(0) | 2(0) | 1(0) | 2(0) | 2(0) | | 9(0) |
| 완구 | 2(1) | | 1(0) | | | | 3(1) |
| 고무신, 신발 | 1(1) | 1(1) | 1(0) | 4(3) | 1(0) | 1(0) | 9(5) |
| 양복점 | | 2(0) | | | 2(0) | | 4(0) |
| 가구 | 2(0) | | | 1(1) | | 2(0) | 5(1) |
| 편직물 | | 1(0) | | | | 1(0) | 2(0) |
| 식료품 | | 1(0) | | | | 1(0) | 2(0) |
| 정육 | | | 1(0) | | | | 1(0) |
| 간장양조 | | | 1(0) | | | 2(0) | 3(0) |
| 제다 | | 1(0) | | | | | 1(0) |
| 주양조 | | 1(0) | | 1(1) | 1(0) | | 3(0) |
| 인각 | | 1(0) | | | | | 1(0) |
| 목재 | 2(0) | | | | 3(0) | 1(0) | 6(0) |
| 인쇄 | 1(0) | | | | | 2(1) | 3(1) |
| 미곡 | | | | 1(0) | 5(2) | 2(0) | 8(0) |
| 고물 | | | | | | 1(0) | 1(0) |
| 얼음 | | | | | | 1(0) | 1(0) |
| 공작소, 철공 | | | | | 2(0) | 2(0) | 4(0) |
| 석탄 | | | | | | 1(0) | 1(0) |

| 업 종 | 북문통 | 남문통 | 서문통 | 수기옥정 | 송정리 | 기타 | 합계 |
|---|---|---|---|---|---|---|---|
| 염색분 | | | | | | 1(0) | 1(0) |
| 정미소, 제분소 | | | | 2(1) | 9(1) | | 11(2) |
| 한약방 | | | | 1(1) | | | 1(1) |
| 금은세공 | | | | 2(2) | | | 2(2) |
| 요리 | | | | | 4(3) | | 4(3) |
| 비료 | | | | | 1(0) | 1(0) | 2(0) |
| 백화점 | | | | | 5(0) | | 5(0) |
| 도시락 | | | | | 1(0) | | 1(0) |
| 가마니 | | | | | 1(1) | | 1(1) |
| 다다미 | | | | | 1(0) | | 1(0) |
| 토목청부업 | | | | | 2(0) | | 2(0) |
| 시멘트 | | | | | 1(1) | | 1(1) |
| 연초 | | | | | 1(0) | | 1(0) |
| 운송 | | | | | 3(2) | | 3(2) |
| 주석공 | | | | | | 1(0) | 1(0) |
| 합계 | 36(2) | 16(1) | 9(0) | 39(23) | 88(25) | 36(7) | 224(58) |

자료: 『전남지방사정』 중 「광주부」, 1930 재분류.

일본인의 진출과 함께 도시 대로로 건설된 북문통, 서문통, 남문통과, 새롭게 상가로 건설된 수기옥정, 그리고 호남철도의 개통과 함께 성장한 외곽 지역인 송정리는 그 상권이 뚜렷이 구분된다는 사실을 보여준다.

북문통, 서문통, 남문통은 일상잡화와 신식 상품들이 중심이 되는 도심 상가의 전형을 그대로 보여주고 있다. 즉 포목, 잡화, 철물, 양화, 도자기, 시계, 서적과 문구, 신발 등 이른바 유행상품의 환등상들이 이 도심 상가를 채우고 있다. 수기옥정은 이와 유사하지만 그 품목에서 부족한 것이 많이 보이는 대신, 정미소나 한약방, 미곡상 등 도심 상가에 없는 상품들을 중심으로 외곽 상권을 구성하고 있음을 알 수 있다. 한편 호남철도의 개통과 함께 철도 교통의 중심이 된 송정리는 상업과 공업 및 운수가 중심이 된 산업지역과 유사한 형태를 보이고 있다.

또한 조선인과 일인 상가 분포도 뚜렷한 민족적 분할을 보이고 있다. 북문통 상점 36개 중에서는 단 2개만이 조선인 상점이며, 남문통 16개 중에서는 1개, 그리고 서문통 9개 중에서는 단 하나의 조선인 상점도 없다. 즉 도심 상가인 북문통, 서문통, 남문통은 대다수 상점들을 일본 상인이 장악하고 있다. 반면 수기옥정의 경우는 39개 상점 중 23개가 조선인 소유로, 수기옥정이 조선인 중심 상권임을 뚜렷이 보여주고 있다. 1930년 무렵 급격히 성장한 송정리 상가의 경우는 88개 상점 중 25개가 조선인 소유로, 혼재적 성격을 가진 상권임을 알 수 있다.

한편 업종별 분포 역시 흥미로운 결과를 보여주고 있다. 상공회에 등록된 상인들 중 가장 높은 비율을 차지하는 업종은 잡화점으로 전체 224명 중 47명이 잡화점을 운영하고 있다. '백화점'이라 불린 업종 역시 잡화점적 성격을 가졌을 것으로 짐작되므로 이를 합치면 52개나 된다. 이 중 조선인 상점은 12개로 상당히 높은 비율을 차지한다.[10] 그 다음으로 많은 업종이 포목으로, 전체 19개 상점 중 14개를 조선인이 소유하고 있다. 이와 연관된 업종은 양복점이 있는데, 양복점은 모두 일본인이 운영하고 있다. 조선인 비율이 비교적 높은 업종은 이 외에도 고무신 및 신발, 양화점, 약종상, 요리, 금은세공, 운송 등을 들 수 있다. 반면 과자, 미곡, 정미소 및 제분소, 서적 및 문구, 목재 등 비교적 많은 자본을 필요로 하는 업종은 조선인이 거의 진출하지 못하였음을 알 수 있다. 이것은 1930년에 와서도 광주의 공간이 상업적으로, 그리고 업종별로 민족적 분할이 뚜렷이 존재했음을 의미한다.

이는 비단 상업 공간 뿐만 아니라 주거 공간에서도 마찬가지였다. 충장로 중심 상가지역은 대부분 일본인 거주 지역이었다. 앞서의 표에

10) 잡화점의 경우는 크게 화양잡화점과 조선식 잡화점으로 구분되었고, 조선인은 거의 조선식 잡화점을 운영하였다.

서 보듯 도심 지역의 경우는 충장로 1, 2, 3가는 전적으로 일본인 소유 지역이며, 충장로 4, 5가도 한국인의 토지 소유가 상당한 비율을 차지하긴 하지만 일본인의 소유 비율이 더 높다. 반면 금남로의 경우는 5가가 거의 전적으로 한국인이 소유하고 있어 주거의 민족적 분리가 뚜렷함을 보여주었다.

상업의 발달 및 인구의 증가, 일본인의 지속적인 유입으로 도심 거주지가 한계에 다다르자 일본인 주택 문제를 해결하기 위한 방안을 모색하게 되는데, 그 하나가 바로 경양방죽의 매립이었다. 경양방죽은 광주천을 수원으로 하여 조선시대에 만들어진 관개 및 홍수조절을 위한 인공호수였다. 1937년 본정(현재의 충장로) 지역 상권 및 인구의 증가로 인해 특히 일본인 거주지가 크게 부족하게 되면서 이 경영방죽을 매립하여 주택지로 개발하게 되는데, 현재의 계림 1, 2동에 해당되며, 주로 일본인을 위한 주택지로 활용되었다(박광순, 1978: 55). 경양방죽 매립은 농업을 근간으로 했던 광주부 사람들의 정서를 자극했던 것으로 보이며, 특히 이 주택지가 대부분 일본인을 위한 것이라는 이유 때문에 격렬한 반대 운동이 일어나기도 했다.[11] 이러한 반대 때문에 애초에 방죽 전체를 메우려던 계획에서 후퇴하여 일부분을 호수로 남겨두고 전체의 3분의 2만 매립하게 되었다.[12]

> 광주부 내에서는 연년히 인구가 격증하여 주택지가 대단히 협착함을 느껴오므로, 부 당국에서는 그를 완화하기 위하여 경양 방죽을 매축하여 일대 주택지를 신설하려는 방도를 설계중이라 한다. 본 공사는 2개

11) 당시 최흥종 목사를 중심으로 조직된 반대운동은 광주시장 및 전남도지사를 항의 방문하여 7개 항의 '매립반대진정서'를 제출하기도 했다. 『광주시사』 2권, 260쪽.

12) 이후 경향방죽은 '뽀트장'으로 이용되다 1967년 나머지가 매립됨으로써 광주에서 완전히 사라졌다.

년 계속 사업으로서 24만 2천1백5십원의 경비를 요한다는 바, 방죽의 총 면적은 6만5천4백2천2백평 중에서 1만6천3백2평은 깊이 파서 방죽으로 하고, 나머지 4만6천4백6십5평을 매축하여 주택지로 한다고 한다. (동아일보, 1937년 7월 1일)

일본인은 광주에서 매우 빠른 시간에 도심을 점령하고 이를 배타적인 일본인의 상가 및 주거지역으로 만듦으로써 도시 공간을 중심 공간과 주변 공간으로 위계적으로 구분하고, 도시 공간에서 이루어지는 삶의 경험을 차별적으로 구획하였다. 이러한 '식민지 도시 공간의 이중성'은 비단 공간의 분할 뿐만 아니라 삶의 경험에서의 차이도 만들어냈다. 근대를 상징하는 전기의 가설과 이용에서 이는 단적으로 드러난다. 1917년에 광주전등회사가 설립되어 시가지에 처음으로 전기가 들어왔는데,[13] 「광주지방사정」은 이 상황을 다음과 같은 감격적인 어조로 묘사하고 있다.

1917년 8월 16일은 광주에 휘황하게 빛나는 전등으로 시가지를 아름답게 장식하고 불야성을 이룩한 기념 .. 당시 새롭게 뒤따르던 민중이 옛날에 어둑어둑한 등잔 밑에서 밤사이의 무료함을 한탄한 것에 비한다면, 얼마나 경이의 눈초리로 이것을 보았을 것인가? 또한 일본인 집단의 초기 이주자들은 얼마나 격세지감을 가지고 이를 맞았을 것인가. (「광주지방사정」, 70쪽)

하지만 이러한 근대의 황홀경이 식민지 조선인에 대해서도 차별없

13) 당시 충장로에는 1가부터 5가까지 기름으로 밝히는 장명등이 있었는데 이것이 전기등으로 바뀌었다. 당시 가로등은 꽃망울 모양의 등 다섯개를 한 묶음으로 달았는데 사람들은 이를 방울꽃 모양이라 하여 鈴蘭燈이라 불렀다. 박선홍, 『광주1백년』 1, 131쪽.

이 그 혜택을 부여했던 것은 아니다. 전등의 사용자는 압도적으로 일본인이 많았고, 지역도 광주의 도심을 중심으로 이루어졌다.[14] 1926년 동아일보의 '주인 잃은 광주' 기사에는 이를 다음과 같이 묘사하고 있다.

> 도회지의 정화라고 하는 물질문명의 이기가 설치되어 있다고 하나 광주의 주인공인 조선인이 얼마나 그것을 이용하고 있는지 먼저 전등으로 보면 조선인 점등은 702호로 정액등 2,322등, 종량등 349등이며, 일본인 점등은 992호로 정액등 4,532등, 종량등 1,508등이라 한다. (동아일보, 1926년 9월 9일)

만약 광주라는 근대 공간을 일제강점기 근대성의 중심이었던 경성부와 비교한다면 어떤 차이가 있는 것일까? 아마도 그것은 무엇보다 일본인과 조선인의 구획이 더욱 첨예하게 나타나고, 또한 지역 도시가 가진 영세성으로 인해 근대의 혜택들이 일본인들에게만 집중되는 것에 있을 것이다. 이를 같은 신문 기사가 압축적으로 표현해주고 있다.

> 하수구의 형편을 보면 일본인만이 집중하여 사는 본정 등지는 경성 종로에도 뒤지지 않을 만큼 시설되어 있으나 조선인이 집중한 곳을 보면 우천에는 도저히 출입할 수 없을 뿐만 아니라 유독히 수기옥정, 누문리 같은 곳은 비가 조금만 오면 수전(水田化)하여 선척(船隻)을 준비한다면 모르거니와 교통이 두절되는 중에 있고 보니 벌써 조선인의 광주로서는 넋이 나간지 오래요. (동아일보, 1926년 9월 9일)

---

14) '처음에는 발전소를 송정리에 두고 광주뿐 아니라 광주-송정리 간의 각 역까지 송전할 계획이었으나 이 계획을 변경, 우선 광주의 중심가에만 공급키로 하고 3,500등의 점등능력을 가진 외국제 원동기 및 발전기, 부속기계를 구입하였다.' 『광주시사』 2권, 102쪽.

### 2) 지역적 근대화의 외부: 토막민

식민지 근대화는 공간의 민족적 분리라는 이중성 뿐만 아니라, 근대화된 상가 지역의 그 화려함과 대비되는 그 이면에 감추어진 극빈한 삶의 공간이라는 또다른 이중성을 만들어냈다. 전통 공간의 중심인 읍성을 해체하고 읍성 내 토지를 사유화함과 아울러, 시구개정사업으로 대표되는 일본인 중심 도시계획은 근대화된 도심과 그 외부 지역과의 격차를 극단적으로 벌려 놓았다. 광주 토박이는 그 격차를 다음과 같이 증언한다.

> 지금의 충장로 근처 마을 앞뒤의 들판에는 갈가마귀나 까치떼들이 논밭이랑을 덮었고 뒤울안 처마 밑은 장끼가 쏜살같이 기어가곤 했다. 족제비나 오소리, 늑대들이 가축들을 물어날라 주민들을 괴롭혔으며 나의 생가였던 충장로 5가에서도 1930년대 초반까지만 해도 족제비 때문에 병아리를 기르기 어려울 지경이었다.(박선홍, 1994: 40-41)

그렇지만 무엇보다 지역 도시 근대성의 반대편에는 토막민들이 있었다. 토막민은 식민지 근대성이 만들어낸 가장 극단적인 결과일 것이다. 이농민의 도시 유출과 주택난과 더불어, 식민지 수탈에 따른 전반적인 삶의 빈곤화는 일부 사람들을 빈민으로 전락시켰고, 이들이 머무는 특정 공간, 즉 토막민촌 혹은 궁민촌이 도시 내에 생겨났다. 일제강점기 동안 다양한 빈민들이 존재했지만 그 중 토막민은 일본의 제국주의적 지배가 빚어낸 근대화의 산물이라 할 수 있다. 토막민이란 도시의 국유지나 민유지를 무단 점거하여 거적 등으로 간단히 만든 집에서 거주하는 빈민들을 지칭한다. 토막민들은 전국에 걸쳐 분포하였고, 그 수도 상당한 정도에 이르렀던 것으로 보인다. 토막민이 본격적으로 생겨난 것은 대략 1920년대 초반부터인 것으로 보이는데, 이는 식민지 농업정책의 결과로 농촌에서 쫓겨나 도시로 흘러들어온 사람들이거나, 도시 지역에 살던 사람으로 토막민이 되는 두 경우가 있었다고 한다(강만길, 1987: 241-2). 하지만 이들 토막민 규모의 정확한 통계는 없고, 다만 몇몇 자료로 추정되고 있을 뿐인데, 1939~1942년 전국 토막 및 불량주택 조사와 1940년 각부의 토막 및 불량주택[15] 호수를 통해 광주의 토막민 상황을 짐작해 볼 수 있을 뿐이다.

▌표 4-11 ▌ 1939~1942년 전국 토막 및 불량주택 조사

| 조사일 | 토막거주자 | | 불량주택거주자 | | 계 | |
|---|---|---|---|---|---|---|
| | 호수(호) | 인구(명) | 호수 | 인구 | 호수 | 인구 |
| 1939. 10. 1 | 2,779 | 11,709 | 23,957 | 104,250 | 26,736 | 115,959 |
| 1940. 10. 1 | 4,877 | 19,567 | 29,213 | 124,697 | 34,090 | 144,264 |
| 1941. 10. 1 | 3,397 | 14,599 | 32,938 | 147,297 | 36,335 | 161,896 |
| 1942. 10. 1 | 3,731 | 9,604 | 29,609 | 128,858 | 33,340 | 138,462 |

자료: 강만길, 1987: 251에서 재인용.

▌표 4-12 ▌ 1940년 각부의 토막 및 불량주택 호수

| 부 명 | 호수 | | | 인구수 | | |
|---|---|---|---|---|---|---|
| | 토막 | 불량주택 | 계 | 토막 | 불량주택 | 계 |
| 서 울 | 2,775 | 4,737 | 7,512 | 11,204 | 23,943 | 35,147 |
| 인 천 | 477 | 1,867 | 2,344 | 2,802 | 6,387 | 9,189 |
| 개 성 | 32 | 157 | 189 | 121 | 624 | 745 |
| 대 전 | 21 | 227 | 248 | 82 | 866 | 948 |
| 군 산 | 112 | 3,995 | 4,107 | 420 | 15,470 | 15,890 |

15) 1930년 총독부의 「토막급불량주택조사」에서 토막은 '지면을 파내려 가서 토벽으로 하고 간단한 지붕을 덮은 원시적 주택'으로, 불량주택은 '위생상 유해 또는 보안상 위험하다고 인정되는 오두막과 같은 조악한 주택'으로 정의하고 있다. 강만길, 1987: 251.

| 부 명 | 호수 | | | 인구수 | | |
|---|---|---|---|---|---|---|
| | 토막 | 불량주택 | 계 | 토막 | 불량주택 | 계 |
| 전 주 | 27 | 141 | 168 | 120 | 519 | 639 |
| 목 포 | - | 473 | 473 | - | 2,365 | 2,365 |
| 광 주 | 10 | 198 | 208 | 22 | 739 | 761 |
| 대 구 | 159 | 1,343 | 1,502 | 493 | 4,496 | 4,989 |
| 부 산 | 9 | 92 | 101 | 125 | 3,674 | 3,799 |
| 마 산 | - | 7 | 7 | - | 241 | 241 |
| 진 주 | 4 | 20 | 24 | 21 | 234 | 255 |
| 해 주 | 65 | 198 | 263 | 248 | 618 | 866 |
| 평 양 | 185 | 3,922 | 4,107 | 766 | 18,301 | 19,067 |
| 진남포 | 5 | 156 | 161 | 20 | 723 | 743 |
| 신의주 | 4 | 517 | 521 | 16 | 2,377 | 2,393 |
| 함 흥 | 3 | 34 | 37 | 18 | 160 | 178 |
| 원 산 | 5 | 196 | 201 | 28 | 954 | 982 |
| 청 진 | 5 | 457 | 462 | 20 | 1,633 | 1,653 |
| 나 진 | 41 | 196 | 237 | 153 | 663 | 816 |
| 계 | 3,939 | 18,933 | 22,845 | 16,679 | 84,987 | 101,666 |

자료: 강만길, 1987: 251에서 재인용.

또한 1935년 동아일보는 '조선의 보고 전남에 총인구의 오할이 궁민'이라는 제목 하에 걸인의 숫자만 7천8백여 명이며, 총 인구의 반 이상이 궁민임을 한탄하고 있다. 다음 기사는 당시 궁민의 생활이 얼마나 비참한 지경이었는지를 잘 보여준다.

> '술찌끼 얻으러 농촌부녀 쇄도'. 광주 시내에 있는 각 주조조합에는 매일 농촌부녀 수백명씩이 모여 있는데, 이제 그 내용 이야기를 듣건대 춘궁을 당하야 호구 .. 를 잇기 어려운 그네들은 술찌끼를 사다가 연명하는 것이라는데 원래 그 술찌끼는 돼지를 먹이기도 하고 거름도 하던 것이므로 처음에는 거저 주던 것이었는 바 많은 사람이 그것을 요구하

> 므로 근자에는 상당한 대금을 받고 매매하게 되었다. (동아일보, 1929년 6월 1일)

토막민은 일제의 토지조사사업의 결과 지주 중심의 토지집중이 강화됨으로써 농민들이 소작농이나 농업노동자로 전락하고, 높은 소작료율과 궁핍으로 인해 도시로 내몰림으로써 형성되었다. 농촌에서 유출된 농민층 대부분은 도시의 근대적 공업 부문에 수용되지 못하고 도시외곽에 정착하여 토막민, 궁민 등의 도시 빈민층을 형성하게 된 것이다(곽건홍, 1999: 164). 광주의 토막민들이 주로 거주했던 곳은 광주천의 하상부지와 경양방죽 주변이었다. 하상부지는 주거용 움막을 치기 적당한 곳일 뿐 아니라, 이들이 유일하게 생계를 해결할 수 있는 시장에서의 일[16]과 연결되기 때문에 토막민들의 집단 거주가 쉽게 만들어질 수 있는 여건을 갖고 있었다.

이들 토막민은 도시계획을 통해 식민지 근대화를 추구하는 제국주의적 시선에는 은폐되거나 철거되고 소멸되어야 할 도시의 암적 존재였다. 이런 이유에서 광주의 토막민 집단을 철거하려는 움직임은 먼저 하천개조공사와 연결되어 시작되었다. 1927년 1월 '하천의 관리, 유지, 비용, 부담, 사용의 제한 및 보상제도'를 확립하기 위한 「조선 하천령」이 제정되고 1930년에는 「하천령 시행규칙」이 제정되어 1931년부터 실시되었다. 본격적인 하천 정리는 이미 1926년부터 시작되어 자연 형태의 광주천을 직강화하기 시작했고, 이 과정에서 큰시장이 헐리고 하상부지에 밀집되어 있던 토막촌이 철거되기 시작했다. 하지만 토막민을 하상부지에서 몰아내는 것은 일거에 이루어지지 않았고, 큰시장이 철거된 자리에 다시 토막민들이 모이기를 반복하였다. 그래서 1930년

16) 경성부의 경우 토막민들이 주로 생계유지를 위해 했던 일은 지게꾼으로 대표되는 일용노동, 잔신부름 등의 인부 등이었다. 김경일, 1986.

대 초반에는 금교와 남광주역 철교 사이의 천변 양쪽에 '불법공작물'로 이루어진 소위 '세민부락'이 형성되었다(『광주시사』 2권, 247쪽).

이 세민부락은 1932년에는 240여가구 700여명이 밀집한 지역이 되었는데, 1932년 광주읍은 이 지역을 강제 철거하였다. 이에 대한 기사를 살펴보면 다음과 같다.

> 광주읍 천정(泉町, 옛날 큰장터)에는 빈민들이 모여들기 시작한지 3, 4년 동안에 2백4십여호에 달하는 부락을 형성하였다. 그런데 그 대지는 광주읍의 소유토지였으므로 작년 말부터 그 철퇴를 엄명하였으나 일체 올데 갈데가 없는 빈민들인지라 지금까지 그대로 성화같은 독촉을 받으면서도 밀려나왔다고 한다. 그런데 지난달 하순에는 읍 직원들이 인부 십여명을 데리고 천정 일대에 출동하여 그 주택을 헐기 시작하였다고 한다. 그러므로 7백여명의 빈민들은 울며불며 애원하여 보았으나 그들은 털끝만한 인정미도 없이 게딱지만한 빈민들의 집 2백여채를 강제로 뜯어버렸으므로, 일부분은 다른 곳으로 떠나갔으나 대부분은 그 집 뜯긴 자리를 떠나지 못하고 방황하고 있다는데 사람으로는 차마 보기 어려운 비참한 참상이라고 한다. (동아일보, 1932년 8월 8일)

> 광주읍 소유지에다 집을 짓고 살고 있는 궁민들은 집을 뜯기자 40여일 동안 노천 생활을 계속 하였을 뿐이라. 음식을 변변히 먹지 못한 관계로 그 대부분이 부황병, 설사병 등에 걸렸으므로 그 구제연구회에서는 약간의 식료품을 분배해주는 동시에 의사의 치료약까지 주었다고 함은 본지에 기 보도하였거니와, 50여일이 지나도록 토막 한간을 얻지 못하고 그대로 있는 사람이 임정(林町)에서만 하더라도 20여호라 한다. 그런데 설상가상으로 이 비참한 생애를 계속하여나가는 궁민들 중에는 전염병 환자까지 발생되었다. 최 의사의 진찰에 의하건대 적리(이질)로 판명되었다는데, 이것이 일반 궁민들에게 전염되지나 않을까 심히 우려하는 중이라고 한다. (동아일보, 1932년 9월 17일)

하지만 하상부지에서 철거민을 완전히 몰아내는 것은 그리 쉽지 않은 일이었고, 광주부 당국이 제시한 해결책은 이들 토막민들을 한 곳으로 몰아 '교화갱생지구'를 설치하는 것이었다.

> 1936년도 부내 학강정(지금의 학동)에 약 1만2천평의 토지를 매수하여 세민계급에 속하는 종래의 하천부지내 거주자를 여기로 이전 집단시켜 그 생활을 획책함과 동시에 이를 특정 지도구역으로 하여 교화에 하였으며 특히 1937년도에 이 지구내에 도시간이학교를 설치하고 또 교화의 중심기관으로서는 방면위원을 두어 「카드」계급의 조사 및 지도에 담당시키고 있다. 1938년말 현재에 여기로 이전시킨 자 250여호에 이르고 동 지구내의 이전을 완료했다.
>
> 지도방침으로서는 우선 거주민의 현황조사를 실시하여 그 직업생활정도, 가족상황을 조사하고 그 노력양을 고찰하여 호주회, 부인회, 근로조, 합저축조합 등을 조직토록 하고 생활갱생방면의 각종 지도에 힘씀과 함께 정례집회일을 두어 간이학교를 지도장 삼아 경제 및 정신방면의 지도에 만전을 기하여 세민계급갱생의 모범적 특정구역으로 삼았다. (『광주시사』 2권, 257쪽)

학강정으로 이주한 토막민은 1937년 220호, 1939년 280여호인 것으로 보고되고 있다. 교화갱생지구는 끊임없이 사회 질서를 교란하는 이들을 한 곳으로 거주시켜 감시, 통제하려는 목적이 지배적이었던 것으로 여겨진다.

일본 제국주의는 이 토막민의 존재를 끊임없이 비가시화, 소거하려는 정책을 수행했다. 그 일환으로 토막민은 1930, 40년대 일제의 침략전쟁에 끊임없이 동원되기도 했다. 이들은 식민지 하에서 가장 비참한 지경에 처한 집단이 되었지만, 역설적이게도 그들 자체가 바로 식민지 근대성의 한 결과였던 것이다.

## 4. 맺으며

이 연구는 식민지 지역 도시의 근대 공간이 이중의 이중성으로 표현된다는 사실을 강조하고자 했다. 그것은 식민지 정책에 의해 뒤틀리고, 또한 일본이라는 모순적인 제국주의 국가의 성격을 반영하는, 그러면서 또한 지역이라는 낙후와 영세를 기본 속성으로 한 근대성의 공간발현 논리를 이해해보고자 한 노력의 표현이다. 그렇지만 근대성은 또한 동시대적이기도 했을 것이다. 버먼(Berman)은 근대성을 맑스(Marx)의 표현을 빌려 '견고한 모든 것은 대기 속으로 녹아버리는' 시대로 접어드는 것이라 정의하면서, 적어도 근대성이라는 공통의 분위기가 동시대적으로 존재했음을 주장한다. 예컨대 도시 근대성의 출현과 함께 목격되는 신문물은 단순히 식민지 도시 혹은 지역 도시 광주에만 국한되는 것은 아닐 것이다. 20세기 초 일본인 상인들이 보여주었던 놀라운 신양품들, 즉 비누, 머릿기름, 주머니칼, 성냥, 석유, 광목, 거울, 가위, 염료, 금계랍(말라리아 치료약) 등의 근대적 일용잡화 품목들은 식민지인들에게도 신기한 것이었지만, 그것은 동시에 제국주의 국가들에서도 신기한 것이었다. 왜냐하면 이러한 잡화는 이제 매일 새롭게 갱신되어 신기한 것으로 드러나는 근대적 소비품목의 출현을 의미하는 것이기 때문이다.

도시 근대성의 출현은 어느 정도는 분명 새로움이자 삶의 진보를 의미하는 것이기도 했다. 신문물, 신흥, 모던 등으로 표현된 새로운 경이의 세계는 분명 놀라움과 환희와 두려움을 제공했을 것이다. 이전에 없던 '인력거와 마차'가 광주에 처음 등장하고, '손님을 가득 실은 자동차가 먼지를 일으키며 시가지를 우렁차게 질주하는 모습'을 기대하는 제국주의적 근대의 시선(『광주지방사정』)은 신문물과 개화의 열망이 식민도시 광주에 투사된 것이다. 또한 일본인의 등장으로 처음 목격하게 된 유곽과 극장, 요리집 등은 새로움을 특징으로 하는 일상적 근대를 경험하게 하였을 것이다.

하지만 지역 식민 도시의 근대성은 분명 한계를 지닌 것이었다. 식민지의 지역 도시 공간은 충분한 정도로 근대화될 수 있는 여력이 없었기에 그 대상은 일본인 거주자에 한정될 수밖에 없었으며, 제국주의적 도시 스펙타클은 새로운 도시 문화를 만들어낼 만큼 위력적이지 못했다. 그렇기 때문에 지역 도시의 근대적 공간은 제국주의적 근대성의 특징인 식민지배의 도구화라는 왜곡된 근대성, 그리고 그 공간적 협소함과 지역적 낙후성으로 인해 모든 근대성의 이익들이 이주한 일본인들에게만 집중되는 극단적 이중성의 공간이었다. 또한 도시 근대성의 핵심인 도심 상가지역의 발달도 경성 등에 미치지 못하는 것이어서 상가 대로의 발달이 일부분에 제한될 뿐만 아니라, 그 주변 지역의 전반적 궁핍화가 심화되어 토막민을 비롯한 대다수 조선인의 세민화를 가져오는 중심/주변의 극단적 이중성을 만들어내는 것이기도 했다. 즉 이러한 이중성은 '화려한 유곽'과 '1930년대까지 족제비가 병아리를 물어가는 충장로 5가'라는 극단적인 풍경을 동시대적인 것으로 만드는 격렬함을 내장하고 있는 것이다.

이러한 파열은 일본 제국주의의 근대성이 가진 모순적 성격에서 그 원인을 찾아야 할 것이다. 일본인과 조선인 거주지역의 철저한 분리, 읍내로 불리어지던 도시 핵심 공간의 독점, 그리고 토막민의 존재로 대표되는 전반적인 지역 도시민의 빈곤화를 불러온 도심 상권 중심의 근대적 공간 분할은, 식민도시민으로 하여금 근대성의 대기 속으로 녹아들어가지 못하고 이중의 중심, 즉 일본인이라는 민족적 중심과 근대적 공간의 중심을 명확히 대상화시켜 인식할 수 있게 하였다. 아마도 그 결과 토지조사사업을 통해 소작농화, 궁민화된 많은 농민들의 토막민화는 1920년대 격렬한 소작쟁의로 폭발했을 것이며, 또한 어쩌면 역설적이게도 이러한 분할적 공간 운영을 위해 개통한 철도의 열차 속에서 일본인 학생과 조선인 학생의 우연한 마찰을 통해 1929년 광주학생운동이라는 그 파열 지점의 폭발을 불러일으켰는지도 모른다.

Chapter 5

# 도심 공동체 연구: 광주광역시 산수1동 사례

박해광 · 박근원

## 1. 살아남은 근대의 유적

김동원 감독이 2년여의 노력을 통해 완성한 다큐멘터리 「상계동 올림픽」에서 보여주고자 했던 것은 개발 독재에 무너진 도시 하층민의 공동체적 삶이었다. 화려하고 번듯한 기능적 건축물인 아파트에 대비되는 상계동 철거민들의 집과 삶은 궁색하고 비참하였고, 이를 작가는 또한 그에 못지않은 투박한 화면으로 담아내고 있다. 그렇지만 또한 살던 곳에서 쫓겨나 고속도로변 황무지에 서로 도와가며 얼기설기 집을 짓고, 막걸리로 소박한 잔치를 하는 광경은 새롭고 화려한 근대의 환등상과 대비되는 의미심장한 그 무엇, 근대라는 이미지에 어울리지 않는 그 어떤 과거의 것을 지칭하는 것으로도 보였다. 그것은 어쩌면 근대의 이면에서 만들어진 근대의 쌍생아와 같은 어떤 것일지도 모르겠다. 이 작품을 바라보는 시선은 여러 가지일 수 있겠지만, 내가 주목한 것은 근대 공간으로서의 도시, 도시의 재개발, 그리고 그 개발과 얽혀 있는 주민들의 공동체적 삶이 변주해내는 풍경이었다.

개발과 재개발은 근대 도시의 본성이다. 근대 정신은 개발되지 않은 꼬불꼬불한 길을 인간의 길이 아닌 당나귀의 길로 간주했다. 근대적 도시 개발의 화신이었던 르 코르뷔지에(Le Corbusier)는 이 당나귀의 길을 넓고 반듯한 대로로 개발하는 것이 '인간'을 위한 것임을 확신했다. 이전보다 훨씬 넓어진 대로, 그리고 이를 중심으로 횡과 종으로 반듯하게 구획된 도시는 새로운 풍경과 볼거리, 즉 과거의 인구밀집 지역 대신 새로운 자본주의적 상업문화인 파사쥬와 백화점, 카페, 극장 등의 볼거리를 만들어냈다. 사람들은 근대성이 가져온 이 놀라운 광경들을 소비하기에 바빴고 도시라는 판타스마고리아의 매력에 빠져들었다. 하지만 이 환등상의 매력 이면에는 도시 개발이 가져온 파리의 주택 임대료 폭등, 대로가 노동자 밀집지역을 관통하면서 노동자 거주지를 파괴하고, 이들을 도시 교외로 내몬 어두운 역사가 묻혀 있다. 근대적 도시 개발은 화려한 볼거리를 제공함과 함께 무언가 간직해야 할 것을 삭제해왔던 것이다. 우리의 도시 근대화도 이와 크게 다르지 않다. 과거의 공간을 자본주의적으로 재개발하면서 대로를 건설하고, 또한 아파트 개발로 대표되는 우리의 도시계획은 아파트라는 기능적 공간을 근대화의 상징이자 핵심으로 간주했고, 도시인의 삶의 공간을 아파트로 대체하는 것을 지상과제처럼 여겨 왔다. 광주대단지 사건이나 상계동 철거 등은 이 아파트 중심 도시계획이 초래한 어두운 역사들이다.

또한 근대적 도시계획과 개발은 언제나 전통과의 투쟁, 잔여적인 것과의 투쟁의 과정이었다. 꾸불꾸불한 길, 좁은 골목길, 낡고 불규칙하게 입지한 집들, 초가나 기와 지붕 등은 기능적인 '근대적' 집들로 개량되거나 혹은 아파트로 변모했다. 혹은 전통적인 건축과 집과 길들을 말살하는 것이 근대적인 운동이 되었다. 하지만 그러한 근대성, 그리고 도시의 근대화는 의미있는 과거를 전부 소거하지는 못했다. 도시라는 근대화된 공간 속에서도 어떤 부분은 근대성에 깊게 포섭되지 않은 채 살아남아, 잔여적인 것과 근대적인 것의 혼성적인 삶, 일종의 '살아남은 과거'를 구성해 냈다. 김동원의 「상계동 올림픽」에서 보여주고 있는, 도시 근대성의 전형인 도시 개발과 함께 밀려나는 것도 바로 이 잔여적인 것으로서의 살아남은 섬, 살아남은 과거인 것이다.

아파트 건설로 귀결되는 근대 한국의 도시 역사에서 이런 살아남은 낡은 섬들 중 하나가 바로 '도심 공동체'라 할 수 있다. 도심 공동체는 도시라는 근대의 산물에 의해 만들어진 것이기에 전통적인 공동체와는 구분된다. 전통적인 공동체는 성원들의 삶의 주기가 같거나 매우 유사하고, 대면적 접촉의 빈도가 매우 높으며, 강한 집합적 유대를 공유하는 공동체다. 이와 달리 도시적 삶은 동일한 특정 공간을 함께 점유하더라도 개개인들의 삶의 방식이 상이하며, 동일한 공통의 유대를 공유하는 것은 아니다. 그럼에도 불구하고 이것이 공동체적 형태를 띠는 것은 도시 내에서 유사한 경험을 공유하는 사람들에 의한, 그 공간에서의 공동 점유의 기간이 상당히 길고 접촉의 빈도와 정도가 비교적 높기 때문이다.

아파트가 밀집한 도심 속에서 살아남은 공동체적 공간과 그 고유한 문화는 이제 개인화되고 기능적이며 항상 새롭게 재편되는 도시적 삶 내에서는 잔여적인 것이라 할 수 있다. 하지만 잔여적인 것이라 해서 의미없는 것은 아니다. 그것은 근대적 도시의 모순 속에서 살아남은 문화이며, 집합적 체험으로 수십년의 삶을 두껍게 축적해 온 '체험된 과거'이다. 그것은 의미있는 감정구조를 내포하고 있는 것이다. 이들의 삶은 근대 도시의 경험을 주류적인 것과는 다르게 경험하였고, 이를 그 내부 공간 속으로 변형시키고 쌓아 온 삶들이다. 그래서 이 문화에는 전형적 도시경험과는 다른 다양한 가치들, 즉 공동체, 연대, 삶의 가치, 친숙함, 배려 등이 풍부히 살아 있는 것이다. 이들의 문화를 굳이 비교하자면 민중문화(popular culture)에 가장 가까운 것이라 할 것이다.

광주의 산수1동 지역은 오랜 기간동안 광주 저소득층의 삶의 공간이 되어 오면서 도시 속의 하나의 작은 공동체를 구성하고 있다. 산수1동 지역은 대체로 경제적 능력이 낮은 주민들이 주로 거주하는 곳으로 알려져 있으며, 마을의 집들도 비교적 작고 낡았으며 마을 골목길도 좁다. 하지만 이들이 오래 거주하면서 이곳은 독특한 공동체를 유지하고 있어 도심 공동체라 이름붙일 만하다. 산수1동의 이런 특성이 형성된 것은 그리 오래지 않은 일로, 대략 1960년대부터 이러한 도심 공동체적 형성이 시작되었다고 볼 수 있다.

도심 공동체는 과거의 전통적 공동체의 잔재일수도, 혹은 도시라는 근대적 공간이 만들어낸 새로운 공동체적 현상일수도 있다. 나는 이 도심 공동체가 근대성의 특별한 대안이 된다거나 혹은 의미있는 미래를 내포하고 있음을 주장하려는 것이 아니다. 그보다는 도시라는 근대적 공간 속에 살아남은 잔여적 과거, 혹은 근대가 만들어낸 불균형적 공동체가 던지는 물음들에 귀기울여 보고, 그것이 우리의 삶에서 위치한 자리와 그 의미를 음미해보고자 하는 것이다. 아직 도심 공동체가 가진 의미는 충분하게 음미되지 못했고, 도심 공동체에 작동하는 근대적 도시의 역사 역시 필요한 만큼 반성되지 못했기 때문이다.

## 2. 광주광역시 동구 산수1동 지역의 성격과 변천과정

광주광역시 동구에 속한 산수1동 지역은 근대 초기까지 오랫동안 촌락의 형태를 유지하다가 1931년 광주군이 광주읍으로 승격되는 과정에서 광주시로 편입된 지역이다. 이후 근대적 도시 개발의 효시라 할 수 있는 「조선시가지계획령」(1939)에 의해 광주가 근대 도시로 개발되기 시작하면서 산수1동의 개발도 시작되었다. 1939년의 광주 시가지 계획은 광주시의 계획인구를 15만명으로 설정하고, 이를 수용할 수 있는 충분한 면적, 지형, 교통 등을 감안하여 조사를 실시한 후 장래 시가지 형성에 적당하다고 판단되는 구역을 구획하는 것을 핵심 내용으로 하고 있다. 그리고 이에 따라 광주부와 효지면, 극락면 일부 지역과 함께 산수1동 지역이 포함된 서방면이 광주시의 시가지 계획구역으로 고시되었다. 이 계획안의 핵심은 광천동 부근에 대공업단지를 조성하는 것, 그리고 철로이설에 따른 계획역(대인동) 부근에 신도심을 창설하는 것이며, 대인동에 인접한 산수1동은 그러한 도시계획의 영향을 직접 받아 새로이 형성된 도심부의 주변부에 위치하게 되었으며, 이 시기부터 산수1동 지역은 도심 주변부의 주거지역이라는 기능을 주로 떠맡게 되었다. 하지만 1960년대까지도 산수1동은 여전히 전통 촌락의 형태가 일부분 남아 있었다.

1960년대까지 광주의 도시 계획의 근간이 되었던 「조선시가지계획령」 및 도심 개발 중심의 도시계획은 급격한 인구 증가와 함께 효율성을 상실해 갔다. 특히 광주는 전남 지역의 중심 대도시로서 많은 전남 지역의 인구들이 대도시인 광주로 이동해왔다. 이로 인해 1960년대 초에는 애초 계획 인구 15만명을 2배 이상 넘는 37만명이 이미 광주시에 거주하고 있었다. 하지만 광주 시가지 계획은 토지이용의 효율성 증진을 위한 용도지역 계획이 전혀 이루어지지 않았을 뿐 아니라, 신역사를 중심으로 한 도시계획 구역이 너무 협소하고 단핵도심인 이유로 인구가 지나치게 도심에 편중되는 문제를 안고 있었다. 이런 문제를 해결하기 위해 광주시는 1967년 도시기본계획을 정비하는데, 이 계획은 1983년을 목표연도로 계획인구 70만을 기준으로 하고 있다. 이 도시계획의 구체적 내용은 생산지역, 주거지역, 상업지역, 문화교육지역 등의 지구를 지정, 개발하는 것이며, 이 중 업무지구와 교육지구가 산수1동 지역을 중심으로 주변에 조성됨으로써 산수1동은 이 지구들의 주거지역으로서 기능하게 된다.

1939년 및 1967년의 도시계획을 통해 산수1동 지역은 인구가 밀집한 도심 주변부의 주거지로서, 인구밀도가 상당히 높은 지역이 되었다. 특히 산수1동 주거지역은 근대 초기부터 광주시로 이주해 온 이농민들이 주로 밀집했을 뿐 아니라, 1967년 도시계획을 통해 산수1동 주변이 교육지구로 지정되면서 학생들이 주로 거주하는 지역이 되기도 했다. 광주에 있는 대학을 다니기 위해 전남에서 온 사람들로 인해 산수1동 지역은 방마다 사람들로 붐비게 되었고, 또 이 때문에 공간 효율성을 최대화하기 위한 작고 좁은 방들이 만들어지게 되었다. 또한 산수1동은 광주의 도심지역인 충장로, 금남로와 가까워 직장인들이 선호하는 거주지로도 알려졌다. 그렇지만 산수1동 지역은 그 성격상 처음부터 저소득층 밀집 거주 지역으로 형성되었다 할 수 있다. 구직과 자녀 교육을 위해 이주한 이농민들, 전쟁 이후 밀집한 도시 저소득층 등이 산수1동 지역으로 밀집하였고, 그 결과 판자집이 무질서하게 난립하는 주거 지역이 되었다(광주광역시, 1997: 478). 특히 산수1동 인근에 있었던 경양저수지가 산수1동 지역 주민의 오수 및 하수도 처리장의 역할을 함에 따라 저소득층 밀집을 유인하는 원인이 되기도 했다.

이후 광주시의 확장 및 인구의 급격한 증가로 인해 인구 및 도시 기능의 집중이 가속화되었다. 이에 따라 이에 따라 광주시는 1984년 광주 도시기본계획을 새로이 수립하여, 광주시의 분산적인 도시 발전 축을 설정하는 다핵화 도시계획을 실시하였다. 이에 따라 시가 중심에 집중되어 있는 시설들을 분산시키는 여러 생활권이 형성되었다. 단핵적 도시계획으로부터 다핵적 도시계획으로의 변화는 1990년대에도 지속되었고, 이 계획에 따라 도심에 있던 광주시청 및 전남도청이 시 외곽 및 타 도시로 이전하게 되었다.[1] 이러한 다핵적 도시계획은 결과적으로 구도심 지역의 기능 쇠퇴 및 도심 공동화현상을 야기하게 되었다. 또 도심 기능에 기대어 도심지의 외곽 주거지로 기능하던 산수1동 지역 역시 주거기능의 상실 및 그 성격 변화를 겪게 되었다. 산수1동은 이런 도심 공동화의 직접적 영향을 받아 거주지의 성격이 변화해갔는데, 특히 도심철도가 마을 한가운데를 가로지르면서 소음과 공해, 사고 등이 빈발하는 지역이 되었고, 이로 인한 지가 하락 등으로 인해 그나마 남아있던 중상류층 주민들이 외부로 떠나가는 요인이 되었고, 산수1동은 거의 전적으로 저소득층의 거주 지역으로 그 성격이 변화했다. 열악한 주거환경과 지가 하락은 이 지역에 거주하는 중상류층이 외부로 떠나는 대신 저소득층만 남거나 새로 저소득층이 유입되는 과정을 재생산하게 만들었던 것이다(박근원, 2011: 34).

도심 주거지로서의 산수1동의 특징은 주택 형태에서 전형적으로 드러난다. 2005년 인구주택총조사에 의하면 산수1동의 전형적인 주택은 단독주택으로 그 비율이 71.3%에 이르고, 아파트는 7.5%에 불과하다. 이것은 산수1동이 계획된 집단주거 형태인 아파트 개발로부터 소외된, 전통적 주거 공간을 이루고 있음을 보여주는 것이다. 대부분의 단독주택은 소규모이며 상당히 낡은 주택들이다. 그런데 이렇게 작고 낡은 주택, 좁은 골목길은 아파트로 대표되는 근대적 도시개발의 이면에서 공동체적 공간을 만들어낼 수 있는 한 이유가 되었다. 마을 내부 도로는 가장 큰 도로의 폭이 150cm 정도이며 좁은 곳은 폭이 1m도 되지 않는다. 이 때문에 마을 내부로 차량 통행이 불가능하다.

산수1동 지역은 철로가 이 지역을 가로질러 지나다가, 2001년 구역사(남광주역사) 폐쇄와 함께 선로의 기능이 사라진 폐선부지가 되었다.

1) 이러한 다핵적 도시계획에 의해 새로 만들어진 생활권이 첨단단지, 상무지구, 금호지구, 송정, 본촌 등의 다핵 지구들이다.

이후 이 폐선부지는 여러 시민단체들의 노력의 결과 푸른길 가꾸기 사업의 대상이 되었고, 지금은 시민들의 휴식공간인 작은 공원으로 가꾸어져 있다.

▌그림 5-1 ▌ 산수1동 지역의 변천과정: 1954, 1967, 1989, 2009년

산수1동 지역은 1994년에 재개발 대상 지역이 되었다. 하지만 1994년의 재개발 계획에 대해서는 주민들의 반대가 있어 주거환경개선사업 대상으로 변경이 되었다가, 2003년에 재개발 계획이 다시 확정되면서 일부분은 이미 재개발이 진행되었고, 나머지 지역은 곧 재개발될 예정에 있다. 우리의 지난 경험이 그러했듯이, 이 재개발은 대규모 아파트, 공동주택 건설을 목표로 하고 있고, 또한 이 재개발에서 원 거주민이 재개발의 혜택을 누릴 가능성은 거의 없을 것이다.

이 연구는 2009년 1년간 산수1동 지역을 방문 조사하여 얻은 자료에 기초하고 있다. 수차례 산수1동을 방문하고 짧게 거주하면서 관찰하였고, 26명의 주민을 심층 면접하였다. 면접을 통해 만난 주민의 명단은 〈부표 5-1〉에 제시되어 있다.

## 3. 산수1동 도심 공동체의 특징

### 1) 농촌 공동체의 유적과 골목길

우리는 대로의 형성과 상가의 발달, 인구의 집중, 그리고 아파트를 중심으로 하는 주택의 개선 및 개발을 전형적인 도시화의 상으로 갖고 있지만, 지역에서는 이 도시화가 상당히 복잡한 양상으로 이루어지며, 이것은 지역이 갖는 특수성 중 하나라 할 수 있다. 광주의 도시화가 그러한데, 그 출발은 식민지 도시화에서 연유한다. 앞서 4장에서 살펴보았듯이 광주는 과거의 읍성이 해체되고 일본인 중심의 경제권이 형성되면서 근대적 도시화가 시작되었다. 주변에 넓은 농지를 가진 광주는 일본 제국주의에 의해 농작물 수취를 위한 거점으로서, 그리고 이를 위한 일본인 거주지로서 개발되기 시작했다. 그 결과 외형적으로 광주시의 경계는 지속적으로 확대되었지만, 그 내부에 도시와 농촌이 공존하는 그런 형태의 도시화가 1990년대까지 이어졌다. 산수1동 지역은 이러한 지역 도시화의 특징이 그대로 드러나는 곳이다. 1960년대까지 산수1동은 일부분 농촌 지역이었고, 또 외부로부터의 인구 유입은 대부분 농촌 지역에서 이주해온 사람들로, 그 결과 저소득층 밀집 지역이 되었다. 평균 연령이 65세 이상인 산수1동 지역 주민 대부분은 1960년대 이후 도시화 과정에서 농촌에서 광주로 이동해 온 사람들이다. 산수1동은 전형적으로 이농민들의 거주 지역이었다. 이농의 이유는 대개 2가지인데, 하나는 도시 중심의 산업화 및 개발 과정에서 피폐해진 농촌으로부터 탈출하여 도시로 이동해 오는 경우로, 도시에서 새로운 직업을 찾기 위한 저소득층이 주로 이 지역에 밀집했던 것이다. 또다른 이유는 교육이었다. 앞서 산수1동의 역사에서 살펴보았듯이, 산수1동은 교육지구의 외곽 거주지로서 자녀 교육에 매우 유리한 입지를 갖고 있었다.

심층 면접 사례자들을 살펴보면, 이들은 산수1동 지역에서 평균 40년 정도를 거주하였고, 대개 1970년을 전후로 농촌으로부터 광주로 이주해 온 사람들이다. 이들이 산수1동으로 몰려든 주된 이유는 다른 지역에 비해 싼 지가 뿐만 아니라, 근교에 초등, 중학, 대학교 등이 함께 몰려 있어 교육문제를 해결할 수 있는 방편이 되기도 했기 때문이다.

> 장흥에서 부모님하고 농사지었지. 그래서 여기 올라온 지가 30년이 넘었어. 그 때 생활형편은 어려웠어. 근데 애기들 가르치려고 광주로 올라왔지. 방도 싸고 땅값도 싸니까 여기로 들어와서 살았지. 학교랑 가까워서 세상 좋았지. 조그만 방 하나만 있어도 방이 잘나갔어. (사례 O, 남 75세, 57년 거주)

> 보성에서 살다가 여기 온지 30년 정도 되었지. 부모님이랑 농사짓다가 농사를 못하겠으니까 여기로 왔어. 처음에는 쌀장사를 하다가 안 되어서 양계장을 하면서 계란 장사와 닭 장사를 했지. (사례 U, 남 81세, 30년 거주)

그런데 이들이 농촌 공동체의 분위기를 도시 중심의 산수1동으로 그대로 옮겨올 수 있었던 중요한 이유 중 하나는, 주민들 간의 친족관계가 매우 밀접하게 형성되어 있다는 사실에 기인한다. 즉 농촌에서 광주로 이주해 온 산수1동 주민들 중 상당수는 개인이 아니라 가족 혹은 친척들까지 함께 이주해 온 경우들인 것이다. 이들은 대체로 먼저 산수1동으로 이주한 가족이나 친족의 소개를 통해 이 지역으로 이주해 왔다. 면접 대상자들을 보아도 26명 중 17명이 형제나 사촌, 시누이 등의 혈연으로 맺어진 친족관계를 통해 이 지역으로 이주해 왔다. 산수1동이 도심 속 섬처럼 존재하기 때문에, 이들은 이런 도심 속 섬에서 맺을 수 있는 깊은 공동체적 유대를 좇아 이동해 온 것이다.

아저씨(남편)는 기술자여서 전국으로 돌아다니고 나랑 시어머니랑 농사짓고 살았지. 우리 시숙이 여기에서 전남 주공 앞에서 복덕방을 했었어. 그래서 나 혼자 고생한다고 나를 당겨서 왔어. 여기 와서 험하게 살았어. 당숙모는 25세에 혼자 돼서 청춘과부로 살다가 나중에 산수1동을 데리고 왔지. (사례 L, 여, 68세, 32년 거주)

여기(산수1동) 밑에 남편의 누나가 살았었어. 그래서 누나 집에 얹혀 살다가 집을 사야겠다 해서 여기에서 샀지. (사례 M, 여 68세, 37년 거주)

산수1동의 농촌공동체적 특징은 일상의 생활에서 그대로 드러난다. 산수1동에 들어서면 제일 먼저 눈에 띄는 것은 골목 어귀에 모여 있는 몇 명의 노인들이다. 이들은 담벼락에 붙어 앉아 시금치나 나물 등을 손질하기도 하고, 가끔씩 담소를 나누기도 한다. 일견 초라해 보이지만 골목길 풍경으로서는 참으로 어울린다는 생각이 들기도 한다. 이것이 산수1동 골목길의 전형적인 풍경이다.

▌그림 5-2 ▌ 골목 어귀에 모여 있는 산수1동 주민들

농촌 마을을 그대로 옮겨놓은 듯한, 낙후되고 열악한 마을 환경을 상징하는 산수1동의 좁은 골목길은 동시에 집과 집을 의미있게 연결하는 네트워크의 공간, 열린 공간으로서 기능한다.

> 나랑 그 사람들이랑 15년 정도 되는데 마음의 벽을 허물고 살아요. 같은 골목에서 자주보고 지내니깐 그렇게 되는 것 같아요. 나는 이렇게 나이를 먹었어도 아무 거리낌없이 지내요. 이 부근의 사람들은 거의 다 그래요. 이웃집을 모르고 사는 사람들은 없어요. (사례 A, 여 85세, 45년 거주)

그런데 이런 골목길은 집과 집을 연결하는 통로이기도 하지만, 열린 공간으로서 사회적 공간의 기능을 수행하기도 한다. 이웃과의 대면적 관계를 유발하는 골목길은 사회적 공간으로서 이웃과의 만남 및 정보 교류의 통로 역할도 한다. 좁은 골목길은 이러한 대면성과 인접 관계를 강화한다. 또 골목길은 주민들의 소일거리를 제공하는 장소로도 활용된다. 주로 65세 이상의 노인들이 거주하고 있는 산수1동 지역 주민들은 채소를 다듬는 등의 소일거리를 같은 골목을 공유하는 이웃들과 함께 한다. 주거공간이 협소하여 주택 안에 작업 공간이 따로 없는 지역 주민들에게 골목길은 작업을 함께 할 수 있는 공간을 제공하는 기능도 있는 것이다. 같은 골목을 공유하는 이웃과는 서로의 일정을 잘 알고 있어 자주 마주치는 과정에서 서로의 일정을 조율하며 일할 수 있는 이점이 있다. 이런 이유로 인해 산수1동의 골목길은 동일한 공간을 공유하는 주민들에게 친밀감과 차별화된 일체감을 제공하며, 나아가 보다 공고한 이웃으로서의 연대 의식을 형성하는 근거가 되고 있다.

> 집집마다 무슨 일 있으면 떡도 나눠주고 애기도 맡아주고, 그리고 애

기가 울면 왜 우는지 알아. 여기 앞에 택시기사 하는 사람 집이 있는데 애기가 저녁마다 울어. 그래서 내가 그 집 사람한테 애기가 배고파서 우는 거라고 말해주니까 자기는 그걸 몰랐대. 애가 왜 우는지 몰랐대. 그리고 요 앞집에 애기를 키우는 아저씨가 있었어. 그래서 갑자기 나가면 내가 애기를 봐줄 수가 있어. 이렇게 하면 보이니까. (사례 W, 남 77세, 20년 거주)

좁은 골목길로 인해 만들어진 대면적 인간관계는 이로부터 파생되는 다양한 관행과 관습을 낳았다. 평소에도 음식을 자주 나눠 먹거나 함께 김장을 준비하는 등의 관행은 산수1동에서는 매우 일반화되어 있다.

▌그림 5-3 ▌ 산수1동 골목길

산수1동 마을의 친족 관계는 초기 정착을 용이하게 해 주고, 낯선 대도시에서 만들기 힘든 인간관계에 대한 욕구, 그리고 공동체적 친밀성을 충족시켜주는 긍정적인 측면이 있다. 하지만 이러한 친족관계는 정착 후 다양한 양상으로 변화한다. 그것은 빈곤한 공동체 내에서 이 빈곤이 서로에게 도움이 되는 경우와, 빈곤으로 인해 갈등이 발생하는 경우로 상반되는 결과를 낳기도 한다.

B씨는 담양에서 광주로 이주하여 정착하는 과정에서 먼저 산수1동 지역에 거주하고 있던 형부의 소개로 남편이 철도청에 취직하여 생계를 유지할 수 있었다. 그러나 46세가 될 무렵 남편이 폐암으로 급작스레 사망하자 생계를 해결하는 것이 힘들어 졌는데, 형부가 B씨를 방앗간에 소개시켜 주어서 생계를 해결할 수 있었다. 이 때문에 이들은 아직도 빈번하게 왕래하면서 친밀한 관계를 유지하고 있다. 반면 A씨는 인근 시장에서 작은 장사를 하며 살았는데, 시숙의 부탁으로 돈을 빌려주었으나 갚지않고 도망가 버리는 바람에 빚을 혼자 감당하면서 매우 힘들어 했다. 이로 인해 같은 마을에 살면서도 이들의 관계는 지금까지 단절되어 있다.

빈곤한 공동체의 유대는 한편으로는 유사한 경험, 즉 과거의 농촌적 삶의 유적과 비슷한 사회경제적 위치에서 오는 동질감이 바탕이 되어 형성된다. 하지만 도심 공동체에서의 삶은 농촌 공동체와는 다소 달리, 빈곤이라는 조건에서 오는 경험이 공동체적 관계의 지속과 단절을 크게 좌우한다. 경제적인 상호부조가 이루어진 경우 그 관계는 매우 친밀하고 강하게 변모하는 반면, 경제적인 문제로 갈등을 빚은 경우 그 관계는 영원히 단절되거나 소원해져 버리는 극단적 양상들이 도심 속 빈곤 공동체 유대관계의 한 특징이라 할 수 있다.

### 2) 빈곤으로 연결된 공동체

사람들 간의 유대의 형성은 일차적으로 비슷한 사회적 경험을 공유하는 것에 기초한다. 경제적으로 비슷한 처지에 있거나 같은 직업 및 일을 경험하는 것 등이 그것이다. 그리고 그러한 경험이 대면적 상호작용으로 강화될 때 강한 공동체적 경험을 하게 된다. 산수1동 공동체는 그런 점에서 상당히 강한 공동체성을 갖고 있는데, 그것은 우선 주민들이 갖고 있는 사회경제적 위치의 유사함, 즉 빈곤이라는 공통점에 기인한다.

빈곤한 산수1동 공동체의 특성은 주민의 직업구성에서 잘 드러난다. 이들은 대부분 건설업이나 소규모 소매업, 파출부 등의 직업에 종사하고 있다. 특히 남성들은 건설업 일용직으로 일하는 사람들이 많고, 여성들은 대부분 파출부나 소규모 자영업의 경험을 갖고 있다. 〈표 5-1〉에서 보듯이 주민의 직업은 약 90%가 3차 산업에 종사하고 있고, 10% 정도가 2차 산업에 종사하고 있다. 제조업이나 건설업 등의 2차 산업은 비교적 장기간 고용이 가능하며 안정적인 소득을 기대할 수 있는 반면, 3차 산업은 비교적 단기간 및 임시적 고용이 많고 임금이 상대적으로 낮으며 이직률이 높다. 특히 3차 산업 중에서도 도소매업 종사자가 29%, 숙박업 및 음식점 13%, 기타 개인 서비스업이 10%로 경기에 영향을 많이 받는 불안정한 부문 종사자들이 많음을 알 수 있다. 이러한 유형의 직업은 높은 학력이나 경력, 혹은 기술을 요구하지 않는 것으로, 불량거주지나 재개발 지역 주민들이 전형적으로 종사하는 직업이라 할 수 있다.

**표 5-1** 산수1동 주민의 직업 분포

| 구 분 | | 사업체 | | 종사자 | |
|---|---|---|---|---|---|
| 2차산업 | 제조업 | 68 | 7 | 119 | 6 |
| | 건설업 | 35 | 4 | 83 | 4 |
| | 소계 | 103 | 11 | 202 | 10 |
| 3차산업 | 도매 및 소매업 | 292 | 32 | 553 | 29 |
| | 운수업 | 53 | 5 | 60 | 3 |
| | 숙박 및 음식점업 | 152 | 16 | 265 | 13 |
| | 출판, 영상, 통신 및 정보서비스업 | 4 | 1 | 24 | 1 |
| | 금융, 보험업 | 7 | 1 | 40 | 2 |
| | 부동산 및 임대업 | 21 | 2 | 35 | 1 |
| | 과학 및 기술 서비스업 | 21 | 2 | 93 | 4 |
| | 사업시설관리 및 사업지원서비스업 | 11 | 1 | 24 | 1 |
| | 공공행정, 국방 및 사회보장행정 | 2 | 1 | 60 | 3 |
| | 교육서비스업 | 38 | 4 | 147 | 7 |
| | 보건업 및 사회복지서비스업 | 21 | 2 | 102 | 5 |
| | 여가관련서비스업 | 42 | 4 | 94 | 4 |
| | 기타개인서비스업 | 144 | 15 | 206 | 10 |
| | 소계 | 808 | 89 | 1,703 | 90 |
| 합 계 | | 911 | 100 | 1,905 | 100 |

자료: 『광주광역시 동구 통계연보』, 2008.

이러한 빈곤의 특성은 보호 가정의 비율에서도 그대로 드러난다. 〈표 5-2〉에서 보는 바와 같이 2008년 산수1동 지역에는 국민기초생활수급자와 장애인, 편부모세대, 소년소녀가장세대 등 정부의 지원을 받는 저소득층 인구가 전체 인구의 10%, 세대로는 16.2%를 차지하고 있다. 이것은 다른 지역의 보호세대 비율보다 상당히 높은 것이다. 이런 빈곤함 때문에 주민들 중 많은 사람들이 소득을 얻기 위해 다양한 방식으로 노력한다.

▌표 5-2 ▌산수1동 주민의 특성과 빈곤

| | 전체 | 국민기초 생 활 수 급 자 | 모자 세대 | 부자 세대 | 소년소녀 가장세대 | 장애인 | 계 |
|---|---|---|---|---|---|---|---|
| 세대(%) | 4,644 (100) | 328 (7.06) | 15 (0.32) | 5 (0.10) | 3 (0.06) | 402 (8.65) | 753 (16.2) |
| 명 | 10,650 (100) | 602 (5.65) | 35 (0.32) | 13 (0.12) | 3 (0.02) | 418 (3.92) | 1,071 (10.05) |

자료: 2009년 산수1동 주민센터 내부 자료.

동네에서 슈퍼를 운영하는 P씨는 남편과 일찍 사별하고 자녀들을 혼자 키우는 과정에서 산수1동 지역 주민이 줄면서 장사가 잘 되지 않자 주변의 박스와 병 등을 모아 팔기 시작했다. 1kg당 120원인 박스와 1개당 40원인 병을 한 달 정도 모아 2~3만원 정도의 부가 수입을 얻어 이를 생활비에 보태고 있다고 한다. 또 주민 O씨는 건설업에 종사하다가 8년 전에 다리를 다쳐 직장을 그만두게 되었다. 이 때문에 일을 못하게 되자 마을 주변에 있는 재활용품을 수집해서 팔기 시작했다. 종이와 병 등 각종 재활용품을 수집하여 80kg짜리 자루 6개 정도를 모으면 종류에 따라 5천에서 1만원 정도가 된다고 한다. 그는 이를 매월 공과금으로 지출하고 있다.

> 다리 다치고 일 못하니까 시작했지. 지하철 공사 하다가 인대가 끊어져서 두번인가 수술했어 이렇게 사니까 주위에서 다 도와줘. 여기 뒤에 통장이 사는데 신문이랑 박스랑 옷이랑, 이런거 다 줘. 던져주고 가져가라고 문 앞에 놔 두고. 이런거 모아서 공공요금이나 내고 그래. 그래도 이러라도 모아야 낼 수 있어. (사례 O, 남 75세, 30년 거주)

일견 목가적으로 보이는 산수1동 곳곳의 마을 텃밭에도 실은 이런 빈곤에서 오는 절박함이 숨어 있다. 텃밭은 과거 주거지가 형성되는 과정에서 남은 공간으로 방치되어 있거나, 1989년 소방도로가 개설되는 과정에서 도로에 포함되지 않은 주택의 일부가 방치되어 생겨난 유휴 공간을 주민들이 개간하여 만든 것이다. 현재 텃밭은 마을 안에 15곳 정도가 있으며, 텃밭의 크기는 작게는 2~3평에서 큰 곳은 200여평에 이른다. 이 텃밭에서 경작하는 야채는 상추, 고추, 호박, 콩, 고구마 등 주로 반찬 식재료로 사용되는 것들이며, 이렇게 수확된 야채는 주민들의 식비 부담을 줄이는데 도움을 주고 있다.

산수1동 주민들은 빈곤과 하층으로서의 사회적 경험을 공유하고 있고, 또 이런 빈곤에서 벗어나고자 하는 열망과 노력을 공유하고 있다. 빈곤이라는 불편함에서 생겨나는 문제를 공동으로 해결하려는 노력은 이런 상황으로부터 자연스럽게 자발적으로 도출된다. 그 대표적인 것이 '계'이다. 계모임의 주된 목적은 이웃과의 친목을 도모하고 공동의 관심을 나누는 것, 그리고 가정의 경조사를 해결하는 것이다.

친목계는 대개 10명에서 많으면 30명 정도의 인원으로 구성된다. 모임은 1달에 1번 정도 가지며 회비는 1만원 정도를 각자 지출한다. 계모임 가입의 자격은 따로 명시되어 있지 않으며 산수1동 지역 주민은 누구나 가입할 수 있다.

> 친목계는 한달에 한번씩 만났어. 날을 그냥 25일로 받아서 25일계라고 했어. 30명 정도 되었어. 계모임 하나 조직하자 하면 지원하는 사람들을 받아줬어. 이거 해서 제주도를 3번 갔나. 전라도는 안가본 데가 없어. 진짜 좋았어. (사례 D, 여 81세, 40년 거주)

친목계를 하고 있는 한 사례를 보면, 총 9명으로 구성된 이 친목계는 마을에서 슈퍼를 운영하고 있는 P씨의 중심으로, P씨의 집 주변에 거주하는 사람들로 구성되어 있다. 구성원들의 연령은 59~71세로 상당히 고령이며 산수1동에서 30년 이상을 거주하였고, 과거 건설업, 과일 행상, 파출부 등의 일을 했던 저소득층이 대부분이다. 이 중 중심이 되는 P씨는 나이도 많을 뿐 아니라 마을에서 슈퍼를 한다는 이유로 이들 계모임의 주도자가 되었으며, 마을 내에서도 상당히 영향력 있는 인물이라고 한다. 이들은 2000년에 친목계를 결성하여 한달에 회비 1만원씩을 내고 매달 15일에 정기적인 친목 모임을 갖고 있다. 또 이들은 정기적인 모임 외에 1년에 한번 정도 함께 여행을 가기도 한다.

특징적인 것은 일반적으로 계모임의 목적이 되는, 계를 통해 목돈을 마련하는 일은 거의 하지 않는다는 점이다. 우리 사회의 계모임은 경제적인 것과 친목을 통한 유대 형성 등이 복합적으로 결합되어 있지만, 산수1동 계모임은 거의 대부분 순전히 친목이 목적인 경우다. 이 친목계는 일종의 여가활동의 성격이 강한 것으로 보인다. 계모임에 참여하는 사람들 대부분이 생계유지 때문에 시간적, 경제적 여유가 없어서 계모임이 여가 생활을 즐기는 거의 유일한 통로인 것이다. 이런 이유 때문에 계는 한 사람이 동시 다발적으로 여러 계에 소속되는 일이 많고, 또 계의 조직과 해체가 상당히 빈번하게 발생하는 편이다.

> 예전에는 계모임을 9개나 했는데, 지금은 다 빠졌어. 우리가 놀러가는 계모임을 했어. 놀러가는 계는 30명씩 해. 우리는 연탄장사를 했으니까 연탄장사들이라고 했어. (사례 F, 여 73세, 40년 거주)

또한 계는 타지역에서 산수1동으로 이주해오는 사람들을 통합하는 기능도 수행한다. 계모임에 소속된다는 것은 산수1동 지역 주민으로서 공식적인 인정을 받는 것과 같다. 이 때문에 이주민을 포함시키기 위해 기존의 계를 깨고 새로 계를 조직하는 유연한 모습을 보이기도 한다.

여기에 처음 왔을 때 모임도 없고 부녀회도 없고, 노인당에 들어와서 (계모임에) 가입을 했지. 계는 몇 년 했지. 한달에 만원씩 모아서 먹고 했어. 근데 깼어. 깼다가 다시 시작했어. 왜냐하면 나중에 들어오려면 돈을 다 주고 들어와야 하니까 다시 했지. (사례 L, 여 68세, 32년 거주)

산수1동 지역 내에서만 통용되는 이러한 계모임은 다른 지역에서는 보기 힘든 지역공동체적 모임이다. 이런 여가 및 친목 목적의 계 외에 산수1동 지역 주민들은 또한 개개인의 경조사를 해결하기 위한 유친계를 조직한다. 이것은 경조사 시에 개인의 능력으로 부담하기 어려운 비용과 인력 문제를 공동체를 통해 해결하는 매우 현명한 방법이다.

여기서는 특별하는 사는 것이 아니라 먹고 살기위해 살고. 그 당시 유친계 등을 안하면 부모를 모실 수가 없어. 만약에 부모가 상을 당하면 어떻게 할 수가 없어서 살기 위해 계를 하는 것이고... (사례 Q, 남 70세, 57년 거주)

산수1동에서 57년째 거주하는 Q씨는 이주해오자 마자 '향산유친계'에 가입했다. 이 계모임은 대략 30명 정도의 회원으로 구성되었고, 회원의 대부분은 산수1동 지역 주민이지만, 일부는 주민과의 개인적인 친분을 통해 가입한 사람들도 있었다. 이들은 이 계모임을 통해 경조사 문제를 해결해 왔지만, 1990년대 들어 부양해야 될 가족들이 줄어들면서 계모임이 해체되었다고 한다.

산수1동 주민들의 빈곤이라는 공통의 상황은 내부적인 유대와 연대를 강하게 만드는 기본 조건이다. 너나 할 것 없이 뻔한 처지라는 것이 서로에 대한 구분과 경계를 허무는 밑바탕인 것이다. 그렇기 때문에 이들은 어귀 골목에서도 모여 앉아 담소를 나눌 수 있고, 마을의 공동 텃밭도 일굴 수 있다. 물론 이들은 자신들의 경제적 능력으로는 이 산수1동을 벗어나서는 광주 시내에서 마땅히 정착할 곳이 없다는 것을 잘 알고 있다. 이러한 빈곤의 자각 위에 만들어진 결속은 조금이라도 경제적 부담을 덜기 위한 노력이 공동체적 양상으로 나타난 보기 드문 결과라 할 수 있다.

### 3) 너무 과밀한 공동체

그렇지만 이런 산수1동 마을이 상상하는 이상적인 목가적 공동체를 구성하고 있는 것은 물론 아니다. 기본적으로 산수1동 마을의 주거 여건은 도시의 다른 지역과 비교할 때 상당히 열악하다. 그 열악함의 원인은 무엇보다 과밀한 인구에 있다. 1960년대부터 도심 주거지로 개발되기 시작한 산수1동은 인근 대학의 학생들, 노동자들이 대거 유입해 오면서 이를 수용하기 위한 좁고 작은 주거공간이 양산되기 시작했다. 산수1동의 인구밀도가 가장 높았던 1980년 경에는 1 제곱킬로미터당 인구수가 35.8인으로, 이는 광주 도심 인구밀도 22인에 비해 150% 이상 높은 것이었다. 더구나 대부분의 주택이 아파트가 아닌 단독주택 형태인 점을 감안하면 산수1동이 얼마나 과밀하고 좁은 주택 밀집지역인지를 짐작할 수 있다.

**표 5-3** 산수1동 지역의 인구 및 주택현황: 1980년

| 구 분 | 인구수 | 세대수 | 인구밀도 ($km^2$당) |
|---|---|---|---|
| 도심지역** | 19,592 | 3,860 | 22,013 |
| 산수1동 | 28,983 | 5,895 | 35,781 |

* 자료: 『광주광역시 통계연구』(1980)

** 도심지역 인구현황은 도심지역에 위치한 전체 행정동의 평균을 구한 것임.

이 때문에 산수1동 지역의 주택들은 매우 열악한 주거 환경을 갖고 있는 경우가 대부분이었다.

> 그 때는 한 집에 몇 집씩 살고 그랬어요. 어떤 집들은 7~8집씩 살았어요. 한 집에 30명씩 살고 했어요. 방 하나에 애기들하고 3~4명씩 살고 그랬어요. (사례 I, 여 62세, 30년 거주)

이런 인구과밀에 비해 협소한 주택의 전형적인 형태를 면접자 사례를 통해 살펴보면, 그의 집은 천정의 높이가 170cm이고 방 하나의 넓이가 한 평이 조금 넘는 가로, 세로 $2m^2$이다. 이는 평균 신장의 남성이 똑바로 서 있을 수 없으며 누워서도 위, 아래로 거의 움직일 수 없을 만큼 협소한 공간이다. 또 방에서 부엌으로 통하는 문은 가로, 세로 65cm로 작은 아이도 드나들기 힘들만큼 작다.

사례자 E는 산수1동 지역에 거주하는 남편을 만나 결혼한 후 산수1동 지역에서 살았다. 이 때 단칸방에서 남편과 시동생까지 한방에서 결혼 생활을 시작하였다. 이후 슬하에 1남 4녀를 두면서 시동생까지 모두 7명이 한 방에서 거주하기도 하였다고 한다. 이러한 과정에서 같이 누울 공간이 부족하자 어린 자녀는 벽장에서 재우기도 했다고 한다. 이후 이들은 5평 남짓한 단칸방으로 이사를 해서 방 한가운데 장롱을 두고 한쪽에는 부부가, 다른 쪽에는 자녀들이 살았다고 한다(박근원, 2010: 43).

이런 높은 과밀성은 거주민들의 사생활을 보호받기 힘들게 만들고, 이웃간의 갈등을 유발하는 등의 문제를 일으키기도 했다. 하지만 동시에 이러한 과밀성은 공간적으로 서로를 대면적 관계로 내모는 강한 압력이 됨으로써 의도와 관계없는 친밀성을 만들어내는 이중적 작용을 했다.

### 4) 공동체의 알력과 공간의 분리

공동체는 성원들의 높은 유대와 정서적 연대, 집합의식의 공유 등을 바탕으로 하지만, 그렇다고 해서 이 공동체가 이상적인 사회, 평등한 질서를 갖고 있는 것은 아니다. 오히려 공동체는 그 내부에 강한 위계적 질서를 갖고 있고, 이것이 또한 공동체적 질서를 유지하는 중요한 요소로 작용하는 경우가 많다. 그런데 산수1동 도심 공동체의 권력 질서는 과거의 전통적 공동체와는 사뭇 다른 형태를 띤다. 산수1동 도심 공동체는 기본적으로 경제적으로 빈곤한 사람들이 주로 밀집해 있는 곳이지만, 그 내부에서도 이들의 경제적 수준의 차이에 따라 뚜렷한 구분선이 존재하며, 그에 따른 인간관계 역시 구분과 분리의 양상들이 드러난다.

그 대표적인 것이 '놀이 공간'의 분리이다. 산수1동 주민 대부분이 65세 이상의 고령층이기 때문에, 이들의 놀이 및 여가를 위해 노인당이 제공되고 있다. 특히 산수1동은 마을회관이 없어 노인당이 사실상 마을의 대소사를 논의하고 정보를 교류하며 지역 주민들간 교류를 매개하는 중심 공간으로 기능하고 있다. 산수1동 내에 노인당은 3군데가 있으며, 노인당에 따라 모이는 노인들의 특성이 다를 뿐 아니라 노인들을 위해 제공되는 서비스의 질과 양에서도 차이가 있다.

먼저 산수1동 지역에서도 사람들의 왕래가 가장 많은 지역에 속하면서 가장 높은 곳에 위치한 '산수노인당'은 남녀 노인이 함께 사용할 수 있는 곳이다. 산수노인당은 체육시설이 갖추어진 산수공원과 산수도서관 사이에 위치해 있어 마을이 한눈에 들어오는 좋은 곳이라 할 수 있다. 또한 주변에 게이트볼장과 배드민턴 코트는 노인들의 주된 여가생활의 장소로 이용되고 있다. 산수노인당은 동구청에서 관리하는데, 노인당의 운영비와 난방비가 지원되며 노인들에게 점심식사가 제공된다. 그리고 보건소에서 월 1회 간호사들이 방문하여 노인들의 건강을 수시로 검사하는 등 국가의 지원이 비교적 잘 이루어지는 곳이다. 이 때문에 이 노인당은 산수1동 지역 노인당 중에서도 가입비와 월회비가 가장 높은 곳으로, 산수1동 지역 내에서 경제적 여건이 비교적 높은 상층에 속하는 노인들이 주로 이용하고 있다.

다음으로 산수1동 마을 안쪽에 위치한 '장수노인당'은 노인 여성들만 이용할 수 있다. 이 노인당은 총 25명의 노인 여성들이 회원으로 가입되어 있지만 실제 주로 이용하는 주민은 15명 내외이다. 이 노인당은 마을의 중앙에 위치하기 때문에 주민들의 왕래가 빈번하게 이루어지지만, 노인당 주변은 산수노인당과 달리 노인들이 여가를 보낼 수 있는 시설이 따로 없어 노인당 이용자들은 거의 대부분의 시간을 노인당 안에서만 보낸다. 이곳은 산수노인당처럼 동구청이 관할하고 운영비와 난방비를 지원하지만 보건소의 방문 서비스는 없다. 이곳도 소액의 가입비와 월회비가 있어 지역 노인(65세 이상) 모두가 이용할 수 있는 것은 아니다. 산수노인당과 비교할 때 장수노인당은 산수1동 내에서 중산층에 해당되는 노인 여성들이 이용하는 공간이라 할 수 있다.

마지막으로 산수1동 지역과 계림동 지역 경계에 위치해 있는 '덕인노인당'은 노인 남성들만 이용할 수 있다. 이곳은 가입비와 월회비가 따로 없고 65세 이상의 노인이면 누구나 자유롭게 이용할 수 있다. 하지만 이 노인당은 가건물인 데다가 운영비와 난방비가 따로 지원되지 않기 때문에 겨울과 여름에는 거의 이용하는 사람이 없다. 이 노인당은 산수1동의 하층 노인들이 이용하는 노인당이라 할 수 있다.

놀이 공간의 분리는 노인당 간의 차이와 차별에 의해 발생하는 것뿐만 아니라, 노인당을 이용하는 사람과 그렇지 않은 사람들 간의 분리도 만들어내고 있다. 노인당을 이용하지 않거나, 혹은 이용할 수 없는 사람들은 마을 곳곳에 있는 평상이나 길거리를 노인당과 같은 교류와 여가의 장소로 활용한다. 바람이 잘 들고 그늘진 곳에 노인들은 스티로폼이나 박스 등을 깔고 앉아 담소도 즐기고 텃밭에서 따온 고추나 배추 등의 야채를 함께 다듬기도 한다. 또는 부업을 함께 하기도 한다. 주로 하는 부업 중의 하나인 고추 다듬기는, 1근을 다듬으면 200원을 받는데, 이들이 모여서 하루 종일 일을 하면 100근 정도를 할 수 있고 2만원 정도의 수입을 올린다. 이것은 빈곤층은 이들에게는 상당히 큰 액수에 해당된다.

이렇게 산수1동을 공간적으로 분리, 구분하는 계층적 논리는 산수1동 도심 공동체가 결코 이상화된 전형적인 공동체가 아니라, 각박하고 경쟁적인 도시적 삶의 바탕 위에서 형성된 예외적 공동체라는 사실을 보여주기에 충분하다. 물론 이러한 '노는 물'을 달리 하는 공간적 분리가, 그렇다고 산수1동 주민들을 서로 갈등과 알력으로 몰아가는 부정적인 것만은 아니다. 이들의 교류관계가 분화되고 구분되어 있다 하더라도, 이들이 산수1동 주민으로서 갖는 공통의 유대감은 이런 분화를 포괄할 만큼 상당히 넓게 퍼져 있기 때문이다.

## 4. 도시 재개발과 공동체의 해체

### 1) 재개발과 이를 둘러싼 갈등

산수1동은 주거 밀집지역으로 만들어질 때부터 불량지구로 지목되어 왔다. 1965년 광주시는 불량지구개량사업을 촉진하기 위해 재개발지구를 지정하였는데, 여기에는 양림동과 방림동, 그리고 산수1동 동이 포함되었다. 하지만 이 재개발계획은 사업을 위한 재원 부족, 토지 소유자들의 인식 부족, 민간자본의 참여 미진 및 영세성 등으로 인해 별다른 사업의 진전을 보지 못했다.

두번째 재개발 계획은 1994년 「도시재개발법」에 의해 재개발 기본계획을 수립함으로써 이루어졌다. 이 계획의 기본 취지는 도시의 상업지역과 주거지역을 대상으로 토지 이용과 건축물 현황, 도시시설 현황 및 관련 계획 등을 조사·분석하여 환경이 악화되었거나 악화가 진행되고 있는 지역, 그리고 계획적인 정비가 필요한 지역에 대해 토지이용의 고도화와 도시기능의 활성화를 꾀하는 것을 주된 내용으로 하고 있다. 이에 따라 기본계획 대상 지역 중 재개발의 필요성과 지역주민의 호응도 및 개발효과 등을 파악하기 위해 광주 시민을 대상으로 한 호응도 등을 조사하고, 이 결과를 토대로 도심지 재개발 14개소, 주택개량재개발 21개소 등 총 35개 구역을 재개발 지역으로 선정하였다. 산수1동 지역은 이 계획의 재개발 대상지역으로 선정되었고 합동재개발방식으로 진행이 계획되었다.

합동재개발방식이란 재개발 구역 내 토지와 건물 등의 소유자가 설립한 재개발조합이 사업주체가 되어 조합이 제공한 토지에 주택건설사업자의 자본으로 주택 등 건축시설을 건립한 후, 토지·건물 소유자에게는 시행전 제공된 시설을 분양하고, 남은 시설을 매각하여 사업비에 충당하는 방식을 말한다(광주광역시, 1997: 54). 즉 합동재개발방식은 외형상으로는 토지와 건물의 소유자가 중심이 된다는 점에서 완전한 민간형 재개발방식이다. 하지만 실질적으로는 이 재개발사업은 추진과정에서 행정절차를 주관하는 정부, 그리고 조합에 투자 및 참여하는 자본의 영향을 벗어나 소유자들이 독립적으로 추진하는 것이 사실상 어렵다. 또 재개발사업에 대한 주민들의 이해관계가 다를 경우 재개발주체와 주민간의, 그리고 주민들 내부의 갈등이 불거질 수밖에 없다. 이런 이유로 산수1동 지역은 애초 재개발 대상지역으로 선정되었지만, 지역 주민들의 이해관계가 상이하고 서로 충돌하면서 주거환경개선사업의 대상지역으로 변경되게 된다. 이런 방식으로 귀결되기 까지는 주민들 내부의 상당한 갈등이 표출되었다. 1994년의 재개발지역 지정과 관련된 주민들간 이해의 상충은 산수1동 지역 주민들의 사회경제적 위치와 밀접하게 연결되어 있었다. 산수1동 지역은 광주시의 도심지 주거지역으로서 월세나 전세 등의 주택임대사업이 매우 활발한 곳이다. 이들 중 상당수는 주택임대가 유일한 소득원인 사람들이었다. 이런 상황에서 재개발 사업, 즉 전면철거 재개발방식은 이들의 생계를 심각하게 위협하는 것이었기 때문에 찬성할 수 없었던 것이다.

광주시는 2003년 '도시및주거환경정비법'에 기초하여 '도시 및 주거환경 정비기본계획'을 새로 수립하였다. 이 계획은 2010년을 목표 연도로 기존 주택재개발지역, 도심재개발지역, 주거환경정비사업지구와 추가로 구역지정이 필요한 지역, 광주시 행정구역 내 불량주택밀집지역 등 도시 및 주거환경정비가 필요한 지역을 대상으로 재개발을 추진하는 것을 주요 내용으로 하고 있다. 이 계획에 의해 산수1동은 노후불량한 공동주택지역으로 개발예정지역에 포함되었다. 재개발대상으로 포함된 지역은 59,553m$^2$에 달하는 지역이며, 기존 주택을 모두 철거하고 아파트를 건설하는 것을 기본 내용으로 한다. 건설될 아파트는 지하 1층, 지상 16~27층 규모에 11개 동 1,039세대가 입주할 계획에 있다. 이를 위해 산수1동 지역은 2006년 2월 주택재개발추진위원회 발대식을 갖고 위원장을 포함한 65명의 추진위원을 확정하면서 재개발사업이 본격화되었다. 2달 후인 2006년 4월, 주민들로부터 가칭 '산수1구역 주택재개발정비사업 조합설립추진위원회' 승인을 얻었고, 2007년 3월에는 정비구역지정 신청과 함께 5월 25일 정비구역지정 광주시 공동위원회 심의를 통과하면서 본격적으로 재개발이 추진되기 시작했다. 2007년 6월 조합설립 창립총회를 개최하였고, 9월 1일 산수1구역 정비구역 지정 고시를 받은 후 같은 달 18일 조합 설립 인가를 얻었다. 이후 2009년 2월 정비구역 변경고시가 결정된 후 현재 산수1재개발구역은 사실상 재개발사업 최종 단계인 사업시행계획인가 접수를 앞두고 있다.

하지만 2010년 상반기까지 산수1동 지역에 대한 재개발 사업은 미뤄지고 있다. 그 주된 이유는 경제 상황 때문인데, 전국에 걸쳐 미분양 아파트 문제가 심각한 상태여서 사업 시행 후의 아파트 분양률을 고려할 때 즉각 사업을 진행하는 것은 무리가 있기 때문이다. 실제 산수1동 인근 지역인 계림동이나 지산동에 건설된 아파트들도 미분양 상태에 있어 재개발은 아직 본격화되지 못하고 있다. 또 하나의 문제는 조합아파트 분양의 원칙이 조합원(즉 지역 주민)의 50%가 입주하는 것으로 되어 있지만 조사 결과 입주 예정자는 50%를 넘지 않는 것으로 나타나 사업의 타당성이 부족한 것으로 판단되고 있다. 이런 이유로 시공사로 선정된 G 건설은 인가 신청을 늦춰줄 것을 공식적으로 요구하였고, 사업 추진이 전면 중단된 것이다.

산수1동 재개발 사업은 조만간 다시 진척될 것으로 예상된다. 그런데 중요한 것은 1994년의 재개발 계획은 주민들의 반대로 무산되었던 반면, 2003년의 재개발 사업에 대해서는 산수1동 주민들이 찬성하였다는 사실이다. 이 두번의 재개발 계획 동안 어떤 변화들이 산수1동 내부에 발생하였으며, 주민들은 의식은 또 어떤 차이를 드러냈는지를 살펴볼 필요가 있다.

### 2) 도심 공동화와 공동체의 물리적 훼손

광주시의 구도심은 도시의 다핵적 발전에 따라 빠르게 쇠퇴하였다. 〈표 5-4〉에서 보는 바와 같이 1985년부터 2005년까지 광주시 전체 인구는 상당히 성장한 반면 도심지역 인구는 빠르게 감소하고 있다. 산수1동의 인구 역시 눈에 띄게 줄고 있는데, 이것이 도심 지역의 쇠퇴에 따른 것임을 짐작할 수 있다. 도심지역은 1985년 438,745명이던 것이

2005년 203,542명으로 인구가 1985년의 절반 이하로 떨어졌고, 산수1동 지역 역시 21,832명이던 1990년에 비해 2005년에는 그것의 절반으로 줄었다. 도심 공동화가 뚜렷하게 나타나고 있음을 알 수 있다.

**표 5-4** 광주시, 도심 및 산수1동 지역의 인구변화 추이: 1985~2005

단위: 명

| | 1985년 | 1990년 | 1995년 | 2000년 | 2005년 |
|---|---|---|---|---|---|
| 광주광역시 | 905,896 | 1,139,003 | 1,257,636 | 1,352,797 | 1,408,106 |
| 도심지역 | 438,745 | 400,577 | 239,778 | 225,632 | 203,542 |
| 산수1동 | · | 21,832 | 16,028 | 11.889 | 10,941 |

자료: 『광주광역시 통계연보』, 2006.

도심 공동화는 도시계획의 결과 과거 도심에 있던 광주광역시청사 및 전남도청사 이전에 따라 관련 시설들이 이전해 간 것이 가장 중요한 요인으로 작용했다. 도심의 업무기능의 쇠퇴는 당연히 도심 주변의 거주지역인 산수1동의 주거기능 약화를 초래했다. 산수1동도 빈 집이 눈에 띄게 증가하기 시작했다. 그 결과 많은 산수1동 주민들의 생계 수단이었던 주택 임대가 한계에 부딪히고, 1994년과 달리 이번에는 재개발에 대한 지지가 상당히 높게 나타나게 된 것이다.

> 개발이 되어야 살지. 우리 동네는 다 빈집이여. 모두 아파트로 이사를 갔어. 아파트 들어서면 좋지. 아파트가 들어서야 장사꾼도 장사가 되고 좋아. (사례 A, 여 85세, 45년 거주)

산수1동 주민들이 재개발에 찬성하게 된 중요한 또다른 이유는 인근 지역의 재개발 사업과 연결되어 있다. 산수1동과 맞닿은 지산동과 계림동은 '도시및주거환경정비사업'의 재개발 대상지역으로 선정되어 각각 아파트 단지로 변모했고, 지역 주민들은 아파트에 입주하거나 혹은 보상비 및 이주비를 받고 다른 지역으로 이주했다. 산수1동 주민들은 재개발이 이제는 거스르기 힘든 추세라고 받아들이게 되었다. 이미 많은 빈집들로 공동화된 산수1동 지역이기 때문에 이전과 같은 반대도 거의 제기하지 못했던 것이다.

### 3) 공동체는 어떻게 해체되는가?: 재개발의 명암

재개발이 확정됨에 따라 산수1동 주민들의 이동이 매우 빨라지고 있다. 재개발 시작 이전에 거처를 옮겨야 하기 때문이다. 2010년 현재 산수1동 주민의 약 30%가 다른 지역으로 거주지를 옮긴 것으로 조사되고 있다. 이들의 대부분은 자가 소유자 보다는 세입자들인데, 이들이 주로 옮겨가는 지역을 조사해 본 결과 광주 외곽의 반농 반도시 지역이 대부분인 것으로 나타났다. 도시 재개발에서 전형적으로 드러나는 원심이동과 하향이동이 산수1동 지역에서도 그대로 보이고 있는 것이다. 이런 원심이동 및 하향이동의 원인은 매우 단순하고도 명확하다. 재개발에 따른 보상비와 재개발된 아파트 가격과의 격차가 너무 크기 때문에, 재개발된 아파트에 입주하고 싶어도 할 수 없는 것이다.

> 여기 앞에 지산재개발 지구 ... 거기도 96명이 입주권을 가지고 싶어서 돈(보상비)을 안찾아 갔어. 근데 금년에 거의 완성되어가면서 평당 600만원으로 정해 놓으니까 작은 (평수) 것이 한 30평 되는데 600만원이면 1억 8천만원, 이전 비용을 합치면 2억 이상이 되어야 하는데, 보상은 7~8,000만원 받아가지고 어디서 빚을... 돈이 1억 이상씩 있어야 되는데, 그래서 다들 돈 찾아가지고 갔어. (사례 W, 남 77세, 20년 거주)

사실 이 사례자의 말은 비단 광주 지산동이나 산수1동 만이 아닌,

우리 사회 재개발 어디에서나 벌어지는 똑같은 모습이다. 불량주택 지역을 아파트로 재개발하는 것에는 철저히 자본의 논리가 개입된다. 정해진 물리적 공간을 가장 가치가 높은 상품, 즉 아파트로 개발하기 위해서는 작은 평수의 아파트 보다는 큰 평수의 아파트가 유리할 수밖에 없다. 그런데 이 경우 개발에 따른 보상을 받고 입주에 우선 순위를 배정받더라도, 대부분 저소득층인 이들은 새로 지어진 아파트를 살 능력이 없는 것이다. 실제 전국 재개발 아파트의 지역 주민 재입주 비율은 채 25%를 넘기지 못하는 것으로 알려져 있다. 지역 주민들이 요구하는 것은 부담이 적은 소형 아파트이지만, 이런 요구는 거의 충족되지 않는다.

> 평수가 지금은 너무 대형아파트만 있잖아요. 그런데 소형 아파트를 세우면, 그런 데 가면 좋지요. 여기는 서민층이라 큰 거 세우면 부담스러워 해요. 그리고 사람들도 없고. 집에 사람도 없는데. 요즘은 사람도 2명 밖에 없어서 적은 평수를 지었으면 좋겠는데... (사례 I, 여 62세, 30년 거주)

특히 산수1동은 독거노인을 비롯한 보호 서비스를 받는 인구 비율이 가장 높은 지역 중의 하나이기 때문에 30평 이상의 큰 아파트는 이들에게는 그림의 떡일 뿐이다. 뿐만 아니라 대부분 1~2인 가족인 이들에게는 30평대 이상의 아파트는 지나치게 커서 불필요한 것이다.

하지만 무엇보다 재개발이 불편한 이유는, 수십년간 집들이 옹기종기 붙어있는 환경에서 살아온 이들에게 아파트라는 주거 환경은 낯설고 폐쇄적이며 비인간적인 것으로 여겨지기 때문이다. 고령의 노인들은 아파트와 같이 닫힌 공간 보다는 생활이 자유롭고 이웃들과 관계를 개방할 수 있는 편한 곳을 원한다.

> 난 아파트에서 살고 싶지 않데. 갑갑해. 우리는 여기서 살아도 성가신지도 모르게 사는데. 젊은 사람들은 못살아. 여기서 살아야 잠이 와. 여기는 시골처럼 그래서 좋아. 인역집이라 좋지. 얼른 놀러도 가고, 얼른 오고. 개발이 되더라도 그 돈으로 여기서 살지도 못해. (사례 I, 여 62세, 30년 거주)

재개발이 산수1동 토박이들에게 불편한 이유는 보상금으로 아파트에 입주하기도 힘들지만, 설사 입주할 수 있더라도 살고 싶지 않은 환경이라는 것이 주된 것이다. 이들은 도시에 살지만 '시골처럼' 자유로운 옛 삶을 향수처럼 고대하고 있다. 그렇지만 또한 이들은 개발의 당위성을 부정하지 못한다. 낙후된 지역을 개발해야 한다는 당위는 대부분의 주민들에게 공유되고 있으며, 개발이 아닌 다른 대안을 찾을 수 없다는 것도 큰 이유로 작용하고 있다. 이것은 우리 사회의 재건축을 통한 개발이 아파트 건설로 귀결되는 것 이외의 어떤 대안도 보여준 적이 없다는 것에 기인한다. 기존의 삶을 지킬수도, 그렇다고 아파트로 뒤바뀔 것을 마냥 찬성할수도 없는 것이 산수1동에 밀어닥친 재개발인 것이다.

## 5. 도심 공동체의 의미

근대적 도시 공간 계획은 인간의 삶의 다양성과 지속성, 가치와 인간관계 등에 무관심하며 효율적이면서도 정치적인 공간을 만들어내고자 했지만, 그 무자비한 개발의 패러다임은 이미 시효 만료를 눈앞에 두고 있다. 우리 사회의 도시 계획은 이 속에서 한계에 부딪혀 있다. 개발과 재개발은 여전히 지배적인 담론으로 작동하고 있고 특히 이는 신자유주의적 담론과 강하게 결합하고 있는 반면, 이 개발은 사람들의 일상의 삶과 욕구를 반영하지 못하는 획일화를 강요함으로써 그 한계를 노출하고 있다. 최근 사라져 가는 것, 잊혀진 풍경, 귀소본능을 불러일으키는 것들에 대한 관심, 돌담길, 골목길에 대한 관심의 증가와 귀농, 귀촌으로 대변되는 노스탤지어 현상은 획일적 개발이 가져온 장소 상실에 대한 자발적이고 정치적인 저항으로 독해할 수 있다. 살아남은 과거의 공간, 도심 공동체의 공간은 역시 이런 획일적 개발에 대해 공동체적 삶, 두꺼운 삶의 경험, 획일적이고 파편화된 삶에 대한 반대를 표상한다.

도심 공동체가 제법 긴 시간동안 살아오면서 보여준 삶의 한 증거들은 여러 곳에 남아 있다. 주민들은 열악하고 낙후된 공간에 살면서도 끊임없이 공간을 스스로 고치고 변화시켜 왔다.

> 그래도 많이 개화가 되었지. 집을 사가지고 온 사람들이 개조를 했지. 기와인데 허름해. 그래서 우리가 와서 고쳐서 내 집이니까 살지. (사례 X, 여 70세, 30년 거주)

외부의 시선에서는 그냥 좁고 허름하고 열악한 주거 환경일 뿐이지만, 이들에게는 오랜 세월동안 자신의 삶의 목적에 맞게 개량되고 다듬어진 노력의 결과물인 것이다. 그래서 이들은 아파트로 뒤바뀌는 개발보다는 자신들의 삶이 존중되는 그런 재개발을 염원한다.

> 그래서 딱 때려서 전부 싹 밀어서 저희가 하고 싶은 대로 했으면 좋겠어요. 보상해줄만한 정도로 해 주고, 굳이 아파트가 들어오지 않더라도 그게 아니니깐 징그러. 재개발 하기 전에는 우리가 고쳐서 살았는데, 재개발을 한다니까 손을 안대요. 우리가 만약에 어디를 고친다 했을 때 그것까지 보상을 해 줘야 하는데, 할지 말지 그것을 모르니까 사람들이 긴가민가 해요. (사례 I, 여 62세, 30년 거주)

이 공간을 근대적 패러다임에 따라 아파트로 개발한다는 것은 여전히 전근대적이고 비효율적인 공간을 해소하려는 근대의 관성, 혹은 이와 결합된 신자유주의 정치를 반영하는 것이다. 하지만 주목해야 할 사실은 이 과거의 공간 역시 근대의 도시를 경험해 온 공간이며, 기능적 아파트 공간의 역사와는 다른 역사를 내장하고 있다는 사실이다. 이것은 잊혀져가는 기억이자 지배적 경험과는 다른 기억, 억압되고 묻혀져 있지만 말해져야 할 경험이다. 여전히 지속되는 삶의 획일화, 개발이라는 담론에 대해, 이것은 삶의 공간과 삶의 다양한 양식에 대한 담론을 창출해낼 수 있는 경험인 것이다. 그것은 여전히 개발이 횡횡하는 우리의 삶에 새로운 의미, 다양한 가치들의 원천으로 작용할 것이다. 이 경험은 최소한 개발되어야 할 것으로 대상화되기에 앞서, 먼저 풍부히 말해져야 한다. 그리고 개발 정책과 불협화음을 일으키면서 스스로 창조적으로 변화해 가야 할 것이다.

산수1동 도심공동체는 간신히 살아남은 과거, 혹은 근대가 만들어낸 한시적이고 사라져갈 공동체일지도 모른다. 끊임없는 도시의 확장 속에서도, 도시의 일부는 개발과 재개발, 공간 변화와 장소상실을 비껴나서 오랜 기간동안 고정된 장소성이 형성되고, 그 속의 사람들 간에 대면적 상호관계가 지속되는 하위 공간들로 남아있기도 한다. 이 속에서 도심 공동체가 만들어졌다. 개인이라는 관념은 근대가 만들어낸 새로운 인간관으로, 상호주관적 관계에 기초하는 공동체와 대립한다. 하지만 불완전한 개인, 혹은 지나친 개인 관념은 근대성의 진전 속에서 사생아와 같은 도심 공동체를 만들어 냈다. 도시로 대표되는 근대성에 대립하지 않으면서도, 도심 속에서 스스로 상호주관적으로 묶인 작은 공동체가 우발적으로 탄생했던 것이다. 산수1동 도심 공동체는 근대에, 개인에 대립하는 어떤 목소리를 가지지 못했기 때문에 소멸될 수밖에 없는 것인지도 모른다. 하지만 동시에 그런 공동체가 출현했었고, 좁고 열악한 공간 내에서도 스스로의 공간을 유지, 재생산하고자 했던 공동체적 노력이 도심 공동체가 보여준 의미라 할 것이다. 그것은 근대의 억압과 불안 속에서 만들어진 한 의미있는 틈새가 아니었을까?

**부표 5-1** 심층 면접자 명단

| 구분 | 나이 | 성별 | 직업 | 거주 기간 | 주거형태 | 고향 | 이 주 주선자 |
|---|---|---|---|---|---|---|---|
| A | 85 | 여 | 계란장사 | 45년 | 월세 → 자택 | 장성 | 복덕방 |
| B | 83 | 여 | 나무장사 | 53년 | 월세 → 자택 | 담양 | 언니 |
| C | 84 | 여 | 식당종사 | 20년 | 월세 → 자택 | 고흥 | 복덕방 |
| D | 81 | 여 | 야채장사 | 40년 | 월세 → 자택 | 영광 | 언니 |
| E | 73 | 여 | 건설업 일용직 | 45년 | 월세 → 자택 | 나주 | 작은아버지 |
| F | 73 | 여 | 연탄장사 | 40년 | 월세 → 자택 | 광산군 | 작은아버지 |
| G | 83 | 여 | 하숙 | 40년 | 자택 | 목포 | 복덕방 |
| H | 73 | 여 | 복덕방 | 30년 | 월세 → 자택 | 해남 | 언니 |
| I | 62 | 여 | 파출부 | 30년 | 월세 → 전세 | 완도 | 복덕방 |
| J | 43 | 여 | 비정규직원 | 20년 | 월세 → 자택 | 경상도 | · |
| K | 39 | 여 | 비정규직원 | 19년 | 월세 | 해남 | 언니 |
| L | 68 | 여 | 건설업 일용직 | 32년 | 자택 | 보성 | 시숙 |
| M | 68 | 여 | 전업주부 | 37년 | 자택 | 광산군 | 시누이 |
| N | 47 | 남 | 건설업 일용직 | 20년 | 월세 → 자택 | 군산 | 부모 |
| O | 75 | 남 | 건설업 일용직 | 30년 | 자택 | 곡성 | 복덕방 |
| P | 64 | 여 | 슈퍼마켓 | 39년 | 월세 → 자택 | 장성 | 복덕방 |
| Q | 70 | 남 | 건설업 일용직 | 57년 | 월세 → 자택 | 광주 | 복덕방 |
| R | 74 | 남 | 건설업 일용직 | 30년 | 자택 | 장성 | 복덕방 |
| S | 77 | 여 | 날품팔이 | 30년 | 월세 → 자택 | 곡성 | 친척 |
| T | 83 | 여 | 전업주부 | 50년 | · | 장흥 | · |
| U | 81 | 남 | 계란장사 | 30년 | 자택 | 보성 | 고숙 |
| V | 80 | 남 | 건설업 일용직 | 69년 | 월세 → 자택 | 화순 | 작은아버지 |
| W | 77 | 남 | 슈퍼마켓 | 20년 | 자택 | 해남 | 작은어머니 |
| X | 70 | 여 | 요식업 직원 | 30년 | 자택 | 영광 | 복덕방 |
| Y | 56 | 남 | 건설업 일용직 | 56년 | 자택 | 산수동 | · |
| Z | 82 | 여 | 건설업 일용직 | 30년 | 월세 → 자택 | · | 가족 |

Chapter 6

# 지역 생활문화공동체 연구: 광주광역시 북구와 경기도 여주군 사례[1)]

박 해 광

## 1. 문화예술과 현대적 공동체

문화는 이전부터 사람들을 통합시키고 정신을 계발하는 기능을 수행해 왔다. 혹은 그러해야 한다는 염원이 문화라는 관념에 투사되어 왔다. 수준 높은, 그리고 유기적이고 공동체적인 '공통의 문화' (common culture)의 이상은 매튜 아놀드(Mathew Arnold)와 같은 근대 교양주의자들이 힘주어 강조해왔던 신념이었다. 짐멜(Simmel) 역시 문화를 '영혼이 자신에게 이르는 길'로 간주하면서 문화가 가질 수 있는 수준 높은 이

1) 이 장은 2009년 한국문화예술교육원, (주)기분좋은 QX와 필자가 공동으로 수행한 『생활문화공동체 현황조사』에 기반하여 쓰여진 것이다. 이 조사에 대학원생 정진영(전남대 사회학과 석사과정), 송예선(전남대 사회학과 석사과정)이 많은 노력을 기울였다.

상과 능력을 강조했다. 그런데 문화에 기대했던 높은 이상은 근대의 등장과 함께 배반당했다. 특히 짐멜은 근대의 과도한 돌진, 물질적으로 구현되는 문화적 구성물과 개인 주체 간의 괴리를 '문화 비극'이라는 자못 드라마틱한 용어로 정의했다. 이 문화 비극의 요체는 객관화된 물질의 발전에 못미치는 개인들의 주관문화에 있다. 영혼의 의지와 지성, 개성과 정서, 역량이 근대적 물질 문화를 따라잡지 못하는 것이 바로 문화 비극이다. 이것은 과학혁명과 산업혁명, 그리고 대중혁명이라는 근대의 돌진이 초래한 역설적 비극인 것이다(Simmel, 2007).

근대 대중문화의 발전은 수준 높은 공통의 문화를 파괴하고 이를 단순한 상품으로 전락시켰다. 말초적이고 유흥만을 조장하는 문화산업은 대중들의 정신을 고양하기는 커녕 끊임없이 대중을 파편화시키고 획일화시켜 왔다. 이렇게 끊임없이 개인을 파편화, 분절화시켜 온 근대의 맹목적 돌진은 문화의 비극이 되었고, 이 비극은 대중에게 원죄와도 같은 상실감, 그리고 그 상실을 치유하려는 회귀의 정서를 끊임없이 자극했다. 한편으로 근대는 대중들의 향유능력을 이전과 비교할 수 없을 정도로 높여놓았고, 근대적 삶의 억압에 대한 환멸은 자연스럽게 대중들의 새로운 문화적 실천을 불러 일으켰다. 이른바 대중의 자발적인 역능의 발현이 포스트모던한 실천의 한 양식으로서 등장한 것이다. 향수나 귀향의 감정이 대중들에 의해 자연스레 표출되는 현상은 근대의 문화비극이 초래한 당연한 귀결이라 할 수 있다.

그렇다면 이런 근대의 문화 비극 속에서, 문화가 공동체적 실천의 기폭제가 되거나, 혹은 문화예술을 향유하기 위해 공동체적 관계를 발전시키는 어떤 가능성들을 상상해 보는 것은 불가능한 꿈일까? 최근 주민들의 자발적인 지역자치 모임이나 거주지를 기반으로 한 문화예술 활동 모임 등이 눈에 띄게 늘고 있다. 문화와 예술을 사람들끼리 보다 적극적으로 향유하고, 이런 향유와 실천을 통해 공동체적 정서와 유대를 공유하고자 하는 욕구는 파편화되고 상품화된 근대적 삶이 만들어낸 자연스런 충동의 한 산물로 이해해 볼 수 있다. 그리고 그러한 충동으로부터 형성되고 있는 공동체적 실천을 '생활문화공동체'라 명명해 보고자 한다.

생활문화공동체란 아직은 뚜렷하게 포착하기 힘든 어떤 '이념형'(ideal type)일지도 모른다. 사회학적인 공동체 개념은 하나의 사회 집단으로서, 1) 성원간의 친밀함이 존재하고, 2) 성원들간의 관계가 안정성을 갖고 있고, 3) 공동체를 떠받치는 고유의 질서가 존재하며, 4) 집단에 대한 성원들의 결속 및 소속감이 존재하는 것을 기본 요소로 한다. 이런 전형적인 공동체는 뒤르케임(Durhheim)이 제시했던 기계적 연대의 사회, 즉 공동체의 전 성원이 공유하는 감정과 신념이 사회를 지배하기 때문에 개인들 사이의 분화가 적고, 집합의식(collective consciousness)이 개인의 의식을 포괄하게 되는 그런 사회일 것이다. 하지만 근대 사회는 시민권을 바탕으로 하여 개인을 사회의 기본 단위로 만들고, 개인적 삶과 의식이 성장하고, 이질화가 심화되며, 이동성이 증가하여 한 곳에서의 정착적인 삶이 극히 어려워지는 사회로 변모했다. 이 과정을 통해 전통적인 공동체는 자연스럽게 해체되었다. 공동체적 삶의 해체는 삶을 파편화, 이질화시키고 사람들의 삶을 고독한 군중, 소외되고 익명적인 것으로 만들었다. 현대사회는 과거와 같은 공동체의 근거를 해체해 버렸지만, 여전히 공동체적 삶은 인간의 삶을 보다 의미있게 만들 수 있는 유효한 원리라 할 수 있다. 이 때문에 공동체적 삶을 다시 구성하려는 노력이 필요한 것이다. 이런 점에서 우리가 주목하는 생활문화공동체는 과거의 그것처럼 자연발생적으로 형성된 공동체가 아니라, 특정한 계기를 통해 만들어지거나 혹은 형성 중에 있는 공동체, 새롭게 구성하고자 하는 공동체를 지칭하는 것이다. 생활문화공동체는 전통적인 공동체를 규정하는 몇몇 요소들이 여전히 작동하는 그러한 공동체이기도 하고, 또한 새로운 원리가 덧붙여진 그러한 공동체이기도 하다.

한편 '생활문화'라는 개념에 대해 생각해 본다면, 문화라는 개념 자체가 생활 혹은 삶을 포괄하고 있기 때문에 생활문화라는 개념은 그 자체로 동어반복적인 개념처럼 보인다. 하지만 이 연구가 강조하고자 하는 것은 사람들의 일상적인 삶에 근거해 있으면서도 문화라는 하나의 가치를 추구하는 노력이 '생활문화'라는 개념 속에 녹아 있다는 점이다. 그런 점에서 생활문화는 매우 실천적인 개념이다. 즉 생활문화란 한편으로 스스로의 삶을 변화, 재구성하려는 노력을 통해 삶의 질을 높이고자 하는 실천, 그리고 문화와 예술을 향유 혹은 창작함으로써 보다 높은 정신을 계발하고자 하는 실천으로 요약할 수 있다. 따라서 생활문화공동체란 '공통의 삶 속에서 생활의 질을 높이기 위해 의도적으로 구성된, 공동체적 생활을 적극으로 재구성하려는 노력과 문화예술을 향유, 창작하려는 노력을 그 핵심으로 하는 소규모 공동체'로 정의해 볼 수 있을 것이다. 생활문화공동체가 가지는 특징을 몇가지 제시해보면 다음과 같다.

첫째, 과거의 자연발생적인 공동체와 달리, 생활문화공동체는 공동체를 구성하려는 의도적 노력이 형성의 주요한 계기로 작용한다. 도시지역에서는 공동체가 거의 와해된 반면, 농어촌 지역은 자연발생적 공동체가 어느 정도 남아 있다. 하지만 생활문화공동체는 이러한 자연발생적 공동체와 달리, 주거지를 기반으로 성원 공통의 관심을 적극적으로 발굴하려는 노력과, 이러한 노력을 매개로 하여 구성된 의도적 공동체이다. 주로 마을가꾸기나 지역의 재활력화, 문화예술의 향유와 창작, 봉사 등의 목적과 의도성이 공동체를 구성, 유지하는 핵심 동력이 되는 공동체가 생활문화공동체의 특징이다.

둘째, 문화예술 활동이 생활문화공동체를 형성하는 중요한 매개이자 또한 이들 공동체의 중요한 활동이다. 개인화된 현대의 삶 속에서는 과거와 같이 오랜 기간을 통해 형성되는 정주 공동체를 유지하는 것은 거의 불가능한 일이다. 반면 이러한 원자화, 개인화된 삶으로 인해 공동체적 유대를 형성하려는 욕구는 점점 커져가고 있는데, 그러한 욕구는 삶의 의미와 가치, 탈물질적 욕구, 삶의 질 등에 대한 관심의 추구로 나타나는 경향이 있다. 이러한 욕구를 충족시켜 줄 수 있는 중요한 매개가 바로 문화예술 활동이라 할 수 있다. 즉 생활문화공동체의 중요한 특징 중 하나로 '문화적 참여'(cultural participation)라는 요소를 들 수 있다. 문화적 참여는 주거공간이나 공동체, 혹은 스스로의 삶을 미학적으로 개선하는 것, 문화예술 활동에 참여하는 것, 다른 문화와의 대면이나 접촉을 통해 스스로의 삶에 새로운 활력을 불어넣고자 하는 것 등의 복합적인 양상을 통해 표현된다.

셋째, 정주 공동체적 형태가 여전히 중요한 요소로 작용하고 있다. 동, 리 등의 행정구역 내에서도 상대적으로 오래 생활을 한 사람들 간의 공동체적 관계들이 자연발생적으로, 혹은 지자체의 지원 등의 외부 계기를 통해서 하나의 거주지 공동체로 형성될 가능성이 있다. 공동체성이란 성원들간의 대면적 관계와 깊은 소통을 핵심으로 하기 때문에 거주지 중심의 공동체란 매우 중요한 요소라 할 수 있다. 또 정주 공간에 대한 공통의 경험과 이해관계의 결집을 통해 특정한 활동과 목표를 도출하는 것도 생활문화공동체가 보여주는 중요한 특징이다.

결국 생활문화공동체란 파편화된 현대사회에서 문화예술활동과 거주지의 문제를 해결해가는 자치적인 활동을 통해 문화예술을 향유하고 삶의 질을 높이며, 공동체적 연대의 삶을 발전시킬 수 있는 삶의 한 방향성을 지칭하는 것으로 볼 수 있다. 이 연구는 우선 생활문화공동체라 칭할 수 있는 다양한 문화적이고 공동체적인 실천의 양상을 탐색해 보는 것을 일차적인 연구의 과제로 삼는다. 그리고 이들의 활동과 실천, 특징으로부터 문화를 통한 공동체 형성의 가능성을 짚어 볼 것이다.

## 2. 생활문화공동체의 유형과 특징

생활문화공동체는 다양한 모임 형태를 포함하고 있지만, 크게 그 활동 유형에 따라 '생활자치공동체'와 '문화예술공동체'로 구분할 수 있다. 생활자치공동체는 동일한 물리적 공간, 즉 동이나 마을, 아파트 등에 기반을 두고, 주민들끼리 지역의 문제를 자발적으로 해결하기 위해 형성된 소규모 공동체를 지칭한다. 이들 공동체는 주로 지역 및 거주지의 현안 문제들, 즉 마을 가꾸기, 마을 주민들의 소득 증대사업, 농촌의 경우 체험마을 만들기나 지역 축제의 개최 등의 문제를 다루며, 이에 더하여 주민들의 자발적인 봉사 활동이 함께 이루어지고 있다. 봉사의 경우 주로 지역의 고아원이나 무의탁 노인 등을 대상으로 자원봉사활동을 수행하는 것이 일반적이다.[2] 이 공동체 유형에 속하는 조직은 주민자치위원회, 마을만들기 추진위원회, 새마을 부녀회, 방위협의회, 마을위원회, 새마을지회 등이다. 생활자치공동체는 최근 마을가꾸기 시범사업이나 마을축제 개최, 혹은 놀이패 활동이나 예술 공연 등의 문화적·예술적 실천을 포함하는 경우들이 늘고 있다.

문화예술공동체의 특징은 공동체 형성의 주된 계기가 문화예술의 창작 및 향유에 있다는 점이다.[3] 주로 지역의 문화예술교육 시설이 기

---

2) 생활문화공동체의 실천으로 '봉사'가 선택된 것은 그것이 삶을 의미있게 만드는 것과 연결되어 있기 때문인 것으로 해석된다. 타인에 대한 배려와 이타심은 삶을 의미있게 만들고 개체적인 근대의 삶을 극복할 수 있는 연대의 욕구를 반영하는 것이라 할 수 있다.

3) 이 공동체는 '동호회'와 잘 구분이 가지 않는데, 문화예술공동체의 특징은 동호회의 형태를 띠고 있는 집단들 중 거주하고 있는 지역을 기반으로 하는 것만을

반이 되어 수강생이나 참여자들이 교육 이후에도 자발적으로 모임을 만들어 지속하고 있는 경우가 많으며, 또는 미술이나 음악 등 대학 전공자들이 전공을 살려 자발적인 취미 모임으로 형성한 경우도 상당히 있다.[4] 이 모임들은 대개 외형적으로 동호회와 크게 구분되지 않지만, 그 발생적인 측면에서 지역 거주지를 중심으로 만들어졌다는 차이가 있다. 또 문화예술을 매개로 하여 위문공연 등의 봉사활동을 수행하거나 지역 가꾸기에 문화적 실천을 보태는 것도 문화예술공동체의 한 특징이다.

이렇게 볼 때 생활문화공동체 움직임은 크게 두가지 흐름이 결합되어 등장한 것으로 생각된다. 하나는 지방자치제의 실시와 함께 본격화된 '마을 만들기' 혹은 '마을 가꾸기' 등의 사업이 지역 주민들의 자발적인 공동체적 실천으로 연결된 경우다. 지자체별로 상황은 조금씩 다르지만, 주민들에 의한 마을 만들기나 가꾸기에 대해 지자체가 일정하게 사업비를 지원하거나, 혹은 사업 공모를 통해 주민들의 실천을 유도하는 경우들이 상당히 많다. 대표적으로 광주 북구는 다른 어떤 지자체보다 이런 사업이 활성화된 곳 중의 하나다. 광주 북구는 구정 정책을 '주민자치 선도 자치구'로 표방할 만큼 '아름다운 마을 만들기', '살기 좋은 아파트 공동체 만들기', '마을 공동체 시범사업' 등을 지속적으로 추진해 왔다.[5] 이런 생활자치, 주민자치의 공동체적 실천은 무엇보다

---

말한다.

4) 생활문화공동체를 어떻게 유형화할 것인가는 앞으로 좀더 고민하여 정교화되어야 할 부분이다. 이 연구의 기반이 된 2009년 『생활문화공동체 현황조사』(문화예술교육원)는 공동체의 유형을 '행정조직중심 공동체, '부녀회', '문화예술교육 기반 모임', '문화예술동호회'의 네 유형으로 구분하였는데, 이것은 공동체가 어떤 배경으로 성립되었는가에 따른 분류였다. 하지만 이 글에서는 공동체의 주된 '활동'의 차이에 따라 두 유형으로 구분하고 있다.

5) 광주 북구는 이런 사업의 결과 10여년간 언론에 57회 소개 되고, 22개 기관 및 단체에서 400명 이상 견학을 오기도 했다. 2007년에는 '참 살기 좋은 마을

지자체에 의해 사업비 및 기타 행정적 지원이 이루어지기 때문에 상대적으로 주민들의 결합이 용이하고 동원 능력도 커진다는 이점이 있다.

또 하나의 흐름은 문화예술, 특히 '예술'을 중심으로 하여 자발적 향유집단을 구성하고자 하는 흐름이다. 급속한 산업화 및 도시화 과정에서 암묵적·명시적으로 사회를 지배해 온 가치가 '경제적인 것'이었다면, 포스트 모던한 시대로의 진입은 이 경제적 가치를 상대화시킨다. 그리고 경제적 가치만큼이나 의미있는 것으로 부각되는 것이 바로 탈물질적 가치, 미학적 가치와 같은 것들이다. 다르게 살고자 하는 욕구, 아름답게 살고자 하는 욕구는 이런 예술을 매개로 한 실천의 형태로 자연스럽게 표출된다. 문화예술공동체는 대부분 '문화예술 동호회'의 형태를 취하고 있지만, 이 조사에서 특히 주목한 것은 동일한 마을이나 동네, 아파트 등 '정주'를 기반으로 하여 형성된 동호회들이다. 이들은 대체로 문화원, 문화의 집, 평생교육원, 시립 미술관, 박물관 등 지역 내 존재하는 시설들에서 강좌 등의 교육을 받거나 시설을 이용한 모임을 시작하여, 그 활동을 지속하는 공동체로 발전한 경우들이 많다. 또 이들의 상당수는 대학교에서 예술을 전공하였거나 이와 유사한 전공을 한 사람들로, 자신의 전문적 능력을 활용하여 삶의 질을 높이려는 동기로 모인 경우이다.

## 3. 생활문화공동체의 발굴 및 조사

이 연구를 위해 광주광역시 북구와 경기도 여주군을 대상으로 조사를 실시하였다. 이 조사는 원래 2009년 한국문화예술교육원, (주)기분좋은 QX와 공동으로 실시한 '생활문화공동체 현황조사 시범사업'의 일

---

가꾸기' 우수 지자체 선정, '살고 싶은 도시 만들기' 마을분야 전국 1위(문화동) 등으로 선정되기도 했다.

환으로 이루어졌다. 시범사업 대상으로 선정된 지역은 광주광역시 북구와 경기도 여주군인데, 이 두 지역은 각각 도시형 생활공동체와 농촌형 생활공동체의 특성을 대표하는 지역으로 선정되었다. 도시와 농촌을 시범 조사지역으로 선정한 것은, 아직도 여전히 공동체적 질서 속에 살고 있는 농촌에서 만들어진 새로운 공동체와, 공동체적 기반이 없는 도시라는 공간에서 만들어진 공동체의 차이를 비교 분석해 보기 위해서였다.

생활문화공동체라는 것이 이전에도 별로 연구된 바가 없고, 그 실체도 명확하지 않아 실제 조사 과정이 그리 순탄치는 않았다. 하지만 앞서 느슨하게 정의된 바와 같이, 몇가지 생활문화공동체의 특징을 조작화하여 그 표본을 발굴하고, 발굴된 표본을 통해 다른 표본을 찾는 눈덩이 표집(snow ball sampling) 과정을 반복하였다. 그 첫 출발점은 동일한 거주 지역을 기초로 만들어질 수 있는 주민 조직을 추적하는 것이었다. 마을의 경우 주민자치센터를 중심으로 조직된 자치위원회가 모태가 되는 경우가 많았고, 또 마을이나 아파트 단지 내의 부녀회 역시 그 자체로 생활자치공동체의 활동을 하고 있는 경우들이 많았다.[6] 문화예술공동체의 경우는 일차적으로 여주 및 북구 지역 내에 존재하는 미술관, 박물관, 문화센터, 도서관 등에서 이루어지는 문화예술 교육 모임을 발굴하기 시작하여, 이들을 통해 과거에 만들어진 모임들을 찾아낼 수 있었다.

조사는 2009년 9월부터 11월 사이에 이루어졌다. 조사 대상을 찾는 작업은 광주 북구와 여주군에 존재하는 생활문화공동체를, 눈덩이 표집을 주로 활용하면서 최대한 표본을 확보하고자 하였다. 조사의 내용

---

6) 주민자치위원회나 부녀회는 모든 마을마다 설치되어 있지만, 이 중 마을 만들기, 마을 가꾸기, 마을 축제 개최 등의 사업을 추진하고 있는 도임만이 조사에 포함되었다.

은 구조화된 질문지를 만든 후, 각 공동체의 실태와 정보를 가장 잘 아는 사람들, 주로 모임 대표나 창립 회원을 섭외하여 직접 대면 조사를 실시하였다. 조사는 설문지 조사 및 공동체 대표자 심층 인터뷰를 병행했다. 이렇게 하여 확보된 표본은 경기도 여주군 106개, 광주광역시 북구 164개로 총 270개 표본이다.

**표 6-1** 표본의 지역별 분포

| | 빈도 | 퍼센트 |
|---|---|---|
| 경기도 여주 | 106 | 39.3 |
| 광주 북구 | 164 | 60.7 |
| 합계 | 270 | 100.0 |

**표 6-2** 생활문화공동체 표본의 유형과 분포

| | 빈도 | 퍼센트 |
|---|---|---|
| 주민자치위원회 | 22 | 8.1 |
| 마을만들기 추진위원회 | 8 | 3.0 |
| 새마을 부녀회 | 20 | 7.4 |
| 방위협의회 | 4 | 1.5 |
| 통장단 모임 | 2 | 0.7 |
| 아파트 부녀회 | 14 | 5.2 |
| 문화시설·교육기반 모임 | 54 | 20.0 |
| 문화예술동호회 | 84 | 31.1 |
| 마을위원회 | 9 | 3.3 |
| 면단위 사회단체협의회 | 18 | 6.7 |
| 주민(자치)소모임 | 18 | 6.7 |
| 주부순찰단 | 1 | 0.4 |
| 새마을 지회 | 2 | 0.7 |
| 새마을 북구협의회 | 14 | 5.2 |
| 합계 | 270 | 100.0 |

그리고 이들 공동체를 활동 유형에 따라 생활자치공동체와 문화예술공동체로 구분하면, 생활자치공동체는 128개, 문화예술공동체는 142개이다.

**표 6-3** 활동유형별 생활문화공동체 분포

| | 빈도 | 퍼센트 |
|---|---|---|
| 생활자치공동체 | 128 | 47.6 |
| 문화예술공동체 | 142 | 52.6 |
| 합 계 | 270 | 100.0 |

## 4. 생활문화공동체 활동의 특징

생활문화공동체는 뚜렷한 활동의 목적을 갖고 있으며, 성원들 역시 이 목적을 공유하고 있는 공동체이다. 이들의 일상적 활동이 보여주는 특징들을 살펴보자.

### 1) 일상적 활동

생활문화공동체가 주로 하는 일상적 활동의 내용을 장르 및 실천 유형별로 살펴보면 봉사가 23.3%로 가장 많고, 그 다음이 생활자치가 17.1%, 마을잔치・축제 참여가 16.2% 등이다. 문화예술 장르 중에서는 미술이 7.1%로 가장 많고, 그 다음이 교육 6.2%, 음악 6.0%, 공예 4.7%, 공연예술 3.6% 등이다.

**▌표 6-4 ▌** 생활문화공동체의 일상적 활동: 응답 종합

| 항 목 | 빈도 | 퍼센트 | 항 목 | 빈도 | 퍼센트 |
|---|---|---|---|---|---|
| 음악 | 27 | 6.0 | 공예 | 21 | 4.7 |
| 미술 | 32 | 7.1 | 전통예술 | 9 | 2.0 |
| 공연예술(연극, 뮤지컬) | 16 | 3.6 | 마을가꾸기 | 77 | 17.1 |
| 미디어 · 영화 | 7 | 1.6 | 봉사 | 105 | 23.3 |
| 사진 | 7 | 1.6 | 교육 | 28 | 6.2 |
| 건축 | 1 | .2 | 마을잔치 · 축제 | 73 | 16.2 |
| 문학 · 독서 | 16 | 3.6 | 레저 · 스포츠 | 7 | 1.6 |
| 무용 | 5 | 1.1 | 기타 | 19 | 4.2 |
| 합계 | | | | 450 | 100.0 |

생활문화공동체의 활동은 지역별로 약간의 차이를 보였다. 농촌형 공동체라 할 수 있는 여주군에서는 마을잔치 · 축제가 19.2%로 가장 빈도가 높은 활동이고, 그 다음이 봉사, 마을가꾸기, 교육 등의 순서인 반면, 도시형 공동체인 광주 북구에서는 봉사가 27.6%로 가장 많고, 그 다음이 마을가꾸기, 마을잔치 · 축제 등의 순서이다. 또한 문화 · 예술 활동에서는 전반적으로 여주보다 광주의 비율이 높지만, 여주 공동체 중에서도 음악 활동을 하는 공동체 비율이 6.6%, 공연예술(연극, 뮤지컬 등) 활동을 하는 공동체 비율이 6.0%로 비교적 높게 나타났다. 이것은 농촌과 도시에서 공동체적 활동의 목적이 어디에 있는지를 보여주는 한 지표로 해석될 수 있다. 여전히 공동체적 생활이 남아 있는 농촌에서는 공동체의 지속과 융합을 위한 마을잔치 등의 의례의 중요성이 큰 반면, 도시형 공동체는 공동체의 형성과 지속을 위한 일상적 활동으로서 봉사가 더 강조되고 있음을 보여준다.

**표 6-5** 지역별 생활문화공동체 주요 활동: 응답 종합

| | 여주 | 광주 |
|---|---|---|
| 음악 | 12 ( 6.6) | 15 ( 5.6) |
| 미술 | 6 ( 3.3) | 26 ( 9.7) |
| 공연예술(연극, 뮤지컬) | 11 ( 6.0) | 5 ( 1.9) |
| 미디어 · 영화 | 1 ( 0.5) | 6 ( 2.2) |
| 사진 | 3 ( 1.6) | 4 ( 1.5) |
| 건축 | 1 ( 0.5) | 0 ( 0.0) |
| 문학 · 독서 | 3 ( 1.6) | 13 ( 4.9) |
| 무용 | 3 ( 1.6) | 2 ( 0.7) |
| 공예 | 15 ( 8.2) | 6 ( 2.2) |
| 전통예술 | 7 ( 3.8) | 2 ( 0.7) |
| 생활자치(마을가꾸기) | 21 (11.5) | 56 (20.9) |
| 봉사 | 31 (17.0) | 74 (27.6) |
| 교육 | 19 (10.4) | 9 ( 3.4) |
| 마을잔치 · 축제 | 35 (19.2) | 38 (14.2) |
| 레저 · 스포츠 | 4 ( 2.2) | 3 ( 1.1) |
| 기타 | 10 ( 5.5) | 9 ( 3.4) |
| 합계 | 182 (100) | 269 (100) |

### 2) 주요 수행 활동

생활문화공동체가 수행하고 있는 활동을 '지난 1년간 했던 활동'을 질문하여 조사했다. 여기서 활동의 내용은 구체적인 사건이나 이벤트 등을 의미한다.

우선 활동 내용별로 보면 가장 많은 빈도를 보인 활동은 봉사활동으로, 54.8%가 지난 1년간 봉사활동을 수행한 적이 있는 것으로 응답하고 있다. 봉사활동이 공동체의 목표를 공유하고 결속을 다지는 중요한 실천으로 자리잡고 있음을 알 수 있다. 생활문화공동체의 봉사 활동은

▌표 6-6 ▌ 지난 1년간 수행한 활동: 지역 및 공동체 유형별

| 구 분 | | 자체 발표회 | 학습 활동 | 봉사 활동 | 벼룩 시장 | 마을 잔치 | 축제 참여 | 마을 가꾸기 | 문화 시설 건립 | 사업 공모 |
|---|---|---|---|---|---|---|---|---|---|---|
| 지역 | 여주 | 39 (36.8) | 41 (38.7) | 54 (50.9) | 7 (6.6) | 39 (36.8) | 53 (50.0) | 15 (14.2) | 3 (2.8) | 14 (13.2) |
| | 광주 | 75 (45.7) | 64 (39.0) | 94 (57.3) | 18 (11.0) | 55 (33.5) | 74 (45.1) | 71 (43.3) | 3 (1.8) | 29 (17.7) |
| 카이자승 | | 2.10 | .00 | 1.05 | 1.46 | .30 | .61 | 25.19 *** | .29 | .96 |
| 공동체 유형 | 자치·봉사 공동체 | 27 (21.1) | 27 (21.1) | 104 (81.3) | 18 (14.1) | 64 (50.0) | 57 (44.5) | 80 (62.5) | 3 (2.3) | 26 (20.3) |
| | 문화예술 공동체 | 87 (61.3) | 78 (54.9) | 44 (31.0) | 7 (4.9) | 30 (21.1) | 70 (49.3) | 6 (4.2) | 3 (2.1) | 17 (12.0) |
| 카이자승 | | 44.53 *** | 32.43 *** | 68.66 *** | 6.68 ** | 24.72 *** | .61 | 105.31 *** | .01 | 3.49 * |
| 합계 | | 114 (42.2) | 105 (38.9) | 148 (54.8) | 25 (9.3) | 94 (34.8) | 127 (47.0) | 86 (31.9) | 6 (2.2) | 43 (15.9) |

* 〈 .05 ** 〈 .01 *** 〈 .001

대략 '마을 행사 봉사'와 '시설 방문 봉사'로 구분된다. 마을 행사에 대한 봉사는 결혼 등으로 인해 필요한 일손을 보조하는 것, 장례식 보조, 함께 김장하기, 대동제 참여 등의 형태로, 마을잔치·축제와 결합되어 있는 경우들이 많다. 또한 이들 봉사를 주로 하는 공동체들은 '친목'을 또다른 중요한 공동체의 목적으로 간주하고 있다.7) 이와 달리 시설 방문 봉사는 주로 문화예술을 통한 봉사 활동에 해당되는 경우인데, 마을 안이 아닌 노인복지관, 병원, 시각장애인 등 외부의 소외 계층 및 시설을 방문하여 활동하거나, 음악, 공연 등을 제공한다. 시설 방문 봉사는 주로 전문적 문화예술을 지향하는 모임들에서 위문공연 등의 형태로

7) '친목'을 위한 공동체 활동 항목은 서베이 리서치에서는 제외되었다.

오히려 더 활성화되는 경향도 발견된다.

봉사 다음으로 많이 이루어진 활동은 마을 및 지역축제 참여로, 47.0%가 응답했다. 90년대 이후 마을축제나 지역축제는 내부적으로 성원들의 정서와 역사를 공유하고 외부적으로는 홍보나 마케팅을 통한 수익의 획득이라는 다양한 목적이 결합되어 매우 활성화되고 있다. 특히 생활문화공동체는 이러한 축제를 개최하거나 혹은 조직적으로 참여하는 주체로 활동하는 경우들이 많은 것으로 나타났다.[8] 마을 및 지역축제에 대한 관심은 도시나 농촌 모두 매우 높은데, 이것은 축제를 마을이나 지역 발전을 위한 활동으로 사고하는 경향이 있기 때문으로 보인다.

생활문화공동체가 1년간 수행한 활동 중에는 자체 발표회를 개최하였다는 응답도 42.2%로 매우 높았다. 자체발표회는 대개 연극이나 미술 등과 같이 문화예술 성과물을 외부에 알리고 전시하는 형태를 취하는 경우와, 1년간 사업 성과를 홍보하는 경우로 대별되는 것으로 나타났다. 대부분의 공동체가 '홍보'에 대한 욕구가 큰 것으로 보인다.[9] 또한 공동체 성원들 내부의 학습활동도 상당히 이루어지고 있음을 알 수 있다. 학습과 교육은 개인들의 사고 및 문화향유 능력을 증진시키는

8) "여주의 봉심회는 2004년에 발족되었다. '봉사하는 마음'이라는 뜻으로 음악을 사랑하는 사람들이 모여 봉사하자는 취지에서 만들어 졌다. 봉심회는 기본적으로 음악과 노래로 소외계층에게 즐거움을 주고자 결성된 단체로 한달에 두 번 봉사활동을 하는데 노인복지관, 병원, 시각장애인, 지체 장애인등 시설 장애인, 마을 잔치 등에서 봉사한다. 이 외에 군 내에서 의뢰가 들어와서 군 내 축제나 마을 축제, 회갑연, 읍면단위 행사 등에도 의뢰가 들어오면 공연을 하러 간다." 여주 봉심회 인터뷰.

9) "아직 마인드맵에 대한 인식이 잘 없기 때문에, 이런 교육 수요를 가지는 곳이 없다는 것이 힘이 빠지는 점이다. 이제 동아리 회원들이 교육을 할 수 있을 정도의 역량을 갖추었지만, 교육 수요가 없다. 교육 기회를 만들어 주거나, 이런 것이 있다고 홍보해주면 좋겠다." 여주 맵 인터뷰.

활동이기 때문에 생활문화공동체가 수행하는 매우 긍정적인 활동의 하나로 평가할 수 있겠다. 반면 생활문화공동체가 별로 하지 않는 활동은 벼룩시장이나 바자회 개최, 문화시설 건립, 그리고 사업 공모 등인 것으로 조사되었다.

한편 이러한 공동체의 활동을 지역 및 공동체 유형과 교차시켜 보면, 지역에 따른 차이, 즉 도시형 공동체냐 농촌형 공동체냐에 따른 차이는 거의 발견되지 않는 반면, 공동체 유형에 따른 차이는 상당히 크다는 것을 알 수 있다.

먼저 자체 발표회 개최는 생활자치공동체 보다는 문화예술공동체가 훨씬 더 많이 수행하고 있음을 알 수 있다. 문화예술공동체가 그 성격에 있어 예술활동 및 그 결과의 발표를 지향하는 경향이 크기 때문이라 여겨진다. 학습활동도 생활자치공동체 보다는 문화예술공동체가 더 활발하게 하고 있음을 알 수 있다. 반면 봉사활동은 생활자치공동체의 81.3%가 수행하고 있는 반면, 문화예술공동체는 31.0%만이 수행하는 큰 차이를 보이고 있다. 생활자치공동체의 주된 목적이 봉사에 있는 만큼 그 활동 비율이 높은 것은 어쩌면 당연하지만, 문화예술공동체도 봉사 활동을 하는 비율이 상당히 높다는 것이 오히려 흥미롭다.

벼룩시장이나 바자회 등을 개최하는 공동체는 그렇게 많지 않지만, 문화예술공동체 보다는 생활자치공동체가 좀더 많은 비율을 차지하고 있다. 마을잔치 개최는 문화예술공동체 보다 생활자치공동체가 더 많이 수행하고 있음을 보여준다. 생활자치공동체의 50%가 마을잔치를 개최한 것으로 나타났다. 지역축제 참여는 두 공동체 유형간 차이가 발견되지 않았다. 마을 가꾸기 사업에 참여하는 것은 주로 생활자치공동체의 주된 활동 내용임을 보여준다. 생활자치공동체의 62.5%가 마을 가꾸기 사업에 참여한 반면 문화예술공동체는 4.2%만이 참여하여 대조를 보이고 있다. 문화시설 건립 활동은 두 공동체 사이에 별 차이를 보이지 않았고, 지자체나 국가 사업에 응모하는 활동은 문화예술공동체 보다는 생활자치공동체의 참여 비율이 좀 더 높게 나타났다.

### 3) 생활문화공동체 활동의 특징

#### (1) 공동체의 성립 배경과 활동의 수렴

생활문화공동체들 각각은 당연히 고유한 배경과 성립의 맥락을 갖고 있다. 서로 상이한 배경을 지닌 이들의 활동이 하나의 공통된 모습을 보여준다는 것은 여러 점에서 의미심장하다. 그 뚜렷한 모습 중 하나가 바로 봉사 활동이다. 봉사는 내가 아닌 타인의 복지를 지향하기 때문에 이타적인 고귀한 행위다. 그런데 이 봉사 활동이 갖는 특징은 개인적인 활동으로는 수행하기가 쉽지 않고 집단적으로 이루어질 때 더 효과적이며, 또한 이 봉사가 동시에 개개인을 집단으로 묶는 강한 접착제의 역할을 한다는 점이다. 그런 점에서 활동 형식으로서의 봉사와 공동체적 지향에는 강한 연관성이 존재한다고 볼 수 있다. 현대 사회에서 공동체는 공동체의 유지와 지속 자체를 목적으로 삼아서는 유지되기가 힘들다. 무엇보다 과거의 공동체와 같이 삶의 조건 자체가 공동체적이지 못하기 때문이다. 이런 맥락에서 하나의 활동 수단 혹은 목적이 된 봉사는 공동체의 유지와 정서적 교류에 있어 상당히 바람직하다고 생각된다. 대부분의 부녀회 조직은 이런 봉사 활동을 공동체의 중요한 실천이자 목적으로 여기고 있는 것으로 나타났다.

또한 문화예술에 대한 관심이 이를 수단으로, 혹은 목적으로 하는 공동체적 활동의 수렴 양상을 보이고 있다는 점도 지적할 수 있겠다. 문화예술공동체는 당연히 그 성격상 문화예술에 대한 흥미를 적극적으로 갖게 되고 이를 지속하기 위해 모임을 만든 경우이지만, 생활자치공동체의 경우도 마을 가꾸기, 마을 축제, 봉사 등의 활동에 문화예술활동을 도입하거나 목적으로 하는 경우도 상당히 많다. 문화예술에 대한 미학적 관심이야 말로 전통적인 공동체와 구분되는 생활문화공동체의 뚜렷한 특징이라 할 수 있다.

### (2) 지자체의 지원과 생활문화공동체

생활문화공동체의 성립과 활동에 큰 영향을 준 또다른 요소로 지자체의 지원을 들 수 있다. 광주광역시 북구는 2000년부터 주민들의 자발적인 참여를 유도하는 '아름다운 마을 만들기 조례'를 제정하고, 이에 기초한 마을 만들기 사업을 주도 혹은 지원하고 있다. 사업 형식은 대개 공모를 통해 이루어지는데, 예를 들면 「주민공동 꽃밭 가꾸기」, 「한마음 음악회」, 「주민화합 체육대회 및 위안잔치」, 「장미아치터널 만들기」 등 주로 마을의 외형과 미관을 꾸미거나 주민들이 함께 하는 행사를 지원하는 것이 대부분이다. 광주 북구는 전국적으로도 마을만들기 정책이 가장 활성화된 지역으로 알려져 있다. 하지만 최근에는 마을만들기 사업 지원 건수가 계속 줄어드는 경향을 보이고 있다.

또 주민자치위원회는 2000년 주민자치센터의 개설과 함께 만들어졌으며, 광주 북구의 경우는 이를 마을만들기 사업에 적극적으로 참여토록 하는 정책을 통해 활성화시킨 경우다. 주민자치위원회는 15인 이상 25인 이하로 구성되는데, 실상 여기에는 관련된 조직들, 즉 아파트 자치회, 방위협의회, 통장단, 자율방범대, 새마을 부녀회들이 모두 연결되어 있는 경우가 대부분이다. 마을만들기 사업은 주로 이 주민자치위원회가 중심이 되어 수행하지만, 활성화된 마을은 '마을만들기 추진위원회'와 같은 조직을 독자적으로 만들어 움직이는 경우들도 있다. 이 경우는 위원장이 전문가인 경우가 대부분이다.

주민자치위원회와 마을만들기 사업 사례는 정책적 지원을 통해 공식 조직을 공동체적 활동으로 전환시키는 것도 매우 의미있는 시도가 될 수 있음을 보여주는 사례다. 생활문화공동체가 단순히 자발적으로, 비공식적으로 만들어진 공동체에 국한되지 않으며, 적절한 정책적 보조나 선도를 통해서도 의미있는 생활문화공동체가 구성될 수 있음을 보여주고 있다.

## 5. 생활문화공동체의 구성과 구조

생활문화공동체는 자연적이고 우연적인 공동체가 아니라 의도성과 조직의 목적을 갖고서 만들어진 공동체이기 때문에 공동체와 유지와 활동이라는 목적의식적 행위가 공동체의 지속을 가능하게 한다. 이를 위해 공동체들은 정기적인 모임과 활동, 모임을 유지하기 위한 조직의 규칙 제정, 사업을 중심으로 한 활동의 활성화 등의 여러가지 조직적 행동을 수행한다.

### 1) 구성의 특징

생활문화공동체의 규모를 회원수로 살펴보면, 평균 회원수는 51.4명이며, 가장 적은 경우는 3명, 가장 많은 경우는 2,300명으로 나타났다. 그런데 90% 정도의 생활문화공동체가 40명 이하의 규모여서, 생활문화공동체는 상당히 작은 공동체라 말할 수 있다.[10] 생활문화공동체 성원의 성별 비율은 평균 남성이 38%, 여성이 62%로 여성의 비율이 훨씬 높은 것으로 나타났다. 이것은 주거지를 근거로 이루어지는 생활문화공동체 활동의 특성을 반영하는 것으로, 대부분의 시간을 직장에서 보내야 하는 남성과 달리 전업주부의 활동이 더 활발하기 때문에 나타난

10) 1,000명 이상의 회원수를 답한 경우는 한 마을이나 동 인구 전체를 답한 것이다. 예컨대 주민자치위원회는 형식적으로는 그 동 혹은 마을 주민 모두가 회원이다.

결과라 할 수 있다. 지역 및 공동체 유형별로 보아도 이러한 성별 구성은 큰 차이가 없다. 여주의 경우 여성이 64.5%, 남성이 35.5%로 여성의 비율이 남성보다 매우 높으며, 광주 역시 여성이 61.0%, 남성이 39.0%로 여성 비율이 훨씬 높다. 공동체 유형별로 보아도 생활자치공동체의 여성 비율이 62.6%, 남성이 37.4%이며, 문화예술공동체의 성별 구성 역시 여성 63.6%, 남성 36.4%로 여성의 비율이 압도적으로 높다.

**표 6-7 생활문화공동체의 성별 구성**

| | | 남성 | 여성 |
|---|---|---|---|
| 지역 | 여주 | 35.5 | 64.5 |
| | 광주 | 39.0 | 61.0 |
| 공동체 유형 | 생활자치공동체 | 37.4 | 62.6 |
| | 문화예술공동체 | 36.4 | 63.6 |

다음으로 생활문화공동체에 주로 참여하는 사람들의 세대, 즉 연령 분포를 살펴보면, 대체로 40대와 50대 이상의 장년층 및 노년층의 비율이 높음을 보여준다. 또 도시 지역이냐 농촌 지역이냐에 따라 참여하는 연령대의 차이가 존재한다. 여주의 경우 전연령대가 고루 분포한다는 비율이 광주지역보다 높은 반면, 광주 북구의 경우는 40대의 비율이 두드러지게 높고, 전연령이 골고루 참여하는 비율은 여주보다 낮다.

공동체 유형별로 그 차이는 보다 두드러진다. 생활자치공동체는 50대 이상의 노년층 비율이 가장 높은 반면, 문화예술공동체는 연령별로 골고루 분포하고 있다. 이것은 문화예술공동체가 비슷한 나이 및 세대별로 각자의 공동체를 구성하는 식으로 분화되어 있음을 보여주는 결과라 해석된다.

**표 6-8** 생활문화공동체의 연령별 구성

| | | 20대 | 30대 | 40대 | 50대 이상 | 전연령 분 포 |
|---|---|---|---|---|---|---|
| 지역 | 여주 | 4 ( 3.8) | 9 ( 8.5) | 26 (24.5) | 33 (31.1) | 34 (32.1) |
| | 광주 | 16 ( 9.8) | 16 ( 9.8) | 58 (35.4) | 51 (31.1) | 23 (14.0) |
| $X^2$ = 15.59 p = .004 | | | | | | |
| 공동체 | 생활자치 | 2 ( 1.6) | 1 ( 0.8) | 41 (32.0) | 60 (46.9) | 24 (18.8) |
| | 문화예술 | 18 (12.7) | 24 (16.9) | 43 (30.3) | 24 (16.9) | 33 (23.2) |
| $X^2$ = 50.26 p = .000 | | | | | | |
| 전체 | | 20 ( 7.4) | 25 ( 9.3) | 84 (31.1) | 84 (31.1) | 57 (21.1) |

## 2) 활동의 여건

생활문화공동체 활동을 위한 전용 공간이 있다면 보다 원활한 공동체 모임과 활동을 꾀할 수 있다. 조사 결과 공동체의 전용 활동공간이 있는 경우는 48.9%였다. 전용공간이 없는 경우 이용하는 장소는 공공기관이 45.1%로 가장 많고, 그 다음으로 회원의 개인공간을 활용하는 경우가 16.9%, 별도의 사무실 및 연습실을 마련하여 이용하는 경우는 10.0% 등으로 나타났다.

**표 6-9** 전용 활동공간 유무

| | 빈도 | 퍼센트 |
|---|---|---|
| 있다 | 132 | 48.9 |
| 없다 | 138 | 51.1 |
| 합계 | 270 | 100.0 |

**표 6-10** 전용 공간이 없는 경우 활동공간

| | 빈도 | 퍼센트 |
|---|---|---|
| 공공기관 대여(도서관 등) | 64 | 45.1 |
| 회원 개인공간 | 24 | 16.9 |
| 별도의 사무실 및 연습실 | 14 | 9.9 |
| 상업시설(공방, 카페 등) | 12 | 8.5 |
| 야외 공공장소(공원 등) | 9 | 6.3 |
| 기타 | 19 | 13.4 |
| 합계 | 142 | 100.0 |

생활문화공동체는 대부분 정기적, 부정기적 모임을 갖고 있다. 특별한 약속이나 의도 없이도 일상적으로 대면과 접촉이 가능한 전통적 공동체와 달리, 생활문화공동체는 일정하게 약속된 정기적 만남을 통해 공동체성을 발전시키고, 공통의 분위기와 문화를 공유한다. 조사 결과 정기 모임을 갖고 있는 생활문화공동체는 85.5%로, 대부분 정기적인 모임을 갖고 있음을 보여준다.

**표 6-11** 발표회 등 총회 성격의 행사 개최 여부

| | 빈도 | 퍼센트 |
|---|---|---|
| 개최한다 | 206 | 77.2 |
| 아니다 | 61 | 22.8 |
| 합계 | 267 | 100.0 |

생활문화공동체는 대부분 활동을 중심으로 조직되어 있기 때문에 활동 및 조직의 운영을 위해서는 일정한 경비가 소요된다. 이 운영경비는 주로 회비에 의해 충당되고 있고, 회비가 아닌 개인 자비 지출, 자체 수익금 마련 등을 통해 운영되는 비율도 상당함을 보여준다.

**표 6-12** 운영경비 확보 방법

| | 빈도 | 퍼센트 |
|---|---|---|
| 회비 | 165 | 61.3 |
| 자체 수익금 | 32 | 11.9 |
| 후원금 | 13 | 4.8 |
| 지자체 등 지원금 | 16 | 5.9 |
| 자비 | 39 | 14.5 |
| 기타 | 4 | 1.5 |
| 합계 | 269 | 100.0 |

확보된 운영경비는 주로 사업의 진행비로 사용되고 있다. 또 일부는 장비 구입이나 대여에 사용되고 있고, 공간 대여나 전문가 인건비의 용도로도 활용되고 있다.

**표 6-13** 운영 경비의 용도

| | 빈도 | 퍼센트 |
|---|---|---|
| 공간 대여 | 18 | 6.7 |
| 장비구입 및 대여 | 29 | 10.8 |
| 전문가 인건비 | 19 | 7.1 |
| 진행비 | 170 | 63.2 |
| 기타 | 33 | 12.3 |
| 합계 | 269 | 100.0 |

공동체는 자발성에 기초하여 자연스럽게 모임을 유지하는 것이 되어야 하겠지만, 의도적으로 만들어진 생활문화공동체는 공동체를 유지하기 위한 약간의 형식적 노력을 필요로 한다. 공동체 유지를 위한 노력으로서 다음과 같은 일을 하는지를 조사한 결과, 모임 시 개별 공지한다는 90.7%, 모임의 활동내용을 내부에 홍보한다는 74.3%, 참석률이 낮은 회원은 특별 관리한다는 응답은 50.2% 등으로 나타나, 공동체 유

▌표 6-14 ▌모임 유지를 위한 노력

| | 그렇다 | 아니다 |
|---|---|---|
| 모임이 있을 때마다 회원들에게 개별적으로 공지한다 | 244 (90.7) | 25 ( 9.3) |
| 참석율이 낮은 회원은 특별 관리한다 | 135 (50.2) | 134 (49.8) |
| 불참석자에 대한 처벌 및 불이익이 있다 | 33 (12.3) | 236 (87.7) |
| 회원자격을 유지하기 위한 최소한의 참여요건이 있다 | 150 (55.8) | 119 (44.2) |
| 모임의 활동 내용을 정기적으로 홍보한다 | 200 (74.3) | 69 (25.7) |

지를 위한 의도적 노력이 이루어지고 있음을 보여준다.

생활문화공동체의 구성의 특징에서 뚜렷한 것은 2, 30대 젊은 층 보다는 40대 이상의 중장년층의 참여가 두드러진다는 점이다. 또 여성의 역할이 상당히 부각되고 있다는 사실도 중요하다. 구성원의 60% 이상이 여성이며, 이것은 공동체 유형에 관계없이, 즉 도시에서건 농촌에서건, 그리고 생활자치공동체나 문화예술공동체 차이 없이 공통적으로 여성의 비율이 높다. 아마도 이들의 상당수가 전업주부일 것으로 추측된다. 또한 생활문화공동체는 유지를 위한 의식적인 노력을 대부분 기울이고 있음을 보여주는데, 이것은 한편으로 생활문화공동체가 뚜렷한 목적을 갖고 있기 때문에 일종의 조직적 활동을 수행한다는 것, 그리고 다른 한편으로는 전통 공동체에 비해 상대적으로 공동체적 응집력이 낮기 때문에 보다 의식적 노력이 요구됨을 보여주는 것으로 해석된다.

## 6. 생활문화공동체의 공동체성

생활문화공동체는 우연적인 공동체가 아니라 의도적으로 만들어진 공동체다. 그래서 공동체의 공동체성 자체를 유지, 지속하는 것이 활동의 중요한 목적 중의 하나가 된다. 어떤 공동체가 얼마나 공동체적 성격을 갖고 있는가를 판단하는 것은 그리 쉬운 일은 아니다. 전통적인 공동체를 본다면 상당히 오랜 기간 동안 동일한 물리적 공간을 점유하고, 대면적 접촉을 상시적으로 하며, 거주하는 지역에 대한 공통의 관심과 정서를 공유하는 특징을 가진다. 하지만 생활문화공동체에 대해 이런 전통적인 공동체의 상을 그대로 투사하기는 어렵다. 그것은 생활문화공동체가 주거를 기반으로 하지만 주거 자체가 공동체의 절대적인 요건이 되는 것은 아니며, 대면성도 일상적인 것이라기 보다는 한시적이고 의도적인 것이기 때문이다. 이런 어려움 때문에 이 조사에서는 친밀성의 정도를 양적으로 측정하는 간접 지표를 통해, 생활문화공동체가 얼마나 공동체적인가를 대략적으로 가늠해보고자 한다.

먼저 성원들 간의 친밀성의 강도를 살펴보자. '회원들끼리 서로의 개인 신상을 잘 안다', '회원들끼리 개인적으로 친밀한 편이다', '회원들끼리 정기모임 이외에도 만난다', '회원들의 경조사에 참여한다'의 네 질문에 대해 어느 정도의 친밀함을 느끼는지 리커트 척도로 측정하였다. '회원들끼리 서로의 개인 신상을 잘 안다'에서는 73.6%그 그렇다고 응답하여 서로의 개인 신상 정보를 공유하는 정도가 매우 높음을 알 수 있다. '회원들끼리 개인적으로 친밀한 편이다'는 의견에 대해서도 81.8%가 그렇다고 응답하여 친밀성이 매우 높다고 응답하고 있다.

상대적으로 횟수에서 제한이 있고 정해진 규칙을 따라야 하는 정기모임 이외에 회원들끼리 따로 만나는 정도에 대해서는 69.1%가 그렇다고 응답하고 있다. 또 회원들의 경조사에 참여한다는 응답도 73.6%로 매우 높은 비율을 보였다. 반대로 회원들 간에 갈등이 있다는 의견에 대해서는 그렇다는 응답이 8.9%, 그렇지 않다는 응답이 73.4%로, 갈등이 별로 없고 화목하다는 의견이 매우 높음을 알 수 있다. 이 결과는 조사된 생활문화공동체가 매우 '친밀한 공동체'의 성격을 보여주는 것으로 해석된다.

**▌표 6-15 ▌ 생활문화공동체의 공동체성**

| | 전혀 그렇지 않다 | 별로 그렇지 않다 | 보통 이다 | 조금 그렇다 | 매우 그렇다 |
|---|---|---|---|---|---|
| 회원들끼리 서로의 개인 신상을 잘 안다 | 4<br>( 1.5) | 5<br>( 1.9) | 62<br>(23.0) | 91<br>(33.8) | 107<br>(39.8) |
| 회원들끼리 개인적으로 친밀한 편이다 | 6<br>( 2.2) | 1<br>( 0.4) | 42<br>(15.6) | 86<br>(32.0) | 134<br>(49.8) |
| 회원들끼리 정기모임 이외에도 만난다 | 6<br>( 2.2) | 26<br>(9.6) | 51<br>(19.0) | 92<br>(34.2) | 94<br>(34.9) |
| 회원들의 경조사에 참석한다 | 8<br>( 3.0) | 21<br>( 7.8) | 42<br>(15.6) | 73<br>(27.1) | 125<br>(46.5) |
| 회원들끼리의 갈등이 있다 | 104<br>(38.7) | 96<br>(35.7) | 45<br>(16.7) | 22<br>( 8.2) | 2<br>( 0.7) |

이러한 공동체 성원들간의 친밀성과 공동체적 결속은 공동체 유형에 따라 약간 차이를 보였다. 생활자치공동체와 문화예술공동체 간의 차이는 별로 없었지만 여주군과 광주 북구의 차이, 즉 농촌형 공동체와 도시형 공동체의 차이는 약간 있는 것으로 나타났다. 아래의 표는 여주와 광주의 생활문화공동체의 공동체성 정도를 분산분석한 결과다.

공동체 유형별로 공동체성의 차이를 분산분석을 통해 살펴보면, 먼저 '회원들끼리 서로의 신상을 잘 안다'는 평가는 광주 북구 보다는 여주군의 정도가 더 높은 것으로 나타났다. 성원들의 구체적인 개인 신상과 정보를 아는 정도는 도시형 공동체 보다는 농촌형 공동체가 더 높음을 알 수 있다. '회원들끼리 개인적으로 친밀한 편이다'에 대해서도 광주 북구 보다는 여주군이 그 정도가 더 높은 것으로 나타났다. 성원들 개인간 친밀성의 정도도 도시 보다는 농촌이 더 높다. 하지만 회원들간의 정기적 모임 이외의 만남이나 경조사 참여, 회원간의 갈등 등에서는 두 공동체간 차이가 별로 없는 것으로 나타났다.

**표 6-16** 지역별 공동체성 분산분석

| | 집단 | 빈도 | 평균 | F |
|---|---|---|---|---|
| 회원들끼리 서로의 개인 신상을 잘 안다 | 여주 | 105 | 4.33 | 13.294 *** |
| | 광주 | 164 | 3.92 | |
| 회원들끼리 개인적으로 친밀한 편이다 | 여주 | 105 | 4.43 | 5.663 * |
| | 광주 | 164 | 4.16 | |
| 회원들끼리 정기모임 이외에도 만난다 | 여주 | 105 | 4.05 | 3.396 |
| | 광주 | 164 | 3.80 | |
| 회원들의 경조사에 참석한다 | 여주 | 105 | 4.22 | 3.515 |
| | 광주 | 164 | 3.96 | |
| 회원들끼리의 갈등이 있다 | 여주 | 105 | 1.98 | .037 |
| | 광주 | 164 | 1.96 | |

* 〈 .05 ** 〈 .01 *** 〈 .001

기본적으로 생활문화공동체는 공동체 성원간 친밀성의 정도가 매우 높은 반면 갈등은 별로 없는 강한 공동체성을 보이고 있다. 그리고 도시의 생활문화공동체 보다는 농촌이 좀더 그 친밀성의 정도가 강함을 보여주고 있다. 이것은 농촌이 도시에 비해 정주를 기본으로 한 공동체적 유대의 토대가 더 단단하기 때문에 발생한 결과로 해석할 수 있다. 한편 생활자치공동체와 문화예술공동체 간의 공동체성의 차이는 발견되지 않았다. 이로 미루어 볼 때 공동체성의 정도는 활동의 유형 보다는 지역, 즉 농촌과 도시의 차이를 더 반영하는 것으로 생각된다. 이것은 생활문화공동체가 새로이 만들어진 의도적 공동체라 하더라도, 그 바탕에 공동체적 정서가 아직 남아있는 농촌 지역의 생활문화공동체가 도시 보다 더 공동체적임을 의미한다.

또다른 공동체성의 정도를 측정하는 지표로, 정기적 모임 이외에 부정기적 모임이 얼마나 이 얼마나 자주 이루어지는가를 통해 그 정도를 측정할 수 있다. 이들은 대체로 1년 평균 19회 정도를 사안에 따라 부정기적으로 만나고 있는 것으로 나타났다. 한편 생활문화공동체 유형별로, 즉 지역이나 활동 유형별 집단간 차이를 분석해 본 결과 그 차이는 드러나지 않았다. 이는 바꾸어 말하면 이 부정기적 만남은 공동체의 목적을 위한 만남이라기 보다는, 친밀성에 기초하여 자발적으로 이루어지는 만남인 경우가 더 많다는 사실을 함축하는 것으로 여겨진다.

생활문화공동체의 평균 성원이 40여명 정도로 그 규모가 크다고 할 수는 없지만, 공동체 내부에서 친밀하게 지내는 사람들 혹은 소모임의 존재는 공동체성을 더 높게 만드는 요인이다. 이들 내부에 소모임이 있는 경우는 42.6%로 상당한 수의 공동체들이 내부의 더 친밀한 사적인 소모임을 갖고 있는 것으로 나타났다. 도시와 농촌, 그리고 생활자치공동체와 문화예술공동체 간의 차이는 별로 없었다.

**표 6-17** 공동체 내의 소모임 존재 여부

| | 빈도 | 퍼센트 |
|---|---|---|
| 소모임 있다 | 115 | 42.8 |
| 소모임 없다 | 154 | 57.2 |
| 합계 | 269 | 100.0 |

## 7. 생활문화공동체의 효과와 의미

생활문화공동체 활동에 참여함으로써 얻게 되는 효과는 개인의 삶의 모든 측면에서 긍정적인 것으로 나타났다. 그 중에서도 가장 인상적인 효과는 '인간관계가 더 깊어졌다'는 점이다. 인간은 누구나 스스로의 인간관계를 맺고 살아가지만, 생활문화공동체에서 맺게 되는 인간관계는 직업적 일이나 이해관계와는 다른, 공통의 목표와 정서를 공유하는 인간관계다. 이것은 생활문화공동체에 참여하는 사람들의 근원적 욕구가 공동체적 회귀의 감성과 직결되어 있음을 보여주는 증거로 볼 수 있다. 또 '생활의 즐거움이 커졌다'도 이와 연결되어 나타나는 긍정적 효과의 하나일 것이다.

문화예술을 매개로 구성된 생활문화공동체 활동으로 인해 '예술적 감수성이 풍부해졌다'는 응답도 비교적 높게 나타났다. 하지만 이 효과는 다른 항목들에 비해 상대적으로 비율이 낮은데, 그 이유는 문화예술

**표 6-18** 생활문화공동체 활동의 효과

| | 전혀 그렇지 않다 | 별로 그렇지 않다 | 보통이다 | 조금 그렇다 | 매우 그렇다 |
|---|---|---|---|---|---|
| 주거지역 현안문제 해결에 많은 도움이 되었다 | 24<br>( 8.9) | 46<br>(17.1) | 62<br>(23.0) | 66<br>(24.5) | 71<br>(26.4) |
| 회원들의 여가생활이 풍족해졌다 | 8<br>( 3.0) | 28<br>(10.4) | 77<br>(28.6) | 89<br>(33.1) | 67<br>(24.9) |
| 인간관계가 더 깊어졌다 | 3<br>( 1.1) | 3<br>( 1.1) | 22<br>( 8.2) | 107<br>(39.8) | 134<br>(49.8) |
| 생활의 즐거움이 커졌다 | 2<br>( 0.7) | 3<br>( 1.1) | 40<br>(14.9) | 113<br>(42.0) | 111<br>(41.3) |
| 능력개발에 많은 도움이 되었다 | 2.<br>( 0.7) | 14<br>( 5.2) | 54<br>(20.1) | 96<br>(35.7) | 103<br>(38.3) |
| 회원들의 주거지 생활환경이 개선되었다 | 18<br>( 6.7) | 41<br>(15.2) | 76<br>(28.3) | 86<br>(32.0) | 48<br>(17.8) |
| 공적인 일에 많은 관심을 갖게 되었다 | 7<br>( 2.6) | 21<br>( 7.8) | 50<br>(18.6) | 99<br>(36.8) | 92<br>(34.2) |
| 예술적 감수성이 풍부해졌다 | 8<br>( 3.0) | 32<br>(11.9) | 65<br>(24.2) | 72<br>(26.8) | 92<br>(34.2) |

동호회를 제외하고는 대부분 활동의 형식이 예술 보다는 마을만들기나 축제, 봉사 등에 촛점이 맞추어져 있기 때문인 것으로 해석된다.

이 외에도 '생활의 즐거움이 커졌다', '여가생활의 풍부해졌다', '주거지역 현안문제 해결에 도움이 되었다' 등에서 모두 긍정적인 변화가 있었던 것으로 나타나고 있다.

생활문화공동체로 인한 변화 및 효과는 공동체 유형별로 차이를 보였다. 먼저 도시와 농촌 공동체의 차이를 살펴보면, 대체로 그 효과는 도시보다는 농촌의 경우가 더 긍정적인 효과가 큰 것으로 나타나고 있다. 이 중 '회원들의 여가생활이 풍족해졌다', '생활의 즐거움이 커졌

**표 6-19 지역별 생활문화공동체 활동의 효과 분산분석**

| | 집단 | 빈도 | 평균 | F |
|---|---|---|---|---|
| 주거지역 현안문제 해결에 많은 도움이 되었다 | 여주 | 105 | 3.49 | .530 |
| | 광주 | 164 | 3.38 | |
| 회원들의 여가생활이 풍부해졌다 | 여주 | 105 | 3.85 | 5.224* |
| | 광주 | 164 | 3.55 | |
| 인간관계가 더 깊어졌다 | 여주 | 105 | 4.31 | .618 |
| | 광주 | 164 | 4.39 | |
| 생활의 즐거움이 커졌다 | 여주 | 105 | 4.41 | 10.279** |
| | 광주 | 164 | 4.10 | |
| 능력개발에 많은 도움이 되었다 | 여주 | 105 | 4.29 | 11.000*** |
| | 광주 | 164 | 3.91 | |
| 회원들의 주거지 생활환경이 개선되었다 | 여주 | 105 | 3.43 | .192 |
| | 광주 | 164 | 3.37 | |
| 공적인 일에 많은 관심을 갖게 되었다 | 여주 | 105 | 3.94 | .070 |
| | 광주 | 164 | 3.90 | |
| 예술적 감수성이 풍부해졌다 | 여주 | 105 | 3.91 | 2.338 |
| | 광주 | 164 | 3.69 | |

* 〈 .05 ** 〈 .01 *** 〈 .001

다', '능력개발에 도움이 되었다' 등에서 특히 농촌 공동체의 만족도가 도시보다 더 높은 것으로 나타났다. 이 결과를 통해 볼 때 생활문화공동체는 농촌 공동체에 기반하고 있는 농촌에서는 기존과는 다른 생활의 즐거움을, 그리고 공동체적 삶이 부재한 도시에서는 공동체적 삶의 즐거움을 각각 제공하는 효과가 있음을 짐작해 볼 수 있다.

생활자치공동체와 문화예술공동체에서의 효과의 차이 역시 뚜렷하게 존재하며, 그 차이는 여주와 광주, 즉 농촌형과 도시형의 차이 보다 더 큰 것으로 나타났다. 주거지역 현안문제 해결에 도움이 되었다는 의견은 문화예술공동체 보다 생활자치공동체가 더 강하게 나타났다. 이는 생활자치공동체가 거주지의 현안문제 해결을 주된 목적으로 한다는 점에서 당연한 결과라 하겠다. 공동체 활동으로 인한 여가생활의 풍부함은 생활자치공동체 보다는 문화예술공동체의 효과가 더 큰 것으로 나타나고 있다. 인간관계가 깊어졌다는 변화는 두 공등체 모두 별 차이 없이 모두 큰 효과가 있음을 보여준다. 공동체 활동으로 인한 생활의 즐거움은 생활자치공동체 보다는 문화예술공동체가 더 크게 나타남을 보여준다. 능력개발에 도움이 되었다는 의견 역시 문화예술공동체가 더 큰 것으로 나타났다.

회원들의 주거지 생활환경 개선 효과는 문화예술공동체 보다는 생활자치공동체에서 더 크게 나타나고 있다. 마을 만들기나 가꾸기 등의 효과를 반영하고 있는 것으로 보인다. 공적인 일에 더 많은 관심을 가지게 되는 효과는 문화예술공동체 보다는 생활자치공동체에서 더 뚜렷하게 나타나고 있는 반면, 예술적 감수성은 생활자치공동체 보다는 문화예술공동체의 효과가 더 크다는 것을 알 수 있다.

물론 생활문화공동체는 전적으로 성원들의 자발적인 참여와 노력에 의해 유지되는 것이 보통이어서 지속과 운영에 많은 어려움도 있다. 가장 큰 문제 중의 하나는 '운영 경비'이다. 광주 북구의 경우는 마을

▌표 6-20 ▌공동체 유형별 생활문화공동체 활동의 효과 분산분석

| | 집단 | 빈도 | 평균 | F |
|---|---|---|---|---|
| 주거지역 현안문제 해결에 많은 도움이 되었다 | 생활자치 | 128 | 4.05 | 72.555 *** |
| | 문화예술 | 141 | 2.86 | |
| 회원들의 여가생활이 풍부해졌다 | 생활자치 | 128 | 3.38 | 18.707 *** |
| | 문화예술 | 141 | 3.92 | |
| 인간관계가 더 깊어졌다 | 생활자치 | 128 | 4.38 | .085 |
| | 문화예술 | 141 | 4.35 | |
| 생활의 즐거움이 커졌다 | 생활자치 | 128 | 4.04 | 13.232 *** |
| | 문화예술 | 141 | 4.38 | |
| 능력개발에 많은 도움이 되었다 | 생활자치 | 128 | 3.77 | 24.665 *** |
| | 문화예술 | 141 | 4.31 | |
| 회원들의 주거지 생활환경이 개선되었다 | 생활자치 | 128 | 3.83 | 41.214 *** |
| | 문화예술 | 141 | 2.99 | |
| 공적인 일에 많은 관심을 갖게 되었다 | 생활자치 | 128 | 4.18 | 15.976 *** |
| | 문화예술 | 141 | 3.69 | |
| 예술적 감수성이 풍부해졌다 | 생활자치 | 128 | 3.27 | 57.721 *** |
| | 문화예술 | 141 | 4.23 | |

* 〈 .05 ** 〈 .01 *** 〈 .001

단위로 '마을 가꾸기' 시범사업에 선정될 경우 일정한 경비를 지원해주고 있다. 이것이 광주 북구에서 생활문화공동체가 활성화된 가장 큰 이유 중의 하나인데, 이런 조건이 모든 지역에서 충족되는 것은 아니며, 또한 모든 공동체 활동에 경비가 지원되는 것도 아니다. 생활문화공동체가 활성화되기 위해서는 모임과 활동에 필요한 경비를 어떻게 마련하느냐가 가장 관건이 될 것이다.

또 모임을 위한 공간이 부족한 것도 큰 장애인 것으로 나타났다. 공공 도서관이나 미술관, 박물관 등의 문화예술교육을 통해 형성된 문화예술공동체는 모임 운영을 이러한 공공시설을 대여함으로써 해결하고

있고, 부녀회 조직은 아파트의 관리실이나 마을의 주민자치센터 등을 모임 시설로 활용하고 있지만, 나머지 조직은 그러한 시설을 활용할 방안이 별로 없다. 모임의 지속을 위해서는 무엇보다 안정적인 모임 공간이 필요한데, 이것이 왜 공공시설이 이러한 활동을 후원해야 하는지의 한 이유라 할 수 있다.

또한 '회원들의 참여시간 부족'도 생활문화공동체의 활성화를 위해 극복해야 할 과제의 하나다. 생활문화공동체는 순전히 성원의 자발적 참여에 의해 지속될 수 있지만, 일이나 기타 일과 공동체 활동이 상충되거나 시간 부족 등의 문제가 있을 경우 모임의 지속에 어려움이 생긴다. 다만 이것이 극복가능한 한 가지 이유는 이들 생활문화공동체가 동일한 거주지역에 기반하고 있다는 점일 것이다. 모임이 오래 지속될수록 이들의 정주에 의한 친밀성이 높아질 것이며, 참여시간 부족 문제도 완화될 것으로 기대된다.

**표 6-21 생활문화공동체 활동의 장애요인**

| | 전혀 그렇지 않다 | 별로 그렇지 않다 | 보통 이다 | 조금 그렇다 | 매우 그렇다 |
|---|---|---|---|---|---|
| 운영 경비 | 19 ( 7.1) | 46 (17.1) | 56 (20.8) | 81 (30.1) | 67 (24.9) |
| 모임 공간 부족 | 46 (17.1) | 78 (29.0) | 49 (18.2) | 57 (21.2) | 39 (14.5) |
| 회원들의 낮은 참여 | 53 (19.8) | 76 (28.4) | 65 (24.3) | 60 (22.4) | 14 ( 5.2) |
| 운영원칙의 부재 | 82 (30.5) | 91 (33.8) | 59 (21.9) | 35 (13.0) | 2 ( 0.7) |
| 회원들 간의 갈등 | 116 (43.1) | 95 (35.3) | 36 (13.4) | 17 ( 6.3) | 5 ( 1.9) |
| 전문성의 부족 | 59 (21.9) | 77 (28.6) | 64 (23.8) | 50 (18.6) | 19 ( 7.1) |
| 지원기관과의 갈등 | 112 (41.6) | 82 (30.5) | 40 (14.9) | 25 ( 9.3) | 10 ( 3.7) |
| 홍보 부족 | 63 (23.4) | 52 (19.3) | 82 (30.5) | 54 (20.1) | 18 ( 6.7) |
| 회원들의 참여시간 부족 | 36 (13.4) | 57 (21.2) | 76 (28.3) | 85 (31.6) | 15 ( 5.6) |

생활문화공동체가 갖는 의미란 무엇일까? 생활문화공동체 활동은 한편으로 지역 거주지의 여러 문제를 해결하여 거주지역의 삶의 조건을 개선하려는 자발적 노력의 일환으로 출현하고 있다는 점에서 일종의 자치운동적 성격을 가진다. 지방자치제를 흔히 풀뿌리 민주주의라 말하는데, 주민들의 자발적인 이런 움직임은 풀뿌리 민주주의의 이상을 구체화하여 보여주는 것이라 평가할 수 있다. 이보다 더 의미있는 것은 이러한 움직임이 '문화적 참여'의 형태로 드러나고 있다는 점에 있다. 문화예술에 대한 관심은 생활문화공동체를 이전의 자치 모임이나 주민운동과 구분짓는 가장 특별한 측면이다. 문화적 참여는 경제적 관심이나 정치적 관심 보다는 아름다운 것을 추구하고 삶의 질을 높이며 개인의 자질을 계발하려는 관심에 의해 추동되는 것이다. 이것은 개인의 삶에 대한 정신적이고 미학적인 성찰이 출현하고 있음을 보여주는 징후로도 볼 수 있을 것이다.

생활문화공동체가 현실적으로 어떤 효과를 가지는가에 대한 평가는 조금 성급한 것일 수 있다. 하지만 적어도 활동에 참여하고 있는 성원들의 다음과 같은 언급은 이에 대한 작은 실마리를 제공하는 것 같다.

> 댄스스포츠 강의를 받은 친구들 끼리 너무 재미있어서 동아리를 만들게 되었다. 댄스스포츠를 1년 넘게 배우다 보니 처음 배우는 사람과 아닌 사람들의 실력차가 나게 되고 그래서 기초반과 고급반을 나누기도 했지만 그것만으로는 부족했다. 그래서 동아리를 만들고 일반 댄스스포츠 시간에 배우지 않는 것 까지 다 배워보자 라는 취지로 모이기 시작했다. .. 노인들의 회갑잔치나 노인정 등을 순회하며 찬조 공연을 한다. 봉사하는 차원에서 가는 것이다. 관내에서 진행하는 축제 같은데도 참여를 했고, 시장 상인들이 초청을 해서 공연을 한 적도 있다. 경기도나 전국단위로 대회가 있는데 그러한 대회에 꼭 참여를 한다.

그러한 활동이 굉장히 많기 때문에 얼마 전에는 전문 선수공연팀을 별도로 구성하였다. 외부활동이나 경연을 할때 강사선생님이 지도해주시고 공간을 빌려주시는 등 도움을 많이 주신다. (여주 노인복지회관 댄스동아리 '댄사모')

봉사는 계단 청소 같은 것을 주로하고, 노인 등의 애로사항을 들어드리고 그런 것이죠. 주민들이 혜택에 대해 모르는 부분을 해드려요. 또 지금, 구청에나 국토해양부에서 하는 꽃길, 아름다운 마을 만들기를 시행하고 있어서 주민들이 동의하셔서 그런 것을 하고 있고. 주민센터나 구청에서 적극 협조를 해서 같이 활동을 하고 있어요. (광주 각화동 주공임대아파트 부녀회)

처음에는 말그대로 학습 하는 모임이었는데, 만나서 공부하고 이야기하다보니 점점 목표가 커졌다. 이렇게 좋은 것을 사람들에게 많이 알려야지.. 싶은 것도 있고, 다들 욕심이 있어서 그렇기도 하다. 그동안 이런 것들을 생각해 봤다. 1) 실습할 기회를 얻어 각자가 선생님으로서의 자격을 갖추는 것, 2) 자료집, 교재 등을 만드는 것, 3) 봉사활동을 하는 것, 4) 모임이 더 커지면 장학사업을 하는 것도 좋겠다. 이런 이야기가 모임을 한 지 4-5개월 정도부터 오고 갔다. 실제 아이들을 대상으로 워크숍도 해보고, 방학동안 각자의 자녀들과 책을 같이 일고 아이들에게 가르치고 하면서 느낀 게 있어서 저런 이야기가 많이 나오게 된 것 같다. (여주 맵)

여주에 문화향유할 것이 너무 없고, 접근성도 떨어지는데, 2001년부터 시작됐던 우리의 인형극 활동이 여주로서는 가뭄의 단비같은 활동이었다. 그래서 관심도 많이 가졌던 것 같다. 특히 어린이들이 향유할 수 있는 것이 매우 부족한 편인데, 어린이들을 대상으로 이러한 접근을 한다는 것 자체가 지역적으로 좋은 효과가 있었다고 생각한다. (여주 웃음벼락)

# 제3편
# 문화정책과 지역의 문화정치

Chapter 7

# 지역혁신과 문화정치: 광주 문화중심도시 조성사업을 중심으로[1)]

박해광 · 김기곤

## 1. 지역개발과 문화도시

지방자치제가 시작된 이래 지역을 중심으로 한 이른바 지역혁신 사업들이 분출되고 있다. 특히 노무현 정부는 '지역개발과 국가균형발전'을 국정 핵심과제로 설정하고 지역혁신 사업을 정권의 사활을 건 정책으로 추진하였고, 이명박 정부는 반대로 이러한 지역혁신 사업을 원점으로 돌리기 위해 지자체들과 힘겨운 줄다리기를 벌이고 있다. 그만큼 지역 개발을 둘러싼 정치적 논쟁은 당분간 계속될 것으로 보인다. 이런 흐름과 함께 지역 차원에서는 지역의 정체성과 내생적 발전을 모색하려는 노력이 치열하게 전개되고 있고, 이것이 중앙정부의 지역개발 정

1) 이 장은 『경제와 사회』 75호(2007)에 게재된 박해광 · 김기곤, "지역혁신과 문화정치: 문화중심도시 광주 조성사업을 중심으로"를 수정 · 보완한 것이다.

책과 결합하는 양상을 보이고 있다.

이런 가운데 지역개발 논리의 문화적 변종이라 할 수 있는, 지역 스스로 '문화도시'를 경쟁적으로 표방하는 양상들이 발생하고 있다. 광주 문화중심도시, 전주 전통문화도시, 부천 문화산업도시, 경주 역사문화도시, 부산 영상문화도시 등 다양한 '문화도시'들, 혹은 문화도시 담론들이 출현하고 있는 것이다. 지자체들이 스스로를 문화도시로 표방하는 것은 우리 사회에서 매우 새로운 현상으로, 이것은 다양한 의미들을 함축하고 있다. 한편으로 문화는 새로운 경제적 패러다임으로서 문화산업을 대표하며, 문화상품이 경제학적으로 유효한 상품이라는 믿음, 그리고 문화산업이 지금까지와는 다른 획기적인 '발전'을 이룰 수 있다는 믿음을 내포하고 있다. 이런 맥락을 통해 문화도시는 문화산업의 발전을 통해 높은 경제적 효과를 달성할 수 있는 도시라는 전망을 내포한다. 다른 한편으로 문화에 대한 기대는 지역에서의 새로운 삶에 대한 기대와 열망을 반영한다. 즉 도시를 문화적으로 재구성하여 유무형의 문화적 자산을 상품화하는 도시발전전략과 동시에 삶의 질 제고, 쾌적성(amenity)의 추구, 지역의 정체성과 이미지, 그리고 자부심 등을 모두 포괄할 수 있는 개념으로 문화가 호출되고 있는 것이다.

현재 광주에서 추진되고 있는 문화중심도시 조성사업은 이러한 두 가지 경향, 즉 지역혁신 정책과 지역의 문화도시 추구라는 경향이 만난 변종적 접합점이다. 그런데 이러한 지역개발 사업은 또한 고도로 정치적인 것이다. 그 정치란 한편으로 많은 지역개발 사업들이 그러하듯이 광주 문화중심도시 사업 역시 복잡한 정치적 과정의 산물이라는 의미이고, 또한 이러한 사업은 지역에서 복잡하고도 특유한 정치적 실천들을 만들어내고 있다는 의미이기도 하다. 중앙정부의 정책이 지역에 전달되는 과정에서 발생하는 절차상의 문제를 비롯, 중앙-지역의 위계적인 관계 속에서 야기되는 정책에 대한 인식 차이가 발생, 충돌하고 있다. 또한 지역사회는 다양한 단체와 개인들간의 복잡한 관계가 얽혀 있는 공간이어서 서로 다른 가치들이 충돌하고 있고, 지역혁신 정책이라는 외부적 요인은 이러한 충돌을 강화하는 경향이 있다.

이런 양상은 '문화정치'라는 개념으로 조망될 수 있을 것이다. 문화정치란 문화를 둘러싼 정치적 투쟁, 그리고 정치적 투쟁의 문화적 재현이라는 측면을 포착하는 개념이다. 이 글은 광주 문화중심도시 조성사업을 문화정치라는 틀을 통해 사고해보고자 한다. 즉 문화중심도시는 일차적으로 문화적 투쟁의 성격을 띠고 있으며, 문화를 정의하려는 노력, 정체성 정치의 표현, 의미를 둘러싼 투쟁 등이 문화정치를 구성하고 있음을 보여줄 것이다. 이와 함께 지역개발 논리로서 문화도시의 가능성을 문화정치의 틀을 통해 비판적으로 검토해 볼 것이다. 아울러 이 글은 지역혁신을 개발정책과 그 효과라는 틀로서만 사고할 뿐 그것이 갖는 문화적 측면을 간과하고 있고, 또 지역 내부의 역학에 주목하지 않는 기존 연구의 한계를 비판적으로 넘어서려는 목적도 갖고 있다.

## 2. 광주 문화중심도시 조성사업의 전개과정[2)]

### 1) 문화중심도시 조성사업의 성격[3)]

2) 정식 명칭은 '아시아 문화중심도시 광주 조성사업'이며 이하에서는 '문화중심도시 조성사업'으로 서술한다.

3) 이 연구는 문화도시에 대한 기존 연구들은 다루지 않는다. 기존의 연구를 간략히 요약한다면, 문화를 매개로 한 도시의 재구성 사업이 활발하게 진행되면서 문화도시가 갖는 의미를 개념적으로 이해하기 위한 연구들이 진행되었는데, 문화도시를 '삶의 문화화'라는 관점에서 인간이 살고 싶어 하는 도시라는 점을 강조하는 시각(문화연대 공간환경위원회, 2002), 문화적인 재화를 지속적으로 창조·유통·소비하는 관점에서 보려는 시각(임상오, 2006), 도시재생전략차원에서 접근하려는 시각(박은실, 2005; 이영범, 2005) 등이 대표적이다. 이들의 연구에서 문화도시는 단일한 의미와 요소로 규정되는 것이 아니라 도시 이미

최근 우리 사회에서 추진되고 있는 문화도시 조성은 크게 두 가지 흐름 속에서 진행되고 있다. 첫째, 중앙정부에서 추진하고 있는 것으로 몇 개의 지역을 문화의 거점으로 만들어가는 방식인데, 지역거점 문화도시란 주변 지역에 문화적 재화·용역·서비스의 제공을 확산시키기 위한 목적으로 특정 지역을 문화적 거점으로 선정하고 전략적 차원에서 이를 집중 지원하는 도시라 할 수 있다(김세훈, 2006: 164). 지역거점 개발은 그동안 압축적 경제성장 과정에서 파생된 국토의 불균형발전의

**표 7-1 지역거점 문화도시 조성사업 현황**

| 구분 | 아시아문화 중심도시(광주) | 역사문화 도시(경주) | 전통문화 도시(전주) | 영상문화 도시(부산) |
|---|---|---|---|---|
| 총기간 | 2004~2023 (20년 사업) | 2005~2034 (30년 사업) | 2006~2025 (20년 사업) | 2004~2011 (8년 사업) |
| 총예산 | 4조 8,772억원<br>-국비(균특 포함) 1조4,869억원<br>-지방비 6,566억원<br>-민자 1조 7,337억원 | 2조 3,840억원<br>-국고 1조 7,307억원<br>-지방비 6,533억원 | 1조 6,311억원<br>-국고 5,535억원<br>-지방비 6,593억원<br>-민자 4,183억원 | 1,233억원<br>-국비 365억원<br>-지방비 357억원<br>-민자 511억원 |
| 시행주체 | 문화관광부, 광주광역시 | 경주시 | 전주시 | 부산광역시 |
| 예산 구조 | 일반회계/균특 | 일반회계 | 일반회계 | 균특 |

*균특: 국가균형발전특별회계

**역사문화도시 국고예산 1조 7,307억원(문화관광부 2,015억원, 문화재청 1조 5,292억원)

**출처: 김세훈, 2006: 167을 참고로 재구성

---

지, 삶의 질, 경제적 가치 등이 동시에 고려되는 복합적인 성격을 지닌 공간으로 그려지고 있다.

폐해를 문화적 차원의 지역발전 모델을 통해 해소하고 국토를 균형적으로 발전시키려는 정책의지를 담고 있는 것이다. 현재 거점 문화도시로 지정된 곳은 광주의 아시아문화중심도시, 부산의 영상도시, 경주의 역사문화도시, 전주의 전통문화도시 등이다.

둘째, 지자체 차원에서 자신들의 도시를 문화적으로 바꾸어 여기서 만들어진 유무형의 문화적 자산을 상품화하는 이른바 도시발전 전략 차원의 문화도시 조성이다. 각 지자체가 추진하는 축제나, 문화거리 조성 등 각종 도시문화콘텐츠를 개발하는 것이 이에 해당되며, 통영 국제음악제, 부산 국제영화제, 파주 헤이리 아트밸리 조성 등을 들 수 있다. 여기서 문화는 문화산업, 지역축제, 관광과 장소 마케팅 등을 포함하여 도시발전을 이끄는 핵심 동력으로 설정되고 있다. 광주는 문화중심도시 조성사업이 거론되기 전에 이미 내부적으로 도시발전 전략으로서 '빛과 문화의 도시'라는 구상을 수립, 추진하고 있었다. 그 근거로 광주·전남발전연구원에서 제출한 『빛의 도시 광주 2020』(1998) 보고서, 그리고 현재 진행 중인 광주 문화중심도시 조성사업의 실질적 단초를 제공한 『빛과 생명의 문화광주 2020 기본계획』(2000)을 들 수 있다.[4] 이렇게 문화를 통해 지역의 이미지를 제고하고 지역정체성을 확립하며, 시민들의 문화복지를 실현하려는 방안으로서의 문화도시만들기 전략이 얼마나 효과적이었는가의 문제는 제쳐 두더라도, 이런 것들이 광주에서 문화중심도시 조성사업이 제기될 수 있는 현실적 근거로 작동했음은 분명하다.

국가의 정책과 지역의 발전 전략은 가장 상위의 수준에서 문화에

---

4) 그밖에 문화도시 조성이 국가적 차원으로 결정되기 이전까지 광주시의 '문화도시만들기' 프로젝트를 담고 있는 구상안으로는 『광주관광종합개발계획』(1997), 『광주 문화산업단지 조성기본계획』(2000), 『전남도청 이전 대비 광주발전전략연구』(2001), 『광주문화산업단지 조성계획』(2001) 등이 있다.

대한 동일한 인식을 공유하고 있다. 즉 문화가 국가 및 지역경제 발전의 물질적 수단이라는 점, 그리고 문화가 한 사회구성원들의 문화적 권리를 증진시켜나갈 것이라는 믿음, 또한 문화가 도시에서의 경제적 삶과 도시 공동체의 구성원의 활력을 제고시킬 것이라는 기대를 포함하고 있다. 하지만 이러한 유사한 인식을 공유하면서도 '문화를 통한 지역발전'과 '국가의 문화정책의 비전'이 서로 충돌하면서 많은 논란이 야기되고 있다. 이 논란은 일차적으로 사업의 성격이 지역만을 위한 것인지 아니면 국가 전체의 균형발전을 위한 것인지에 대한 각자의 해석차에 기인하는 것으로 보이지만, 동시에 이러한 갈등의 발생과 함께 논란은 문화적 하위 쟁점들을 둘러싼 대립의 양상을 보여주고 있다.

### 2) 문화중심도시 조성사업의 추진과정

여기서는 문화중심도시 조성사업이 국가 정책담론으로 등장한 이후부터 아시아문화중심도시특별법이 발효된 시점까지를 세 개의 주요 국면으로 나누어, 주요한 정책들이 어떻게 전개되었으며, 이에 대한 지역사회의 대응은 어떠했는가를 살펴보고자 한다.

#### (1) 문화중심도시 정책담론의 형성: 2002. 12.～2004. 9.

광주 문화중심도시 조성사업은 2002년 대통령 선거 과정에서 제시된 노무현 후보의 '광주 문화수도' 공약으로 시작되었다. 당선 직후 광주 지역사회는 대통령의 문화수도 공약을 현실화시키기 위해 노력했는데, 먼저 '문화수도 광주'의 밑그림으로 2003년 1월 16일 광주시 문화관광국은 '문화수도 기본육성방안'을 발표하였다. 6개 프로젝트, 25개 세부사업으로 구성된 이 계획에는 『빛과 생명의 문화광주 2020』(광주시, 2000)이 제시한 '문화인프라 구축과 국비지원 확대, 문화예술행사, 문화콘텐츠 산업, 문화예술인재 양성과 상징적 조형물 건축 등의 내용이 반영되어 있다. 한편 지역 언론매체는 기획 기사를 통해 '문화수도' 조성을 지원하고 나섰다.

뒤이어 광주시는 2003년 6월 4일 '문화수도 육성 및 지원에 관한 조례안'을 광주 시의회에 상정했는데, 조례안은 문화수도육성추진위를 구성해 위원장은 시장이, 실무기획단장은 행정부시장이 맡는다는 내용을 담고 있다. 이는 정부보다는 광주시가 문화수도 추진 주체로서 주도권을 행사하겠다는 의지를 강하게 드러낸 것이었다. 2003년 9월 17일 청와대에 광주·전남지역 언론인을 초청한 자리에서 노무현 대통령은 문화중심도시 기본 구상[5]을 밝혔고, 곧바로 문화관광부가 '광주 문화중심도시 조성 TF'를 구성했다. 이때부터 문화중심도시 조성사업이 본격화되었다고 볼 수 있다. TF는 『광주 문화중심도시 계획을 위한 기초연구 보고서』(2003)를 발간하였는데, 문화중심도시계획의 전체 목표를 '미래형 문화도시의 모델 창출', '새로운 유형의 문화산업도시 구상', '문화교육 시범도시 지향', '아시아 문화허브 도시 지향' 등 4가지로 규정하고 있다. 이후 이 보고서는 문화중심도시 조성사업을 구상하는데 실질적인 기초가 되었다.

국가적 차원에서 광주 문화중심도시 조성사업을 공식화하기 위한 노력도 연이어 이루어졌다. '동북아문화중심도시 광주' 조성 기본계획에 관한 대통령 보고(2003. 7. 30)와 대통령이 참석한 가운데 광주 5·18

5) 구상안은 국립 아시아문화전당 건립, 문화지구·문화특구를 지정하고 문화환경 조성에 1조원, 기타 특급 관광호텔과 주거시설에 5천억원 등 2023년까지 모두 2조원을 투자한다는 내용을 담고 있다. 예산은 국비 1조원, 광주시비 5천억원, 민자 5천억원 등이다. 또한 노무현 대통령은 2003년 9월 안에 아시아문화전당 추진기획단을 발족시켜 2005년 8월까지 문화전당 실시설계를 마치고 2005년 9월에 기공식을 열어, 2010년 5월 준공한다는 계획도 밝혔다. 한겨레신문, 2003년 9월 18일.

기념문화센터에서는 '아시아문화중심도시 광주조성 기본계획' 보고회(2003. 11. 7)가 열렸다. 11월 7일 보고회에서 문화관광부 광주 문화중심도시 조성 TF는 지금까지 진행된 연구결과와 추진계획을 발표하였으며, 이는 그 동안 제기되었던 문화중심도시 조성사업의 현실화 가능성에 대한 지역사회의 염려를 어느 정도 해소하는 계기가 되었다. 노무현 대통령은 "아시아 문화중심도시의 목표는 아시아 문화수도"라고 규정하였고, 문화관광부 장관은 "광주를 아시아문화를 재발견하고 재창조하는 아시아 문화예술의 허브도시로 육성"하겠다고 밝혔다. 아시아문화전당 건립 위치도 종전에 '광주 핵심지역'에서 '역사성이 있는 도심 일원'으로 구체화되었다(광주일보, 2003년 11월 8일).

중앙정부 차원에서 문화중심도시 조성사업을 추진할 조직도 모습을 드러냈다. 2004년 3월 대통령 소속 문화중심도시조성위원회(이하 조성위원회)와 문화관광부 문화중심도시조성추진기획단(이하 추진기획단)이 발족했다. 조성위원회는 문화중심도시 조성사업의 자문·심의·의결을 담당하는 기구로, 그리고 추진기획단은 문화중심도시 조성사업의 전 과정을 기획하고 집행하는 기능을 담당하는 기구로 설정되었다. 추진기획단은 7월말 '아시아문화전당' 기본 구상을 발표했다. 문화관광부는 '(가칭)문화중심도시조성 특별법' 재정 계획을 밝히기도 했다.

이 시기는 문화중심도시 조성사업이 국가차원에서 하나의 정책담론으로 등장하고 구체화되는 시기라 할 수 있다. 광주 문화중심도시 조성사업이 국가주도의 정책으로 공식화되었지만, 초기에 미확정이었던 문제들, 예컨대 '문화수도'와 '문화중심도시' 개념의 대립을 비롯하여 국립아시아문화전당(이하 문화전당) 위치[6], 문화의 산업화 문제, 추진 주

6) 문화전당 건립예정 부지는 조성위원회의 의결을 통해 9월 9일 '전남도청 일원'으로 확정했다. 문화관광부는 전남도청 일대(약 2만평)와 건너편 남도예술회관·상무관(5천여평) 등 총2만5천여평을 아시아문화전당 건립부지로 결정하

체 등에 이르기까지 다양한 쟁점들이 생산, 분화되기 시작하였고, 이 속에서 각 주체들 간의 갈등과 대립도 드러나기 시작했다.

### (2) 정책담론의 확정과 공간 기획: 2004. 10.~2005. 12.

사업의 구체화와 함께 공간 기획이 이루어지면서 다양한 이해관계들이 표출되기 시작했다. 그 출발점은 전남도청 일원으로 문화전당 부지가 확정된 것이다. 광주시는 2004년 11월 1일 '문화수도 광주, 문화산업 육성계획'을 통해 문화중심도시 조성사업을 지역의 산업과 연계시켜 지역경제 발전을 촉진시킨다는 구상을 발표했다. 이 연장선상에서 광주시는 문화관광부가 도청 일대로 확정한 문화전당 부지에 문화산업 시설들을 모은 복합문화단지를 조성하고 그 안에 전당을 건립하는 것이 바람직하다는 의견을 제시했다. 이에 대해 문화전당 건립과 함께 도심활성화 효과를 기대하던 광주 동구청과 도청 일대의 금남로·충장로 상인들은 강하게 반발했다. 광주시의 복합문화단지 조성 주장은 경제적 효과 측면에서 전당보다는 복합문화단지가 더 유리하다는 판단에 따른 것이며, 이 주장은 상당 기간동안 지속되었다.

2005년 4월 30일 '아시아문화전당 기본구상 연구용역 최종보고회'에서는 문화전당 본건물은 총4만3천806평 규모로 하고, 주요 공간을 5·18광장과 오픈 스페이스, 아시아문화민주센터, 아시아문화박물관, 아시아공연예술센터, 아시아창조산업센터, 아시문화네트워크센터, 부대시설 등이 포함되는 전당 기본안이 제시되었다. 또한 문화전당에 대한 공간이 구체적으로 기획되고 사업의 안정화를 기하기 위한 제도적 장치도 준비되어 갔다. 10월 28일 여·야 국회의원 157명으로 '아시아문화중심도시 특별법' 제정안이 발의되었다.[7] 12월 2일에는 문화전당

고, 10월 16일 '국립아시아문화전당 건립을 위한 도시계획시설' 결정 신청을 광주시에 제출했다.

건축 설계안이 발표되었다. 당선작품인 '빛의 숲'은 개방형 지하 광장 형태로, 5·18민중항쟁의 역사를 기념하기 위해 옛 전남도청과 상무관·분수대를 원형으로 보존하고 나머지 건물 대부분을 지하(10~25m)에 넣는 것으로 설계되었다. 12월 7일에는 문화중심도시 조성사업의 핵심 시설이 될 문화전당이 착공되었다. 또한 2년여 동안 25건의 연구 용역을 통해 작성된 '아시아문화중심도시 조성사업 예비종합계획'도 발표되었다.

이 시기는 문화중심도시 조성사업의 구체적 윤곽이 정책적으로 확고하게 그려지고, 주요 공간에 대한 배치와 장기계획에 대한 프로그램도 제시되었다. 하지만 국가정책담론으로 사업이 구체화될수록 광주시는 사업의 성격을 지역 중심적 차원에서 경제적 관점으로 이해하려고 했고, 지역 시민사회는 문화관광부와 광주시의 입장을 자신의 이해관계에 따라 선택하려는 양상을 보였다. 문화중심도시 조성사업에서 다양한 세력 간의 갈등을 잉태하고 있는 시기라 할 수 있다.

### (3) 갈등의 가시화: 2006. 1.~2007. 현재

문화중심도시 조성사업 초기부터 산발적으로 표출되어 왔던 관련 주체들 간의 갈등이 조직화되어 강하게 표출된 대표적인 사례가 전당 설계안에 대한 것이었다. 광주시는 예비종합계획의 '문화 7대지구' 안에는 '돈이 되는' 문화산업 육성방안 없고, 문화전당 설계안에는 광주의 대표적인 상징물 기능, 즉 랜드마크 기능이 없다고 설계변경을 요구했다. 조성위원회와 추진기획단은 정당한 설계 절차를 거친 작품이며, 광주 문화중심도시의 미래를 잘 표현하고 있다며 광주시의 주장을 일축했다. 하지만 민주당 광주시지부와 광주예총이 광주시의 설계변경

---

7) 대표 발의자는 열린우리당 우상호 의원이며, 열린우리당 104명, 한나라당 41명, 민주당 9명, 기타 3명의 의원이 발의했다.

요구에 가세했다. 반면 5·18기념재단·광주YMCA 등 광주지역 시민단체 19곳은 광주의 역사성과 친환경성을 담아낸 문화전당 설계안은 그대로 유지되어야 한다는 주장을 폈다. 이후 랜드마크를 둘러싼 이러한 갈등은 사업 과정에서 지루하게 계속되었으며, 입장을 달리한 양대 세력들은 점차 조직화되어 대립하는 양상을 보였다.

2006년 동안 광주지역 시민사회는 문화도시의 상을 구체화하고 시민참여 방안을 마련하기 위한 토론회 등을 개최하며 적극적인 활동을 보였다. 7월 24일 문화관광부가 사업 일정과 방식을 조정한다는 입장을 발표하자, 지역사회는 큰 파장에 휩싸였다. 문화관광부는 열린우리당에 '아시아문화중심도시 조성사업 현안보고' 자료를 제출하며, 문화전당 건립 일정을 연기하고, 특별회계 설치도 문화전당의 운영수익이 발생하는 2010년 이후로 유예해야 한다는 의견을 내놓았다. 또한 국가-지방간 역할분담을 제기하면서, '문화전당 건립·운영 등 국가적 사업은 국비 원칙의 국가주도', '도시조성 등 지역성 사업은 지방비 원칙의 광주 주도'를 제안했다. 지역사회는 문화관광부가 문화전당 하나만을 짓고 문화중심도시 조성사업을 마무리하려는 것이 아닌가 하는 그간의 의혹이 구체적으로 드러난 것이라며 크게 반발하였다. 하지만 이후 8월 30일 '아시아문화중심도시 특별법'이 국회 본회의를 통과하자, 문화중심도시 사업에 대한 지역사회의 우려는 잦아들었다. 특별법에 특별회계 설치도 포함되어 안정적인 예산지원도 가능하다는 인식이 확산되었다.

문화중심도시 조성사업을 지역발전의 계기로 활용하고자 했던 광주시는 문화전당콘텐츠 분야 등 각계 전문가 50명으로 시 자체 종합계획 수립을 위한 TF를 구성해 최종연구보고서를 2007년 1월 8일 발표했는데, 이것은 문화관광부가 작성하는 법정종합계획에 광주시의 입장을 적극적으로 반영시키기 위한 노력의 표현이었다. 3월 27일 지역 시민단체들도 문화중심도시 조성사업에 지역사회의 의견을 결집하고, 법정 종합계획안 마련에 시민단체가 적극 대처하기 위해 '광주문화도시협의회'을 조직했다. 3월 28일에는 '아시아문화중심도시 조성에 관한 특별법'이 발효됨으로써 문화중심도시 조성사업은 수많은 갈등을 내재한 채 구체적인 실행의 단계로 접어들게 되었다.

이 시기는 문화전당 설계안에 대해 '설계안 유지'와 '설계안 변경'을 놓고 문화관광부와 광주시 간의 갈등이 표면화되면서 지역사회의 입장이 서로 양분되는 양상을 띠는 등 다양한 세력들이 상호 갈등하는 국면이라 할 수 있다. 또한 문화중심도시 조성사업은 특별법이 발효됨으로써 국가정책으로서의 위상을 확고히 해 갔지만, 경주 역사문화중심도시 특별법이 동시에 추진되면서 특별법을 둘러싼 지역 간 이해 다툼으로 확산되는 모습을 보이기도 했다.

## 3. 문화중심도시 조성사업과 주체들의 대응

문화중심도시 조성사업은 광주라는 도시를 문화적으로 재구성해가기 위한 공간의 생산과정이라 할 수 있다. 공간의 생산과정은 다양한 주체들이 공간에 대한 의미 부여와 공간의 전유·활동을 놓고 벌이는 문화정치의 장이며(이무용, 1998: 223), 이 속에서 시민사회[8] 역시 정책담론에 대응해 스스로를 조직화하기 시작했다. 특히 문화중심도시 조성사업의 초기에 각 담론의 표출은 매우 집약적으로 이루어졌다. 단적으로 문화도시론이 제기된 2003년 이후 1년여 동안 광주에서 개최된 토론회나 심포지엄은 18회, 방송 토론 및 좌담회 15회, 신문 대담은 5회에 이른다(김지원, 2005: 46). 또한 시민사회의 조직화 및 분화 역시

---

8) 여기서 시민사회의 개념은 국가의 권력 바깥에서 자율적으로 활동하는 주체들의 활동영역을 의미하며, 그 주요 활동 주체를 시민단체로 설정하였다.

▌표 7-2 ▌광주 문화중심도시 조성사업 전개 이후 생겨난 단체 및 조직

| 구분 | 단체명 | 설립일 | 목적 |
|---|---|---|---|
| 시민운동 | 광주문화포럼 | 2003. 6.30 | 시민주체 문화도시만들기 연대 활동 |
| | 시민문화회의 | 2004.11.26 | 광주문화포럼을 확대 개편 |
| | 지역문화교류재단 | 2005. 4.15 | 문화도시 조성 시민 주체 참여 및 문화자원 조사 개발 |
| | 광주문화도시협의회 | 2007. 3.27 | 문화도시 사업 시민적 대안 창출, 법정종합계획 의견 반영 |
| | 광주문화중심도시 성공을 위한 범시민 사회단체 연석회의 | 2007. 4. 6 | 법정종합계획 마련 위한 시민사회 공론 형성 |
| 학계 | 조선대학교 문화산업연구원 | 2003. 8.26 | 문화연구·인력양성 및 문화 관련 기관과의 협력 연구 |
| | 전남대학교 문화예술특성화사업단 | 2004. 1. 1 | 문화예술·산업 연구 및 지원, 문화중심도시 연계 프로그램 개발 |
| | 광주과학기술원 문화기술연구센터 | 2005.11 | 문화콘텐츠 기술 개발, 문화도시 연계한 연구 개발 |
| | 조선대학교 문화법 정책연구소 | 2006. 9.18 | 문화도시의 법 정책적 쟁점 연구·진단 |
| 주민운동 | 국립아시아문화전당 건립대책위원회 | 2005.12.27 | 문화전당 설계 변경 요구 |
| | 문화중심도시조성 동구 비상대책위원회 | 2007. 1.10 | 도심공동화 대비책 요구, 문화전당 국제 관광명소화 요구 |
| 성명서 그룹 | 문화를 꿈꾸는 사람들 | 2006.11.28 | 광주예총의 전당 내 전용 극장 요구 비판 성명서 |
| | 건강한 문화를 꿈꾸는 문화예술인 연대 | 2006.11. 8 | 송재구 제2기 조성위원장 사퇴 요구 성명서 |
| 전문가 그룹 | 문화와 경제 포럼 | 2006.11. 8 | 열린우리당 지병문 의원 주도로 문화도시사업에 경제전략 제공 |
| 종교계 | 광주광역시 기독교단 협의회 문화수도특별 위원회 | 2007. 3.16 | 양림동 성지화 사업, 사업 집행 광주시 위임 요구 |

상당히 빠르게 이루어졌다. 아래의 표는 2003년 이후 새로이 조직된 시민단체들의 현황을 요약한 것이다.[9)]

노무현 대통령의 '문화수도' 공약 이후 가장 적극적인 행보를 보인 주체들은 대학연구기관, 시민단체, 문화예술단체들이다. 전남대학교는 광주·전남문화예술종합계획을 수립하고, 이를 구체화시켜 2004년 1월 전남대학교 문화예술특성화사업단을 발족했다. 광주전남문화연대, 광주문화자치회의, 광주민예총, 광주예총 등은 문화도시 담론의 확산을 위해 주로 토론회와 세미나, 대정부 건의 등을 통해 자신들의 목소리를 담아냈다.[10)] 2004년 8월부터 전남대학교 문화예술특성화사업단과 광주전남문화연대는 5주에 걸쳐 문화중심도시 조성을 위한 시민토론회를 개최했다. 문화도시 조성사업이 국가정책적 차원에서 촉발된 사업이지만, 시민들의 주체적 참여를 통해 '문화도시 광주'에 대한 다양한 의견을 담아보자는 취지였다. 시민사회는 초기 문화중심도시의 이념적 지향과 정의, 그리고 문화중심도시를 만들기 위한 원칙을 고민했고, 이후 점차 문화도시의 내용을 무엇으로 어떻게 채워갈 것인가에 대한 논의로 확장해 갔다.

문화중심도시 조성사업에 대한 논의가 지역사회에 주요한 사안으로 등장하면서 '시민주체형 문화도시 만들기'를 조직화하려는 모습도 구체화되었다. 대표적으로 문화운동 단체를 중심으로 시민사회 내부의 문화도시 담론을 구체화하려는, 최초의 시민단체 연대 기구라 할 수

---

9) 시민운동은 '특정 집단의 이해관계보다 시민 일반의 이해를 대변하고 정치화하려는 활동'을 의미하며, 주민운동은 '지역주민들이 자신들의 생활권과 관련된 이해의 문제를 관철하려는 활동'이라는 차원에서 시민운동조직과 주민운동조직을 구분하였다.

10) 대표적으로 2003년 3월 20일 광주전남문화연대와 광주문화자치회의가 '광주문화수도론의 진단과 전망'이라는 주제로 개최한 토론회를 들 수 있다. 민형배, 2005: 27.

있는 '광주문화포럼'이 2003년 6월 30일 결성되었다. 광주문화포럼은 문화중심도시 조성사업이 가진 "관주도, 하드웨어 중심, 정략적 접근의 한계"(광주문화포럼 창립 발기인 대회 자료집: 2003. 6. 30)를 비판하면서 시민주체의 문화도시 담론이 필요함을 주장했다. 결성 이후 광주문화포럼은 '백지포럼'[11]이란 형태로 광주 문화중심도시의 윤곽을 그리고 이념적 지향성을 찾기 위한 노력을 경주했다. 하지만 내부적 갈등으로 인해 주요 구성 그룹이었던 광주전남문화연대 소속 일부 회원들이 탈퇴하는 등의 불화를 드러냈다. 이를 통해 권력의 이해관계뿐만 아니라 시민사회 내부에서도 각 주체들 간의 긴장과 대립이 배태되어 있음을 보여주었다.[12] 갈등은 참여 방식과 문화도시의 이념적 지향에 대한 이견 등으로 표출되었고, 결과적으로 시민사회에서 지역 내 문화역량을 결집하기 위한 시민단체 간 통합적 연대기구를 만들려는 시도를 좌절시켰다. 또한 시민단체 차원의 또다른 연대협력기구(문화도시연대회의)를 결성하려했던 시도 역시 간사단체를 누구로 할 것인가라는 문제 등으로 서로 간에 이견을 보여 무산되고 말았다. 하지만 시민단체들은 문화도시 조성사업에 대한 인식의 폭을 넓히고 시민단체 활동가들의 네트워크를 강화해야 한다는 측면에서 몇몇 활동가들을 중심으로 '학습' 모임을 만들기도 했다.[13]

---

11) 2003년 7월 29일 1차 백지포럼을 시작으로 2004년 11월 11일까지 총 10회를 개최했다.

12) 광주문화포럼은 내부 갈등이 표면화된 지 3개월 만에 138명의 발기인들과 함께 '시민문화회의'라는 새로운 조직으로 확대·재조직하게 되었다.

13) 2005년 후반기 이 학습모임은 4~5차례 이어졌다. 이 모임에는 광주전남개혁연대, 광주전남문화연대, 누리문화재단, 노인의 전화, 시민생활환경회의, 여성의 전화, 광주경실련, 광주환경운동연합, 광주YMCA, 광주민예총, 참여자치21 소속 주요 활동가들이 참여해, 광주시와 문화관광부 추진기획단의 문화중심도시 조성사업 담당자들에게 사업 추진의 배경과 과정을 듣고, 관련 용역보고서에 대해 토론하기도 했다.

예비종합계획의 발표와 함께 '광주 문화중심도시'에 대한 전체적 밑그림이 제시되자 지역 시민사회는 문화적 역량을 결집하기 위한 움직임을 재개했다. 광주전남문화연대 등은 '아시아문화중심도시 조성계획에 대한 시민포럼'을 개최(2007. 2. 6)[14]한 후, 포럼에 참가한 단체들을 중심으로 '범시민적 협의체'의 결성을 주도해 나갔다. 이처럼 문화중심도시 조성사업과 관련한 현안들을 해결해갈 연대 네트워크를 준비해 온 성과는 2007년 3월 27일 '광주문화도시협의회'를 결성하는 것으로 가시화되었다. 여기에는 대학 내 연구기관 4곳, 시민운동단체 12곳, 포럼단체 등 기타 5곳 등 총 21개의 지역 내 단체들이 참여했다. 이들은 협의체를 통하여 "지역발전의 염원이 구체적으로 실현되도록 지역사회의 담론을 활성화시키고 대안 창출과 법정종합계획의 완벽을 기하겠다"(광주문화도시협의회 출범취지문, 2007년 3월 27일)고 밝혔다. 또한 이 무렵 광주시민단체협의회, 진보연대 등을 중심으로 법정종합계획 마련을 위한 시민사회단체연석회의를 조직하려는 움직임도 동시에 진행되었다.

문화관광부가 주도하는 문화중심도시 조성사업에 지역 시민사회의 의견을 조직적으로 반영하고자 했던 광주문화도시협의회는 3차례에 걸쳐 '시민소통마당'을 열었다.[15] 2007년 3월 28일 '아시아문화중심도시 특별법' 발표 이후 법정종합계획 확정을 앞에 두고 시민적 합의를

14) 시민포럼에서 지적된 문화관광부의 종합계획의 문제점은 다음과 같다. 1)광주라는 도시의 지역적 입장보다 국가중심적 입장 2)국가에 의한 초기시장 형성과 자금 지원의 확대가 절실 3)문화전당의 민주·인권·아시아문화의 상징성 결여 4)문화전당에 '교육콘텐츠'의 의미 부재 5)7대지구의 항목에 대한 공간계획의 부재 6)도시기반 구축에 대한 계획 부재 등이다. 『아시아문화중심도시 종합계획과 지역발전 자료집』, 2007. 2. 6.

15) 3차례의 '시민소통마당' 주제는 1차 '아시아문화중심도시 조성사업의 현주소와 광주의 미래'(2007년 4월 6일), 2, 3차 '아시아문화중심도시 법정종합계획안 어떻게 마련할 것인가'(2007년 4월 23일; 2007년 5월 4일)이다.

이끌어보자는 의도였다. 하지만 광주문화도시협의회의 출범 취지문에서 보듯이 '낙후된 지역의 새로운 도약', '지역발전의 원동력' 등의 관점은 '문화'의 개념을 지나치게 경제주의적 방식으로 제한시키고 있지 않는가하는 우려를 갖게 했다. 이러한 이유들로 인해 그 동안 지역 내에서 문화중심도시 조성사업에 자신들의 입장을 주도적으로 개진해 왔던 광주환경운동연합 등은 참여하지 않았다. 광주문화도시협의회가 광주경실련, 광주민예총, 5월 관련 단체, 5·18기념재단 등을 협의구조 속에 포함시키지 못한 점은 소통과 연대 과정에서 지역 시민사회가 여전히 내부적 긴장 관계에 놓여 있음을 보여주고 있다.

시민사회의 대응은 일견 매우 활발하게 이루어진 것으로 보이지만, 그 과정에서 많은 문제점과 한계를 노출하기도 했다. 우선 문화중심도시 조성사업의 성격이 국가 권력의 정책적 차원에서 진행되는 것이기에 시민사회가 문화정치의 한 주체로 서는 것은 근본적으로 제한적일 수밖에 없었다. 이 때문에 지역 시민사회는 문화중심도시 조성사업을 '국가정책=국가지원'으로 받아들여 자신들을 '수동적 관망자=지역 수혜자'라는 인식 속에 가두어 놓고 있었다. 이러한 인식은 가뜩이나 빈약한 시민사회의 내부의 문화적 주체들의 활동력을 떨어뜨리는 결과를 가져왔다. 지식과 전문성에서 한계를 가지는 시민단체들은 사업을 주도하는 지식인 집단과의 관계에서 항상 불평등한 의사소통 상황에 놓이게 된다. 지식이 권력화된 상황에서 시민은 항상 권력의 입장을 정당화하기 위한 수동적인 주체로 호출된다.[16] 더구나 문화중심도시를 경제적으로 이해하는 담론들에 쉽게 동화되어 '문화도시'가 갖는 의미의 다양성을 경제적 관점으로만 바라보게 되는 경향도 드러냈다.[17] 이러

16) 특히 광주시와 지역 언론들은 자신들의 정책과 입장을 정당화하기 위한 수단으로 '시민여론'이라는 표현을 자주 사용했다. 지정남, 2007년 3월 6일.

17) 한 토론회에서 '문화를 사업과 연결시켜 모두 돈으로 환산하는 경제적 이익을

한 시민사회의 한계가 문화중심도시 조성사업을 더욱 복잡하게 만든 한 원인이 되었던 것은 분명하지만, 동시에 시민들 스스로가 정책 사업에 적극적으로 참여하는 노력을 보여주었다는 것은 하나의 가능성으로 평가될 수 있겠다.

## 4. 문화중심도시 조성사업의 문화정치

광주 문화중심도시 조성사업을 둘러싸고 벌어지는 정치적 실천과 대립이 본질적으로 '문화적'이라 말하기는 어려울 지도 모른다. 하지만 국가의 문화정책 사업이자 동시에 지역의 문화적 재구성을 두고 벌어지는 이 대립은 현저히 문화적인 특징을 보이고 있다. 이 절에서는 이러한 문화정치의 성격을, 의미를 둘러싼 투쟁이라는 관점에서, 사업 추진과정에 드러난 쟁점들에 대한 분석을 통해 해명해 볼 것이다.

### 1) 상징공간을 둘러싼 투쟁

광주는 5·18의 도시다. 이것은 비단 광주 지역 뿐만 아니라 타 지역에서도 부정할 수 없는 사실이다. 물론 1980년 당시가 아닌 현재라는 시점에서 이 '5·18'이 갖는 의미는 단일한 것이 아니라 매우 복합적이고 다층적인 것이다. 하지만 이러한 5·18이 갖는 상징성은 그 분명한 공간적 장치를 갖고 있으며, 매년 개최되는 기념행사도 이 공간을 중심으로 5·18의 이념과 상징성을 공유하고 재생산한다. 그 공간이란 항쟁 지도부가 머물렀으며, 계엄군과 마지막 전투를 벌였고 항쟁이 죽음

---

챙겨야 한다. 문화산업, 즉 문화생산성을 경시하는 어떠한 정책을 가지고 와도 당초 제시한 국가균형발전은 어려울 것이다.'라고 지적한 시민의 입장을 예로 들 수 있다. 「아시아문화전당의 기능과 역할에 대한 검토 시민토론회 녹취록」, 2006년 11월 2일.

으로 승화되었던 옛 전남도청 건물, 시민군의 시체들이 안치되었던 상무관 건물을 비롯, '성회(聖會)'가 개최되었던 옛 전남도청 광장과 시민군 투쟁이 이루어졌던 금남로 거리 등이다. 문화중심도시 조성사업이 5·18과 불화하게 된 것은 이 상징적 공간을 문화전당 부지로 선정하면서부터다.

추진기획단이 2004년 4~5월간 예비 조사를 통해 도청 부지와 그 주변을 점검하고 그 부지에 문화전당 건립 타당성을 검토하면서 광주 시민들과 5·18 관련 단체들은 예민하게 반응하기 시작했다. 건립 여부와 구체적인 수용 지역 등이 발표되기도 전에 이미 발언들이 쏟아져 나왔다.

> 광주 민중항쟁의 역사적 현장인 도청일대를 재조성하는 사업과 관련해 5월 재단이나 대 시민과의 민주적 논의나 합의 절차가 무시된 전당 조성사업은 절대 용납할 수 없다(5·18재단 상임이사, 2005년 7월 21일).

도청 건물이 가진 상징성은 사실상 광주의 지역정체성 담론의 형태인 '민주성지론'을 지탱하고 있는 실체로서의 의미를 가진다. 즉 도청은 '민주성지'인 것이다. 그렇기 때문에 이 성지에 다른 어떤 의미를 덧씌우거나 부가하는 것은 성지의 훼손에 다름 아니다. 일견 지나칠 정도로 예민한 반응들은 성(聖)과 속(俗)의 이분법 기제를 통해 작동하고 있음을 보여준다. 2004년 7월 26일자 「전남매일」의 「'민주성지' 훼손은 반문화적」이라는 제목의 사설은 이러한 시각을 가장 요약적으로 드러내고 있다.

> 아직 문화관광부는 이런 장소문제 등이 정해진 바가 없다고 하나 그동안 광주시가 도청입지를 여러 차례 애드벌룬처럼 띄었고 문화관광부

> 가 여전히 '용역중'이라고만 하고 있어 의혹이 가라앉지 않고 있기 때문이다. 따라서 도청에 문화수도를 세운다면 여러 문제와 충돌하게 되어 있다. 첫째 5·18이라는 피로 쓴 민주화의 역사정신에 대한 모독이며 장렬히 산화한 영령들에 대한 외면이기 때문이다. 두번째는 광주시민 대다수의 뜻을 저버린다는 의미에서 반시민적이라고 할 수 있다. 또한 정신문화계승의 의미를 담지 못한 문화사업은 이미 문화의 범주를 벗어난 이벤트에 가깝다고 할 수 있다(전남매일, 2004년 7월 26일).

이 사설은 전당 부지가 확정되지 않았음에도 불구하고 '의혹이 가라앉지 않고' 있다고 주장하면서, 이 부지를 중심으로 문화수도를 세운다는 것은 '산화한 영령들에 대한 외면'이자 '반시민적'이고, 이는 결과적으로 문화를 벗어난, 즉 반문화적 행위라고 규정하고 있다. 즉 민주성지의 상징공간에 5·18 이외의 다른 의미를 부여하는 것은 용납되지 않으며, 이를 통해 5·18 정신과 문화라는 개념이 서로 대립적인 개념으로 설정됨을 보여준다. 문화라는 개념이 지닌 보편성을 인정하더라도, 이것이 민주성지와 충돌할 경우 이것은 문화가 될 수 없다는 논리이며, 이러한 불일치를 해결하는 방법은 결국 문화전당 부지를 다른 곳으로 선정하는 것, 즉 '광주에서 발전이 가장 더딘 재개발대상 지역을 선정, 전당도 짓고 그늘진 일부 도시환경도 쇄신'하는 방법이 그 대안으로 제시되고 있다(전남매일, 2004년 7월 26일).

2004년 9월 최종 부지가 도청 일대로 선정되자 다양한 반대의 목소리가 표출되었지만, 역시 민주성지 훼손이라는 주장이 가장 높았다. 특히 5월 유족회 등의 5·18 관련 단체는 강하게 반대했다.

> 박경순(고 박병규 열사의 누나) 5월 유족회 사무국장은 "5·18기념재단 내부에서 도청 공간 활용에 대한 의견 수렴 기회가 전혀 없었다"며

> “80년 5월 당시 도청 일대는 정의를 위해 이름없이 죽어간 시민들이 항거했던 현장인데 일부를 토막내 기념관으로 만든다는 천박한 역사 의식에 대해 강력히 항의하겠다”고 말했다(전남매일, 2004년 9월 7일).

민주성지의 훼손이라는 이유로 제기된 논란은 5・18의 주요 공간인 옛 도청 본관과 민원실, 경찰청 본관과 민원실, 상무관, 도청 분수대 광장 등을 보존하기로 합의함으로써 문화전당 건립을 승인하는 것으로 보이지만, 뒤이어 이 공간들의 활용과 관련된 쟁점이 또다시 제기되었다. 상무관과 분수대는 상징적 시설물로 존치하는 것에 합의했지만, 도청 건물의 활용에 대해서는 이견이 발생했다. 문화중심도시 기본구상 보고서는 도청 건물을 아시아 문화교류센터로 활용하는 안을 제출하였고, 이것은 5・18 정신과 합치하지 않는다는 판단 하에 5・18기념재단을 중심으로 도청을 기념공간화하는 논의가 시작되었다.[18] 도청은 5・18 정신을 가장 집약하고 있는 공간이기 때문에, 어떤 측면에서는 이 공간에 다른 기능을 부여하는 것 자체가 성지 훼손으로 여겨질 수 있는 것이었고, 타협의 가능성도 문화전당의 기능을 맡더라도 5・18 이념에 부합하는 것이어야 한다는 것이 논란의 핵심이었다. 도청의 이념을 보전하려는 노력은 크게 두 가지 방향으로 이루어졌다. 하나는 도청 자체를 보존함으로써 도청 공간에 의미를 부여하는 방안으로, 이것은 최종적으로 보존대상에 포함됨으로써 일단락되었다. 하지만 이 보존공간을 어떻게 활용할 것인가는 여전히 논쟁중이며, 5・18기념재단이 최종적으로 제시한 안은 다음 표에 제시되어 있다.

---

18) 5・18기념재단 내에 ‘구 전남도청 5・18기념공간화 TF팀’이 구성되었고, 활용 방안은 2006년 7월에 그 최종 계획이 발표되었다.

▌표 7-3 ▌ 국립아시아문화전당 건립부지 내 보존대상 건물

| 구분 | 옛 전남 도청 본관 | 옛 전남도청 민원실 | 전남경찰청 본관 | 전남경찰청 민원실 | 상무관 | 계 |
|---|---|---|---|---|---|---|
| 보존사유 | 국가지정 문화재 | 시지정 문화재 | 5·18 관련 보존건물 | 5·18 관련 보존건물 | 5·18 관련 보존건물 | |
| 면적(평) | 496 | 496 | 873 | 228 | 83 | 2,176 |
| 사용계획 (5·18재단) | 광주 역사관 | 5·18 기념관 | 아시아민주 인권센터 | 아시아민주 인권센터 부대시설 | 광장문화 지원 | |
| 사용계획 (문화관광부) | 아시아문화교류센터 | | 전시관 등 | | | |

*출처: 문화중심도시조성추진기획단 내부자료(2006. 8. 7) 및 '구 전남도청 보존공간의 5·18기념공간 조성을 위한 워크숍' 자료(2006. 7. 4).

한편 문화전당을 둘러싼 갈등을 보다 복잡하게 만든 것은 광주시의 이른바 문화전당 부지 축소 주장이다. 광주시는 전남도청 일원의 전당 건립 예정지 중 상무관, 남도예술회관 등을 포함한 도청 건너편 부지를 모두 제외시켜줄 것을 문화관광부에 요청했다. 광주시는 전체 예정부지 2만5천여평 중 20%에 해당하는 5천평 규모로 전당 규모를 줄이는 대신, 도청 앞 분수대는 존치시키고, 경찰청 차고지에 '민주의 종'을 건립하는 등 '민주광장'을 조성하고 또한 별도의 복합문화단지도 건립해야 한다고 주장했다. 광주시의 전당 부지 축소 주장은 부분적으로 5·18 항쟁의 상징인 도청앞 분수대를 존치시켜야 민주도시로서의 이미지에 부합한다는 것을 이유로 들고 있어 5·18 담론에 힘을 실어주는 것으로 보이지만, 이와 함께 전당과는 별도로 문화산업을 집중적으로 육성할 수 있는 복합문화단지를 병행해 추진하겠다는 입장을 발표함으로써 또다른 논란을 야기했다. 이 주장은 문화전당이 이왕 도심 한가운데 건립된다면 그것은 경관으로서도, 또 도심의 경제적 효과로도 걸맞

는 것이어야 하는데, 그러기에는 건립 규모가 너무 작으며, 문화전당이라는 공간이 상징성만을 가질 뿐 지역이 요구하는 경제적 효과는 그리 크지 않을 것이라는 판단에 근거한 주장이라 할 수 있다. 즉 경제적 효과 측면에서 전당보다는 복합문화단지가 더 유리하다는 또다른 논리가 이 주장의 핵심인 것이다.[19] 논란은 광주시가 전당 부지 축소 조정안을 철회하고, 전남도청 일대와 건너편 상무관·경찰청 차고지·공무원연금매점 등을 전당 부지로 하자는 문화관광부안을 광주시 도시계획위원회에 상정하였으며, 5·18관련 단체들이 보존을 주장하는 상무관과 구 전남도청 및 부속건물 5개동 등에 대한 문제는 문화관광부와 광주시 공동으로 대처하기로 하고, 문화관광부 안이 수용될 경우 도로변에 위치하게 될 '민주의 종' 설치 자리도 추후로 협의하기로 하는 것으로 일단락되었다(광주일보, 2004년 12월 27일). 하지만 광주시는 문화복합단지를 '예술·과학미래혁신도시'로 정하고 문화산업과 과학이 어우러지는 시범도시로 건설키로 하고, 부지는 서구 서창·세하지구를 유력하게 검토하고 있다는 구상안을 발표함으로써 문화복합단지 구상안은 철회하지 않았음을 주장했다(무등일보, 2004년 12월 19일).

문화중심도시 조성사업에서 발생한 최초의 문화적 갈등이라 할 수 있는 문화전당을 둘러싼 논쟁은 문화전당 건립이 문화중심도시 조성사업의 핵심이라 믿는 중앙정부의 개발적 사고와, 공간의 상징성을 보존하려는 5·18 지지 세력, 그리고 5·18 이념과 공모하면서도 경제적 실익을 확대하려는 의견들이 복잡하게 얽힘으로써 만들어진 것이었다.

---

19) 실제로 광주시는 문화산업과 문화 관련 공공기관, 관광엔터테인먼트 등을 집중 수용할 수 있는 복합단지를 조성을 추진해 갔다. 2005년 4월 광주시는 아시아 민속촌과 쇼핑몰, 예술인촌, 민속 공연장 등 '문화랜드' 50만평, 문화산업단지 15만평, 관광단지 20만평, 공공용지 15만평으로 구성된 총면적 80~100만평 규모의 복합문화단지 조성을 2006년부터 2015년까지 모두 3조3천억원 투입한다는 계획하에 추진하고 있다. 광주일보, 2005년 4월 28일.

또한 이 사례는 이념적 대립이 현실적인 경제적 이해관계에 의해 쉽게 포획되고 변질될 수 있음을 보여준 사례이기도 했다.

### 2) 이해관계의 문화적 표출: 문화중심도시 Vs. 문화수도

앞서 보았듯이 최초의 광주 문화중심도시 구상은 '문화수도' 개념이었다. 문화수도라는 담론의 준거로서 거론될 수 있는 것이 아마 EU의 문화수도일 것이다. 유럽연합은 1985년 유럽회의에서 유럽의 문화적 통합에 기여한 도시를 문화도시(현재는 문화수도)로 지정해오고 있다. 문화수도는 두 가지 수준으로 구분될 수 있는데, 하나는 상징적 의미의 문화수도로, 문화환경 및 문화분야에서 비교우위를 갖는 선진적 문화도시의 의미이고, 실체적 의미에서의 문화수도란 문화의 중심지로 국가 문화정책 결정과 시행의 중추적 기능을 수행하는 도시를 의미한다. 이 두 가지를 다 고려한 문화수도란 '선진문화도시, 문화행정의 중심도시, 문화교류·전파의 선도도시'의 내용을 갖는 것으로 요약할 수 있겠다(박혜자, 2003: 57). 그런데 2003년 '문화수도' 개념은 곧 "분권의 시대에 오히려 중앙집권적이고 패권적인 발상이 담겨있다"는 비판을 받았으며, 이것을 대체하는 개념으로 사용된 것이 '아시아 문화예술 메카'라는 노무현 대통령의 개념이었다(전남매일, 2003년 7월 8일). 이후 다시 이것은 현재의 '문화중심도시'라는 개념으로 공식화되었다. 2003년의 기초 연구 보고서는 문화중심도시를, "시민들이 이웃과 맺는 인간관계의 규범을 돌이켜 보고, 새로운 규범을 창출할 수 있는 도시, 자기 삶의 목적 혹은 기도를 돌이켜 보고, 보다 나은 가치를 가진 삶의 기획을 할 수 있는 도시, 경제행위, 사회적 행위, 예술적 행위를 비롯한 모든 시민 행위와 그 산물들이 궁극적인 삶의 가치와 자기 존재 가치에 부응하는 도시 ... 인간 존재의 가치, 인간 삶의 의미가 구현되고 이웃 간에 개방적으로 소통되며 서로를 거울삼아 변혁과 재창출이 일어나는 도시"로 정의하고 있다(문화관광부, 2003: 3). 여기에는 문화행정의 중심이나 선진문화도시의 개념이 녹아있지 않은 채, 문화를 삶의 질과 생활양식으로 이해하는 원론적 개념들만이 나열되어 있을 뿐이다.

반면 광주시가 문화관광부에 보고한 『광주 문화수도 육성을 위한 문화환경 연구』(2004)는 문화수도를 1) 인본도시 모델 구축, 2) 문화환경도시 모델 구축, 3) 문화경제도시 모델 구축이라는 3가지 목표를 설정하고, 문화수도를 실체적 개념으로 접근하며 그것의 경제적 효과에 보다 무게를 싣고 있다. 지역 여론 역시 '문화수도' 개념을 강하게 옹호하는 태도를 보였다. 광주에 부여될 '수도'라는 명칭은 그 동안의 지역 소외와 5·18 희생 등에 대한 보상과 동의어로 받아들여졌으며, 이 명칭이 철회되자 그것은 곧 사업 의지의 축소나 생색내기에 지나지 않는다는 지역의 반발을 불러일으켰다.[20] 이 논란에서 드러나는 것은, '문화수도'라는 개념은 지역의 발전, 명예와 문화적 보상 등이 모두 포괄되는 가장 상위의 개념으로 이해되고 있다는 사실이다. 그렇지만 수도 명칭을 둘러싼 논란은 보다 복잡한 의미화의 지점들을 드러냈다.

첫째로 수도 개념은 중앙정부가 제공하는 확고한 지원을 보장하는 개념으로 이해되는 반면, 문화중심도시라는 명칭은 사업의 축소이자 전망의 불확실성을 의미하는 것으로 이해되었다. 그래서 사업의 확실성을 보장하기 위해서는 '수도' 명칭이 고수되어야 한다는 의견들이 급격히 대두되었다.

> 광주시의회 정현애 의원은 3일 '노무현 대통령의 대선공약으로 추진중인 '광주 문화수도 육성'을 둘러싸고 '문화수도' 또는 '문화 메카' '아시아

20) "문화수도 사업은 문화중심도시로 격하된 상태에서 가시적 조성계획이 없고...", 전남매일, 2004년 2월 25일.

문화중심도시,' '아시아문화메카,' 등등 용어와 관련한 담론들이 분분, 혼란이 가중되고 있다'고 주장했다. 정의원은 '지난 2일 행자위에 상정한 '광주광역시지방공무원정원조례' 개정에서는 광주시가 '아시아 문화중심도시'란 용어를 사용해 문화수도 정책을 완전히 수정한 인상을 주고 있다'고 밝혔다. 그는 '문화관광부가 '광주문화수도'라는 용어에 난색을 표명하고 있는 이유는 문화적 우월성과 독점을 우려하는 타지역의 반발이 크게 작용할 것 같다'며 '아시아 문화메카'와 '광주문화수도'는 그 의미와 내용에서 엄청난 차이가 있는 만큼 용어들의 분명한 정의와 사업추진 방향들을 재점검해야 한다'고 강조했다. 최영호 의원도 '문화수도라는 용어를 우리가 먼저 포기할 이유가 없다'며 '광주가 문화수도라는 점을 타 지역에 확실히 인식시켜 주기 위해서라도 용어의 확실한 개념정의는 당연하다'고 밝혔다(전남매일, 2003년 11월 4일),

이 논란은 부분적으로 '문화중심도시'라는 명칭이 가지는 모호성에 기인하는 부분도 크다고 할 수 있다. 특히 문화중심도시 구상이 광주에 국한되지 않는 것은 말할 것도 없고, 아시아를 아우르는 허브로 개념화됨으로써 '광주를 위한' 사업이 아니라는 혐의를 두기에 충분한 빌미를 제공했다고도 볼 수 있다.

... 아시아적 기여, 문화 교류에만 치중한 나머지 국내 문화발전의 에너지원 및 문화산업 활성화, 지역경제에 기여할 수 있는 측면에는 구체성이 결여돼 있는 등 '돈이 되는 문화수도'라는 현실적인 사업 부분을 소홀히 취급했다는 의견도 제기되고 있다(전남매일, 2004년 6월 21일).

둘째, 문화수도라는 명칭은 지역의 가장 중요한 현안 문제, 즉 '먹고 사는 문제'에 대한 근본적인 해결책으로 표상되고 있다. 여기서는 문화수도가 아니라, 실질적인 의미에서 경제적으로 발전한 '수도'의 의미가 중첩되어 있음을 보여준다.

> 지난해 11월 광주에서 가진 보고회에서 노무현 대통령은 '문화중심도시'보다는 '문화수도'를 강조했다. 광주 전남과 국가의 미래를 위해서 '문화산업'이 매우 중요하다는 견해를 피력한 것은 문화수도 추진을 통해 지역이 '먹고 살기 위한 기반'이 마련될 수 있다는 뜻이 담겨 있다. 그러나 현재 문화관광부 산하 문화수도추진기획단이 제시하고 있는 아시아 문화전당은 공연, 교육과 연구 기능은 강조되고 있지만 창작과 산업 분야에 대해서는 아무런 계획이 마련돼 있지 않다(전남매일, 2004년 7월 16일).

또한, 문화수도 개념은 지역의 배타성을 드러내기도 했다. 애초에 문화거점도시 혹은 문화중심도시는 국토균형개발정책의 일환으로, 이미 『창의 한국』에 부산과 경주, 광주가 같이 거론되고 있음에도 불구하고, 수도라는 명칭은 광주만의 것이어야 한다는 지역적 배타성이 여과 없이 드러났다.

> 아직도 광주문화수도가 아니라 부산, 경주와 같은 수준의 문화중심도시 추진정책 가운데 하나라는 인식에서 벗어나지 않으면 곤란하다(전남매일, 2004년 10월 18일).

이러한 배타성은 소외되었던 경험을 그대로 표출하면서, 이를 지역감정의 결과로 이해하는 태도들도 드러냈다.[21]

---

21) 하지만 이런 태도는 경쟁관계에 있는 다른 지역에서도 동일하게 드러난다. 이러한 사례는 전북 민예총이 주최한 『참여정부 지역문화정책과 문화중심도시』(2004) 토론회의 주장들에서 찾아볼 수 있다.

> 국회 문화관광위원회가 광주시를 아시아의 문화중심도시로 육성한다는 정부 계획에 제동을 걸고 있다는 보도는 우리를 아연실색케 한다. 특히 한나라당 의원들이 이에 앞장서고 있다는 측면에서 광주의 문화수도 조성을 지역감정 차원에서 접근하고 있지 않나 심히 우려되고 있다(전남일보, 2003년 11월 5일).

이렇게 복잡한 의미 지형 속에서 대립을 드러냈던 문화수도와 문화중심도시 개념의 대립은 여전히 지속되고 있다. 문화수도 개념은 사업이 공식화되기 이전에 이미 존재했던 광주시의 문화도시 전략의 연장으로서 이해되면서, 동시에 문화수도 사업은 광주시의 도시발전계획의 하위 부문으로 편입되는 의미 축소를 겪고 있다. 2005년 광주시장이 발표한 15개 광주시 핵심 사업 중에서 문화수도는 하나의 사업에 지나지 않는 것으로 자리잡고 있다(전남일보, 2005년 1월 1일). 즉 문화중심도시와 문화수도는 국가 정책의 한 부분에 편입되는 것을 거부하고 지역민을 위한 독자적이고 특별한 정책이고자 하는 열망이 강하게 투사된 대립인 것이다.

### 3) 보이는 것과 느끼는 것: 랜드마크

2005년 12월 2일 문화전당의 설계 당선작이 발표된 직후 이른바 '랜드마크' 논쟁이 제기되었다. 도심 속 고층 건물이 아닌 개방형의 지하 광장 형태로 조성하려는 설계안을 놓고 벌인 논쟁은 두 갈래로 극명하게 대립된 채 진행되었다. '광주를 상징할 거대하고 웅장한 지상 건축물'을 원하는 쪽에서는 설계 당선작이 랜드마크로 기능할 만큼 웅장한 건물이 되지 못한다고 비판하면서 설계 변경을 요구했고, 다른 한 쪽은 당선작이 '인권·평화·민주 도시인 광주의 역사성을 반영한 건물'로서 적합하다고 주장하였다.[22] 문화전당을 둘러싼 이러한 대립은 문화전당이라는 새로운 공간을 둘러싼 문화적 투쟁의 한 단면을 보여주고 있다. 공간은 집단적 삶의 연계 관계에 대한 암묵의 이해가 삼투되어 있기 때문에(김우창, 2000: 29) 하나의 공간은 늘 다양한 세력들이 자신들의 이해관계 속에서 대립하고 갈등하는 과정에서 사회적으로 생산된다(Lefebvre, 1991). 공간의 사회적 생산 과정은 일차적으로 사람들이 살아가는 세계, 특히 일상 세계에 대한 지각과 관련을 가진다고 볼 수 있다(Merrifield, 2005: 206). 각기 다른 주체들이 자신들의 일상과 관련된 이해관계를 공간에 투영하고자 할 때는 주체들 간의 갈등과 대립을 경과해야 한다. 여기에는 공간을 기획하고 구성하는 절대적 권한을 지닌 권력의 이해관계가 반영되어 더욱 복잡한 문화정치의 지형을 만들어낸다.

문화전당 설계자인 우규승은 자신의 작품인 '빛의 숲'에 대해 다음과 같이 의미화하고 있다.

> 전남도청 일대의 역사적인 기억은 아시아문화전당의 구조와 배치에 의해서 드러나게 된다. 분수와 전남도청 등 역사적인 장소로 이어지는 길들을 도시에서 연장시켜, 5·18민주화 운동을 목도한 이 건물들을 감싸는 10ha의 공원을 형성했다. 새로 조성된 공원은 시민들에게 꼭 필요한 공동체 장이자 민주주의의 새로운 장소이다(우규승, 2006: 109).

당선작을 비판하고 설계안의 변경을 요구하는 세력의 이해관계는 조금씩 달랐다. 광주시는 문화전당의 상업적 이윤 창출 기능에 무게를

22) 전자를 지지하는 세력은 광주시-광주시의회-광주예총-민주당 광주시지부-문화전당 지역의 주민들로, 설계변경을 주장했다. 후자를 지지하는 세력은 문화관광부 추진기획단-열린우리당-일부 시민단체들로, 설계 변경에 반대하는 입장을 취했다. 한편 문화관광부 측은 문화전당 설계 지침으로 미래지향적 IT기반 건물, 노약자·장애인도 쉽게 접근, 에너지 절약 공간, 5·18정신의 구현 등을 제시했다고 밝혔다. 이러한 요건들이 현대적 의미의 랜드마크라는 것이다.

두고서 문화전당이 관광명소가 되길 희망했으며, '땅 속에 묻힌 금은보화는 아무런 의미가 없다'[23]고 비판했다. 이러한 주장은 문화전당이 들어서게 될 지역의 상인들의 이해관계와 결합되었다. 지역 상인들은 문화전당이 수많은 관광객을 끌어들이는 국제적인 관광명소가 되기 위해서는 거대하고 화려한 건축물로 지어져야만 하며, 이를 통해 쇠락해가는 도시의 구 중심가에 활력을 불어넣기를 요구했다. 이에 더하여 지역 언론들도 설문조사를 통해 문화전당의 상징성이 부족하다는 주장들을 통해(전남일보, 2007년 2월 16일) 문화관광부 설계안의 변경을 강하게 요구했다. 한편 광주예총은 설계안이 공개되기 전부터 문화전당 내에 '세계적인 규모의 오페라 극장', '연극 · 무용 · 연예 · 영화 등 특색 있는 전용극장', '세계적인 미술품을 전시할 수 있는 전용 전시장' 등 장르별 전용시설 건립을 주장해왔다. 이렇게 전문예술인의 집단적 이해관계 속에서 전당을 고급예술을 위한 공간으로 기획하고자 하는 시도는 지역의 문화적 현실을 외면한 것이라는 비판을 받기도 했다. 즉 문화를 예술로 좁게 이해하고 문화 생산의 주체를 전문 예술 창작인으로 제한하고 있으며, 문화전당은 시민의 일상적 문화향유 공간보다는 전문 예술인을 위한 거대 공연장과 전시장으로 건축되어야만 한다는 이들의 견해는 시민사회의 비판을 불러 일으켰다.[24] 이러한 랜드마크 논쟁과 조직화된 설계변경 요구는 결국 수차례에 걸쳐 문화관광부의 설계안 수정을 얻어냈다.

---

23) 광주시장은 전당 설계 당선작에 대해, "전당은 광주를 대표하는 관광상품이자 랜드마크가 돼야 하지만 금은보화를 가진들 땅 속에 있으면 누가 알겠느냐"고 했다. 광주일보, 2005년 12월 13일.

24) 광주예총의 이러한 입장을 비판한 내용은 '광주예총의 국립아시아문화전당 사유화 기도에 대한 우리의 입장'이라는 성명서, '문화중심도시를 꿈꾸는 사람들', 2005년 11월 28일 참조.

**표 7-4** 랜드마크를 둘러싼 입장의 대립과 변화 과정

| | 문화관광부 | 광주시 · 시의회 · 예총 · 주민 입장 |
|---|---|---|
| 전당의 기능 | 아시아문화<br>교류 · 창조 · 연구 · 교육 | 교육 및 비즈니스 공간 |
| 건축물 구조 | - 옛 전남도청 본관 등 건축물 보존<br>- 개방형 지하 구조물<br>- 옥상에 녹지 및 야간 조명 | - 지상형 건축 구조물<br>- 문화산업 및 비즈니스 모델 |
| 수정 제안-1차<br>(2006.10.16) | - 어린이 지식문화센터 지상 15m 상승<br>- 멀티스페이스 민자 빌딩<br>- 별도의 30층 빌딩 민자로 건립 | - 3,000석 규모 초대형 공연장 신설<br>- 국립 미술관 유치<br>- 전시장 |
| 수정 제안-2차<br>(2007.3.5) | - 대규모 상징 조형물과 600석 규모의 전용공연장을 신축 | 건축 외관 강조한<br>관광명소로 |
| 수정 제안-3차<br>(2007.3.21) | 문화전당에 2천석 규모 종합 전문공연장 랜드마크화(뮤지컬, 콘서트 용) | 전문공연장 지상 건축으로<br>랜드마크 보완 |

랜드마크는 도시의 이미지를 구성하는 하나의 요소이다. 눈에 잘 띠고 시각적으로 특징적인 외관을 지닌 다른 것과 구별되는 장소는 도시의 정체성을 상징화시켜낼 수 있다(Lynch, 1960). 하지만 도시의 정체성은 도시나 경관의 물리적 외관에만 있는 것이 아니라, 그것을 보는 사람들의 경험 · 눈 · 마음 · 의도 속에도 존재한다(Relph, 2005: 109). '랜드마크론'을 제기하며 문화전당의 설계 변경을 요구했던 주장은 도시의 정체성을 구성하는 이러한 복합적 의미를 파악하지 못하고 단지 '문화'를 활용해 상업적 이윤을 획득하려는 동기를 강하게 드러내거나, 혹은 문화를 순수 예술적 관점에서 창작자 위주로만 이해하려는 편향을 반

영하고 있다.[25)]

결국 랜드마크 논쟁은 광주에 부재하는 볼거리, 도시의 스펙타클을 둘러싼 논쟁이자, 그 볼거리를 기념비적 건물에 둘 것이냐 도시의 역사성을 담은 총체적 인식의 공간으로 만들 것이냐의 논쟁이었다. 거대한 기념비적 건물은 도시의 이미지를 담아내는 하나의 상징적인 의미를 가지기는 하지만, 기껏해야 관광의 대상이 될 뿐이다(후지다 히로오, 1997: 114). 진정한 랜드마크는 '보여지는 것'과 '느끼는 것'을 분리시키는 것이 아니라 '보면서 느끼는' 기능을 동시에 갖춘 공간이어야 한다. 그러한 랜드마크라야 도시를 문화적으로 만들 수 있을 것이다. 도시의 역사성이나 예술성, 미관과 경관, 디자인과 이미지는 '문화'를 만들기 위한 도구이다. 문화도시란 바로 그와 같은 문화적 도구를 이용하여 도시에 거주하는 사람들의 일상과 삶의 영역에 미관과 경관, 도시의 역사성, 예술성, 보편적인 삶과 행동, 규범 양식 등이 묻어나도록 하는 것이다. 그것이 문화도시인 것이다(추용욱 외, 2006: 93).

### 4) 시·공간의 재구성과 지역정체성

문화중심도시 조성사업은 광주를 문화적으로 재편하는 일종의 '도시의 이미지 재구성 전략'이기도 하다. 도시를 이미지화 하는 작업은 그 도시가 지니고 있는 역사·전통·경관·문화 등 다양한 요소들을 상징화하는 과정이다. 이 때문에 문화중심도시 조성사업은 지역의 정체성에 큰 영향을 미치고 있다. 광주는 이미 문화중심도시 조성사업이 시작

25) 2007년 초 광주예총 회장 선거에 출마했던 한 후보자의 말은 문화를 전문창작인의 시각에서 바라보고 있다. "전당이 잘못 지어졌다. 전당은 예술과 문화를 담는 그릇이자 발전소인데, 엔진이 필요하다. 엔진은 생산자다. 전당내 공연장이 가변형극장이라 하는데 뮤지컬 공연 한 번 할 수 있는 전용극장이 없다는데 말이 되는가". 『광주문화중심도시 성공을 위한 연속 토론회』, 2006년 12월 20일.

되기 전에 몇번의 계기를 거치면서 뚜렷한 정체성 담론들을 갖고 있었다. 즉 의향, 예향, 민주성지 등이 지역정체성 담론으로 형성되어 있었다.[26)]

문화관광부는 문화중심도시 조성사업의 대상이 왜 광주인가라는 점을 광주의 지역정체성에서 찾고 있다. '5 · 18 정신을 지니고 있는 광주는 아시아의 민주화 성지로 인식되어 있다. 민주 · 인권 · 평화 등의 정신적 가치와 함께 역사적으로 이어져 내려온 예술적 자산과 문화 · 인적자원이 풍부한 예향 광주의 이미지를 미래형 삶의 도시 광주 이미지로 확장시킨다'는 것이다(한국문화관광정책연구원 · 문화관광부 광주문화중심도시조성추진기획단, 2004: 9-10). 이는 1980년의 5 · 18이라는 역사적 사건이 만들어낸 민주도시로서의 이미지와 이와 함께 긴장 · 경합관계 속에서 형성되어온 예향 이미지가 결합되어, 이들이 문화중심도시를 구성하는 주요한 문화적 자원으로 활용된다는 것이다.

광주의 지역정체성을 5 · 18의 역사 속에서 찾으려는 노력은 지자체 측에서도 진행되었다. 2000년대 이후 광주시는 광주의 도시 이미지를 '민주 · 인권 · 평화 도시'로 만들기 위해 몇 가지 사업들을 펼쳐나갔다. 특히 2003년에는 『세계적인 민주 · 인권 · 평화도시 육성 종합기본계획』(2003)을 확정하고, 옛 전남도청 본관을 활용한 5 · 18기념관 건립, 세계민주 · 인권타워 건립, 기념광장 및 민주공원 조성 계획을 수립했다. 문화중심도시 조성사업 과정에서도 광주시는 문화관광부의 추진 계획과는 별개로 2006년에 '노벨 평화상 대회'를 개최했으며, '민주공원'과 '한국민주주의 전당'을 광주에 유치하려는 계획을 구체적으로 추진했다. 2007년 1월에 광주시는 문화전당 내 옛 전남도청 건물을 5 · 18정신을 전승하는 '평화전당'으로 활용할 방침을 세우고, 200억원을 투입, 교육

26) 이 정체성 담론의 구체적인 형성 과정에 대한 논의는 여기서 제외한다.

장과 정보전시관 및 회의실 등을 갖춘 건물로 리모델링해 5월 역사교육장으로 활용하려는 계획을 문화관광부에 요청하기도 했다(무등일보, 2007년 1월 9일).

이처럼 광주시가 주도하는 민주·인권·평화도시 만들기 전략은 물리적 환경 조성이라는 측면에 집중, 백화점식으로 사업을 나열하고 관련 공간을 배치하는 방식에 치중되어 있다. 또한 광주의 정체성을 지역전략산업과 연계시키기 위해 5·18민주화운동 관련 민주·인권 예술을 특화시킨다는 계획을 수립(광주시 종합계획수립 TF, 2007: 28)하는 등, 지역정체성을 문화산업의 자원으로 활용하고자 했다. 지역의 정체성을 산업화하려는 시도가 크게 문제될 것은 없다. 하지만 민주도시의 이미지는 완결되고 정지된 도시 이미지라기보다는 과거의 역사적 자산을 미래의 인류 보편적 가치로 발전시켜가기 위한 사회운동 선상에 위치한 도시 이미지라 할 수 있다. 중앙정부나 지방정부가 주도하는 이러한 지역정체성 형성 노력은 권력의 이해 관계 속에서 추진되기 쉽다. 권력자의 임기 내에 가시적인 성과를 거두는 방식은 항상 외형적 성과물, 거대한 조형물 만들기로 나타나게 되고(Miles, 2000), 그 결과는 결국 과거의 진지한 역사성을 훼손하고 변질시키는 것으로 귀결될 뿐이다.

한편 광주의 시민사회를 지탱하는 정체성은 5·18인데, 이것은 자부심과 피해의식이라는 양면성을 갖고 있다. 이 양면성은 문화중심도시 조성사업과 관련해서도 모순적인 태도를 드러냈다. 그 한 태도는, 문화도시 광주는 5·18에 기초해야 한다는 입장이다. 이 입장은 광주의 정체성은 5·18에 기초한 것이며, 문화도시 광주는 이러한 역사적 자산을 상징화시켜낸 도시여야 한다는, 민주도시 이미지의 절대적 가치를 강조한다. 반면 다른 한 쪽에서는 문화도시 광주는 5·18과 일정한 거리두기를 해야 한다는 태도를 견지한다. 문화중심도시 조성사업을 낙후된 지역 경제를 활성화시켜 지역 균형발전의 계기로 삼아야 한다는 관점을 강조하는 문화산업 도시 만들기를 지지하며, '5 · 18정신'으로 표현되는 광주의 역사는 문화의 산업화를 표방하는 문화산업도시 전략에 일정한 장애가 된다는 생각이 내재되어 있다. 문화중심도시 조성사업 과정에서 지역정체성이 혼란을 겪고 있는 것도 이 두 가지 관점이 지역 사회 내부에서 상호 긴장하며 충돌하기 때문이다.

또한 민주도시론과 또 다른 쌍을 이루며 광주의 지역정체성을 지탱해 왔던 예향론은 문화도시론에 자연스럽게 흡수되는 경향을 보이고 있다. 문화중심도시 조성사업이 근본적으로 '문화'라는 것을 소재로 한다는 점에서, '문화'에 대해 전통적으로 친화성을 지닌 '예술'이 자연스럽게 편입되어지기 때문이다. 광주의 지역정체성 변화 과정을 요약해 보면 다음과 같다.

**표 7-5** 광주의 지역정체성 변화 과정

| 지역정체성 | '예향론' ↔ | '민주성지론' → | '민주 · 인권평화 도시론' → | '문화도시론' |
|---|---|---|---|---|
| 정체성 간의 관계 | 경 | 쟁 계승 | 확장 수 | 렴 |
| 형성시기 | 1980년대 | 1980년대 | 2000년대 | 2002년 이후 |
| 주요상징물 | 호남화맥, 남도문화 예술, 광주 비엔날레 | 80년 '5 · 18'당시 주검, 5월운동, 5월 행사 5 · 18사적, 5 · 18묘지 | 5 · 18자유공원, 5 · 18기념문화관, 5월 정신, 민주의 종, | 남도문화예술 5월 정신 |
| 주요텍스트 | '월간예향' | 5월 운동과정의 유인물 · 자료집 | '빛과 생명의 문화광주2020', '세계적인 민주 · 인권 · 평화 도시 육성기본계획' | 문화도시 관련 각종 용역보고서 (아시아문화 중심도시 조성 종합계획안) |
| 형성 주도 세력 | 시민일반, 지역 언론사 | '5월운동'세력 | 광주시 | 국가 · 광주시 · 시민 경쟁 |

지역정체성은 시대와 상황에 따라 끊임없이 변화하는 역동성을 띠는 것으로 항상 변화의 과정에 놓여 있다. 문화중심도시 조성사업이 국가주도에 의해 진행되고 있다는 점과 이러한 사업을 지역 내부로 제한시켜 지역경제 활성화라는 문화산업적 관점을 중시하며 물리적 공간 건조와 경제성을 중시하는 입장이 우세하다는 점에서 광주를 지탱해온 과거의 지역정체성은 혼란을 겪고 있다. 문제는 이러한 정체성 형성의 노력이 건축물 건조, 경제적 이익 등과는 다른 담론의 탈출구를 아직 찾지 못하고 있다는 데 있다.

## 5. 결론: 지역 문화정치의 특징

앞서 살펴보았듯이, 문화중심도시 조성사업은 건국 이래 가장 큰 규모의 '문화관련 사업'이면서도 그 정책 내용과 지향점이 전혀 없는 상태에서 출발하였기에, 사업의 성격을 정의하려는 노력과 투쟁은 애초에 이미 예정된 것이나 다름 없었다.[27] 그런데 이 사업 과정에서 두드러진 특징의 하나는, 문화라는 복잡하고 다양한 내용을 담은 개념을 어떻게 정의할 것인가를 둘러싼 직접적 대립이 발생한 것이 아니라, 문화 개념 내의 다양한 요소들을 선별적으로 조합하여 이를 지역의 요구와 결합시켜 정당화하는 방식의 투쟁이 주된 양상이었다는 점이다. 따라서 이 대립은 결국 일종의 정당성을 확보하려는 노력을 그 본질로서 갖고 있었던 셈이다.

2003년 문화관광부 기초연구보고서는 문화를 두가지 관점에서 정의하고 있다. 한편으로 문화란 '삶의 체계' 또는 '생활방식'이라는 인류학적 개념을 갖고 있으며, 이에 기초한 문화도시란 '삶의 가치와 자기 존재 가치'를 실현할 수 있는, 일상적 삶이 질적으로 제고된 도시를 지칭

27) 2003년 보고서는 이런 이유 때문에 이 사업을 '형성적'인 사업이라 정의한다.

한다(문화관광부, 2003: 22). 하지만 동시에 이 보고서는 문화중심도시를 '미래형 문화도시', '새로운 유형의 문화산업도시', '문화교육 시범도시', '아시아 문화허브' 등의 수사로 표현되는, 결국은 개발주의적, 경제주의적 모델로 제시한다(문화관광부, 2003: 24-5). 즉 이 보고서의 문화 개념은 삶의 체계 혹은 생활방식과 미래형 문화산업이라는 모순적인 두 극 사이를 혼란스럽게 오가고 있으며, 문제는 이러한 개념적 혼란과 모순을 해결하는 방식이 전형적인 개발주의적 논리를 따랐다는 점에 있다. 즉 문화전당이라는 핵심 건축물을 건립하고, 이 공간 속으로 혼재된 다양한 개념들을 몰아넣는 봉합의 논리를 전개하면서, 도시 전반의 재구성은 지자체의 역할로 구분해 버림으로써 단기간에 정책적 결과를 생산하겠다는 '속도정치'의 의지를 드러낸 것이다.

반면 반대쪽의 문화 정의는 명백하게 '문화산업'으로서의 문화 개념을 주장하고 있다. 문화산업을 문화중심도시 조성사업의 핵심으로 이해하는 것은 광주시의 일관된 태도였는데, 이것은 사업이 시작될 당시부터 그 성격을 명확히 드러냈다.[28] 여기에 문화중심도시 조성사업의 시작을 가능하게 했던 중앙정부의 개입 자체가 혼란된 모습을 보여 왔고, 이는 문화 개념에 대한 이해의 차이를 확대시키는 중요한 계기로 작용했다. 2004년은 광주 지역에서 흔히 '문화수도 원년'[29]으로 불리며 문화중심도시 조성사업이 시작된 해로 기억된다. 그런데 이 기념식에서 노무현 대통령은 "광주는 문화산업을 무한히 발전시킬 수 있는 마르

28) "광주시가 내년부터 CGI문화콘텐츠 구축 등 문화산업(CT)을 집중 육성키로 했다. ... 시 관계자는 "문화산업 육성은 순수예술분야와 한 축을 이뤄 오는 2010년까지 1,000억원의 국비가 투입될 것"이라며 "광산업처럼 문화수도 하드웨어 구축과 함께 '돈 되는 CT산업'을 육성해 나가겠다"고 말했다." 전남매일, 2003년 12월 24일.

29) 이것은 노무현 대통령의 문화수도 선포를 기대하며 붙여진 이름이지만, 실제 문화수도 선포식은 거행되지 못했다. 이미 중앙정부는 문화수도라는 명칭이 가져올 파장을 우려하여 그 개념을 포기하였고, 이를 대체하는 개념으로 문화중심도시 개념이 개발되었던 것이다.

지 않는 샘의 역할을 함으로써 문화수도 역할을 할 것이다"(전남매일, 2004년 9월 10일)라는 발언을 제공함으로써 문화산업에 힘을 실어주는 작용을 했다.[30] 그런데 실상 이렇게 삶의 질로서의 문화 정의와 문화산업의 대립으로 보이는 이 차이는 '먹고 사는 문제'라는 원초적 표현을 통해 그 본질을 드러낸다.[31] '문화로 밥을 먹고 살 수 있도록' 문화수도를 '개발'하겠다는 것이 문화중심도시의 핵심이며, 그래서 문화란 지역 경제의 개발 및 활성화와 완전히 동일한 개념이 되는 것이다. 그런 점에서 문화 정의를 둘러싼 외형적 대립에도 불구하고 이것은 현실적 이해관계에서 동일한 방향을 지향하는 유사한 정치적 노력들이라 할 수 있다.

한편, 문화 정의를 둘러싼 외형적 대립과는 달리, 문화중심도시 조성사업은 그 속도전적 성격에서 동일한 모습을 드러내고 있다. 속도전을 핵심으로 하는 개발 정치에서 가장 손쉬운 방법은 '문화적 건조물'을 만들고 건조 환경을 통해 공간을 재배치, 재구성하는 전략이다. 2003년 5월에 있었던 노무현 대통령은 문화수도의 내용을 '퐁피두 센터와 같은 복합문화센터'를 건립하여 광주를 '아시아 문화예술의 메카'로 만들겠다는 구상을 발표했고, 2003년 7월 문화관광부 문화정책국장은 '문화수도의 중심에 복합문화센터가 있다'고 발언하여 건조물의 건립이 문화수도 사업의 핵심임을 밝혔다(전남매일, 2003년 7월 3일). 앞서 보았듯이, 문화중심도시 조성사업은 정치적 결정에 의해 시작되었고, 명명된 것의 내용을 채워가는, 선후가 뒤바뀐 상태로 출발한 사업이었다. 이 때문에 건조물 정책은 비어있는 개념의 내용을 채우는 가장 효율적이고도 손쉬운 방법으로 선택될 수 있는 대안이었던 것이다.

---

30) "노대통령은 이날 시종일관 문화를 산업으로 육성, '문화가 돈되는 산업'이 되도록 하자고 강조했다.", 전남일보, 2003년 11월 8일.

31) "'문화산업 컴플렉스'를 조성해 광주가 21세기에는 문화로 밥을 먹고 살 수 있도록 명실상부한 한국의 문화수도, 아시아 문화중심도시로 발전하는 확고한 토대를 구축해 나갈 방침이다." 전남매일, 2006년 6월 29일.

지역의 반응은 이러한 속도전의 가속화에 대한 열망으로 나타났다. 소외의 경험과 시간의 정치에 사로잡힌 지역의 정체성은 지역에 수혜로 올 수 있는 것을 가능한 한 최단기간에 가시화하고자 하는 욕구를 드러냈다. 그것은 문화중심도시 조성사업 초기부터 지속적으로 나타나고 있다. 20년이라는 사업 기간은 그동안 소외되었던 지역의 정서를 감안하면 차분하게 준비하기에는 힘든 '긴' 시간일 수 있다. 광주 시장은 사업을 위한 예비타당성 조사 조차 낭비되는 시간으로 간주하며, "예비타당성 조사과정에서 조성사업의 본질이 훼손될 우려가 적지 않으므로 타당성 조사를 취소하고 내년부터 당장 사업을 추진해 줄 것"을 촉구했다. 또 한 지역 의원도 "사업추진 기간인 20년은 대통령이 4번 바뀔 기간인데 과연 실효성이 있는지 의구심이 든다"고 주장했다(전남매일, 2003. 9. 18). 이후 비용 충당 문제와 사업기간을 단축해야 한다는 주장은 지자체를 중심으로 지속적으로 제기되었다. 시간의 정치는 한편으로 최단기간에 문화전당 건립이라는 과시적 성과를 내고자 하는 노력과, 동시에 이 전당을 보다 지역화하여 경제적 발전의 욕구를 성취하고자 하는 노력이 경합, 대립하는 양상을 보여주고 있다. 그리고 이러한 속도전 속에서 정당하게 사고되어야 할 전체 도시의 상에 대한 담론들은 주변화되거나 삭제되고 있다.

도시의 문화적 이미지 · 상징 · 경관을 변화시켜는 것은 단기간에 이루어질 수 있는 일이 아니다. 이는 장기지속과 지속 가능성의 관점에서 사회를 구성하는 다양한 행위자들의 실천과 결합되는 문제이기 때문이다. 문화는 오랜 시간의 누적과 삶이 배태되어 나오는 과정 속에서 자신의 모습을 온전하게 드러낸다. 문화도시를 한 순간에 이루겠다는 생각은 여전히 관 중심, 행정 중심, 건조물 위주의 형식주의적 사고에 기인함을 단적으로 드러낼 뿐이다. 이런 점에서 광주 문화중심도시 조성사업은 이제 본격적인 문화정치를 시험해야 하는 과제를 안고 있다.

Chapter 8

# 문화정책의 지형 변화와 '광주문화도시'의 불 · 가능성[1)]

김 기 곤

## 1. 들어가는 말

2008년 11월, 광주 문화중심도시 조성사업이 기획단계를 마무리하고 실행단계로 접어들었다. 그동안 조성위원회가 꾸려지고, 특별법이 만들어졌다. 또한 종합계획도 수립되었다. 이제까지 5년의 과정이 기획 · 조정의 단계라면, 이후부터는 구체적인 실행의 단계라고 구분할 수 있을 것이다. 2009년은 중앙정부의 특별법에 근거해 만들어진 광주시의 연차별 실시계획이 처음으로 시작되는 해이기도 하다. 실행단계에서는 중앙정부의 주도 아래 그려진 문화도시의 밑그림이 지방정부 차원에서 광주라는 도시 공간을 통해 구체화된다.

광주 문화중심도시 조성사업은 문화와 지역을 둘러싼 여러 층위의

1) 이 장은 2008년 11월 창조도시연구소 창립포럼에서 발표된 김기곤, "이명박 정부의 문화정책과 '광주문화도시'의 불 · 가능성"을 수정 · 보완하고 있다.

요인들이 복합적으로 작용하면서 만들어진 것이다. 전지구화에 대응하는 지방화 전략, 국가적 차원의 문화국가 이미지 창출, 문화를 통한 지역의 내생적 발전전략 등이 광주라는 지역공간의 잠재적 이미지와 결합되어 추동되었다. 문화중심도시 조성사업은 이러한 외적 요인 및 지역환경들로 인해 처음부터 수많은 해결과제를 안고 출발할 수밖에 없었다. 지금은 그동안의 성과를 토대로 앞으로 본격적으로 추진해야 할 사업의 방향과 주요내용을 주변의 여러 환경들을 고려하면서 재점검해 볼 시기이다.

이 사업이 국가주도의 대규모 정책사업이라는 점에서 이명박 정부의 등장은 사업에 대한 기대와 우려를 동시에 낳고 있다. 실행국면에 접어들었음에도 불구하고 지역 내부의 이견 역시 좀처럼 가시지 않고, 오히려 확산되는 분위기이다. 5년의 시간을 보내면서 '문화도시'라는 말에 익숙해질 법도 하지만, 여전히 광주 지역사회 내부의 문화적 동력과 인식은 기대만큼 성장하지 못한 느낌이다.

이 장은 위와 같이 전환 국면에 서 있는 광주 문화중심도시 조성사업의 큰 흐름을 점검해 보자는 데 일차적 목적이 있다. 특히 이 사업의 방향이 노무현 정부 시기에 수립된 것이라는 점에서 새롭게 등장한 이명박 정부의 정책에 따라 사업이 흔들릴 수 있다는 지역사회의 우려에 주목한다. 이러한 맥락에서 이명박 정부라는 변화된 정치환경[2)]에 처한 광주 문화중심도시 조성사업의 진로를 예측해 보고 그에 따른 광주 지역사회 차원의 대응 지점들을 진단해 보고자 한다.

여기서는 광주 문화중심도시 조성사업이 그동안 노출시킨 문제와 쟁점, 그리고 갈등적 상황에 대한 해결방안을 구체적으로 논증하기보

---

2) 정치환경이라는 포괄적 개념을 사용하는 것은 광주 문화중심도시 조성사업이 단순히 국가의 문화정책뿐만 아니라 지역정책, 정치철학 등 국가의 다양한 정책과 이념들에 의해 규정을 받고 있기 때문이다.

다는 '광주 문화중심도시'의 지향점을 원리적 측면에서 재확인하고 사업의 내실을 기하기 위해 지역사회가 모아가야 할 합의점을 제안해 보고자 한다. 즉, '문화도시는 어떠한 형식과 내용으로 채워져야 하는가'보다 '문화도시가 갖는 가치의 지향성을 어디로 둘 것인가'에 무게를 둔다. 실행단계에서 광주 문화중심도시가 지향해야 할 원리와 정책의 방향을 다시 확인해 보는 것은 문화도시만들기가 원래 의도했던 이념과 가치들이 지역의 삶의 공간에서 탄탄하게 구성되길 간절히 바라기 때문이다.

## 2. 광주 문화중심도시 조성사업이 남긴 문제들

### 1) '문화' 담론의 미형성과 '비문화적' 주체 형성

광주 문화중심도시 조성사업은 '문화'와 광주가 맺고 있는 현실과 미래의 관계를 종합적으로 생각할 수 있도록 해 주었다. 그동안 지역사회가 경험하지 못한 다양한 측면의 '문화'담론들을 생산해냈다. 담론을 현실 공간에 실현하기 위해 상이한 집단과 조직들도 생겨났다. '문화'와 '주체'들이 서로 얽혀 진행된 담론의 경합은 갈등과 대립으로 확산되어 지역 안에 불화를 심어놓기도 했다(〈표 8-1 참조〉).

**표 8-1** 광주 문화중심도시 조성사업의 담론 지형과 주체들 분포

| 영 역 | 내 용 |
|---|---|
| 이념적 쟁점 | 예향론, 민주성지론, 문화산업론, 문화사회론, 문화예술도시론, 균형발전론, 아시아문화론 |
| 공간적 층위 | 문화전당 → 광주 → 호남 → 아시아문화도시 ← 한국 ← 아시아 ← 세계 |
| 개념적 논란 | 문화도시, 문화수도, 문화중심도시, 아시아문화중심도시 |

| 영 역 | 내 용 |
|---|---|
| 주체별 지향점 | • 국 가: 국토균형거점, 국가문화이미지 제고<br>• 광주시: 지역경제활성화<br>• 5·18 관련 세력: 민주·인권도시 공간 보존 및 재현<br>• 광주시민: 삶의 질 고양<br>• 자본집단: 건설과 문화산업<br>• 광주시민단체: 문화사회 실현<br>• 전문가: 문화 Vs. 발전, 문화예술도시<br>• 문화예술단체: 문화예술도시<br>• 국민: 문화도시, 관광도시<br>• 지역정치인: 지역발전<br>• 문화전당 주변 상인: 문화관광도시 |
| 구상 계획 | • 예비종합계획 주요 집필자 32명(광주·전남 5명, 15.6%)<br>• 예비종합계획 TF 참여자 56명(광주·전남 14명, 25%)<br>• 용역보고서 총 56개(2004~2008년 발주) |
| 동원 자산 | 5·18민중항쟁, 예향, 의향, 문화산업, 민주화운동 |
| 주체별 구도 | 국가-추진단-조성위원회-광주시-문화예술단체(예총계열)-문화운동단체-5·18단체-시민운동단체-동구 비상대책위원회 |
| 지역 연구 기관 | 광주정보문화산업진흥원, 광주전남발전연구원, 전남대문화예술특성화사업단, 전남대문화전문대학원, 조선대문화산업연구원, 조선대문화법정책연구소, 광주대도시건축문화연구센터, 호남대문화산업인력양성사업단, 광주과학기술원 문화기술연구센터 등 |
| 신생 단체 | 광주문화포럼, 시민문화회의, 지역문화교류재단, 광주문화도시협의회, 광주문화중심도시 성공을 위한 범시민사회단체 연석회의, 문화중심도시조성 동구 비상대책위원회 등 |

사업과정에서 주체들 사이의 갈등은 복합적인 의미와 가치를 내재한 문화가 서로 다른 이해관계로 얽혀 있는 광주라는 공간과 결합되면서 나타난 현상이다. 특히 사업의 주도 주체는 국가이지만 사업이 현실화되는 구체적 공간이 광주라는 점에서 양 주체 사이의 소통과 협의가

쉽지 않았다. 국토의 공간구성에 대해 지배적인 영향력을 행사하고 있는 중앙정부와 국가의 계획을 지역의 현실에 따라 실리적인 측면에서 선별적으로 수용하고자 했던 광주시가 갈등의 중심축을 형성했다. 광주시는 이 사업을 지역 내부의 현실과제인 지역경제활성화의 계기로 삼고자 했다. 이러한 과정에서 결국 '문화도시'는 사라지고 사업의 외형적 규모와 경제적 효과가 주요한 쟁점으로 부상했다. 거대한 문화공간이 만들어지기만 하면 지역사회에 문화가 자연스럽게 형성될 것이라는 일종의 공간결정론적 환상은 국가의 일방적 독주현상을 강화시켰다. 상대적으로 광주시나 지역시민사회에서는 시민들의 정책수립 과정에 대한 참여나 의견수렴이 소홀히 이루어졌다.

광주에서 문화도시를 만들기 위한 그간의 대응 방식은 전혀 '문화적' 관점을 갖지 못했다. 문화적 관점은 문화를 중심으로 한 사회적 기획의 성격을 담고 있다(강내희, 2004: 30). 그러나 지금까지 광주에서의 논쟁은 이러한 '문화적' 절차보다는 각각의 집단이 자신들의 이해관계 속에서 문화도시의 의미를 분할해 특정 부분만을 전유하려고 했다. 그러한 예는 랜드마크 설치, 전문공연장 설치, 문화전당 내 아시아문화예술전시관 및 국립아시아현대미술관 설치, 문화복합단지 조성, 5·18공간 보존 및 활용, 재정규모 및 국고지원 비율 확대 문제 등을 둘러싼 갈등에서 찾아볼 수 있다.

결국 광주에서 5년의 문화중심도시 조성사업은 단지 문화라는 외피만 존재했을 뿐, 실질적으로 '문화'를 통해 삶의 환경과 사람들 사이의 관계를 바꾸어보려는 진지한 노력은 보여주지 못했다. 반면에 문화의 또 다른 이면, 즉 문화는 서로 다른 가치가 충돌하며 전개되는 '이데올로기적 투쟁의 장'이라는 것을 현실감 있게 보여주었다. 이는 문화가 사회·정치·경제적 삶의 전 분야에 걸쳐 있는 다층적 성격을 띠고 있기 때문에 발생하는 자연스러운 현상으로 받아들여질 수도 있다. 그러나 중요한 것은 무엇을 가지고 어떻게 대립하고 갈등했는가일 것이다. 광주에서 문화도시 조성을 둘러싼 갈등은 도시공간에 문화를 어떻게 재현하고, 시민의 문화적 삶을 어떻게 구성해 나갈 것인가를 둘러싼 갈등이 아니었다. 오히려 중앙과 지방이 사업의 주도권을 둘러싼 정치적 헤게모니 다툼과 지역의 특정한 공간을 자신들의 이해관계 속에서 지배하고 전유하려는 세력들 사이의 물리적 '공간' 투쟁의 성격이 강했다. 이 과정에서 관련 주체들은 문화의 의미를 중심으로 한 이념적 분화와 결합을 지향한 것이 아니라, 정치적 이해와 문화가 가져다 줄 것으로 기대되는 실리적 효과에 따라 자신들만의 관계를 만들어 나갔다.

### 2) 이념의 생략과 사업의 과잉

문화정책은 문화적 필요를 충족시키기 위해 의도적이고 계획적으로 추진하는 일련의 활동을 의미한다(이흥재, 2006: 27). 이러한 문화정책은 이념으로부터 시작되는 일련의 의미와 기능체제를 갖고 있다. 그것은 이념, 정책, 시책, 사업으로 이어진다. 이러한 체계는 '이념 없이 정책 없고, 정책 없이 시책 없고, 시책 없이 사업 없다'는 일종의 연쇄적 서열관계를 만들어낸다(이토오 야스오, 2002: 134).

이러한 문화정책의 구성체계를 감안하면, 문화중심도시 조성사업은 문화도시의 정체성과 가치를 어디에 둘 것인가, 광주가 갖고 있는 고유성과 역사성을 문화도시에 어떻게 활용하고 이를 어떻게 재구성할 것인가라는 이념의 문제를 먼저 고민했어야 했다. 하지만 이러한 절차는 계획서 안의 문구에 불과했을 뿐, 문화중심도시를 의미화 하기 위한 구체적인 노력의 과정에서는 잘 드러나지 않았다. 이념은 생략된 채 사업의 가시화에만 집착했다. 물론 구조적 제약 때문에 피할 수 없는 상황이기도 했다. 국가의 정책적 욕망과 광주의 잠재력이 만난 '외발적인 프로젝트'이기 때문에 국가의 계획에 의해 빠르게 진행될수록 이득이라는 판단이 앞섰다. 게다가 지역 내부에서는 국가의 계획적인 문화도시담론과 경합할 수 있는 지역담론들이 충분히 정립되지 못한 상황이었다.

광주지역 내부에서 제기된 문화도시에 대한 이념 수준의 담론을 유형화한다면 크게 세 가지로 구분해 볼 수 있다. 그것은 문화사회론적 접근, 문화예술론적 접근, 문화산업론적 접근이다. 이러한 담론은 서로의 의미가 명확하게 구분되거나 차별화되지는 못했다. 독립적인 고유영역을 갖는 독자적 담론으로 정립되지 못했다는 것이다. 각각의 담론집단은 특정 사안을 통해서 극명하게 대립하는 양상을 보였다. 이는 크게 경제적 가치와 문화적 가치 사이의 대립으로 구분해 볼 수 있다. 경제적 가치(문화산업)는 지방정부 주도의 조직화(광주시)와 집단주의적 행동(동구비상대책위원회)으로 표출되었다. 문화적 가치는 문화예술적 미학성과 지역의 역사성·상징성에 기반한 문화적 정체성을 강조한다. 이러한 가치는 몇몇 문화단체들의 내적 지향과 단발성 주장에 그쳤을 뿐 지역사회 내부에서 활발하게 공론화되지 못했다. 이러한 분위기 속에서 문화산업론적 접근이 주류를 이루는 양상을 보였다. 이는 처음부터 문화도시를 경제적 패러다임의 규정 아래서 인식하려고 했던 것과 무관하지 않다. 과거의 공업 중심의 지역발전이 한계에 봉착하면서 문화를 지역발전의 새로운 자원으로 활용하려는 인식과 맞닿아 있다. 이는 문화가 갖고 있는 다양한 층위의 의미를 산업적 측면으로 제약하는 것이었다. 이 과정에서 문화도시는 문화산업이 도시의 생산구조에서 중심축을 이루는 도시로 인식되었다. 이러한 사고는 지역 내부의 경제 및 정치환경에 의해서 폭넓은 지지를 얻어내며 문화도시 조성과정에서 지배적인 담론으로 자리를 잡아갔다. 즉, '낙후', '공동화', '문화로 밥먹고 살기' 등은 문화도시를 경제주의 패러다임 속에 갇혀 있게 했다. 지방정부의 주요 행정가, 도심 자영업자, 개발업자 등에 의해 주도된 문화산업담론은 지역정치인, 지역언론사, 지역대학 등에 의해 적극적인 지지를 받았다. 문화산업 담론의 우세는 지역 내부에서 문화사회론적 지향을 지탱하고 활성화시킬 문화역량이 아직은 미흡하다는 것을 반증해 준 것이다.

문화가 사회의 모든 공공영역과 생활영역을 변화시킬 수 있는 절대적인 자율성과 가능성을 갖는 것은 결코 아니다. 그러나 문화를 여전히 경제의 부속물이나 수단으로만 보는 것은 낡고 편협한 인식이다. 문화는 경영의 주요 대상만이 아니라, 인간의 감성을 확장하고 삶의 새로운 관계를 만들어가는 자율적 영역으로, 다양한 가치와 기능을 함축하고 있기 때문이다.

아무튼 지난 5년 동안 광주 문화중심도시 조성사업 과정에서 드러난 지역 주체들의 갈등과 대립은 문화가 삶 속에서 향유되는 자연스러운 대상이라기보다는 특별한 의미를 만들어내기 위한 담론경합의 장 속에 존재하는 대상이라는 것을 실감할 수 있게 했다.

## 3. 이명박 정부의 문화정책과 광주문화도시의 전망

### 1) '창조적 실용주의'와 문화정책

이명박 정부의 국가정책의 기본틀은 신성장동력 확보와 외국자본의 활발한 투자유치를 통해 경제성장과 더 많은 고용을 창출하는 것이다. 최우선의 가치로 설정한 경제성장이 효율적으로 달성되기 위해서는 자본에 가해진 각종 규제는 풀고, 민간 주도성을 높여가는 작은 정부를 지향한다.

이러한 자유주의적 경제정책 기조에서 문화정책의 방향은 어떠한

가? 역대 정권과의 차별화를 위해 대통령직 인수위 활동과정에서 제안한 국정운영의 패러다임은 '신발전체제'[3]였다. 여기서 문화는 구발전체제에서와 같이 부차적이고 주변적 영역이 아닌 주도적이며 중심적인 영역으로 설정된다. '이념의 시대'를 넘어 '실용의 시대'에서 '문화를 즐기고 문화로 화합하며 문화로 발전하는 나라'를 만들겠다고도 했다.[4] 그러나 문화를 국가정책의 우선 개념으로 설정한 것은 비단 이명박 정부에서 시작된 새로운 정책은 아니다.

이명박 정부는 크게 세 차례에 걸쳐 문화정책의 골격을 제시했다. '소프트파워가 강한 창조문화국가'를 비전으로 한 문화체육관광부(이하 문체부) 2008년 주요업무계획(2008. 3. 14)과 정책비전(2008. 6), 그리고 새 정부 문화정책 기조 및 주요 예술정책(2008. 9. 3) 등이다. 각각의 세부정책과 사업은 정권이 교체되면서 문화관광부에서 새로 바뀐 문체부가 주도해 나갔다. 문체부는 기존의 문화 관련 행정 이외에 국가체육과 국정홍보의 기능, 디지털 콘텐츠 정책부분을 통합한 거대조직으로 만들어졌다. 문체부는 이명박 정부의 국정철학을 이념적으로 지지하고 관련 정책을 수행하는 역할을 충실히 따르고자 했다. 유인촌 장관은 2008년 9월 3일 새정부 문화정책의 기조 및 주요 예술정책을 발표하는 자리에서 "창조적 실용주의라는 이명박 정부의 국정철학에 바탕을 두고, 할 수 있는 것과 꼭 해야 하는 것을 계획하였다"고 밝혔다. 그렇다면, 이명박 정부의 창조적 실용주의의 핵심은 무엇인가?

---

3) 이명박 정부의 국정철학은 '21세기 자유주의와 실용주의', '신발전체제' 등을 들 수 있다. 신발전체제의 내용은 경제 선진화와 삶의 질의 선진화, 민간주도형 발전과 성장·분배 동시 견인, 지방경제와 중소기업 활성화, 능동적 복지, 인재강국, 창조적 서비스 부문 강국, 법치주의와 뉴거버넌스에 입각한 민주주의 등을 내용으로 하고 있다(제17대 대통령직 인수위원회, 2008, 『백서1』, p. 226).

4) 이명박 대통령 취임사(2008. 2. 25).

먼저 실용주의는 근대사회 성립 이후 자본주의의 자본축적 원리를 상징적으로 대변해 주는 이념이다. 사물에 대한 가치판단보다는 이윤으로 표현되는 경제의 원리에 따라 모든 것을 도구화하는 원리이다. 창조적 실용주의는 시장만능의 이윤추구를 본격화하겠다는 것이며, 이를 위해서 장벽이 되는 모든 규제를 풀고, 자유롭게 경쟁할 수 있는 환경을 조성하겠다는 의지를 명시적으로 표현한 것이다. 이는 결코 전혀 '창조적'일 것이 없는 실용주의의 재창이며, 자유주의적 시장중심주의의 공개적 선언에 불과한 것이다.

이러한 실용주의적 관점은 문화정책의 기본틀을 설정하는 데서도 뚜렷하게 드러난다. 2008년 문체부 주요업무계획에서 제시된 4대 역점 추진과제에 문화를 담고 있는 정책은 '문화예술로 삶의 질 선진화'였다. 특히 이 항목은 '콘텐츠산업의 전략적 육성'과 '체육의 생활화, 산업화, 국제화 항목에 이어 세 번째 위치를 차지하고 있다. 문화를 콘텐츠, 관광 등 산업 경쟁력으로 접근하는 시각을 강하게 드러낸 것이다. 이는 문화를 복지 및 공공적 성격이 아닌 국가경쟁력을 높여가는 물질적 수단으로 활용하는 것이다. 또한 문화를 개념적으로 접근하는 데 있어서 문화의 순수성을 강조하며 예술론적 영역으로 바라보려는 시각이 강하다.

'새정부 주요 예술정책'에서는 문화예술의 지원도 기존과는 다른 방식을 택하고 있다. '지원은 하되 간섭은 하지 않는다'는 기존의 원칙 대신에 선택과 집중의 원칙을 정책과 현장에 적용하고자 한다. 기존의 소액다건주의 방식의 지원이 아니라 경쟁을 통해 잘 하는 곳은 더 많이 지원하는 방식을 적용하겠다는 것이다. 문화예술의 영역에도 시장의 경쟁원리를 적용한다는 말이다. 이는 문화예술역량 강화를 위한 합리성의 추구로 포장되지만, 그 이면에는 문화정책에 권력이 보다 폭넓게 개입하여 권력의 입맛에 맞는 문화예술을 선별하려는 의도가

숨어 있다.[5)]

이러한 이명박 정부의 문화정책은 경제주의 패러다임의 강화로 요약된다. 이는 김대중 정부 이후 닦아놓은 문화산업정책의 터전에서 콘텐츠 개발을 중심으로 한 문화산업육성에 더 많은 비중을 두는 방식으로 진행되고 있다. 이는 문화가 갖고 있는 복합적 의미와 사회적 가치의 실현이 부차화되고, 문화를 경제성장을 위한 수단과 정치적 동원의 대상으로 전락시킬 우려가 있다.

### 2) 시장 중심의 품격 있는 문화국가?

문체부의 2008년 업무계획에는 이명박 정부의 '선진화' 철학을 달성하기 위해서 무엇보다 '소프트파워(Soft Power)'가 강해져야 함을 강조하고 있다. 소프트파워는 원래 국제정치에서 사용되는 '하드파워(Hard Power)'와 대별되는 개념이다. 하드파워가 상대를 위협하거나 강제하는 데 동원될 수 있는 군사력·경제력 등의 물리력을 의미한다면, 소프트파워는 "매력적인 개성이나 문화, 정치적 가치와 제도, 정당해 보이거나 도덕적 권위를 지닌 제반 정책 등 무형자산"과 연관된다(Nye, 2004: 31). 소프트파워는 국제정치에서 일종의 문화적·도덕적 권위를 통한 설득과 유인의 힘이라 할 수 있다. 이명박 정부에서 문화정책의 주요개념으로 사용되는 소프트파워는 '문화국가'의 지향을 위한 다양한 가치와 이미지를 생산하고 구축하기 위한 자원이라기보다는 문화적 소재를 산업화하기 위한 다양한 콘텐츠 양산이라는 기술공학적 측면에서 접근

5) 이와 관련해서는 한국문화예술진흥위원회 구성, 뉴라이트 계열의 인사들이 '좌파엘리트 집단'이라고 규정한 한국예술종합학교에 대한 유인촌 장관의 예산 삭감 지시, 문체부 2009년 홍보지원국 예산을 2008년보다 72억원 증액하고, 국정홍보 지원을 위해 64명의 직원 증원 요청 등을 주목해 볼 필요가 있다. 하물며 이어령 씨와 인터뷰(2008. 6)에서 유인촌 장관은 "시위문화까지 창조적으로 바꿔보겠다"는 의욕을 보였다.

하고 있는 듯하다(〈표 8-2 참조〉).

**표 8-2** 이명박 정부와 노무현 정부의 문화정책 비교

| 이명박 정부 | 구분 | 노무현 정부 |
|---|---|---|
| 품격 있는 문화국가, 대한민국 | 지향점 | 문화로 부강하고 행복한 대한민국 |
| -문화의 공공·산업적 가치 확산<br>-수요자 중심의 문화정책<br>-지역 중시, 민간 자율성 강조 | 패러다임 | -문화를 순수가치로 존중<br>-전통의 창조적 활용<br>-사회적 약자의 문화향유 확대 |
| -예술가 직접지원이 아닌 공연장, 연습장 등에 간접지원<br>-선택과 집중, 경쟁을 통한 사후 차등 지원 | 문화예술 지원 | -자율, 참여, 분권을 통한 문화예술 지원<br>-'지원은 하되 간섭은 하지 않는다' |
| -콘텐츠 산업 전략적 육성<br>-체육의 생활화, 산업화, 국제화<br>-문화예술을 통한 삶의 질 선진화<br>-관광산업의 경쟁력 강화 | 주요과제 | -세계 5대 문화산업 강국 실현<br>-동북아시아 관광허브 도약<br>-세계 10대 레저스포츠 선진국 도입 |
| -'소프트파워' 개념을 통한 콘텐츠산업, 관광, 체육분야 산업 경쟁력 제고<br>-규제완화 등을 통한 시장친화적 구조 창출<br>-정부와 민간, 자치단체의 '실용적 역할 분담' | 주요이념 | -'창의한국', '새예술정책' 등을 통해 문화예술과 문화공공성 강조<br>-'C-KOREA 2010'을 통한 문화산업산업발전과 문화콘텐츠 육성<br>-문화를 통한 지역균형발전 토대 구축 |

이러한 분위기는 이명박 정부가 목표로 두고 있는 '품격 있는 문화국가'에 대한 철학의 빈곤에서도 그대로 감지된다. 기본적으로 문화국가는 "국가로부터 문화 활동의 자유가 보장되고 국가에 의하여 문화가 공급되어야 하는 국가"를 말한다(권영성, 2003: 144). 그렇다면 이명박 정부가 지향하는 '품격 있는 문화국가'는 어떤 것인가? 마갈릿(Margalit)은 품격 있는 사회의 문화 영역을 크게 문화제도와 문화콘텐츠로 구분하

고, 품격 있는 사회를 위해 문화를 어떻게 인식해야 하는가를 다음과 같이 질문한다.[6)] 첫 번째, '어떤 것이 품격 있는 사회의 문화콘텐츠가 되어야 하는가?' 두 번째, '품격 있는 사회에 어울리는 문화제도는 어떻게 구성되어야 하는가?'이다. 이 두 부분이 서로 밀접한 관계를 형성하면서 '이상적' 조합을 이루었을 때, 문화국가는 제대로 된 내용을 갖출 수 있다(Margalit, 2008: 180). 문화국가는 문화산업이나 문화테크놀로지 등의 기술적이고 기능적인 측면만으로 정의되는 것이 아니다. 문화국가를 이루기 위해 궁극적으로 지향해야 할 정신과 가치를 설정하는 일이 전제되어야 한다. 그 다음에 이를 실현하기 위한 정책의 방향을 설정하고, 이 정책들이 안정적으로 추진될 수 있도록 각 수준의 제도와 장치를 구축하는 것이 중요하다. 그러나 이명박 정부의 문화정책은 우리 사회에서 선별하고 창조해야 할 것, 지우고 버려야 할 문화적 내용에 대한 엄정한 구분이 없이, 산업의 대상이 될 수 있는 문화적 내용을 모두 진열하는 방식으로 나아가려 하고 있다.

### 3) 신중앙집권적 공간정책 Vs. 광주 문화중심도시 조성사업

이명박 정부의 국가운영 철학이 광주 문화중심도시 조성사업에 어떠한 영향을 미칠 것인가를 판단하기는 쉽지 않다. 이유는 문화도시 조성사업이 갖고 있는 복합적인 성격 때문이다. 이 복합적인 성격을 중심으로 이후 사업의 구성과 진행을 예측해 보면 다음과 같다.

우선 광주 문화중심도시 조성사업은 크게 두 가지 성격을 갖고 있다.[7)] 첫째, 정치적 성격이다. 노무현 정부가 호남지역을 배려한 시혜성

6) 마갈릿에 의하면 문화제도는 학교 같은 교육제도, 신문이나 텔레비전 같은 통신매체, 출판사, 역사적 기록보관소, 박물관, 극장, 오페라극장 등을 포함한다. 문화콘텐츠는 그 사회나 제도 안에서 창조하고 보존하고 전달하고 검열하고 잊어버리고 기억하는 것들을 모두 포함한다(Margalit, 2008: 180).

사업의 성격을 지닌다는 점이다. 둘째, 문화를 매개로 한 국가의 공간 정책의 성격을 지니고 있다. 우선 정치적 성격 부분을 중심으로 살펴보면, 이 사업은 그대로 유지될 수도 있고 축소 및 변경될 수도 있다. 유지 쪽으로 가는 방향은 역대 정부와 상대적 차별성을 두고자 하는 신생권력의 의지에도 불구하고, 법과 제도 등을 통해 기획이 마무리된 사업을 축소 및 변경하는 데서 발생할 수 있는 지역민의 반발 등 정치적 부담에 기인한다. 결국 사업의 유지냐 혹은 변형이냐 문제는 근본적으로 지역 내부의 사업 추진에 대한 결집도와 중앙정부에 대한 협상력으로 표현되는 지역정치환경에 의해 좌우될 가능성이 크다. 다만 이 사업을 지역 특혜로 간주하고 '노무현의 색깔 빼기'를 시도할 수는 있다. 그 과정에서 기본 계획에 대한 수정이나 조직 개편 등은 예상해 볼 수 있지만, 큰 틀에서의 변화는 없을 것이다. 왜냐하면 문화중심도시 조성사업이 문화정책으로 제한되는 것이 아니라 지방정책 등 다양한 요소를 동시에 담고 있기 때문이다. 따라서 이에 대한 전면적인 진로 수정은 이명박 정부에게 큰 부담으로 작용할 수밖에 없다.[8] 실질적인 개입은 현재와 같이 문화콘텐츠기술연구원 등과 같이 시설의 건립 문제나 예산 조정의 문제로 나타날 것이다.

이명박 정부의 전 국토를 대상으로 하는 지역정책은 노무현 정부의

---

7) 광주 문화중심도시 조성사업의 성격은 지역 내부에서 내발적으로 구상해 온 문화적 도시발전전략의 연장선에서 탄생한 결과물이기도 하다. 이러한 성격은 여전히 국가의 구상과 긴장관계를 형성하며 지방정부의 주도성을 강조할 명분으로 활용될 수 있지만, 그것의 독자적인 의미는 점차 약화되는 분위기이다.

8) 이명박 정부 출범 직후 문화도시 조성사업의 조직체제에 대한 정비 과정에서 논의되었던 조성위원회 및 아시아문화중심도시추진단의 폐지 움직임과 사업의 운영에서의 광주시 차원의 실무위원회 기능 강화 등은 지역주도의 자율성과 책임성 부여의 의미도 있지만, 결과적으로 지역 내부에서는 중앙정부의 추진 의지 부족, 지방 사업으로 격하 등으로 인식되어 격렬한 반발을 불러왔고, 결국 철회되는 상황을 만들어냈다.

균형발전전략과는 사뭇 다른 방향을 택하고 있다. 기존의 국가균형발전특별법을 지역발전특별법으로 대체하고, 구체적 정책도 차별화된 방식을 취할 것으로 예상된다. 지역발전특별법의 목적과 정의에도 '지역 간 불균형 해소' 및 '지역 간 발전의 기회 균등을 촉진한다'는 내용이 삭제됐다(광주일보, 2008. 10. 21). 이러한 상황이라면 광주 문화중심도시 조성사업이 원래 의도한 '문화를 통한 지역균형발전'이라는 의미는 퇴색될 가능성이 크다. 그럼에도 불구하고 지역문화의 균형발전, 지역공간의 문화적 재설계, 문화를 통한 지역균형발전 등을 목적으로 추진해 온 노무현 정부의 거점문화도시정책은 외형적으로는 연속성을 갖고 추진될 것으로 보인다. 이는 예술과 문화산업이 결합된 문화도시 조성을 2012년까지 8개로 확대한다고 밝힌 문체부의 입장을 보더라도 알 수 있다. 다만 신규 문화도시가 조성되면 광주 문화중심도시 조성사업은 다른 지역의 문화도시 조성사업과 유사한 성격의 사업으로 간주되어 그 의미와 차별성이 약화될 수는 있을 것이다. 오히려 기존의 거점문화도시(경주, 전주, 부산 등) 및 신규 사업으로 선정되는 문화도시들과 경쟁을 유도하는 방식으로 진행될 가능성이 크며, 그 과정에서 광주 사업의 독자성이나 독립성은 약화될 우려도 있다. 특히 광주 문화중심도시 조성사업의 이념적 기반인 5·18정신이나 인권 등의 가치 재현은 시설물 위주의 성과주의에 묻혀 부차화될 가능성이 크다.

이명박 정부의 공간정책은 대규모 건설 사업을 축으로 시장화·개방화가 결합된 형태로 진행되고 있다.[9] 문화도시와 관련된 정책 역시 이러한 흐름들과 결합될 수 있다. 하나의 예로 이명박 정부의 문화예술정

9) 그렇다고 노무현 정부의 공간정책이었던 '균형발전'이 이명박 정부와 특별한 차이를 지닌 것은 아니다. 노무현 정부 역시 토건국가와 신자유주의 시장화라는 측면에서 신개발주의의 틀 내에 있다. 이에 대해서는 조명래(2007)을 참조할 것.

책 방향 설정을 위한 토론회에서 제기된 '5+2광역문화권 구상'은 국토의 공간정책에서 문화를 경제에 종속된 하위 범주 정도로 인식하고 있다는 것을 극명하게 보여준다.[10) ]5+2광역문화권 구상은 권역별로 특화된 장르의 문화예술발전을 통해 서울에 밀집된 자원을 지방에 분배함으로써 특화에 기초한 균형 있는 지역발전을 유도한다는 구상이다(라도삼, 2008). 하지만 이러한 구상은 경제적으로 미리 설정된 특화산업을 전제로 각각의 관련 있는 문화산업을 인위적으로 배분하는 방식을 택하고 있다. 이는 각 지역이 갖고 있는 문화적 특성과 문화적 지향을 무시하고 문화를 경제의 부산물 정도로 취급해 서로 짝 맞추는 방식으로 진행하겠다는 것이다.

문화는 경제 등 다른 분야의 정책과는 달리 효과의 가시화 시기도 느리다. 기본적으로 지역의 전통과 정서 등에 스며 있는 가치를 담고 있기 때문에 문화를 매개로 하는 지역정책은 지역의 종합적인 환경과 긴밀한 내적 연관성을 갖는 이른바 지역 친화적 접근이 필요하다. 이명박 정부의 지역문화정책은 문화가 정책적으로 설정된 경제발전 전략에 어떻게 기여할 것인가 만을 중시하고 있는 것 같다.

이명박 정부의 지역정책은 수도권 중심의 접근이며, 이로 인해 지역 사이의 균형발전을 크게 훼손시킬 가능성이 높다. 또한 분권을 강조하면서도 실제로는 반분권적 신중앙집권주의적 접근[11)]을 취하고 있기

10) '5+2광역문화권'은 이명박 정부의 '5+2광역경제권'에 기초하고 있다. 우선 광역경제권은 기존 지방자치단체의 행정구역을 뛰어넘어 산업 · 교육 · 의료 · 문화 등 모든 분야의 기능이 결합된 인구 500만 명 내외의 권역을 말한다. 5+2광역경제권은 국토 공간을 수도권(서울 · 인천 · 경기), 충청권(대전 · 충북 · 충남), 호남권(광주 · 전남 · 전북), 대구 · 경북권(대구 · 경북), 동남권(부산 · 울산 · 경남)의 5개 광역경제권으로 나누어 지역개발정책을 추진한다는 구상이다.

11) 이명박 정부는 수도권의 선도적 역할을 강조하면서 '수도권 이외의 지역을 사막화'할 가능성이 크다. 또한 이명박 정부의 100대 과제에 포함된 행정구역개편안을 보면 16개 광역지자체를 폐지하여 국가지방광역행정청(중앙정부 직할)

때문에, 이명박 정부의 '지역주도의 실질적 지방분권'은 자율과 자치의 권력분산에 역행하고 있다. 이러한 상황은 광주 문화중심도시 조성사업과정에서 중앙정부와 광주시 사이의 새로운 긴장관계를 만들어낼 수도 있다. 그러나 이명박 정부와 광주시가 '문화의 경제적 효과'에 비중을 둔다는 점에서 외형적 긴장 속에서도 내용적 협력 관계가 새롭게 형성될 가능성도 있다. 이 과정에서 광주시의 건조물 및 산업용 인프라 구축의 욕구는 이명박 정부의 개발주의 전략과 결합되어 더욱 강하게 표출될 것이다. 이러한 상황들은 광주 문화중심도시의 이념과 가치의 영역들을 둘러싸고 있는 지역정체성, 민주·인권, 문화사회 등의 담론을 더욱 위축시킬 것이다.

## 4. '광주문화도시'의 실천적 재구성: 사회적 가치와 연대의 관점

광주에서 '문화도시'는 아직 완결된 개념이 아니다. 여전히 격렬한 논쟁의 과정에서 변화·재형성될 수 있는 유동적인 담론의 영역에 존재하고 있다. 여기서는 '공간의 내부적 구성단계'로 이어지는 광주 문화중심도시 조성사업이 어떠한 방향으로 나아가야 할 것인가에 대한 주요 쟁점을 지역주체들의 관점을 중심으로 살펴본다.

### 1) 이념과 가치의 재전유

문화정책과 관련해 가치의 문제는 매우 중요한 사항이다. 가치는 한 사회가 만들어놓은 특별한 삶의 기준이라 할 수 있다. 문화정책의

을 설치하고, 기초지자체는 60~70개 내외의 통합광역시(단체장 중앙정부 임명)로 재편하는 등 고도의 중앙중심·통제중심적 사고를 담고 있었다. 이에 대해서는 성경륭(2008)을 참조할 것.

수립에서 먼저 물어야 할 것은 '문화정책을 이끄는 정치적·사회적 가치는 무엇인가'이다. 또한 이 가치를 실현하기 위해서는 어떠한 것을 목표로 두어야 하는가도 적극 고려해야 한다. 예를 들어, 사회의 민주주의, 자유, 평등, 연대 등은 문화정책이 목표로 해야 할 주요 가치들이다(Barker, 2005: 424).

클레이머(Klamer)는 문화의 가치를 문화적 가치, 경제적 가치, 사회적 가치로 구분한다. 이 세 가지 가치들은 서로 고유한 차원을 갖고 있으며 상호 연관되어 있을 뿐만 아니라 서로 충돌할 수도 있다고 본다(Klamer, 2004). 〈표 8-3〉은 문화가 갖는 각 가치들의 구성 요소들을 보여준다.

**표 8-3** 클레이머의 문화의 세 가지 차원의 가치와 구성 요소

| 구 분 | 구성 요소 |
|---|---|
| 문화적 가치 | 숭고함·성스러움·미적 경험, 문화사적 지식 |
| 경제적 가치 | GDP, 인간 자본, 이윤, 수입, 부, 경제성 |
| 사회적 가치 | 신뢰, 우정, 사랑, 정체성, 공감 |

'아시아문화중심도시 조성 종합계획'(2007)에 규정된 문화도시의 정의는 '탈산업화 시대의 새로운 도시발전 모델'과 '문화가 도시의 중추적 기능이 되고 특징이 되는 도시' 등으로 압축된다. 첫 번째는 기존의 산업화 모델이 직면한 한계를 대체하는 지역발전의 새로운 성장 모델로 간주되고 있다. 두 번째는 인간 가치론적 차원에서 문화도시가 지향해야 할 이념적 좌표를 제시하고 있다. 즉, '새로운 도시발전의 모델', '인간 본연의 가치와 삶의 의미가 구현된 도시'를 명시함으로써, 문화도시를 도구론적 측면과 가치론적 기능을 모두 담고 있는 것으로 해석하고 있다. 그러나 그동안 광주에서 문화도시가 논의되어온 과정을 살펴보

면 논의의 지형이 가시적 성과와 기능주의적 시각에 경도되어 있었다. 이는 비단 광주만의 상황은 아니다. 모든 도시들의 발전모델은 산업적 개발주의에 묶여 도시의 미래 가치보다는 경제적 현실주의를 추구하는 경향이 강하다. 도시공간과 사람이 어떻게 소통하고 어떠한 관계를 맺어야 할 것인가에 대해 진지하게 고민하질 못하고 있다. 이러한 상황 때문에 외부에서 유입된 거대 문화 프로젝트는 지역의 경제적 발전을 이루는 절호의 기회로 생각되기 마련이다. 문화에 내재된 다층적인 가치의 문제를 진지하게 천착하지 못하면, 삶을 지탱하는 도덕과 윤리, 역사와 전통, 지역의 정체성, 미래에 대한 심미적 상상력을 거부하는 방식으로 나아갈 수 있다.

이제 한쪽으로 과도하게 기울어진 문화 및 문화도시 담론에 대해 균형을 맞추어주는 의식적인 실천이 필요할 때다. 그 하나로 '발전'의 의미를 새롭게 확장할 필요가 있다. 발전은 지역공간이 지향해야 할 '총체적 발전'이라는 관점에서 문화도시의 이념과 정책으로 재구성되어야 한다. 경제주의적 발전패러다임에 정박되어 있던 기존의 발전 개념을 지역공동체 형성과 지역주민의 호혜적 관계 형성의 측면에서 폭넓게 해석할 필요가 있다. 이를 통해 발전은 시장중심의 경제적 활성화라는 좁은 영역을 넘어, 지역 주민들이 자유로운 삶을 추구하며 잠재된 창조력을 회복해 가는 문화적 지향으로 확대된다(Sen, 2001). 이것은 물질적 풍요의 신화 뒤에 가려진 삶의 질서와 가치들을 새롭게 발굴하고 그것을 도시 공간 속에 실현하는 작업이다. 그동안 광주에서 논의된 문화도시는 이러한 부분에 너무 소홀했다는 인상을 지울 수 없다. '문화가 도시의 중추적 기능이 되는 도시'를 만들기 위해서는 문화산업을 산업의 문화화, 문화도시를 도시의 문화화, 문화기술을 기술의 문화화로 재전유하여 인식해야 한다. 그리하여 문화가 사회적인 개념이고 사회의 물질적 삶과 분리될 수 없는 것이면서 동시에 특정하고 별개의 삶의 방식을 만드는 사회적 과정으로 받아들여지도록 해야 한다(이득재, 2008: 442). 이를 통해 문화에 대한 인식의 폭을 확장하고, 궁극적으로 삶의 전반에서 문화가 갖는 사회적 가치와 의미를 생활 속에서 실현할 수 있는 방법들을 찾아야 할 것이다.

또 하나 진단해야 할 부분이 '아시아'라는 개념이다. 그동안 막연하고 모호한 수준에서 규정된 '아시아'에 대한 공간적이고 내용적 차원의 의미 규정을 보다 명확히 해나가야 할 것이다. 아시아는 광주 문화중심도시의 문화적 내용과 운영의 스케일을 규정한다. 따라서 지리적 개념 이상의 복합적인 의미를 지닌다. 그러나 현재까지의 논의를 살펴보면, 아시아가 단순한 공간적 개념인지, 아니면 가치실현을 함축하는 특별한 실천적 개념인지 명확하지 않다.

'아시아문화중심도시 조성 종합계획' 등에 의하면 '광주아시아문화중심도시'는 아시아 문화의 정체성을 찾아 이를 공유하는 공간, 아시아문화가 생산·교류되는 장소로 설정되어 있다. 그럼에도 불구하고 '아시아'는 여전히 모호한 개념으로 남아 있다. 우선 지리적·공간적 범위에서 아시아는 어떻게 규정되고 있는지 명확하지 않다. 또한 아시아문화는 민족국가 단위에서 형성된 각국의 전통적 문화를 얘기하는 것인지, 아니면 아시아라는 지역 사이의 경계를 넘나들며 유통되는 대중문화를 얘기하는지 불분명하다. 이는 광주아시아문화중심도시의 기능과 역할을 어디에 둘 것인가를 규정짓는 문제이다. 전자에 중점을 둔다면 광주문화중심도시는 민족국가 단위의 아시아 각 지역문화가 결집되는 전시적 기능을 의미할 것이다. 후자에 중점을 두면 광주가 아시아 지역을 대상으로 대중문화가 재가공되어 유통되는 중심지 역할을 하게 된다.

또한 아시아 문화는 최근 논의되고 있는 아시아 지역 공동체 및 연대기구를 논의하는 것과 어떠한 관계를 갖고 있는가를 명확히 설정해야 한다. 문화도시의 공간적 대상은 아시아를 포함하고 있지만, 아시아내의 주요국가인 일본과 중국에 대한 사고는 의도적으로 배제되고 축소되는 분위기가 감지된다. 이러한 것이 사실이라면 아시아 연대라는 지역 사이의 공동과제에서 문화의 기능과 광주의 역할은 축소되고 왜곡될 수 있다. 이와 같은 쟁점들이 정리되지 않는다면 광주아시아문화도시는 기껏해야 한국보다 경제력이 뒤진 나라를 대상으로 문화 '제조'의 기술력을 과시하는 문화산업적 패권도시로 전락할 우려도 있다.

그렇기 때문에 광주아시아문화중심도시는 그 외연이 품어야 할 내용들에 대해 성실하고 진지한 질문과 대안찾기를 해야 한다. 특히 현재 논의되고 있는 동아시아 공동체 구상 등 아시아 연대의 문제와 어떠한 관계를 가져가야 할 것인가를 고민해야 한다. 문화는 정치적 실천과 분리될 수 없으며 광주 문화중심도시가 이념적 지향으로 삼는 민주·인권·평화의 문제는 더 큰 공간에서 실현해야 할 보편적 가치이기 때문이다.

### 2) 공간의 민주화와 지역 연대

문화도시 조성사업은 기본적으로 도시 공간을 직접적인 대상으로 하는 도시재생 프로젝트이다. 도시재생(urban regeneration)은 한 도시가 겪고 있는 문제를 능동적으로 해결해가는 종합적 활동이다.[12)] 공간사회학적인 측면에서 보면, 도시재생은 단순히 공간의 활용과 문화적 공간의 건축 문제가 아니라, 공간을 둘러싼 불평등을 해소함으로써 공간의 공공성을 강화하는 것과 연관되어 있다. 따라서 도시재생은 공간이 특정 계층이나 개발업자의 이익창출을 위한 수단이 아니라, 누구에게

---

12) 도시재생은 쇠퇴한 도시 지역의 경제적·사회적 재활성화를 목표로 하는데, 도시의 쇠퇴는 단순히 물리적 환경의 노후화를 넘어 사회적 계층의 양극화, 지역공동체의 파괴, 경제 기반의 붕괴, 실업, 문화적 소외 등을 복합적으로 동반하다.

나 차별 없이 공간에 대한 접근과 이용이 가능할 수 있게 하는 '공간의 평등성'이 실현되도록 해야 한다. 공간의 불평등은 공동체가 지향해야 할 연대와 소통을 가로막는 장벽으로 작용한다.

공간의 민주화는 공간을 이용하고 활용하는 사람들 사이의 조화로운 관계를 의미할 뿐만 아니라, 공간의 변화와 재편과정에서 발생하는 다양한 이해당사자 간의 갈등을 풀어가는 방식이기도 하다. 이런 점에 비추어 보면, 공간에 대한 민주화는 문화도시를 지향하는 각 도시들 사이의 관계 형성에서도 유지되어야 할 기본 관점이다.

문화를 통한 지역정체성 형성과 산업화 전략이 각 지역에서 활발하게 전개되면서 지역 사이의 경쟁은 더욱 치열해지고 있다. 광주의 문화중심도시 조성사업은 국가 재정이 직접 투여되는 거대 프로젝트라는 점에서 문화도시를 꿈꾸는 다른 도시들에게 부러움의 대상이 되고 있다. 하지만 광주는 국가 프로젝트의 수혜자라는 인식에도 불구하고, 유사한 문화도시 전략을 택하고 있는 다른 지역을 배타적인 자세로 경계해 왔다.[13] 지역언론이나 광주시는 광주 사업만의 독자성을 강조하면서 다른 지역에서 전개되는 유사한 문화도시 조성사업을 지나치게 부정적으로 바라보았다. 예를 들어 2008년 문체부의 업무계획에 포함된 서울 마포구 당인리화력발전소 부지를 2012년까지 근대산업박물관, 디자인아카이브 등의 '문화창작발전소'로 조성하려는 계획이나, 16개 시·도에 각 1개소씩 문화예술활동이 이루어지는 지역문화중심지를 만드려는 구상 등에 대해서도 광주는 지나치게 민감한 반응을 보였다. 이러한 사업들이 결국은 광주의 문화도시 사업 규모의 축소, 정부의

---

13) 광주 문화중심도시 조성에 관한 특별법이 제정된 이후 경주, 부산, 전주, 부여·공주 등에서도 유사한 성격의 법률을 만들려고 했다. 2007년 경주의 역사문화도시 특별법 제정 추진에 대해 광주의 지역정치인들은 반대 입장을 표명하면서 경주시의회와 마찰을 빚기도 했다.

추진 의지의 부족, 사업 내용의 중복을 불러와 광주의 차별성을 흐리게 한다고 판단한 것이다[14](전남일보, 2008. 3. 18).

사실, 자본주의 사회에서 각 지역 시민들의 문화 향유는 서로 뚜렷한 차이를 드러내기가 쉽지 않다. 지배문화라 할 수 있는 대중문화가 개인이나 지역을 동질화된 소비주체와 소비공간으로 만들어버리는 속성을 갖고 있기 때문이다. 이 과정에서 지역의 고유성과 문화적 전통은 지역경제활성화를 위한 도구로 차출되고, 이에 따라 상품화된 복제 문화가 양산되어 지역 사이의 문화적 색깔과 차이는 약화된다. 이러한 현상을 감안하면, 지역 단위에서 유사하게 전개되고 있는 문화도시 조성 노력을 배타적으로 인식해서는 안 된다. 오히려 그들의 구상과 활동을 함께 나눌 수 있는 소통과 연대의 방안을 찾는 것이 중요하다. 집단 혹은 지역의 다양한 삶이 뒤섞이고 혼합되면서 문화 향유의 대상은 넓혀지고 새로워질 수 있기 때문이다. 문화도시의 궁극적 목표는 문화의 향유 주체라 할 수 있는 모든 시민들이 차별 없이 문화가 갖는 가치를 함께 누리는 것이다. 따라서 '나만의 문화도시'가 아니라 '모두의 문화도시'라는 연대의 관점을 통해 문화적 권리를 보편적으로 실현해 나갈 수 있도록 해야 한다.

광주가 문화중심도시 조성과정에서 드러내는 배타성은 5·18이라는 공동체적 경험을 문화도시 속에 재현하고자 하는 광주 문화중심도시의 이념과도 맞지 않다. 또한 문화가 기나긴 여정을 통해 축적되고 그 과정에서 사람들을 이어주는 연대의 매개체이자 소통의 신호 역할을 한다는 문화의 발전원리와도 위배된다. 다른 지역과 함께하는 협력의 관

---

14) 서울시의 '창의문화도시 서울 종합계획'에 대해서도 문화전당사업만 빼면 광주 문화중심도시 조성사업을 그대로 서울로 옮겨 놓은 것이라고 평가하는 방식은 문화도시의 기능과 역할을 광주만이 독점하겠다는 발상에서 비롯된 것이라 할 수 있다. 이에 대해서는 정성구(2008)를 참조할 것.

점을 갖지 않으면, 5·18 이후 광주가 다른 지역으로부터 받았던 고립감을 다시 불러올 수도 있다. '광주만이 유일하게 문화도시가 될 수 있다'는 주장의 근거는 사실 그 어디에도 없다. 따라서 '아시아문화중심도시'라는 위상에 걸맞게 다른 지역들의 문화도시 조성 노력에 대해 보다 적극적으로 개입해 그들을 지원하고 연대·협력하는 모습을 보여야 한다.

### 3) 문화거버넌스의 재구축

지역사회의 역할이 더 강조되는 문화도시 조성사업의 실행단계는 지역 주체들의 주도성과 상호 협력을 더욱 필요로 한다. 그동안 문화도시 조성사업과정에서 시민참여는 당위적인 구호에 머물러 있었다. 이는 시민들의 인식과 의지의 부족 탓이라고 볼 수 없는 문제이다. 시민들의 문화적 역량이 발휘되고, 이러한 역량이 문화도시 조성과정에 반영될 수 있는 구조적 통로가 협소했다. 지역사회 내부에서 시민은 '문화'지식으로 무장한 전문가와 정책에 대한 정보를 독점하고 있는 행정집단의 입장을 수동적으로 동의해 주는 동원의 대상이었지, 자신들의 문화적 욕구를 능동적으로 표출하는 권리의 주체가 되지 못했다.

이러한 상황은 광주 문화중심도시 조성사업과정에서 실질적인 시민참여가 제도적으로 보장될 수 있는 방안이나 구조적인 장치의 필요성을 더욱 절실하게 제기했다. 시민사회협약이 하나의 가능성이었다. 광주문화도시 조성에 관한 특별법 제4조에 따르면 시는 자율과 합의에 의해 문화도시 조성사업을 효율적으로 추진하기 위해 조성사업에서 분야별 시민사회협약이 체결될 수 있도록 노력하며, 조성사업 실시계획 심의위원회를 구성할 때 이 안에 시민사회협약위원회를 구성·운영하도록 했다. 광주시장과 시민사회협약위원회가 시민사회협약을 체결하여 협약내용을 실시계획심의위원회의 연차별 실시계획에 반영하여 추진한다는 것이다. 그러나 광주시의 상황을 보면 그것이 그리 낙관적이지 않다. 시민사회협약위원회 구성의 주도 주체가 광주시로 되어 있는데, 위원회 구성과정에서 민주성과 '시민 의견'을 대표할 수 있는 대표성을 획득하는 것이 여간 어렵지 않게 되어 있다.[15] 광주시의 문화행정 전반이 단체장 개인의 독단주의에 의한 관제적 방식으로 이루어졌다는 그간의 경험도 그렇지만, 광주 시민사회의 문화도시 조성사업에 대한 개입이 유력한 문화단체와 활동가, 지역 학자, 정치인 등이 주도했다는 점을 고려하면 시민참여의 장벽은 더욱 높아 보인다.

또한 협약체결의 대상을 어디까지로 할 것인가에 대한 것도 고려해야 한다. 단지 특별법이 규정한 사업 내용만을 대상으로 하기보다는 문화도시 조성사업과정에서 제기될 수 있는 제반 사항을 협약의 대상으로 확대하려는 적극적인 자세를 가져야 할 것이다.

어려운 상황이지만, 정부-지자체-시민의 3자 구도를 통해 시민의 의견을 문화도시 조성사업과정에 반영하기 위한 제도적 장치 마련이 중요하다. 이를 해결하기 위한 실마리는 문화거버넌스 구축에서 찾아야 할 것 같다. 거버넌스(governance)란 "공동의 목적을 실현하기 위해 정부, 민간 부문, 시민사회단체 등이 네트워크를 형성하여 권한을 배분하고 의사를 결정하는 방식"을 뜻한다(강준만, 2008: 269). 거버넌스는 기본적으로 복수의 영역이 교착되는 곳에서 작동하는 일종의 통치양식을 의미한다. 통치는 정치의 의미보다 훨씬 넓은 의미를 갖고 있다. 정치가 권력을 매개하는 사회 세력들 사이의 힘의 분배라면, 통치는 일종의 공동체를 지도하는 기술이라 할 수 있다. 거버넌스는 일차적으로 시민

15) 광주시의 관련 조례안을 보면 시민사회협약위원회의 구성은 시 문화정책실장을 포함해 시의 고위급 공무원 4인을 당연직 인사로 포함시키고, 시장이 위촉하는 인사 3인을 포함해 위원 수를 모두 30인 이내로 정하고 있다. 시와 직접 연관된 다수의 인사들이 참여하기 때문에 위원 임명에 시장의 입김이 작용하고 결국 위원회는 시 정책을 동의해 주는 기제로 활용될 수 있다.

단체의 역할을 확고히 하는 것을 전제로 해야 한다. 문화중심도시 조성사업과정에서 일부 시민단체는 문체부와 광주시의 대립 구도 속에서 어느 한쪽의 입장을 선택해 이를 지지하는 등 갈등의 해결보다는 갈등의 세력을 더욱 확대시켰다. 이 과정에서 일부 시민단체는 자신들의 정체성을 망각하고 중앙정부나 지방정부의 일방적 파트너로 전락하는 일도 발생했다.

5년 동안의 문화중심도시 조성사업에서 문화거버넌스 구축의 가능성은 연석회의에서 찾아볼 수 있었다.[16] 시민사회 조직화 및 소통체계 형성의 커다란 성과였던 연석회의를 재구성해 문화거버넌스 구축의 한 세력으로 활동할 수 있게 하는 것이 중요하다. 연석회의의 활동경험과 인적 네트워크는 중앙정부와 광주시의 정책을 견제하고 시민들의 문화적 역량과 욕구를 사업에 반영하는 통로가 될 수 있을 것이다. 그렇기 위해서는 먼저 연석회의에 참여했던 일부 시민사회단체 사이에 쌓인 불협화음을 조정하는 노력을 해야 한다. 또한 조직의 전문성을 강화하고 의결 및 집행력을 끌어올리는 방향으로 조직을 재구성할 필요도 있다.

연석회의의 활동은 지역사회의 문화적 자생력을 확대하는 측면과 시민사회 내부에서 일상의 민주주의를 강화하는 측면에 맞추어져야 한다. 문화와 민주주의는 서로 다른 영역이 아니라 서로가 서로를 존재할 수 있게 하는 공동의 기반이기 때문이다. 따라서 지역 내부의 일상의 비민주적 관행, 제도, 행정 등을 감시의 대상으로 삼는 지역사회 민주주의 운동을 문화운동의 차원에서 전개할 필요가 있다. 또한 주민들의

---

16) 2007년 3월 결성된 '광주문화중심도시 성공을 위한 범시민사회단체 연석회의'를 말한다. 연석회의는 광주지역 12개 시민단체 대표들이 문화도시 조성사업과 관련한 핵심적 쟁점을 논의하고 합의점을 찾아 이를 종합계획에 반영하기 위한 활동을 전개했다.

삶의 공간에서 작은 프로그램을 추동하는 구체적 문화활동을 기획하고 추진하는 것도 연석회의에서 논의해 볼 수 있는 일이다. 문화도시 속의 '문화'는 국가나 지방정부가 기획한 질서정연한 프로그램에 의해 형성되는 것이 아니라, 일상에서 주민들의 경험이나 새로운 상상력에 의해 채워질 때 훨씬 생동감 있는 의미를 가질 수 있다. 그러한 문화만이 문화도시를 강고하게 지탱하고 풍부하게 만들 수 있게 할 것이다.

## 5. 맺는 말

2004년 이후 '문화도시 광주'를 만들기 위해 달려온 그간의 성과를 단번에 잘라 말하기는 쉽지 않다. '문화도시가 추구하는 목표가 단지 비슷한 문화공간을 만들고 행사를 하는 것에 머무는 것이 아니라, 도시의 정체성을 바로 알고, 나아가 도시 공동체의 문화적 공감대를 확립해 나가는 것'이라면 이에 대한 평가는 보다 오랜 시간을 경과해야 하기 때문이다(정미강, 2008: 289).

새로운 전환기를 맞는 문화중심도시 조성사업은 중앙정부-지방정부-시민사회의 새로운 관계설정을 필요로 하고 있다. 문화중심도시 조성사업은 미적, 정치적, 경제적, 사회적, 상징적 내용을 동시에 담아야 할 매우 다층적인 사업이다. 여기에는 단기적인 성과를 가져올 수 있게 하는 사업들도 있지만, 시민들의 삶에 영향을 미치고 그들의 정서와 가치관의 변화를 유도할 수 있는 장기적 계획 아래서 추진되어야 할 것도 있다. 그렇기 때문에 어느 누구의 일방적 주도 아래서 기획되어서는 안 되는 사업이다.

중앙정부는 그동안 구상하고 확정했던 계획들이 성실하게 추진될 수 있도록 신뢰를 심어주어야 한다. 통제권을 쥐고 지역에 시혜를 주는 방식의 정치적 접근은 사업의 안정성뿐만 아니라 추진력을 확보하기도 어렵다. 또한 중앙정부는 문화도시를 위한 좋은 환경과 프로그램이 가동될 수 있는 조건을 만들어주는 것이 중요하다. 경제적 효과를 기대할 수 있는 프로그램뿐만 아니라 문화도시의 다양한 가치를 실현할 수 있는 생활 속의 시민 프로그램에도 과감한 지원을 해야 한다.

광주시는 그동안 비민주적이고 독단적인 전시 행정으로 문화도시 사업의 이념과 가치를 훼손한 적은 없는지 자문해볼 필요가 있다. 문화행정인력의 안정적인 재생산과 전문성을 강화할 수 있는 문화행정시스템의 정비가 중요하다. 시민이 문화도시 조성의 실질적 주체가 될 수 있도록 제도적 장치를 강구하는 것도 시급한 과제이다. 시민사회협약위원회를 민주적으로 구성하고 이것이 제대로 작동될 수 있도록 해야 한다. 시민들을 '동원할 대상'으로 인식하는 경향을 버리고 그들에게 문화적 창조(cultural creatives)가 가능할 수 있는 공간을 열어 주어야 한다. 새로운 공간을 조성하기 이전에 기존의 공간을 시민들의 문화공간으로 활용하는 방안도 함께 고려되어야 한다.

시민단체는 문화가 공동체적 삶을 풍부하게 만드는 자원이 되고, '더 많은 민주주의'로 인도되는 체험의 장이 될 수 있도록 시민적 역량을 넓혀가야 한다. 삶의 공간에서 민주주의를 옹호하고, 문화적 권리를 지지하는 운동도 시민단체가 주도해야 할 몫이다. 크고 작은 단위에서 문화적 그룹을 만들고 문화의 소비역량을 높일 수 있는 실천 프로그램을 운영하는 것도 잊지 말아야 한다.

그동안 문화중심도시 조성사업은 큰 그림 아래서 주로 물리적 공간을 구획하는 일에 집중했다. 국가 주도의 문화중심도시 조성사업은 대규모 예산 집행을 가능하게 함으로써, 사업의 안정성과 지속성을 유지하는 데 도움을 준다. 그러나 광주의 역사적·문화적 특징과 시민들의 문화적 바람을 국가가 세심하게 챙기는 데는 한계가 있다. 물리적 공간 기획이 마무리된 상황에서 역점을 두어야 하는 것은 기존에 계획된 일정과 약속들이 잘 지켜질 수 있도록 하는 것도 중요하지만, 무엇보다 광주 자체가 문화적 수용 능력을 높여갈 수 있도록 지역 내부에서 '문화운동'을 활발히 전개해야 한다. 문화도시 사업 구상과정에서 광주지역사회는 시민의 문화적 권리를 일상의 삶의 공간에서 새롭게 조직하려는 노력들을 잘 보여주지 못했다.

도시는 상품이 아니라 예술 작품에 가까워야 한다는 지적이 있다. 도시를 만드는 것은 사회적 관계를 만드는 일이며 사람을 키우는 중요한 작업으로 생각되어야 한다는 것이다(Lefebvre, 1996). 이처럼 광주 문화중심도시가 지역의 희망을 담은 한 편의 작품과 같은 새로운 문화공간이 되기 위해서는 상품의 논리가 지배하는 공간보다는 오랜 역사와 시간의 궤적이 스며 있고, 그 위에 시민의 상상력과 새로운 삶의 가치가 펼쳐지도록 해야 한다.

Chapter 9

# 옛 전남도청별관 갈등과 5・18의 의미 탐색[1)]

김 기 곤

## 1. 들어가는 말

2002년 당시 노무현 대통령 후보의 선거 공약으로 촉발된 '아시아문화중심도시 광주조성사업'(이하 문화도시 사업)은 '국립아시아문화전당'(이하 문화전당) 설계 완료로 순탄하게 진행되는 듯했다. 하지만 2008년 6월 문화전당 부지 안에 위치한 '옛 전남도청별관'(이하 도청별관)이 보존과 철거 논쟁에 휘말리면서 문화도시 사업은 진척되지 못하고 갈등 상황에 빠져들었다.

처음부터 이 문화도시 사업을 바라보는 시각은 몇 가지로 갈라져 있었다. 하나는 '광주와 정치권이 벌인 협상의 산물'(백원담, 2005: 26)로 보는 것이다. 이는 광주 시민들이 노무현 대통령 후보를 전폭적으로

1) 이 장은 『지역사회연구』 제18권 2호(2010)에 게재된 김기곤, "옛 전남도청별관 갈등과 '5・18'의 의미 변화"를 수정・보완한 것이다.

지지한 것에 대한 정치적 보은 성격의 시혜 정책이라는 것이다. 또 하나는 산업생산 위주의 지역발전의 한계를 극복하기 위해 지역 내부에서 모색해 온 '문화를 통한 새로운 지역발전전략'의 연장선에서 보아야 한다는 입장이다(정근식, 2004: 42). 각각의 시각에도 불구하고 문화도시 사업에 대한 광주 지역사회의 대체적인 평가는 지역의 역사적·정치적 자긍심과 지역경제활성화를 결합시킨 국가 정책사업이라는 것에는 동의하는 분위기이다(김기곤, 2008: 84-85). 문제는 어느 한 쪽을 택하게 되면, 이 사업을 이끄는 주도적 주체에 대한 판단이 서로 달라질 수 있다는 것이다. 문화도시 사업의 초기 구상과 기획단계에서 문화관광부(이하 문광부)와 광주시 사이의 갈등과 마찰은 이러한 주체의 설정문제와 관련된 것이었다. 그러나 사업 시작 이후 지금까지 표출된 수많은 갈등은 이 사업을 규정짓는 근본 이념을 어디에 둘 것인가를 저변에 깔고 있다. 여기에는 광주가 지닌 역사성, 즉 민주도시적 성격에 두어야 한다는 견해가 있고, 또한 뒤처진 지역경제라는 현실성, 즉 지역의 경제발전을 이루는 산업주의적 성격을 강조하는 견해가 있다. 이 두 가지 상이한 입장의 대립은 문화도시 사업의 핵심 분야인 문화전당의 건설부지가 '옛 전남도청 일대'(이하 도청 일대)로 결정되면서 가시화되었다.

도청 일대는 5·18광주항쟁(이하 5·18)의 중심지였다. 현재 이곳에는 1980년 5·18의 기억과 경험을 담고 있는 몇몇 건물들이 그 모습 그대로 남아 있다. 또한 전남도청사가 무안으로 이전된 후 도심공동화 현상이 가속화되어 쇠락해가는 구도심 지역이기도 하다. 문화도시 사업 국면에서 도청 일대는 역사적 기억 공간, 지역공동체의 현실적 욕망의 공간 등 서로 다른 수준의 의미들이 결집되어 서로 충돌하며 갈등하는 상황을 만들어냈다. 특히 도청별관을 놓고 전개된 '원형보존'과 '철거' 논란은 갈등의 정점으로 비추어졌다. 이 과정에서 도청별관은 하나의 물리적 건축 공간으로서의 의미를 넘어 사회적 공간으로 작용하게 되었다.

사회적 공간은 특정의 물리적 공간의 형태에 대한 질문을 포함하지만 그 '공간과 관계된 조직 및 의미가 사회적 해석과 이행, 그리고 경험의 산물'(Soja, 1997: 106)이라는 점을 강조한다.[2] 따라서 현실의 구체적 상황 속에서 사회적 공간은 개인이나 집단이 자신들의 특정한 세계관의 정당화를 위해 상징적 전략을 드러내고 이를 실현하기 위한 투쟁이 전개되는 장(場)이다(이기현, 2003: 26). 이러한 사회적 공간은 도청별관을 둘러싼 다양한 수준의 의미가 사회생활의 현재 상황과 어떻게 결부되어 있는지를 종합적인 관계를 통해 밝혀내는 데 유용한 개념으로 작용할 수 있다. 따라서 도청별관의 갈등 구도를 사회적 공간 차원에서 이해하는 것은 현재 광주에서 '5 · 18'이 의미화되는 상호관계의 지형을 보다 명확하게 그려볼 수 있게 할 것이다. 이러한 맥락에서 이 논문은 1년 반 동안 광주 지역사회를 갈등의 한복판으로 밀어 넣은 도청별관 갈등 속에 담긴 담론과 실천들을 끌어내 문화도시 사업 국면에서 광주와 5 · 18이 맺고 있는 의미를 탐색해 보고자 한다.

이 글의 구성은 도청별관을 두고 전개된 갈등이 특정 조건에서 일시적으로 구성되어진 것인지, 아니면 보다 근본적으로 역사적인 맥락을 갖고 있는지 등을 종합적으로 살펴보기 위해 공간에 대한 사회학적 인식에 관심을 갖는다. 특히 공간의 배치과정[3]에서 파생된 지배적인 의

---

2) 사회적 공간은 르페브르의 공간생산의 기본원리 속에서 제기된 개념이다. 그는 '공간은 사물이 아니라 사물들 사이의 관계들의 집합'(Lefevre, 1973: 83)이라는 인식에서 출발한다. 따라서 사회적 공간은 '생산된 생산물을 포함하며 그것들의 공존과 동시성 속에서 그것들의 상호관계를 포함'한다(Lefever, 1973: 73). 이러한 인식은 공간이 사회적 생산관계를 단순히 반영하는 것 이상의 어떤 것을 표현하는 것으로 바라보도록 하는데, 소자는 이를 공간과 사회의 변증법으로 확장시켜 해석한다(Soja, 1997).

3) 여기서 '배치'는 공간이 존재하는 방식뿐만 아니라 특정 공간을 구성하는 요소들이 위치하는 양상과 이들이 사람과 서로 연관을 맺는 방식 등을 포함하는

미를 추출하고 서로 다른 의미들 사이의 차이를 밝히기 위해 도청별관과 관련한 공간적 실천에 주도적으로 참여한 주체들의 활동에 주목하고자 한다. 분석의 기본 구도는 문광부로 대표되는 국가의 도청별관 철거 입장에 대해 광주 지역 주체들의 대응 방식의 분화와 연대 양상으로 설정하고자 한다. 이러한 구도는 문화도시 사업 국면에서 5·18 의미가 지역 차원에서 어떻게 상징화되고 있는가를 명확하게 보여줄 수 있을 것이다. 분석 대상이 되는 기간은 5·18 관련 단체들이 도청별관 원형보존을 요구하며 천막농성을 시작한 2008년 6월 24일부터 문화체육관광부가 이를 최종적으로 수용해 도청별관 갈등이 일단락된 2009년 9월까지로 한다.

## 2. 5·18의 공간화와 문화중심도시 조성사업

### 1) 5·18의 공간적 구상: 역사성 Vs. 현실성

도청 일대의 5·18 관련 건물의 철거 문제는 문화중심도시 조성사업이 시작되면서 갑자기 불거진 것은 아니었다. 이는 1993년 김영삼 대통령의 등장 이후부터 제기되었다.[4] 1993년 초, 김영삼 대통령이 취임하자 광주의 사회운동 지도자들은 이른바 '5·18문제 해결의 5대원칙'에 합의했다.[5] 여기에는 옛 전남도청을 전남 도내 적당한 장소로 이전하고 도청 일대를 5·18기념관으로 조성한다는 내용이 포함되어 있다.

---

개념으로 사용한다.

4) 도청 일대의 5·18공간의 재구성은 5·18기념사업 논의와 깊은 관계를 맺고 있다. 이에 대해서는 정호기(2005: 232-233)을 참조할 것.

5) 이는 1993년 2월 13일 '광주문제 해결을 위한 토론회'에서 제기되었다. 여기에는 5월 관련 단체, 지역 정치인, 광주시, 사회단체대표, 언론계, 법조계 인사들이 참여했다. 5월단체들은 이곳에서 결정된 '도청을 보존하여 5·18기념관으로 활용'한다는 구상을 이후 도청별관 원형보존의 근거로 삼고 있다.

이러한 계획들은 1993년 5·13특별담화에서 구체화되었다. 이 담화의 내용은 5·18이 지닌 민주화운동의 의미를 국가가 인정하고, 5·18을 기억하고 기념하기 위한 공간화 작업을 본격적으로 추진한다는 것을 의미했다. 이러한 상황에서 광주의 시민사회는 5·18기념사업에 주도적으로 참여하려는 움직임을 보였다. 1994년 광주YMCA 등 13개 시민사회단체가 참가하여 '5월 성역화를 위한 시민연대 모임'(이하 시민연대 모임)을 구성했다. 시민연대 모임은 1994년 5월 "5·18광주민중항쟁 기념사업을 위한 마스터플랜"을 펴냈는데, 여기에는 도청 부지에 '5·18 기념광장'을 조성하는 내용이 포함되어 있었다. 기념광장은 5·18 정신을 기념하고 이를 계승하는 역사체험의 장과 시민들의 휴식, 만남, 문화, 실내레크리에이션이 이루어지는 시민생활의 장이 융화되는 공간개념으로 구상되었다. 이러한 공간구성에 따라 도청 일대 5·18 관련 건물의 보존 및 변형이 계획되었다. 이에 따라 도청본관과 광주시 지정 문화재인 민원실, 분수대만을 남기고 나머지 건물은 철거할 것을 제안했다(시민연대 모임, 1994: 143-145).

이후 광주시는 1995년 11월 '5·18기념사업종합계획'을 수립했다. 이 계획은 1994년 시민연대 모임이 제안한 내용을 기본골격으로 하여 각 사항을 보다 구체화시키고 있는데, 달라진 점은 보존 대상 건물에 새로 신축한 도의회 건물을 추가한 것이다. 또한 광주시는 1997년 '전남대학교 5·18연구소'에 『5·18 관련 사적지 조사 및 보존에 관한 기본 조사·설계』 용역을 의뢰했다. 이 용역보고서에 담긴 도청 일대의 5·18 관련 건물에 대한 공간 보존 계획은 앞서 광주시가 수립한 '5·18기념사업종합계획'과 거의 동일한 내용을 담고 있다. 또한 이 무렵 도청 일대의 5·18공간 구상은 현실적인 측면의 지역상황을 고려하고 있다. 1999년 7월에 전라남도 사무소 소재지 변경 조례안이 공포되고 전남 무안군 삼향면 남악리로 도청을 이전하기로 확정하자, 도청 이전 부지의 활용방안에 대한 현실적인 논의도 함께 진행되었다. 이러한 상황에서 광주시는 2001년 광주전남발전연구원이 연구한 『전남도청 이전 대비 광주발전전략연구』라는 보고서를 펴냈다. 이 보고서는 전남도청 이전으로 도심의 쇠퇴현상이 가속화될 것을 예상하고 도청 주변의 활성화 방안을 제시하고 있다. 여기서도 기존의 도청본관, 민원실, 도의회 등 3개 건물을 보전할 가치가 있는 건물로 평가하고 있다. 또한 앞에서 구상한 '5·18기념광장'을 중심으로 광주정신과 통합된 상징적 공간을 조성해 이를 명소화할 것, 5·18기념광장과 조화로운 주변지역 정비 및 상업지구개발, 5·18기념광장을 중심으로 격자형 가로망 구축과 상징적인 거리화를 제안하고 있다. 특히 이 보고서는 5·18기념광장을 상징적인 랜드마크로 조성하고 문화 및 관광활동 인구를 유입하기 위한 문화시설 설치를 강조하고 있다[6](광주광역시, 2001: 158, 138, 23).

이상과 같은 일련의 도청 일대 공간 배치계획에는 크게 두 가지 의미가 복합적으로 작용하고 있다고 볼 수 있다. 첫째는 5·18의 의미와 관련자들에 대한 재평가를 통해 역사적 정당성을 인정받으려는 정치적 요구이다. 둘째는 당시 항쟁의 주요 무대였던 전남도청 이전으로 빠르게 진행될 수 있는 도심의 공동화를 방지할 수 있는 경제적 요구이다. 이 두 가지는 서로 다른 성격을 갖고 있지만, 지역 내부에서는 쉽게 분리해서 바라볼 수 없는 문제였다. 도청 일대는 5·18을 의미하는 상징적 장소이지만, 그 배경에는 전남도청 일대의 도심권역을 중심으로 형성된 상업 및 일상 활동의 주요 무대이기 때문이다. 따라서 5·18의 주요 장소였던 전남도청을 공간적으로 재현하고 배치하는 행위는 동일

---

6) 고재유 당시 광주시장은 전남도청 신청사 기공식을 며칠 앞 둔 2001년 12월, 광주를 방문한 이한동 당시 국무총리에게 전남도청 이전에 따른 광주의 민심 수습을 위해 옛 전남도청 주변에 문화산업단지를 조성해 줄 것과 정부투자기관 등을 광주로 이전해 줄 것을 건의하기도 했다(동아일보. 2001. 12. 14).

한 공간에 대한 상이한 의미 부여와 실천들이 서로 중복되면서 보다 복잡한 관계를 담고 출발할 수밖에 없었다.

이처럼 도청 일대를 둘러싼 공간의 배치는 5 · 18의 역사성과 경제적 기대라는 현실성이 맞서는 구도로 설정되었다. 그러나 도청 일대가 시민사회에 주목을 받은 상황은 '역사적 공간'에 대한 배치보다는 경제적 이해 관계가 표출되는 '현실적 공간'으로 작용하는 시기였다. 이 현실의 공간은 이후 전개될 문화도시 사업 국면에서 더욱 뚜렷하게 드러나게 된다. 이와 같이 5 · 18 관련 공간에 대한 서로 상이한 기대는 이후 전개될 문화도시 사업 국면에서 공간을 둘러싼 의미해석과 실천의 대립 구도를 지탱해 주었다.

### 2) 공간 갈등의 가시화

5 · 18이 전국적인 정치무대에 다시 등장한 것은 2002년 노무현 씨의 대통령 당선 시기이다. 노무현 정부는 '5 · 18의 최종적 완성'을 강조했다. 문화중심도시 조성사업은 노무현 정부 스스로 국가적 차원에서 추진하는 '5 · 18의 문화화' 전략이라고 자부했다.[7] 이 전략은 외형적으로 5 · 18과 문화를 결합하는 것이지만, 실제 과정은 5 · 18의 제도화가 갖는 한계 속에서 진행될 수밖에 없었다. 광주가 갖는 역사성을 정치적으로 재구축하기보다는 문화산업 등의 경제담론과 결합시켜나가는 정책들이 더 많은 비중을 차지하고 있기 때문이다.

국가가 문화도시 사업을 주도해 나가면서 도청 일대의 공간은 국가 정책이라는 체제의 합리성과 효율성이 지배해가는 경향이 강화되었다. 이러한 상황에서 광주 지역사회는 5 · 18 공간을 국가의 의지대로 배치하는 것을 그대로 수용하든지, 아니면 이와 달리 공간에 대한 새로운

---

7) '5 · 18의 문화화' 전략의 의미에 대해서는 이 책의 10장을 참조할 것.

상을 제시해야 하는 상황에 직면하게 되었다. 지역사회의 대응은 도청 일대의 5·18 관련 건물의 보존보다는 대부분의 건물을 허물고, 이곳에 문화전당을 짓는다는 사실이 알려지면서 시작되었다. 5월 관련 단체는 문광부가 '5·18 건물을 헐려고 한다'고 판단하고, 1980년 5·18과 관련된 건물을 원형 그대로 보존하는 것을 원칙으로 세웠다. 문광부와 5월단체 사이의 갈등은 2004년 하반기부터 표면화되기 시작했다. 도청 일대의 5·18 건물에 대한 논쟁은 주로 문광부의 건물 보존 및 활용 계획에 대해 5월단체들의 원형 보존 요구로 나타났다.[8] 문광부는 옛 전남도청본관, 도청민원실, 분수대는 보존할 방침이지만, 상무관과 옛 전남도청 부지 안의 전남경찰청 건물에 대해서는 유보적인 입장을 취했다. 이후 5월단체와 문광부는 협상을 통해 도청별관을 제외한 5·18 관련 건물 7곳, 즉 도청본관, 도청민원실, 경찰청 본관, 경찰청민원실, 상무관, 5·18민주광장, 도청앞 분수대 등을 보존키로 최종 결정했다.

2005년 12월 2일 문화전당 건립을 위한 '국제건축설계경기' 심사결과가 발표되자, 문화중심도시 조성사업을 둘러싼 갈등은 새로운 국면을 맞이했다. 이른바 '랜드마크' 논쟁이 시작된 것이다. 랜드마크 논쟁은 두 가지 서로 다른 입장이 극명하게 대립된 채 진행되었다. 한 쪽은 '광주를 상징할 거대하고 웅장한 지상 건축물'을 원했고, 다른 한 쪽은 '인권·평화·민주 도시인 광주의 역사성을 반영한 건물'을 원했다. 전자를 지지하는 세력은 광주시-광주시의회-광주예총-민주당 광주시지부-도청 주변 지역의 상인들로, 이들은 문화전당의 설계변경을 주장했다. 후자를 지지하는 세력은 문광부 아시아문화중심도시 추진단-열린

8) 당시 광주시의 관심은 도청 건물의 보존 여부에 있는 것이 아니라 다른 곳에 있었다. 도청 일대에 문화전당을 건설하는 것보다는 더 넓은 부지에 복합문화단지를 조성해 이곳을 '문화산업 육성을 통한 지역경제활성화의 거점'으로 만들고 싶었던 것이다(한겨레신문, 2004. 10. 28).

우리당-일부 시민단체들로, 이들은 설계 변경에 반대하는 입장을 취했다. 랜드마크 논쟁에는 크게 국가정책 사업을 계획대로 추진하려는 중앙정부의 행정적 관점, 건물의 가시성과 경제적 가치를 실현하려는 광주시의 성과주의, 문화전당을 문화예술적 재현 공간으로 활용하려는 문화예술계의 이해, 그리고 문화전당을 거대하고 웅장한 건물로 만들어 이를 관광 자원으로 활용하려는 도청 일대 주변 상인들의 이해가 뒤얽혀 있었다(김기곤, 2008: 170).

랜드마크 논쟁은 크게 지역 경제활성화로 표출된 문화산업담론, 지역의 문화예술 관련자 및 현장의 문화예술 창착인들이 인식하는 문화예술론, 그리고 문화를 삶의 영역으로 폭넓게 사고하려는 문화사회론적 전망 등으로 분류될 수 있지만, 그 내부를 보면 각각의 입장은 문화중심도시 조성사업을 관통하는 두 가지 대립적 이념인 민주도시 담론과 산업주의 담론 중의 어느 한 영역에 근거하고 있다.[9] 또한 외형적으로 표출된 갈등의 내용은 '문화' 및 '문화도시'의 의미에 대한 해석과 문화도시의 실질적 효과를 가져다줄 공간 배치에 중심을 두고 있기 때문에 5·18의 문제는 상대적으로 크게 부각되지 못했다. 여기에는 5월단체의 소극적인 대응도 한 원인으로 작용했다고 볼 수 있다. 5월단체는 관련 건물의 원형보존 이외에 문화도시 전반에 대한 구상과 구체적인 공간배치 및 활용에 대해서는 적극적이고 통일된 사고를 하지 못했다.

이러한 상황에서 도청별관 철거를 전제로 한 문화전당 설계안에 다수의 지역 시민단체가 동의했다. 특히 5월공간의 보존과 활용 등에 대해 문광부와 협의를 주도해 왔던 5·18기념재단도 설계안을 수용하는

9) 예를 들어, 광주예총은 이 지역의 공연장과 전시장의 열악한 상황을 벗어나기 위해 문화전당 내에 전문복합공연장과 최첨단 현대미술관의 설치를 주장했다. 그렇게 되면 건물은 지상으로 높게 지어질 것이고, 이는 광주의 랜드마크가 될 수 있다고 생각했다. 이것은 광주시와 주변 상인들이 바라는 산업주의적 관점과 본질적인 측면에서 큰 차이를 갖는 것은 아니다.

입장에 섰다.[10] 2007년 8월, 아시아문화중심도시 조성 종합계획안이 수립되었고, 12월에는 문화전당 설계가 완료되었다. 광주 지역시민사회는 2008년 초 이명박 정부 출범과 함께 문화중심도시 조성사업의 지속적인 추진에 대해 우려 섞인 반응을 보였지만, 문화체육관광부(이하 문체부)는 이 사업을 원래 계획에 따라 지속시켜 나가기로 결정했다. 2008년 6월에는 장관이 참석한 가운데 기공식을 가졌다. 그러나 2008년 6월 24일 5 · 18 관련 단체들이 옛 전남도청 앞에서 도청별관 보존을 요구하면서 천막농성에 돌입했다. 이미 해결된 것으로 생각한 도청별관 철거문제가 다시 부상한 것이다. 이때부터 광주는 도청별관을 정점으로 5 · 18의 의미해석과 공간적 실천을 둘러싸고 오랜 갈등 상황을 겪게 되었다.

## 3. 도청별관 논쟁과 공간 갈등

### 1) 사회적 공간으로서 도청별관

5 · 18의 중심 무대였던 도청 일대의 전면부 건물은 민원동 · 본관 · 별관 등으로 이루어져 있다. 1920년대 지어져 문화재청 등록 문화재로 되어 있는 도청본관과 협소한 사무공간을 확장하기 위해 1970년대 본관에 덧대어 증축한 도청별관은 일체화된 건물이다. 도청별관의 규모는 본관의 3/5정도로, 건물의 가로 길이로 보면 본관이 43m, 별관이 54m 정도 된다(〈그림 9-1〉 참조). 도청별관은 1980년 5월 27일, 시민군들이 계엄군에 맞서 최후의 항전을 전개했던 5 · 18의 역사 현장이다. 아직도 외벽에는 당시 계엄군과 시민군들의 총탄자국이 그대로 남아 있다.

---

10) 이 과정에서 기념재단이 5월단체의 의견을 무시한 채 철거에 동의해 주었다는 주장이 제기되기도 했다. 이른바 '진실공방'이 전개된 것인데, 이러한 협의과정에 대한 자세한 내용은 정근식(2009: 214-221)을 참조할 것.

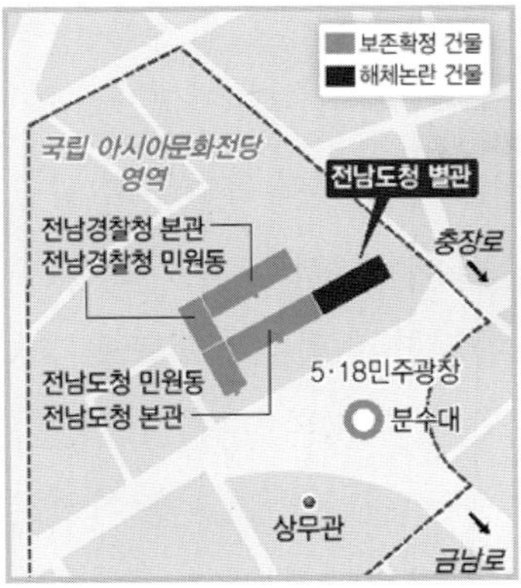

*왼쪽 그림의 점선 안쪽은 문화전당이 세워질 부지이고, 오른쪽 그림에서 원으로 표시된 부분이 도청별관이며, 그 왼쪽이 도청본관이다.
**출처: 한겨레신문, 2008. 11. 23.

**그림 9-1 도청 일대의 5 · 18 관련 건물과 도청별관**

문광부는 도청별관을 철거하고 이곳을 문화전당 진입통로로 만들려고 했다. 이러한 상황을 본다면 도청별관은 도시계획의 합리성이 관철되고 있는 '추상공간'의 성격을 갖고 있다. 르페브르는 추상공간을 '도시가 갖는 합리성', '계산과 교환의 합리성'에 의해 지배되는 공간으로 인식했다(Lefevre, 1974: 269). 즉, 추상공간은 자본주의적 경제체제와 사회체제를 지배하는 합리성의 논리나 추상적 도시계획이론, 교환가치 공간 등의 의미를 갖고 있다(장세룡, 2006: 306; 노대명, 2000: 42). 이 추상공간은 현실의 구체적 공간과 분리된 공간이라고 볼 수는 없지만, 구체적 공간과는 대별되는 의미를 갖는다. 역사적 의미를 담고 있는 구체적 공간으로 존재했던 도청별관이 추상공간으로 전환되기 위해서는 새로운 '공간화' 과정을 거쳐야 한다. 이 '공간화란 사물의 물리적 배치만이 아니라 인간의 사회적 행동과 일상의 공간적 배치 형태이며, 역사적 공간에 인간의 사회공간적 상상력과 전망이 부가된 개념이다'(장세룡, 2006: 298). 이러한 공간의 성격은 사고의 영역에서 추상되는 대상이 아니라 현실의 삶 속에서 구체적으로 경험했을 때 보다 극명하게 드러난다.

도청별관 갈등은 역사적 기억과 경험을 갖는 구체적 공간이 추상공간으로 전환되는 과정에서 공간의 의미를 둘러싼 투쟁이라 할 수 있다. 이 갈등은 구체적 공간의 기억과 경험을 간직한 주체들을 불러들이게 되는데, 그들이 바로 5·18 관련 단체들이라 할 수 있다. 구체적 공간과 추상공간 사이에서 특정의 공간 선택과 이 두 공간의 거리를 어떻게 상호연계시킬 것인가 등을 둘러싼 주체들 사이의 갈등은 자신들이 의도하는 공간배치를 실현하기 위한 실천을 통해 표면화되었다. 문화도시 사업 과정에서 도청별관은 5·18이라는 특정한 기억공간으로만 존재하는 것이 아니라 새로운 가치에 대한 기대가 개입되면서 다양한 의미와 사회적 행동이 표출되는 사회적 공간으로서의 성격이 강화되었고 관련 주체들을 형성시켜 나갔다.

도청 일대를 둘러싼 기억과 역사적 경험 주체는 광주 시민 일반 등 보다 폭넓은 범위에서 바라볼 수 있지만, 이곳의 개별공간들이 갖는 독특한 기억과 경험은 해당 주체를 분류하고 이들이 각각의 공간에 대해 차별화된 의미를 부여하도록 했다. 도청본관은 5·18에서 항쟁의 지도부가 머물면서 계엄군과 마지막 전투를 벌였고 최후 항쟁을 통해 죽음을 맞이했던 중심 장소였다. 상무관은 항쟁 기간 희생자들의 주검이 안치되었던 곳이다. 도청민원실은 총기류 보관 장소이자 시민군의 최후 항쟁지였다. 전남경찰청 민원실은 시민군의 회합 장소로 활용되었던 곳이다. 논란의 대상이 된 도청별관은 마지막 저항 공간 중의 하나이자 시민군으로 구성된 기동타격대가 주로 활동했고, 이 과정에서 14명의 희생자가 발생한 곳이다. 이 개별공간들은 5월주체들에게 서로 다른 의미로 작용했을 것이다.[11]

옛 전남도청은 5·18의 기억과 경험이 가장 압축된 공간이기 때문에,

이 공간을 헐어내고 다른 기능을 부여하려는 계획은 공간을 통해 공통된 기억과 집단의식을 공유하는 주체들에게는 자신들의 정체성을 부정하려는 행위로 인식될 수 있다. 5월단체들이 도청별관 철거에 대해 반발했던 것도 이러한 맥락에서 이해할 수 있다. 공간이 사회적 정체성을 구성하고 재생산하는 데 능동적인 역할을 한다는 점에서 도청별관의 철거와 원형보존 논쟁은 개별건물의 존폐의 문제 이상의 것을 의미한다. 이 갈등은 그동안 랜드마크 갈등 과정에서 도출된 세 가지 이념(문화산업, 문화예술, 문화사회)이 잠복된 채로 존재하면서, 공간 속에 상징화된 의미를 보다 가시적으로 드러냈다. 즉, 그동안의 갈등이 문화중심도시 조성사업이라는 국면을 배경으로 문화의 의미와 기능, 그리고 공간의 활용성 등을 포함하는 포괄적 내용을 담고 있었다면, 도청별관 갈등은 '5·18'이라는 역사적 사건과 이것의 상징적 의미를 단일한 의제로 쟁점화시키면서 부각되었던 것이다. 이 갈등은 광주가 여전히 5·18의 기억과 영향력 아래 존재하기 때문에 다양한 세력들을 불러들이면서 전면적으로 사회화되어 갔다.

## 2) 원형보존 Vs. 철거: 갈등 담론의 공간화

도청별관 갈등은 '5·18민주유공자유족회'(이하 유족회), '5·18민주화운동부상자회'(이하 부상자회), '5·18구속부상자회'(이하 구속부상자회), '5·18기념재단'(이하 기념재단) 등 4개 5월단체가 2008년 6월 24일 옛 전남도청 앞에서 도청별관 철거에 반대하며 무기한 천막농성에 들어가

11) 개별공간의 특성에 따라 5·18의 기억 주체들이 갖는 장소감은 서로 다르게 표출될 수 있다. 상무관은 희생자들의 주검 안치 장소였기 때문에 유족들에게, 도청민원실은 무기 반납과 회수가 이루어진 장소였기 때문에 시민군으로 활동한 사람들에게, 도청별관은 기동타격대의 주요 활동무대여서 기동타격대원들에게, 상무대 영창은 구속당한 경험이 있는 사람들에게 각별한 기억으로 남게 된다(정근식, 2009: 212).

면서 시작되었다. 이들은 "80년 5월 27일, 바로 이 건물 앞에서 시민군이 사살 당하는 모습을 두 눈으로 직접 봤다. 내 팔을 자르는 한이 있어도 역사적 공간을 철거한다는 것은 용납할 수 없다. 옛 도청 건물은 5·18민주화운동의 역사적 현장이자 상징적인 공간으로 원형 그대로 보존해야 한다"고 주장했다(광주드림, 2008년 6월 25일).

농성에 참여한 5월단체들은 '도청 원형 보존을 위한 공동대책위'(이하 공대위)를 구성했다. 이들은 문화전당 설계안(2007. 12)에 옛 도청본관과 민원실, 전남경찰청 본관과 민원실, 상무관 등 5개 건물을 보존하고 도청본관과 연결된 도청별관이 철거되어 문화전당 주요 통로로 사용된다는 것을 확인하고 농성을 시작한 것이다. 이에 대해 문체부 산하 아시아문화중심도시추진단(이하 추진단)은 "설계도상 도청별관은 문화전당의 주요 통로로 사용된다"며 "설계안이 확정 보고된 상태에서 기본설계를 다시 바꾸기는 쉽지 않다"고 공대위의 주장을 일축했다(광주드림, 2008년 6월 25일). 문체부는 설계 때부터 5월단체들의 동의를 받아 정당한 절차를 거쳐 철거키로 결정된 사항인데, 뒤늦게 발목을 잡는다고 생각했다. 또한 18개월 동안 220억원을 들인 설계안을 바꾸려면 이와 맞먹는 시간과 비용이 들어갈 것이라며 현실적으로 불가능하다는 입장을 표명했다. 공사 차질로 인해 2008년 예산 1,000억 원이 그대로 내년으로 넘겨지고 문화전당 개관 일정도 늦어질 것이라고 밝혔다. 문체부가 대안으로 내놓은 것은 △해체 뒤 파편을 전국에 분산 보존 △랜드마크에 해체된 별관의 역사성 표현 △본관 내부에 별관 축소모형 전시 등이었다(한겨레신문, 2008년 11월 23일).

공대위와 문체부 사이의 입장 차이를 좁히기 위해 몇 차례의 토론회도 가졌지만 서로의 간극은 전혀 좁혀지지 않았다. 지역의 언론과 시민단체 역시 특별한 입장을 표명하지 않았다. 개입해서 득이 되지 않는 '그만들의 갈등'으로 생각하고 싶었던 것이다.[12] 이 갈등은 5·18이 갖는 지역사회의 고유한 정서와 문화중심도시 조성사업이 갖는 미래 효과에 대한 기대가 서로 얽혀 있는 문제이기 때문에 입장을 표명하기에 너무 부담되는 것이었다.

도청별관 문제가 해법을 찾지 못하고 장기화되자, 광주의 시민사회가 갈등의 양 주체들을 조정하기 위해 나섰다. 2008년 12월 2일, '도청별관 문제 해법 마련을 위한 범시민사회단체 연석회의'(이하 연석회의)가 열렸다. 이 연석회의는 도청별관의 문제에 대해 시민사회단체가 자신들의 입장을 표명하는 계기가 되었다. 〈표 9-1〉은 도청별관에 대한 입장과 판단의 근거가 되는 핵심 의미를 주요 집단별로 구성한 것이다.

**표 9-1** 도청별관 원형보존과 철거의 의미 대립 구도

| | 원형보존 | | 철거 | |
|---|---|---|---|---|
| 공대위<br>(2008. 7. 1) | 최후 항전 유적·역사 현장<br>5월정신이자 상징공간 | ↔ | 의견 수렴 거친 결정<br>5·18 사적지 6곳 보존계승 | 추진단<br>(2008. 7. 1) |
| 진보연대<br>(2009. 3. 30) | 5·18항쟁이자 한국민주주의<br>철거 방치는 역사적 죄악 | | 이미 시간·예산 투입<br>적법한 절차로 확정 | 광주전남발전정책포럼<br>(2009. 3. 30) |
| 교수 45명<br>(2009. 4. 9) | 유적은 효용성과 대치 불가<br>재검토로 바른 방향 제시 | | 미래형 문화경제도시 사업<br>절차적 민주주의 결과물 | 교수 176명<br>(2009. 4. 16) |
| 참여자치21<br>(2009. 9. 16) | 역사현장 원형보존은 상식<br>철거는 민주주의에 도전 | | 시민적 합의로 최선 선택<br>광주 미래 바꿀 프로젝트 | 문화연대 등<br>(2009. 9. 16) |

*각 단체의 성명서와 내부자료에서 핵심 사항을 정리한 것임.

12) 이러한 상황 판단에 대한 분석은 뒷부분에서 다룰 것임.

보존과 철거입장은 외형적으로 어느 한 쪽을 선택적으로 지지함으로써 다른 입장을 부정하는 방식으로 나타났다. 그러나 도청별관을 통해 형성된 대립구도는 어느 것이 더 중요한가라는 판별의 문제로 비추어졌다. 그렇기 때문에 시민사회의 각 세력은 자신들의 입장을 의미화하기 위한 실천을 전개하였는데, 그 기준은 자신들의 동기, 이해관계, 행위가 단지 자신만을 위한 것이 아니라 공동체 전체를 위한다는 것을 강조하는 방향으로 진행되었다(박선웅, 2005: 163). 자신들의 판단이 자의적으로 선택되었다기보다는 사회적 · 역사적 맥락, 예를 들어 5 · 18, 광주정신, 지역의 미래발전 등을 복합적으로 고려한 것임을 강조하고 있다.

이들 단체의 공식적인 입장을 보면, 철거와 보존을 놓고 갈등의 정점에 있는 공대위와 추진단의 입장을 근거로 자신들의 주장을 표출하고 있다. 2009년 4월 9일, 원형보존 입장을 공식적으로 표명한 광주전남지역 교수 집단의 주장은 다음과 같다.

> "도청별관은 가능한 한 원형을 보존하는 것이 기본 상식이다. 설령 그 유적이 아름답지 못하다고 하더라도, 그리고 효용성이 낮다고 하더라도 다른 것으로 대치될 수 없는 것이다. 거기에는 역사적으로 고유한 광주항쟁의 정신이 스며있기 때문이다…역사가 인간사회의 긴 여행이라면, 이제라도 재검토하여 바른 방향으로 출발하는 것이 먼 훗날 우리의 후손에게 부끄러움 없는 유산을 물려줄 수 있다는 것이 우리의 견해이다"

이 입장은 역사적 가치는 사실 그대로 재현의 대상이 되어야 하며, 그것은 절차의 문제를 떠나 언제든지 지켜져야 할 원칙이라는 점을 강조한다. 이러한 인식은 광주전남진보연대(이하 진보연대)의 입장에서 보다 구체화된다. "구 전남도청은 1980년 5 · 18민중항쟁 자체이며 우리 사회 민주주의 역사 자체"라는 것, 그리고 "옛 전남도청은 5월열사들이 마지막까지 총을 들고 자신들의 목숨과 맞바꾼 최후의 항쟁지로 '한국 민주주의 전당'이자 '광주전남 지역민의 정신적 지주'라는 것이다. 따라서 이를 철거하도록 방치하는 것은 "더 큰 역사적 죄악을 짓는 것"이다(진보연대 성명서, 2009년 4월 6일). 이러한 인식은 도청별관=5·18민중항쟁=한국 민주주의=광주 정신=5월 정신=역사적 가치 등을 동일한 계열로 받아들이고 있다. 이는 도청별관이라는 건물을 보다 넓은 상징성을 갖는 공간으로 인식하고 있다. 그럼으로써 도청별관을 구체적인 물리적 공간의 범위를 넘어 역사적 수준의 가치 범주로 확장시키고 있다. 또한 이 가치는 '무엇과도 바꿀 수 없으며 타협의 대상이 아닌' 원칙성을 갖는 것으로 강조된다. 이런 점에서 도청별관 사수는 위기에 처한 민주주의를 회복하는 것과 동일시되고 있다.

이와 반대로 2009년 4월 16일, 도청별관 철거 입장을 표명한 다른 교수 집단의 견해를 보면 다음과 같다.

> "문화도시 사업은 문화를 통해 광주를 미래형 문화경제도시로 탈바꿈시키기 위한 장기적인 국책사업…수많은 논의를 거친 결정, 그리고 법적 절차까지 마무리…문화전당 기공식이 끝난 다음에야 점거농성을 시작해서 오늘까지 계속하고 있다는 것은 일반적인 상식으로는 도저히 납득하기가 어렵다…아시아문화전당은 그저 단순한 문화시설이 아니라, 5·18과 광주시민에게 바쳐야하는 세계인의 헌사이자, 지역발전에 대한 지역민들의 염원이 담겨진 곳이다"

이는 문화도시 사업이 갖고 있는 미래의 지역발전의 효과에 대한 강한 의미부여와 함께, 정당한 절차와 과정을 통해 결정한 사안을 나중에 문제 삼는 것은 잘못이라는 인식을 전제하고 있다. 이러한 주장은 지역의 시민단체인 광주전남문화연대(이하 문화연대) 등에 의해 적극 지지되고 있다. 문화연대는 '시민의 합의를 통해 마련된 광주의 미래이자 최선의 선택'이라는 점을 강조하는 현실주의적 입장을 취하고 있다. 이는 '5·18도 한 세대를 거치면서 또 다른 창조적인 승화와 질적 도약의 계기를 마련'해야 하고, '문화전당은 단순한 문화시설이 아니라 5·18과 광주시민에게 헌정되는 그리하여 아시아와 세계로 다시 환원되어지는 인류문화의 저장소'로 인식하는 것에서 잘 드러난다(문화연대 성명서, 2009년 9월 16일).

도청별관의 원형보존을 지지하는 입장은 '역사적 가치' 지향의 행위자 집단으로 5·18과 이를 매개로 한 기억의 경험들을 관련 공간 속에 지속시키고자 한다. 따라서 공간의 훼손은 기억의 훼손과 동일시되고 있다. 이러한 의미 해석은 5·18의 기억과 경험을 자산으로 하고 있는 사회운동세력들을 도청별관 보존 대열에 적극적으로 참여토록 하는 논리로 작용하였다. 이를 통해 도청별관의 보존 입장은 광주 지역 단위에 제약되지 않고 전국적인 차원에서 지원과 연대가 가능하도록 하였다.

반면, 도청별관의 철거 입장은 '현실적 가치' 지향의 행위자 집단을 대표한다. 문화도시 사업의 진행과정의 절차를 중시한다는 점에서 '철거'라는 표현보다는 철거 입장이 담긴 '설계안 존중'으로 표출되고 있다. 또한 5·18의 역사적 기억을 현실의 제 국면에서 전개되는 사건들로 다원화시킴으로써 5·18의 기억이 존재하는 문화도시 사업 국면의 의미를 상대적으로 더욱 강하게 부각시켜 내고 있다. 이 두 가지 상반된 입장은 다른 지지 단체들에 의해 '역사적 가치'와 '현실의 지역경제'라는 의미로 압축된 채로 수용되어 졌다. 〈그림 9-2〉 속의 플래카드 구호 내용은 이러한 갈등 구도의 핵심 담론을 명시적으로 보여 주고 있다.

*출처: 왼쪽은 시민의 소리, 2009. 4. 14. 오른쪽은 광주매일, 2009. 4. 29.

**▌그림 9-2▐ 도청별관을 둘러싼 의미 대립**

그림 왼쪽의 진보연대 집회는 '보존=5월 정신 사수'를, 오른쪽의 고엽제 전우회 집회는 '철거=경제효과 달성'이라는 의미를 상징화시켜내고 있다.[13] 특히 이러한 '담론은 더욱 비가시적인 방식으로 공간화'되기도 한다(Valentine, 2009: 16). 이를 테면 '민주주의 산 교육장으로서 광주', 그리고 '문화를 통해 경제발전을 이룬 광주'라는 기대를 갖게 함으로써 각자의 행위와 의미에 더욱 확고한 정당성을 부여하기도 한다. 또한 보존은 역사적 가치의 지속을 위해 보다 근본적인 차원에서 접근해야 할 사항으로 인식하고 있다. 반면 철거는 외형적으로 광주발전의 지속을 위해 빨리 처리해야 할 문제로 사고하고 있다.

## 4. 갈등의 중층화, 전이 그리고 5·18의 의미 구성

### 1) 기억 주체와 '5·18'의 균열

공대위를 결성한 4개의 5월단체는 5·18이라는 공통의 역사적 경험

13) 문화중심도시 조성사업 과정에서 각 갈등 국면은 이념을 달리한 지역 내의 사회단체들의 대립의 장이기도 했다. 이것은 5·18이 지역 내에서 여전히 중요한 관심의 대상이라는 것을 보여주지만, 다른 한편으로 문화중심도시 조성사업 국면에서 '문화'는 다양한 의미 해석을 둘러싸고 진행되는 일종의 이데올로기 투쟁의 장으로 기능하고 있다는 점을 보여준 것이라 할 수 있다.

을 통해 형성된 기억집단이라 할 수 있다(〈그림 9-3〉 참조). 그동안 5월 단체는 정서적 연대를 이루며 5·18과 관련된 사회적 사안에 대처하는 과정에서도 강한 결집력을 보여주었다. 광주에서 5월 관련 단체들은 특별한 의미를 지니고 있다. 국가권력과 직접적인 대결을 통해 5월문제를 해결해낸 주역이자, 민주화운동 과정에서 비타협적인 저항의 주체로 각인되었다. 광주 시민들은 이러한 실천의 역사에 그들이 겪은 5·18의 고통의 기억을 부가시켜 5월 관련 단체를 지역시민사회 내부에서 상대적으로 우월적인 지위를 갖는 집단으로 인정해 왔다. 이러한 상황에서 5월단체는 5·18과 관련된 지역 현안에 대해서 강한 발언력을 갖고 있으며, 시민사회단체들도 5월단체의 이러한 독자성에 대해 별다른 의문을 갖지 않았다.

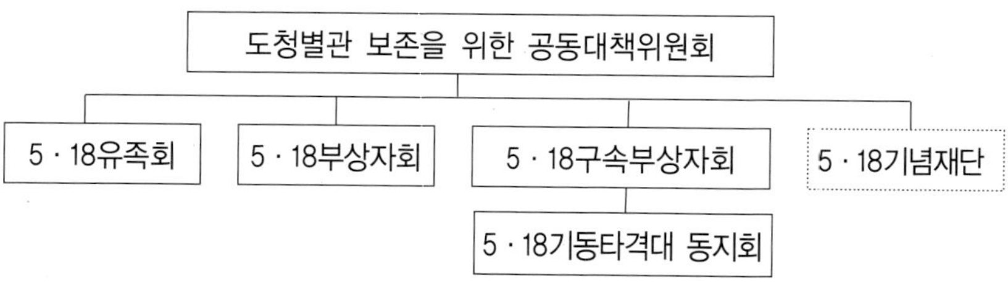


**그림 9-3** '도청 원형 보존을 위한 공동대책위원회' 조직 구성

그러나 공대위를 중심으로 도청별관 원형보존 농성이 장기화되자, 광주 시민사회에서는 그들에 대한 불만의 목소리가 나오기 시작했다. 5월단체가 전남도청과 5·18을 독점하고, 광주 지역발전을 가로막고 있다고 생각했다. 이 불만은 5월단체가 자신들의 이해 속에서 5·18을 특권화하고 있다는 지역 내부에 잠재된 감정이 더해져 더욱 거세게 표현되었다. 이러한 분위기는 도청별관이 이미 5·18의 기억으로만 존재하는 공간이 아니라, 외적 요인들에 의해 다양한 이해와 의미가 얽혀

있는 사회적 공간으로 기능하고 있다는 것을 보여준다.

5월단체들에 대한 강한 비판을 자제해 왔던 지역시민사회는 도청별관 보존을 위해 함께 농성해온 5월단체가 서로 분열하고 대결하는 양상으로 변해가자 비판의 강도를 높여갔다. 이 과정에서 공대위 내부의 갈등은 구성 단체들의 배제와 이탈로 나타났다. 이는 일련의 세 가지 사건을 통해 드러났다. 하나는 5・18기념재단이 2008년 12월에 5월 관련 단체의 동의도 없이 문체부와 도청별관 철거를 합의해 주었다는 이유로 공대위 3개 단체로부터 배척된 사건이다. 또 하나는 2009년 2월에 그동안 공대위에서 함께 활동한 구속부상자회가 추진단의 도청별관 철거입장에 동의하고 공대위로부터 이탈해 버린 사건이다.14) 나머지 하나는 5월단체들의 물리적 폭력과 강제력이 빚어진 사건이다. 이들은 농성중인 유족회원들이 도청별관 철거에 동의했던 시민단체 대표를 폭행한 사건(5월 12일), 그리고 구속부상자회원들이 도청별관 보존을 주장하며 농성중인 유족회와 부상자회의 천막을 강제로 철거하려했던 사건(5월 8일)이다. 이러한 사건들은 5월 관련 단체에 대한 실망감을 더해 주었고, 그들이 주장하는 도청별관 주장에 대한 명분마저도 감소시키는 결과를 가져왔다.

2009년 2월 17일, 구속부상자회가 '옛 전남도청보존을 위한 공동대책위원회 집행위원단 및 실무진 일동'의 명의로 발표한 아래의 입장은

14) 2008년 12월 연석회의 이후 도청별관 원형보존을 일관되게 주장해 온 공대위는 별관의 2/3 보존방식을 내부 수정안 만들었다. 이 안으로 연석회의를 통해 추진단과 중재과정을 거치려고 했다. 그러나 연석회의 전반적인 분위기가 2/3 수정안에 대해 호의적인 입장이 아니라는 것을 판단하고, 중재 역할을 갑자기 민주당의 한 국회의원에게 일임해 버렸다. 급기야 2009년 2월 17일 공대위는 문화전당 건립공사가 원래의 설계대로 신속히 재개되는 것에 동의하고 농성을 해제한다고 밝혔는데, 이 안에 동의한 측은 공대위에 참여한 구속부상자회 한 곳이고, 나머지 유족회와 부상자회는 계속 원형보존을 주장함으로써 공대위에서 구속부상자회는 이탈하게 되었다.

도청별관 보존 투쟁에서 그들이 직면한 현실의 벽을 인정한 것이지만, 다른 측면에서 보면 지역시민사회가 5·18과 5월단체를 바라보는 인식이 어떻게 변하고 있는가를 말해준다.

> "시작부터 암초에 부딪힌 우리 공대위는 광주발전을 저해한다는 쏟아지는 비난과 질타에도 오로지 역사의 현장을 지켜내야 한다는 일념하에 몸과 마음이 만신창이가 되어도 지금까지 버티어 왔습니다.… 2005년도부터 도청본관의 3분의 2 철거가 기정사실화된 벽은 너무나도 높았고, 돌이키기에는 한계를 가질 수밖에 없는 작금의 현실을 외면할 수 없었으며, 극단의 결정을 하지 않으면 안 된다는 위기감을 느꼈다."

5월단체 사이의 갈등과 분열은 시민사회 단체들 사이의 연대마저도 붕괴시키기 시작했다. 도청별관에 대한 자신들의 뜻을 관철하기 위해 그동안 시민사회단체와 함께 논의해 온 절차와 소통과정을 무시한 채, 독자적인 방법을 택했다는 것은 용납되지 않을 행동이었다.

도청별관 갈등 과정에서 5월단체들 내부의 갈등과 분열은 그들이 공통의 경험을 통해 동질화된 강고한 기억집단이라는 믿음이 얼마나 취약하고 허망한 것인가를 여실히 보여주었다. 최소한 이 국면을 놓고 보면, 5월단체는 5월 당사자로서 집단적 통일성을 갖고 있지 않았던 것으로 보여진다. 이러한 5월주체들의 분열은 기본적으로 5월 관련 단체들의 형성이 서로 상이한 역사적 과정을 통해 형성되었다는 것에 기인한다.[15] 또한 1980년 이후 5월단체들의 구성 변화에 따른 의식적 일체감의 약화, 광주뿐만 아니라 전국적 차원에서 5·18이 갖는 정치적 규정력의 약화, 5·18의 제도화로 인한 5월단체의 실리추구 경향 등이

15) 5월 관련 피해자 집단의 형성과 변화에 대해서는 나간채(2008: 18-23)를 참조할 것.

복합적으로 작용한 결과라고 볼 수 있다.

특히 공대위의 도청별관 천막농성은 구속부상자회가 주도했고, 그 핵심 동력은 기동타격대의 실천력이었다. 기동타격대는 1980년 5월 항쟁 당시 시민군으로 구성되었고, 이들은 도청별관을 무대로 항전했다. 따라서 구속부상자회는 다른 단체들보다 상대적으로 도청별관을 특별한 의미로 기억하고 있었다. 그렇기 때문에 이들이 제일 먼저 공대위를 이탈해 도청별관 철거를 합의한 것은 쉽게 이해하기 어려운 부분이다. 지금껏 도청별관 농성에서 몸으로 직접 뛰는 일은 1980년 5·18 당시 기동타격대를 비롯한 구속부상자회가 주축이었지만, 철거 반대에 대해 가장 강고한 원칙을 고수해온 이들은 유족회였다. 유족회 측의 이러한 고집스런 태도는 1980년 5월 이후 계속된 5월투쟁의 경험의 연장선에서 이해할 수 있다. 이들은 1995년 제정된 5·18특별법 하나를 위해 무려 15년을 거리에서 싸워온 투사들이었다. 그렇기 때문에 도청별관 보존 투쟁 대열을 이탈한 구속부상자에 대해 강한 불만을 드러내는 것은 당연한 일이었다. 5월단체 사이들의 분열과 갈등은 시민사회 내부에서도 거센 비판의 대상이 되었다. 특히 5월단체가 도청별관 보존 문제를 시민사회 차원에서 함께 해결해 가기 위한 논의 구조인 연석회의 틀을 이탈해 버린 것은 그들이 5월문제를 해결하기 위해 투쟁해 온 경험이 반영된 것이기도 했다. 5월단체는 5·18의 진상규명과 기념사업 등 5월문제를 해결하는 과정에서 항상 국가권력과 직접적인 협상과 저항의 방식을 택해왔다. 이러한 경험은 구속부상자회가 도청별관의 해결책을 찾는 데 있어서도 시민사회의 내부적 동의보다는 국가와의 직접적인 정치적 협상으로 나아가도록 자극했을 것이다. 이는 결과적으로 5월단체와 시민단체 사이의 연대를 해치고, 그동안 내재된 서로 간의 '심리적 거리'만을 넓혀 놓는 결과를 가져왔다.

5월단체들의 분열은 기억과 경험의 주체가 동일한 의식으로 존재한다는 믿음을 깨주었다. 구속부상자회의 '현실'주의에 입각한 '합리적 선택'은 5월 관련 공간이 인식되고 의미화 되는 방식에 있어서도 역사적 기억에만 의존하는 것이 아니라 현실의 이해 속에서 새롭게 구성된다는 것을 보여준다. 특히 도청별관의 보존의 대열에서 주도적인 역할을 수행했던 구속자회의 이탈은 5월의 기억 주체가 단일한 이념과 가치에 의해 속박되어 있는 것이 아니란 점을 보여주고 있다. 오히려 집합기억의 주체들이 얼마나 편의주의적이고 이해타산적인 관계에 노출되어 있는 불안정한 존재라는 것을 잘 보여주는 하나의 사례라 할 수 있다.[16)]

### 2) '내적 규율'로서의 5·18

랜드마크 논쟁에서도 보았듯이 문화중심도시 조성사업 국면은 5·18에 대해 서로 상이한 지향성과 해석을 갖는 주체들을 불러들여 이들이 서로 대립하는 장이 되었다. 여기에서 5·18의 역사적 가치보다는 지역경제활성화라는 산업담론을 지지했던 세력들이 그들의 입장 표현을 여전히 주저하고 있다는 점을 주목할 필요가 있다. 이러한 분위기는 광주시의회 문화수도특별위원장의 속마음에서도 잘 드러난다. "이 사안은 잘해야 본전이고 잘못 개입하면 오월단체든 지역사회든 어느 한 쪽에게 몰매를 맞을 수 있는 상황"이다. "문체부도 딱히 해결책을 내놓지 못하고 있고, 오월단체가 워낙 주장이 세니 시의회에서도 이들과

---

16) 5월 관련 단체는 도청별관의 보존 문제에 대해 역사성과 가치 등 이념을 강조하기보다는 문화도시 사업 국면에서 파생될 수 있는 현실적 이해의 문제에 관심을 갖고 있었던 것도 부인할 순 없다. 5·18민주유공자유족회장은 "부끄러운 애기지만, 사실 철거냐 보존이냐에 대해서는 다 관심이 없었다. 보존 건물 활용방안에 대해서 그 헤게모니를 누가 먼저 잡아가지고 어떤 것을 따내느냐에 관심이 있었다. 이러다 보니까 철거·보존은 없어지고 활용방안으로 가 버린 것이다"고 밝혔다(광주 KBS, '도청별관 논란 무엇을 남겼나', 『시사터치 오늘』, 2009년 2월 20일).

부딪히기 힘들다"는 것이었다17)(광주드림, 2008년 8월 14일).

공대위 측의 도청별관 보존 입장과 추진단의 철거 입장이 지루하게 맞서고 있을 때, 협의안을 만들기 위한 연석회의에는 그동안 문화중심도시 조성사업 과정에서 쟁점 사항이 발행할 때마다 자신들의 입장을 적극적으로 표출했던 시만사회 단체들이 참여했다. 첫 연석회의에서 4개 단체는 '설계안 존중(철거)'이라는 입장을 보였다. 그렇지만 나머지 3개 단체는 입장을 유보하겠다고 밝혔다. 이 자리에서 5월단체 중심의 공대위 쪽에 긍정적인 입장을 보이며 손을 들어주는 단체는 없었다. 유보 입장을 표명한 단체는 상대적으로 민중주의적 관점에서 지역운동을 이끌고 있는 단체들이었다. 이들의 입장 유보는 '5월'이 여전히 '말하기 거북한 부담스러운 의제'(정근식, 2009: 224)이기도 하지만, 사실은 그동안 문화중심도시 조성사업에 대해 무관심했던 단면을 드러낸 것이었다. 2008년 12월 '아시아문화중심도시조성사업과 도청별관의 상생전략'이라는 주제로 열린 연석회의에서 진보연대 측의 참석자는 입장 유보의 이유로 "그동안 도청별관에 대해 깊은 토론을 갖지 못했다. 활동가들과 토론을 시도했으나 잘 안 되었다. 논란의 복잡다단한 내용을 짧은 기간에 분석하기 어렵다"는 것을 들었다. 광주여성단체연합 역시 "여성단체 회원 분위기는 아시아문화도시에 대한 자기비전이 없었다. 도청별관 존치 논란에도 별로 관심을 두지 않았다"고 밝혔다. 민예총은 "우

17) '문화' 문제인가 아니면 '5·18' 문제인가는 지역시민사회의 서로 다른 태도를 보이게 했다. 이전의 랜드마크 갈등에서는 문화전당의 기능 보강 목소리를 높였던 광주시나 동구청, 지방의회, 지역정치인, 주민, 관련단체, 학계, 언론 등이 도청별관 문제에 있어서는 모두가 침묵으로 일관했다. 지역 현안에 대한 반응의 속도가 상대적으로 높은 광주 시민사회가 도청별관에 대해 매우 소극적인 태도를 취한 것은 매우 이례적인 것이었다. 그 이유는 철거를 주장했다간 5월단체의 반발을 감당하기 어렵고, 보존에 동조하자니 문화중심도시 조성사업의 발목을 잡는다는 비판을 불러올 수 있다고 판단한 듯하다. 이런 '말 못하는 태도'는 도청별관을 둘러싼 갈등상황을 장기화시키는 원인으로 작용하기도 했다.

리는 1980년대 운동과정에서 5월단체에 대한 비판도 많이 했다. 그것과는 달리 도청별관은 별개의 문제다. 내부의 책임 있는 논의는 아직 못했다"등의 발언을 했다.

그러나 문화중심도시 조성사업 국면에서 도청별관 갈등은 '문화'보다는 '5 · 18'을 쟁점으로 하고 있다는 점에서 5 · 18의 정신적 유산을 실천의 자산으로 간주하고 있는 사회운동세력들을 강하게 결집시켜냈다. 그들에게 여전히 5 · 18은 자신들의 이념과 가치관의 건강성을 측정하는 '내부적 규율'로 자리하고 있는 것이다. 5 · 18은 항상 보이지 않는 자기 검열의 기제로 작동하기 때문에 5월 관련 단체에 대한 비판이나 5월문제에 대한 판단은 자유롭지 못하고 항상 신중한 태도를 갖게 했다.

**표 9-2** 연석회의 참여단체들의 도청별관에 대한 입장 변화

| 단 체 | 2008. 12. 5 | 2009. 2. 4 | 4. 30 |
|---|---|---|---|
| 광주시민단체협의회 | 설계안 존중(철거) | 부분존치(1/3보존) | |
| 광주문화도시협의회 | 설계안 존중(철거) | 부분존치(1/3보존) | |
| 한국예총 광주지회 | 설계안 존중(철거) | 부분존치(1/3보존) | |
| 동구비상대책위원회 | 설계안 존중(철거) | 부분존치(1/3보존) | |
| 광주전남진보연대 | 입장 표명 유보 | 게이트안 | 원형보존 |
| 광주전남여성단체연합 | 입장 표명 유보 | 2/3보존 | |
| 광주민예총 | 입장 표명 유보 | 부분존치(1/3보존) | |

연석회의 참여단체는 내부 논의를 통해 2009년 1월 21일 '설계안 존중 및 설계 컨셉을 해치지 않는 범위 내에서 부분 존치안'(언론에서는 1/3안으로 알려짐)으로 입장을 완화했다. 공대위 역시, 도청별관 원형보존의 원칙에서 '2/3 존치안과 1층을 철거하고 통로를 내는 방안'을 제시

함으로써 합의점을 찾기 위한 모습을 적극적으로 보여주는 듯했다. 2009년 2월 4일 이어진 연석회의에서는 각 단체가 결집한 의견을 발표하였는데, 시민단체협의회, 문화도시협의회, 예총, 민예총, 동구비상대책위원회는 '1/3안'에 동의했다. 그동안 입장을 유보해 온 광주여성단체연합과 광주전남진보연대는 의견이 달랐다. 우선 여성단체연합은 공대위와 같은 2/3 존치안으로 입장을 정리했고, 진보연대는 1, 2층을 게이트(Gate) 방식으로 통로를 만들고 3, 4층은 보존하자는 의견이었다 (〈표 9-2〉 참조).[18] 2009년 3월 30일 진보연대는 문화전당 건립과 5·18 사적지 보존 문제에 대해 보여준 소극적인 자세를 반성하며, '역사적 진실을 담고 있는 구 도청공간은 보존되어야 한다'는 아래의 내용이 담긴 성명서를 발표했다.

> "역사적 진실을 담고 있는 공간의 보존은 그 정신과 가치를 계승, 발전시키는 것이 기본이고 원칙이다. 현존하는 구 도청별관은 5·18항쟁의 최후 격전지로 열사들의 피와 영혼, 정신이 고스란히 서려 있는 불멸의 흔적이며 그 무엇보다도 우선해서 보존하고 기려야 할 역사적 공간이며 가치 그 자체이다."

이후 진보연대는 도청별관 원형보존을 대중운동 차원에서 적극적으로 추진할 것을 밝힌다. 서명운동, 삼보일배 등 조직적인 실천활동뿐만 아니라 도청별관 보존운동을 지역 내의 문제로 제한하지 않고 전국적인 차원의 공동의 문제로 확장시켜 인식하고 광범위한 연대활동을 지

---

18) 진보연대는 이후 도청별관 보존을 위한 시민대책위원회를 조직하고 전국적 차원의 보존운동을 주도했다. 또한 시민사회 차원의 도청별관 최종 조정안을 만들기 위한 원탁회의(2009. 6. 24)를 열고 진보연대, 한국노총, 민주노총, 문화유산연대, 광주여성단체연합 등이 주축이 되어 도청별관이 최대한 보존될 수 있는 '오월의 문' 안을 다수안으로 결정한다.

속시켜 나갔다. 진보연대의 이러한 활동은 문화중심도시 조성사업에 대한 총체적인 이해보다는 도청별관 논쟁이라는 단일한 사건을 중심으로 이해하려는 경향이 강하다는 것을 보여준다. 그렇기 때문에 도청별관에 대한 철거는 도청이 갖고 있는 상징성 전반을 파괴하는 행위로 이해되었다. 진보연대는 도청별관을 5·18과 민주주의 문제로 상징화시키고, 도청별관의 철거는 곧바로 5·18의 정신의 손상과 민주주의 파괴로 의미화되도록 했다.[19] 이를 보다 효과적으로 전달하기 위해 진보연대의 모든 공식적인 표현은 '도청별관'이 아닌 5·18과 일체화된 상징성을 갖는 '구 도청'으로 표기하기도 했다.

### 3) 강한 현실성 Vs. 약한 역사성

2009년 5월 8일에는 진보연대가 주도한 '5·18사적지 구 도청 원형보존을 위한 광주전남시도민대책위원회'가 발족했다. 이를 통해 도청별관 보존 주장은 보다 조직적인 형태로 표출되었다. 여기에는 민주노총광주본부, 민주노총전남본부, 전국농민회총연맹광주전남연맹 등 지역의 대표적인 민중운동조직 등 57개 단체가 참여했다. 이들은 기자회견에서 "5·18광주민중항쟁 최후의 사적지이자 한국 민주주의 역사에 선명한 발자취를 남긴 구 도청 원형보존에 모든 전력을 다할 것"이라고 선언했다. 이는 5·18의 '역사적 가치'가 여전히 사회운동적 실천진영에게 대단한 영향력으로 작용하고 있음을 보여준다. 이러한 5·18의 상징적 의미는 광주라는 지역 내부를 넘어 외부에서도 작동하고 있다는 것을 말해준다. 인터넷 상의 연대 활동, 전국적인 사회운동 조직들의 연대, 민주노동당 정치인의 참여 등도 이러한 역사적 가치합의에

19) 진보연대의 '구 도청 원형보존을 위한 교양 자료집'(2009. 4)을 보면, 도청별관 원형보존운동은 정부의 민주주의 파괴 시도를 저지하는 투쟁과 깊은 연관성을 갖는 것으로 인식하고 있다.

의해 이루어졌다. 여기서 주목할 것은 도청별관 문제가 대중운동 차원으로 전개되면서, 점차 도청별관은 특정의 물리적 공간으로 인식되지 않고 '5·18'이라는 역사와 가치의 개념으로 확고하게 자리잡기 시작했다는 것이다. 이는 도청별관을 문화중심도시 조성사업이라는 전체적 맥락 속에서 이해하는 것이 아니라 시공간적으로 고립된 하나의 상징으로 이해하는 경향을 나타내고 있다.

도청별관 갈등을 외부와 내부의 시선으로 나누어 바라보면 그 본질적 의미를 더욱 구체적으로 파악할 수 있다. 외부에서의 시선은 광주를 현실의 맥락 속에서 이해하기 보다는 광주의 역사적 경험에 기초한 하나의 상징 공간으로 이해하고 있었다. 여기서 광주는 5·18로 동일시되었다. 이는 진보연대 등이 도청별관 원형보존 운동의 전국화로 나아가게 하는 동력이었다. 내부의 시선은 광주의 현실, 즉 문화도시라는 현실의 시공간적 조건 속에서 도청별관을 바라본다는 점에서 도청별관의 의미는 5·18의 역사적 가치로 직접 상징화되기보다는 다양한 의미들이 교차하는 사회적 공간으로 인식되는 경향이 두드러졌다. 이러한 내부 시선은 도청별관의 철거를 담고 있는 문체부의 문화중심도시 조성사업 계획들이 신속하게 추진되길 바랐다. 2009년 8월 26일, '문화광주의 미래를 생각하는 교수모임'이 도청별관 철거를 주장하며 발표한 성명서는 이러한 내부의 시선이 갖는 복합적인 의미를 잘 보여주고 있다.

> "이 사업은 단순한 국책사업일 뿐만 아니라 지역의 미래에 대한 염원을 총체적으로 담아내는 상징적인 사업으로 자리매김하였다…우리는 이제 어느 누구도, 어떤 정당이나 정권, 어떤 지자체나 집단, 또는 세력도 자의적으로 이 사업에 대한 지역의 염원을 저버릴 수 없을 것이라고 믿어왔다…그러나, 일부 5월 단체의 농성으로 전당건립 사업이 갑자기 중단되더니, 온갖 단체나 세력들이 나서서 5·18 정신을 운위

하며 여론을 왜곡시켜 지역사회 갈등을 증폭시키고 있다. 참으로 안타까운 일이고, 후세에 부끄러운 일이 아닐 수 없다."

외부의 시선은 도청별관의 문제를 광주 내부에서 해결해야 할 문제가 아니라, 5·18을 기억하는 모든 사람에게 관계되는 문제로 설정했다. 이것은 문체부의 입장에서 보면 부담스러운 시선이다. 공간 구성에 대해 절대적 지배권을 갖고 있는 국가는 특정 공간에 대한 이해관계를 단순화하고 시선을 협소화시키는 것이 공간을 자신의 의지대로 배치하는 데 유리하기 때문이다. 이러한 맥락은 공대위가 철거와 보존을 여론조사를 통해 결정하자고 주장했던 것에 문체부가 반대한 이유를 해명해 준다. 문체부는 도청별관 문제 해결의 파트너를 5월 관련 단체로 제약하고 싶었지, 여론조사라는 방식으로 광주 시민 전체로 확대하여 상대하고 싶진 않았을 것이다.

실제 여론조사의 결과들은 보존과 철거 입장이 팽팽히 맞서는 상황으로 나타났지만,[20] 광주시민들은 5·18의 주요 공간이라 할 수 있는 도청 일대를 대상으로 건축되고 있는 문화전당의 역할에 대해서는 '5·18의 가치' 재현을 상대적으로 덜 중요하게 생각했다.[21] 이는 역사

---

20) 여론 조사 결과는 아래의 표와 같다.

**표 9-3** 도청별관 철거 및 반대 여론조사 결과

| 조사기관 | 일자 | 보존 | 철거 | 대상자 |
|---|---|---|---|---|
| 한국사회여론연구소·장산연구원 | 2009. 2. 12 | 51% | 29.3% | 광주·전남 1,000명 |
| 광남일보 | 2009. 5. 6 | 38.8% | 46.9% | 광주 520명 |
| 무등일보 | 2009. 6. 15 | 36.4% | 47.4% | |
| 전남매일 | 2009. 6. 29 | 35.6% | 46.6% | |
| 지역언론사 8곳 합동 | 2009. 8. 11 | 62% | 32% | 광주 1,000명 |
| 아시아문화중심도시 조성위원회 | 2009. 8. 25 | 44.8% | 51.2% | 광주 1,000명 |

21) 이는 진보신당 광주시당이 2009년 9월 15일 광주시민 500명을 대상으로 한 조사에서 확인해 볼 수 있다. 문화전당의 역할에 대해 '시민문화복지공간'

적 가치를 강조했던 입장이 조직화된 실천을 통해 국가로부터 도청별관을 보존한다는 결정을 얻어냈지만, 그 저변에는 5·18의 새로운 공간적 재현이 주는 다양한 현실의 기대가 폭넓게 잠재되어 있음을 의미한다. 이는 한편으로 5·18이 1980년 5월의 기억으로만 머무는 것이 아니라 다양한 의미작용을 통해 새롭게 재구성되기를 바라고 있다는 것을 보여준다.

## 5. 나오는 말

문화중심도시 조성사업 국면에서 도청별관은 5·18의 기억, 국가정책의 합리성, 광주지역 내부의 경제적 이해 등이 결집되는 사회적 공간으로 전환되어 각각의 이해 주체들이 격돌하는 장이었다. 도청별관 갈등은 크게 세 가지 성격의 지향들이 서로 맞서는 방식으로 진행되었다. 첫째는 국가의 의도와 지역의 현실 이해를 초월하여 도청별관이 역사의 기억공간으로 온전하게 남기를 바라는 역사적 원칙주의 사고이다. 둘째는 역사적 가치를 배제하지 않지만 현실의 이해와 합리성이 도청별관을 포섭해야 한다고 보는 체제 중심적 현실주의 사고이다. 셋째는 앞의 두 가지를 서로 배제하지 않으면서 서로를 수용하려는 합리적 절충주의 사고이다. 결과적으로 이 갈등은 5·18의 역사적 가치를 담고 있는 도청별관을 보존해야 한다는 쪽으로 결정되었지만, 갈등의 전개과정에서 드러난 상황들은 도청별관으로 상징화된 5·18이 지역 내부에서 어떻게 인식되고 있는가를 살피는 데 몇 가지 중요한 시사점을 던져주고 있다.

먼저 5·18의 공간적 재현의 문제를 들 수 있다. 5·18의 의미는 추

29.2%, '문화산업의 발전공간' 27.8%, '아시아문화교류 공간' 22.6%, '5·18 가치를 구현하는 공간' 12.9% 순으로 답했다.

상화된 관념이나 가치로서 존재할 때보다는 구체적인 공간적 상황에서 보다 적극적이고 분명하게 표출되고 있다는 점이다. '문화도시 광주'라는 추상공간의 수준에서 5·18은 지역의 주체들에게 강한 흡인력으로 작용하지 못했었다. 하지만 도청별관이라는 5·18 관련 공간의 변형 논쟁은 지역 내부와 외부의 주체들을 끌어들여 다양한 수준의 사회적 행동을 표출시켰다. 이를 보면, 특정 공간의 의미는 그 공간 고유의 활용성과 사용가치가 창조되고 변형되는 과정에서 본질적인 의미 규정이 가능하다는 것을 보여준다. 이러한 점들은 '문화도시 광주'에서 5·18의 가치를 실현할 고유한 공간을 어떻게 배치할 것인가를 사고하도록 한다.

다음으로 지역 내부에서의 5·18의 의미 분화와 현재화에 대한 문제이다. 5·18기념사업 차원에서 구상되었던 1990년대 이후의 5·18의 공간화 전략은 '역사적 가치'와 '지역의 경제'라는 두 가지 지향을 담고 있었다. 그러나 이 지향들은 5·18 관련 공간이 사회적 갈등의 대상으로 전환되었을 때에는 대립과 갈등의 구도를 설정해 주는 각각의 축으로 변용되었다. 이러한 대립구도 아래서 어느 한 쪽을 선택하고 다른 한 쪽을 배제하는 방식의 갈등이 표출되었다. 특히 문화중심도시 조성사업의 복합적인 이념이 지역 내부에서는 처음부터 민주도시 패러다임과 산업주의 패러다임으로 양분되어 받아들여짐에 따라 도청별관 논쟁도 이 두 가지 극단 중에서 어느 한 쪽 입장을 지지하는 방식으로 진행될 수밖에 없었다. 따라서 보존과 철거 이외에 제3의 절충안과 조정안은 실질적인 힘을 발휘하기가 어려웠다. 이는 5·18의 현재화를 위한 지역 내부의 이념적 지향들이 자유롭게 소통하고 통합될 수 있는 기술적 방안을 어떻게 마련할 것인가를 사고하도록 한다.

도청별관 갈등은 시간의 변화 속에서 숙성된 현실의 이해와 욕구가 5·18이라는 과거의 기억과 어떻게 마주하고 있는가를 극명하게 보여주었다. 5 · 18이 도청별관이라는 공간으로 표상되어 나타났기 때문에 이 갈등 양상을 통해 5 · 18이 갖는 현재적인 의미와 위상을 직접적으로 평가하는 데는 다소 무리가 따를 수 있다. 그럼에도 불구하고 이 갈등은 문화중심도시 조성사업이라는 새로운 사회적 상황에 의해서 5 · 18의 의미가 어떻게 매개되고 있는가를 우회적으로 보여주고 있다. 분명한 것은 다양한 의미로 가득한 광주라는 도시공간 속에서 도청별관은 '5 · 18의 가치'라는 독자적인 단일 의미로만 설정되지 않고 있다는 것이다. 이는 5 · 18이 지역시민사회 내부에서 균질적이고 통일된 가치로 형성되고 있지 않다는 것을 말해준다. 이러한 의미를 보다 구체적으로 파악하기 위해서는 도청별관 갈등 상황에서 철거를 주장했던 측의 입장들을 주의 깊게 해석해 볼 필요가 있다.

첫째, 도청별관 갈등 상황에서 보여준 5 · 18 당사자들의 분열과 대립은 기본적으로 5 · 18 기억집단의 취약한 동질성을 드러낸 것이지만, 보다 중요한 점은 지역시민사회 내부에서 그들에게 부여한 우월적 지위와 그들이 수행해야 할 사회적 책임성 사이의 거리 및 부조화의 문제일 것이다. 역사적 사건은 공간을 통해 표상되지만, 그 공간은 다시 주체들이 재형성되는 장으로 작용한다. 5 · 18이 절대적인 가치를 지닌 도덕적 우월성과 민주주의 실현을 위한 조절력으로 작용하기 위해서는 5 · 18 당사자들이 지역시민 사회 내부에서부터 책임 있는 '시민'으로 자리해야 한다는 것이다.

둘째, 5 · 18의 가치라는 역사적 원칙주의에 가려진 지역 내부의 사회경제적 이해를 주목할 필요가 있다. 특히 도청별관 철거 주장의 이면에는 문화중심도시 조성사업이 지향하는 목표 중의 하나인 '미래형 문화경제도시'에 대한 갈망과 기대가 절실하게 담겨 있다고 볼 수 있다. 이는 5 · 18이 광주라는 도시적 삶 속에서 여러 개의 복수의 기준들과 경합하면서 존재할 수밖에 없다는 점을 예고해 주고 있다. 따라서

5 · 18의 가치와 현실의 사회적 삶이 연계될 수 있는 방안에 대한 진지한 고민이 필요하다.

광주 지역사회가 꿈꾸는 미래형 문화경제도시의 실현 여부는 여전히 실험적인 단계에 있지만, 5 · 18의 역사적 가치는 도청별관 갈등 상황을 풀어가기 위한 연석회의의 의사소통 과정을 통해 불안정하게나마 경험할 수 있었다. 이처럼 '5 · 18의 공간'에서 시작하는 새로운 공간적 실천들이 서로 갈등하는 방식이 아니라 통합되어 가기를 바란다면, 5 · 18의 의미는 변화된 환경들을 관통하면서 종합적인 맥락 속에서 이해되어야 할 것이다.

Chapter 10

# 5월행사의 의미변화와 '5 · 18의 문화화'[1)]

김 기 곤

## 1. 들어가는 말

1980년 5 · 18광주민중항쟁(이하 5 · 18)은 지나가 버린 사건이지만, 그 기억은 여전히 과거-현재-미래라는 시계열 위에서 존재하고 있다. 그래서 5 · 18은 항상 동일한 의미로 작용하지는 않는다. 5 · 18은 여전히 사회적 관계 속에서 기억되기 때문에, 5 · 18에 대한 질문과 그의 답은 특정 국면을 반영할 수밖에 없다. 이것이 5 · 18이 항상 정치적인 성격을 띠는 이유이기도 하다.

우리가 기억하는 5 · 18은 직접적인 경험보다는 대부분 전해 받은 기억의 산물이다. 이 기억작용은 다양한 매체를 통해 이루어지는데, 대표적으로 5월행사를 꼽을 수 있다. 5월행사는 1980년 5 · 18광주민중항쟁

1) 이 장은 『지역사회학』 제11권 1호(2009)에 게재된 김기곤, "5월 행사의 의미변화와 '5 · 18의 문화화'"를 수정 · 보완한 것이다.

을 기억하기 위해 매년 5월 광주에서 열리는 일련의 집합적 실천행위들이다.[2] 이는 5·18의 기억을 전달하는 매체역할을 했다. 5월행사는 5·18에 대한 개인들의 기억과 집단들의 정치적 요구를 담아냈고, 이것들은 언어와 상징 등 다양한 형식을 통해 표현되었다는 점에서 복합적인 의미체계를 형성하고 있다. 따라서 5월행사는 주기적인 반복성에 불구하고 내적 구조와 외적 요인 때문에 항상 같은 모습으로 펼쳐지진 않았다.

1981년 이후 5월이면 옛 전남도청과 광주시 금남로를 중심으로 모여드는 대규모 군중과 여기저기서 격렬하게 진행되는 시위, 망월묘역 참배를 둘러싸고 전개되는 전경들과 밀고 당기는 일전 등을 볼 수 있었다. 특정 시기에 5월행사는 정치적 저항과 실천들을 담은 투쟁의 형태로 전개되었다. 이 저항적이고 투쟁적인 5월행사는 이후 지속적으로 전개되는 5월운동의 발원지이기도 했다.[3] 1980년대 5월운동은 5·18의 진상규명과 책임자 처벌요구를 주요 목표로 했다. 이 5월운동은 1990년대 들어서 가시적인 성과를 이루어냈다. 1990년 7월 '광주민주화운동보상법' 제정 이후, 각종 법률에 근거하여 개인보상이 이루어졌고, 김영삼 정부에 들어서는 국가차원의 기념사업이 추진되었다. 이러한 정치적 분위기는 5월행사의 내용과 성격에도 직접적인 영향을 주었다.

---

2) 정근식(2005: 13)은 '5월행사'를 매년 5월 18일을 전후로 투쟁의 반복과 주기성에 바탕을 두고 성립한 집단적 실천의 산물로, 투쟁과 이벤트가 한 데 묶여 진행되는 의례로 바라본다. 이 연구에서는 1980년 5·18광주민중항쟁을 기념하기 위해 매년 5월에 정기적으로 개최되는 '5·18기념행사'를 5월행사로 부르기로 한다.

3) 여기서 5월운동은 나간채의 연구(1999: 45)에 기대어, '1980년 5월항쟁이 종료된 후에 그 항쟁과 관련하여 특정한 목적을 가지고 상당 기간 지속적으로 전개된 집합적인 활동'으로 규정한다. 정근식(1997: 164)은 5월운동이 주로 매년 5월에 진행된 추념행사와 망월동 묘지와 관련된 일련의 장례투쟁을 매개로 전개되었던 것으로 보고 있다.

저항적이고 투쟁적이었던 5월행사는 엄숙한 기념과 추모 중심의 의례적인 행사가 되어야 한다는 분위기가 형성되었다. 그러다가 1990년대 후반 이후, 김대중 정부가 등장하면서 5월행사의 성격, 내용 구성, 운영 방식 등은 변화를 겪게 되었다.

이러한 과정을 통해 5월행사는 추모·기억·기념 등의 의례적 실천, 다양한 문화행사로서의 축제적 의미, 현실의 정치적 열망과 이를 실현하기 위한 조직적이고 집단적인 실천 등 서로 다른 수준의 복합적인 시선들이 대립하면서, 과거와 다른 새로운 의미틀로 재구성되어야 할 필요성을 갖게 되었다(정근식, 2003). 특히 1990년대 후반 이후 5·18이 국가적 차원에서 관리되면서 '5월행사의 축제화'가 새롭게 제기되었는데, 이 '축제'의 의미는 '문화'와 '정치' 중에서 어느 영역을 강조하는가에 따라 상이한 해석의 여지를 주었다.

이 연구는 5월행사의 형성과 진행과정을 살펴보고, 5월행사가 어떠한 관점에서 재구성되어야 하는가를 묻고자 한다. 이는 형식적으로는 5월행사의 재활성화이지만, 내용적으로 '5월행사로 무엇을 할 것인가'라는 질문에 주목하는 것이다. 이를 통해 5월행사가 다시 획득해야 할 미래 기획의 이론적·실천적 지점을 찾아보고자 한다. 5월행사는 기본적으로 사회적 관계 속에서 생산되고 구성된다는 점에서 5월행사가 놓여 있는 정치문화 지형과 깊은 연관을 가질 수밖에 없다. 하지만 이 연구에서는 5월행사의 개최 장소가 광주라는 점에서, 분석의 범위를 광주라는 지역사회 수준으로 제한하고자 한다.

이 질문의 배경에는 광주가 처한 사회·정치적 지형의 현실과 문화를 사회발전의 원리 수준으로 새롭게 이해해야 할 필요성이 자리 잡고 있다. 특히 현재 진행되고 있는 아시아문화중심도시 조성사업과 5·18 정신의 연계를 국가권력의 공간 전략 차원의 정책적 수사로만 폄훼할 수 없다는 점을 적극 수용한다. 따라서 그 동안 광주에서 5·18이 정치 · 사회적 실체로 존재했다면, 2003년 문화중심도시 조성사업이 본격화되면서 5 · 18은 문화적 실체로 재규정되어야한다는 필요성을 전제로 한다. 이러한 맥락에서 '광주'와 '문화' 사이의 연계를 모색하는 과정에서 제기된 '5 · 18의 문화화' 명제를 5월행사를 통해 재정립해 보고자 한다. 더 자세히 분석되어질 내용은 다음의 것들이다. 첫째, 문화를 둘러싼 현재의 지역사회의 인식과 그것에 관련한 5 · 18의 위상을 점검할 것이다. 둘째, 5월행사가 갖는 '축제성'의 의미와 그것이 갖는 한계를 분석함으로써, 현재적 관점에서 5월행사의 정치적 의미를 파악한다. 셋째, 5 · 18이 삶을 재조직하고 새로운 정치에 대한 이념적 자원으로서 재구성될 수 있는 원리에 대한 이론적 탐색이다.

## 2. 5월행사의 궤적: 문화와 정치 사이의 긴장 혹은 경계 쌓기

그 동안 5월행사의 전개과정은 '5 · 18'을 놓고 국가와 저항집단이 만들어낸 정세적 상황을 중심으로 구분되어졌다. 이러한 시기구분에는 다음과 같은 사항들이 기준으로 사용되었다. 누가 5 · 18에 관한 담론을 주도하는가, 저항과 억압 과정에서 만들어진 정치지형의 성격은 어떠한가, 5월행사의 주요한 내용은 무엇인가 등이다.[4)]

5월행사에서는 크게 두 가지 성격이 교차되고 대립되어 왔다. 하나는 매년 주기적으로 개최되는 기념 의례로서의 '문화행사'라는 것이고,

---

4) 이러한 맥락에서 연구된 결과는 다음의 것들이 있다. 정호기(2001)는 5월투쟁 개최기(1987년까지) → 반합법적 5월행사 개최기(1995년까지) → 의례화 된 합법적 기념행사 개최기(1996년 이후)로, 윤기봉(2000)은 억압기(1984년까지) → 전환기(1987년까지) → 투쟁기(1996년까지) → 개화기(1997년 이후)로, 오재일 · 민형배(2002)는 탄압기(1985년까지) → 투쟁기(1988년까지) → 유화기(1993년까지) → 개화기(1993년 이후) 등으로 구분한다.

다른 하나는 정세적 상황에 따라 그 성격이 구성되는 '정치적 반영물'이라는 것이다. 이 연구에서는 5월행사의 내용과 의미변화의 특징을 밝히기 위해, 5월행사에 작용한 '정치'와 '문화' 요소들 사이의 관계를 중심으로 그 시기를 구분해 보고자 한다.

### 1) 기억 및 정치투쟁의 압도기(1981~1987)

망월묘역의 추도식은 1980년 초반 5월행사의 상징이었다. 이 시기의 5월행사는 5월의 사실적 기억을 승인받기 위한 기억투쟁의 성격이 강했다. 유족들과 전경들 사이에 추도식 참가와 개최 등을 놓고 격렬한 투쟁이 전개되었다. 이 투쟁이 지속적으로 전개될 수 있었던 것은 대학생들의 조직적인 참여투쟁이 있었기 때문이다.

1970년대의 학생운동은 4·19를 기념하는 기억투쟁이 중심이었다. 그러다가 1980년 5월을 거친 후, 대학가의 4월투쟁은 5월투쟁을 준비하는 사전 단계라는 인상을 주었다. 1985년 전남대에서는 학도호국단 체제 대신 총학생회가 다시 출범했다. 이와 함께 최초의 반합법 공개투쟁조직인 '오월투쟁특별위원회'가 조직되었다. 학생들은 5월이면 망월묘역 참배를 결행했고, 1천 여 명의 학생들은 '광주진상 규명'을 외치며 시내 곳곳에서 시위를 벌였다. 전남대총학생회는 '5·18의 원흉을 처단하자'는 유인물을 통해 학살자 처벌 투쟁을 최초로 제기했다. 이 시기부터 '전진하는 5월'과 '혁명광주'라는 노래가 불려지기 시작했고, '전제와 폭압을 격파하라, 해방광주여'라는 구호가 널리 사용되기 시작했다(정근식, 2003: 441).[5)]

---

5) '전제와 폭압을 격파하라 해방광주여'는 1985년 전남대 오월특별투쟁위원회의 중심 선동 구호였는데, 압축된 의미와 선동가의 절도 있는 동작이 결합되어 강렬한 호소력을 지녔다. 이 구호는 당시 전남대 문학서클인 용봉문학회 회원의 창작시 중에 들어 있는 구절에서 따온 것이다.

1985년 5월행사는 학생들의 조직적 참여와 5월단체의 결성으로 보다 격렬하게 진행되었다. 5월 10일 결성된 '5·18광주민중혁명 희생자 위령탑 건립 및 기념사업 범국민추진위원회'(오추위)가 5월행사를 주관했다. 1985년에는 유족회 내에 청년부가 발족되었다. 1986년에는 오추위와 시민, 학생 등 1천 여 명이 망월묘역에서 추모식을 지냈다. 그 해 5월 18일에는 6만 여 명이 망월묘역을 참배했다(정호기, 2001: 780). 1987년은 박종철 사망 사건으로 시작된 민주화운동이 4·13호헌조치를 계기로 전국적으로 확산되었다. 망월묘역에서는 전남지역 21개 민주단체가 7주기 추모식을 개최했다. 5월 27일에는 '민주헌법쟁취국민운동본부'가 결성되는 등 전국에서 조직적인 민주화운동이 전개되었다. 이 민주화운동의 이면에는 5·18이 이념적 자산으로 자리잡고 있었기 때문에 5월의 전국화가 사회운동 차원에서 자연스럽게 진행되었다.

이 시기 5월행사는 정치적 투쟁이 지배했다. 5월행사가 기본적으로 죽은 사람들에 대한 추모 의례로 시작되었지만, 의례라는 문화적 형식과 내용은 기억투쟁과 민주화운동이 지배하는 분위기로 인해 독자적인 위상을 차지하지 못했다.

### 2) 정치투쟁의 약화와 '문화'의 도입기(1988~1993)

1987년 6월항쟁과 7, 8, 9월 노동자대투쟁을 겪은 후 유화적인 정치 분위기가 생겨났다. 1988년 1월에는 민주화합추진위원회(민화위)가 결성되어 국가 차원의 5·18의 진상 규명과 치유 활동이 이루어졌다.[6] 여소야대라는 열려진 정치 공간은 5월행사에도 영향을 미치기 시작했다. 정치투쟁 일면도의 행사는 시민들이 한 데 모여 즐기는 신명나는 놀이의 장이라는 분위기가 생겨났다.

---

6) 이에 대해서는 전재호(1999: 250~251)를 참조할 것.

그렇다고 5월행사에서 정치투쟁의 성격이 사라진 것은 아니었다. 1989년에는 '5월항쟁 계승 및 노태우 퇴진 공동투쟁본부' 주도로 5월투쟁이 전개되었다. 1990년 10주기 5월행사는 10년이라는 주기성이 더해진 데다가 3당 합당으로 인한 지역적 고립감을 돌파하기 위해 '5 · 18계승대회'가 치러졌다. 10만 명 규모의 대중집회였다. 1991년의 5월행사는 강경대와 박승희의 장례투쟁으로 정치적 열기는 더욱 고조되었다.

1993년 김영삼 정부가 등장하면서 국가는 광주문제의 해결에 적극적인 자세를 보였다. 이를 두고 지역의 평가는 크게 두 가지로 나누어졌다. 광주 · 전남 총학생회연합(남총련)과 민주주의민족통일 광주 · 전남연합 등은 김영삼 정부의 망월묘역 참배를 반대하는 등 보다 근본적인 광주문제 해결 방안을 요구했다. 그러나 지역 언론, 5 · 18위령탑 건립 및 기념사업 추진위(5추위), 5 · 18광주민중항쟁연합(5민련) 등은 김영삼 정부에 대해 긍적적인 입장을 취했다. 5월단체는 "이제 비타협적인 투쟁방식은 시대에 걸맞지 않다", "김영삼 정부에 대해 긍정적이다. 공격하고 발목을 잡는 것은 역사를 바로 보는 시각이 아니다"라는 등의 입장을 밝히기도 했다(김호균, 1993: 47~48). 김영삼 대통령은 1993년 5월 13일 특별담화를 발표했다. 여기에는 전남도청 이전 및 기념공원 조성, 상무대 시민공원화, 기념일 제정 및 망월묘역 성역화 사업 등이 포함되어 있었다. 기념사업을 광주직할시 중심으로 추진하기 위해 '광주민주화운동기념사업추진협의회'(5추협)[7]도 결성했다.

이 국면의 특징은 5월운동의 기억투쟁의 성과를 국가가 적극 수용하려 했고, 이 과정에서 5월행사는 기존의 정치투쟁 방식보다는 다양한 내용의 문화행사에 관심을 갖기 시작했다. 주목할 점은 1990년 7월 '광주민주화운동관련자 보상 등에 관한 법률'이 제정된 후 5월 당사자들의

7) 5추협의 구성과 그 성격에 대해서는 오재일(1994: 33)을 참조할 것.

국가권력에 대한 불만은 급격히 감소했고, 이러한 분위기는 5월행사를 정치적 투쟁보다는 의례화의 성격을 강화시켜 주었다는 것이다. 특히 1993년 5월행사부터는 다양한 성격의 시민단체가 본격적으로 참여하기 시작해, 지금의 5월행사를 담당하는 조직인 '5·18민중항쟁 기념행사위원회'(이하 행사위원회)의 기틀이 마련되었다. 이는 5월행사가 단순히 정치적 현실에 대한 저항을 목적으로 하기보다는 문화행사 등 다양한 요소들이 종합적으로 결합하는 계기를 만들어 주었다.

### 3) 정치의 퇴장과 의례화 정착기(1994~1997)

1993년 대통령의 담화 발표 이후 기념사업에 대한 논의가 본격화되었고, 이 과정에서 1994년 1월 '5월 성역화를 위한 시민연대 모임'이 생겨났다. 한편으로 '진상규명'과 '책임자처벌'을 '역사의 판단'에 맡긴다는 정부의 입장에 대응하기 위해 1994년 5월행사에서는 진상규명과 책임자처벌을 주장하는 계승대회가 열렸다. 1995년의 학살자 처벌운동은 5월운동을 재활성화시키는 계기를 만들었다. 이 운동을 계기로 광주의 운동과 전국적인 운동이 본격적으로 결합될 수 있었다. 이러한 상황 속에서 1995년 5월행사는 합법화된 기념식으로 진행되었다. 광주시와 1994년 8월 창립한 '5·18기념재단'을 비롯하여 지역의 시민운동단체들이 행사위원회를 조직했다. 1995년 말 '5·18특별법' 제정과 전두환, 노태우 두 전직 대통령의 구속은 그 동안 광주문제 해결 5원칙의 주요 쟁점이 해결된 것으로 받아들였다. 반면 이러한 성과는 이후 5월행사의 성격 변화를 예고했다. 당면의 정치적 과제가 해결된 이후 5월행사는 의례 중심의 순화된 형태로 진행될 수밖에 없었다. 5월행사의 준비와 추진 주체도 변화를 겪기 시작했다. 5·18기념재단이 점차 5월행사를 준비·추진하는 중심 단체가 되었다. 5·18기념재단은 5·18을 기념하기 위한 교육, 학술, 문화행사 등의 다양한 활동을 전개하면서 5월행사의 성격이 문화적 형식으로 변화하는 데 많은 영향을 주었다.

1997년에는 5월 18일이 국가기념일로 제정되었고, 망월묘역의 5월 영령을 새로 조성한 5·18묘지로 이장했다. 5월행사에는 국무총리가 참석하여 국가적 수준의 의례로 승격되었다. 이와 함께 1997년 '5·18 특별법 제정 범국민대책위원회(5·18범대위)의 활동 이후 전국적 5월운동은 사실상 퇴장하였다. 이후 해마다 열리는 5월행사에 전국의 사회운동단체들의 참여는 계속되고 있지만, 상징적 수준의 추모 행사에 참여하는 정도였다. 국가기념일 제정과 5월운동의 퇴장은 5월이 이제 국가적 수준에서 관리되고 운영되는 제도화 단계로 진입했다는 것을 의미한다.[8] 이 제도화는 5월운동을 통해 운동진영이 이룬 분명한 성취이지만, 다른 한편으로는 5월운동이 지향해야 할 운동적 동력과 정치적 지향성의 상실을 가져왔다. 제도화는 이후 5월행사가 기념사업을 중심으로 한 문화행사로 전환되도록 만들었다.

### 4) 탈정치적 문화행사의 '캘린더주의'적 반복기(1998년 이후)

김대중 씨는 김영삼 대통령과 1997년 12월 20일 전두환, 노태우 씨의 사면에 합의해 주고 1998년 2월 대통령에 취임했다.[9] 그가 당선되던 날 광주의 금남로는 그야말로 축제였다. 김대중 씨에 대한 열망은 그가 5·18의 피해자라는 점과 동일시되면서 더욱 강렬하게 표출되었다. 전·노 사면을 역사의 후퇴라고 주장하는 대학생들의 시위는 시민들로부터 좋은 분위기를 깨는 철없는 짓으로 간주되어 질타를 받았다.

---

8) 5·18의 제도화가 갖는 성격과 의미에 대해서는 정호기(2009)를 참조할 것.

9) 양 김 씨의 회담 전에 5·18의 피해 당사자들인 5·18광주민중항쟁유족회, 구속자회, 부상자회, 광주의 몇몇 재야인사 등은 국민대통합 차원에서 전·노의 사면에 조건 없이 동의한다는 성명서를 발표하기도 했다.

김대중 정부에 들어서 처음 맞는 5·18행사는 '투쟁' 대신 '화합'이 강조되었다. 18주년 행사위원회의 집행위원장은 "이제까지는 5월이 제자리에 서지 못하고 늘 투쟁해서 뭔가를 쟁취하자는 분위기였는데 이번 행사부터 온전하게 5월의 진상과 내용을 국민에게 올바로 인식시키는 자리를 만들겠다. … 광주는 다른 지역으로부터 투쟁의 도시, 문제가 많은 도시로 인식되어 왔다. 이젠 정권 교체도 되었으니 과거를 잊고 남을 용서할 줄 아는 광주가 되어야 하지 않겠는가"라고 했다. 또한 철저한 진상규명, 학살자들의 상훈치탈, 구속자들의 명예회복, 행방불명자의 생사확인, 중상자들에 대한 적극적인 치료, 무명열사들의 신원확인 등이 아직 이루어지지 않았지만, 이러한 문제를 "5월행사를 통해 풀어가는 것이 아니라 5월행사와 별도로 정부에 요구할 것이다"고 밝혔다(고동우, 1998: 102). 5월행사에 정치적 색깔을 일부러 입히진 않겠다는 것이다. 정치가 사라지고 용서와 화해가 강조되는 분위기 속에서 5월행사는 시민들을 위한 흥미와 볼거리 위주의 문화행사가 많아졌다. 이제 5월행사는 주기적으로 돌아오는 5월에 열리는 그만그만한 행사들의 반복이었다. 이른바 '캘린더주의'가 시작된 것이다.

제도화 이후 5월행사를 조직하는 주체들은 두 가지 부분을 강조하는 경향을 보였다. 그것은 정치성의 배제와 행사의 기술적 측면의 완성도이다. 17주년 행사위원회 사무처가 작성한 17주년 행사의 원칙에는 '기념행사의 정치성, 상업성의 지양'을 담고 있다.10) 정치성의 지양은 5월행사가 항상 정치투쟁의 실천의 장이었던 것을 바꿔보겠다는 것이다. 또한 18주년 5월행사 평가 좌담회에서 5·18기념재단 상임이사는 시민

10) 물론 행사목표로 설정한 다른 세 가지, 즉 '5·18문제의 완전해결 촉구와 도모', '5·18정신의 역사적 의의 정립', '5·18정신계승의 전형 창출' 등은 정치적인 내용을 포함하고 있는 것이지만, 기존과 같이 투쟁의 대상으로 설정되는 것은 아니다(5·18기념재단, 1998: 45).

과 함께하고, 행사의 전문화를 위해서는 행사만을 전담하는 상설기구의 필요성을 주장했다(무등일보, 1998년 5월 28일). 이것은 5월행사가 기술적인 측면에서 보다 완성된 형태를 지향하겠다는 것을 보여준다.

## 3. 문화행사로서 5월행사의 의미틀

저항과 투쟁의 장이었던 5월행사는 1995년을 전후로 하여 사회운동적 열망보다는 5월영령을 추모하는 의례와 다양한 볼거리를 제공하는 문화의 전시장으로 변해갔다. 이러한 현상은 5·18이 국가의 관리 자원으로 전환되는 제도화 과정과 시기적으로 겹쳐진다. 여기서는 제도화 이후 5월행사가 갖고 있는 의미체계를 살펴봄으로써 5월행사가 갖는 문화적 본질을 규명해 보고자 한다.

### 1) '허가된 행사'로서의 5·18 '축제'

5월행사의 출발은 죽은 영령에 대한 추모제에서 비롯되었다. 추모는 5·18항쟁의 진실을 둘러싼 기억투쟁의 과정이었기 때문에 국가권력과의 충돌은 불가피했다. 이 정치적 행위들은 주도적인 집단의 획일적인 기획이나 통제에 의해서라기보다는 시민들의 자발적인 저항적 실천에 의해 유지되었다. 5월행사에서 저항은 '5월 주간'이라 부른 5·18항쟁을 기념하는 10여일 동안 망월묘역과 금남로 등지에서 집단적 열망으로 표출되었다. 특히 5월 17일의 5·18전야제는 그러한 성격을 극명하게 보여주었다. 이것을 일종의 '정치적 축제'로 해석하기도 했다. 이러한 정치적 축제가 활성화되었던 시기는 군부 권위주의 정권의 극단적인 탄압기와 5월의 제도화가 본격적으로 진행되었던 1995년 사이이다. 민주화를 위한 시도가 실패하고 민주화를 달성할 수 있는 정치적 환경이 악화될수록 정치적 축제성은 강화되었다(정근식, 2003: 453).

1995년 이후 국가가 1980년 5월 문제를 제도적으로 풀어가기 위한 조치를 발표하자, 5월행사의 분위기는 크게 달라지지 시작했다. 1980년대 이후 국가의 5월행사 제도화 전략은 이중적이었다. 우선 5·18을 자유로운 관리의 대상으로 포섭하기 위해 국가 주도의 다양한 절차를 만들었다. 다른 한편으로는 의례투쟁과 5·18계승운동이 반정부 투쟁 또는 민주화운동과 연계되어 지속적인 사회운동으로 확장되는 것을 차단했다. 전두환 정권은 5월행사 기간의 추모와 의례 투쟁이 은폐된 진실을 규명하기 위한 기억투쟁으로 표출되는 것을 차단했다. 노태우 정권은 배제와 포섭이라는 이중 전략을 동시에 사용했다. 이 시기 5·18은 '민주화운동의 일환'이었다는 노태우 정권의 재평가에서 알 수 있듯이, 5·18 의례는 최소 수준에서 허용되었다.[11] 5·18 의례에 대한 국가의 폭력적 탄압은 1990년대 초까지 계속되다가, 김영삼 정부가 등장하면서 사실상 국가행사로 전환되었다(정호기, 2009: 467~468).

지금도 그렇지만, 광주의 5월은 국가적 차원에서 보면 항상 잘 관리해야 할 대상이었다. 양보할 것은 주고, 저지해야 할 한계는 지키는 것, 즉 구분과 경계를 명확해 해야 할 일종의 정치적 거래의 손익분기점이었던 것이다. 5월행사가 국가의 기억과 기념사업을 어떻게 충실히 반영할 것인가에 관심을 갖기 시작한 것도 5·18이 국가의 관리 자원으로 전환되는 시기와 일치한다. 그래서 5·18의 제도화가 갖는 실질적 효과는 5월운동을 퇴조시키고, 5월행사의 내용과 형식에서 정치성

11) 포섭과 배제는 노태우 정권이 자신들의 지지 기반을 구축하기 위한 불가피한 선택이자, 넘을 수 없는 자기 한계를 극명하게 보여주는 것이다. '민주화운동의 일환'이라는 새로운 기억에 대한 승인은 전자의 측면이 강하지만, 그가 5월 문제를 해결하는 논리적 과정인 5원칙의 측면에서 '학살자의 처벌'을 거치지 않고 '보상' 문제를 먼저 꺼낼 수밖에 없었던 것은 그가 갖고 있는 가해자로서의 원죄 때문이었을 것이다.

을 배제하는 것이었다. 무력해진 5월행사, 군중은 모이되 위험하지 않은 존재, 그들은 이제 정치적 축제의 주체라기보다는 신명과 놀이를 분출하는 축제의 주체로 호명되었다.

축제는 이중적인 성격을 갖고 있다. 역사적으로 축제정신은 반항의 통로가 되기도 하였지만, 그 반항을 잠재우는 방법으로 쓰이기도 했다(Sales, 1983; Stallybrass & White 1995: 28에서 재인용). 정치가 생략된 축제를 위해 국가는 항상 축제를 관리하고 싶어한다. 새로운 정치적 열망으로 번지기 전에 다시 부활할 수 없도록 축제의 내용과 수준을 제한하고 억누르려고 한다. 5월행사의 성격 변화는 정치적 축제가 혁명적인 동시에 준법적일 수 있다는 양면성을 동시에 보여준다. 이글턴(Eagleton)은 이런 점에서 축제에서의 웃음은 해방적인 동시에 병합적이며, 축제는 법과 자유, 권력과 욕망이 상호 연루되어 있다고 보았다. 이러한 맥락에서 본다면, 축제의 성격은 이미 제약된 한계를 갖고 있다고 할 수 있다. 축제는 무제한의 자유 공간이 아니라 결국 '허가된' 행사이며, 허용된 범위 내에서의 헤게모니 침범이며, 사전 봉쇄된 대중적 폭발에 불과하다(Eagleton, 1995: 171). 5월행사의 정치적 축제성이 점차 놀이와 신명이 중시되는 '축제'로 전환되는 과정을 보면, 축제가 억압에 대항해 지속적인 해방을 갈구하는 무제한의 공간이 아니라는 것을 보여준다. 여기서 보다 중요한 것은 5월행사가 정치적 축제성을 상실한 이유를 찾는 것이다. 이는 5월행사가 기본적으로 정치적 환경, 특히 정치집단의 변화와 민주화의 진전 정도에 의해 규정된다는 점을 잘 보여준다. 5월행사에서 축제성은 1980년 5월에 대한 기억의 물리적 거리와 함께 그 사회가 갖고 있는 정치적 환경이나 주체들의 정치적 요구에 의해 규정되는 측면이 강하다. 따라서 5월행사의 축제성은 정치적 저항의 강렬도, 정치적 요구의 재생산 및 조직화 수준 등에 의해 규정되고 있다. 그렇기 때문에 5월행사의 성격변화에는 보다 복합적인 요인들이 작용하고 있다고 보아야 하는데, 5월운동이 갖고 있는 이념적 자기제약성도 그 중에 하나라 할 수 있다. 특히 김대중 정부가 등장하면서 5월행사는 탈정치화의 과정을 급격하게 밟아 가는데, 5월 당사자들이 주도하는 5월운동은 당사자주의의 제약과 지역주의의 규정력으로부터 큰 영향을 받고 있다. 5월행사와 5월운동에서 정치적 투쟁의 대상은 5월문제 그 자체만을 중심으로 사고했던 경향이 있다. 특히 정치적 현안이 전국 단위에서 공동의 운동 대상으로 설정되더라도 지역 내부에서는 이를 5월문제로 해소하려 했다. 5월문제를 둘러싼 전국적 연대가 1997년을 경과하면서 깨져버린 이유도 이러한 인식을 반영하고 있다. 5월의 피해자이자 지역주의 피해자로 여긴 김대중 씨의 당선을 곧바로 5월과 관련된 모든 문제의 '해결'로 받아들였던 측면도 이러한 맥락에서 이해할 수 있을 것이다.

이와 같은 분위기 속에서 5월행사를 통해 표출된 정치적 저항력은 더 이상 새로운 이념적 전망을 제시하지 못했고, 결과적으로 저항 주체들의 투쟁력은 급격히 떨어지기 시작했다. 오히려 국가는 이러한 5월행사의 분위기와 자신들이 만들어낸 제도화의 성과를 5월의 주체들보다 훨씬 더 '정치적'으로 활용할 줄 알았다. 매년 5·18기념식과 정치적 계기 때마다, 새로 조성된 5·18묘지는 이곳을 찾는 제도권 정치인들의 이미지 포장을 위한 메이크업 도구가 되고 있다.

이제, 5월의 제도화가 이루어낸 문화적 성과를 재전유하는 문화적 실천이 요구되고 있다. 이러한 수준에서 5월행사도 새롭게 의미화될 필요가 있다. 5월행사는 총체적인 사회구조에 대한 민주주의적 전망과 함께, 그 동안 축적한 문화적 성과, 예를 들어 추모나 의례 행사 등 기억 활동의 공식화 및 안정화, 다양한 문화적 실천을 통한 재현작업의 대중화 등을 토대로 미래의 삶을 기획하는 문화적 전략으로 재구성되어야 한다는 것이다. 이를 위해 우선 축제와 5월행사 사이의 간극을 좁혀가는 방식을 고려해 보아야 한다.

축제는 '삶과 현실의 반영이면서 동시에 인간의 소망과 기원이 담긴 문화 양식'(이승종 외, 2003: 머리말 v)이라는 포괄적 의미를 갖는다고 보았을 때, 분명 축제에는 심미적인 것, 쾌락적인 것, 조화로운 사회정의를 자유롭게 실현시켜주는 실천이라는 복합적 의미가 포함될 수 있다. 이런 점에서 축제는 사회전체와 관련지어 변화와 진보의 가능성을 지향하는 점진적인 조정력을 지닌 행동의 도구가 될 수 있다(LaCapra, 1995: 188). 그렇기 때문에 축제와 정치의 관계를 경직되게 연관시켜 정치적인 의미만을 부각시키는 것은 축제를 특정 이념 실현을 위한 기능적인 공간으로만 바라볼 수 있게 한다. 그러나 5·18행사에서 축제적 성격의 고유성은 '바닷가의 휴가나 크리스마스 축제'[12], 놀이와 상품판매를 목적으로 하는 집단적 오락이나 산업의 도구가 아니라, 사회적 변화와 새로운 질서를 갈망하는 집단적 열망의 표출이다. 이것이 5월행사의 문화적 의미를 '행사', '볼거리', '의례'로만 제한할 수 없는 이유이다. 루소(Rousseau)는 축제를 스펙터클과 대조시켰다. 축제는 구성원들이 자신들의 고유한 연대성에 기초해 서로 고무되고, 소통하는 공동체적인 대담이었다는 것이다(Duvignaud, 1998: 270). 시민들이 경험해 온 5월행사의 축제성도 바로 이러한 가치들에 기초를 두고 있었다. 연대, 소통, 공동체성은 5월행사의 '오래된' 기억들이 갖는 공통된 기반이지만, 이들은 5월행사를 다시 문화적으로 전략화 하기 위해서 '현대적'으로 재정립해야 할 핵심자원들이다. 이러한 맥락에서 5월행사에서 축제성을 어떻게 회복할 것인가라는 질문이 제기되어 왔지만, 별다른 성과

12) 스토리(Story)는 이들 휴가나 축제는 즐거움을 주고 사회질서의 일상적인 요구에서 해방시켜 주지만, 궁극적으로는 다음 번의 '공식적인' 휴가 때까지 힘을 되찾아 착취와 억압을 견뎌내도록 본래의 질서 속으로 되돌려놓는 역할을 수행하는 이데올로기적 기능을 한다고 본다(Story, 1994: 17).

를 얻지 못하고 있다. 이는 축제에서 항상 정치를 배제해야 한다는 인식이 깔려 있기 때문이다. 이러한 인식은 그 동안 5월행사 과정에서 정치와 문화를 대립적인 것으로 보고 정세에 따라 어느 하나만을 선택해 왔던 과거의 경험이 여전히 지속되고 있기 때문이다. 오히려 '5월행사의 축제성 강화'는 5·18의 제도화 이후 지방정부의 인위적인 지역정체성 형성 전략의 언어적 도구로 활용되고 있을 뿐이다.[13] 이 과정에서 5월행사의 축제성은 볼거리 위주의 문화행사와 경제적 가치 창출을 위한 기능만이 부각되었다. 이러한 모습의 축제 속으로 호명되는 시민들은 각종 이미지를 수동적으로 소비하는 '대상화된 세계관' 속에 노출되어질 뿐이다(Debord, 1996: 11).

### 2) '배분'과 '반복'의 스테레오타입: 5월행사의 조직과 구성

광주시민은 매년 5월을 통해 자신들이 과거의 역사적 경험을 공유하고 있고, 그로 인해 서로 결속되어 있는 공통의 정체성을 가진 집단으로 느껴왔다. 또한 대외적으로는 5월의 기억이 민주화운동의 이념적 자원으로 전환되어, 광주가 민주주의적 가치와 도덕적 우월성을 갖는 것으로 자부했다. 그러나 이러한 집합기억은 항상 견고하고 불변의 형태로 존재하는 것은 아니다. 그것은 매번 현재적 시점에서 꾸준히 갱신되고 재형성되는 양상을 보이기 때문이다(Smith, 2008: 136).

5월행사는 1998년 김대중 정부의 성립 이후부터 보다 뚜렷하게 추모의례와 문화행사 위주의 프로그램으로 변해갔다. 슬로건 역시 '인권과 평화, 화합의 미래로'(1998), '민족과 함께 다시 서는 5·18: 인권신장, 민족화합, 실업극복'(1999) 등과 같이 '현실보다는 추상적인 문제', '구체적 쟁점보다는 보편성의 강조'가 두드러졌다(〈표 10-1〉 참조). 이는 '용서와

13) 이는 광주시의 『세계적인 민주·인권·평화도시 육성 종합기본계획』(2003. 11)에 잘 드러나고 있다.

▌표 10-1▐ 5·18민중항쟁기념위원회 5월행사의 의미틀

| 시 기 | 슬로건 | 행사수(개) | 예산(원) | 행사기획 책임/담당부서 |
|---|---|---|---|---|
| 18주년(1998) | 인권과 평화, 화합의 미래로 | 43 | 212,000,000 | 집행위원장(5·18기념재단 상임이사)/집행위원회에 기획소위원회 구성 |
| 19주년(1999) | 민족과 함께 다시 서는 5·18: 인권신장, 민족화합, 실업극복 | 45 | 208,500,000 | ○○○변호사/행사기획위원장 |
| 20주년(2000) | 천년의 빛 5·18: 평화·인권·통일의 세상으로 | 64 | 2,163,286,770(행자부, 문광부 등 국가 첫 지원) | 5·18기념재단 기획위원장/행사기획위원장 |
| 21주년(2001) | 5월로 한마음! 통일로 한겨레!! | 54 | 210,352,550 | 5·18기념재단 기획위원/행사기획위원장 명칭 |
| 22주년(2002) | 반전·평화, 자주와 통일로! | 52 | 159,900,166 | 관현장학재단 상임이사/행사기획위원장 |
| 23주년(2003) | 평화와 통일로: 우리 아이들의 눈망울에 평화의 미소를 | 43 | 200,650,000 | 5·18기념재단 사무처장/상설기획단장 |
| 24주년(2004) | 평화와 연대: 5월! 인류는 평화를 꿈꾼다 | 45 | 322,000,000(보훈처 지원 시작 | 5·18기념재단 사무처장/상설기획단장 |
| 25주년(2005) | 진실, 평화 그리고 연대 | 44 | 320,000,000 | 5·18기념재단 사무처장, 광주전남민중연대집행위원장, 광주시민단체협의회 사무처장/상설기획단 공동기획단장 |
| 26주년(2006) | 오월에서 통일로 | 40 | 350,000,000 | 광주전남민중연대 집행위원장/상설기획단장 |
| 27주년(2007) | 참여해요 5·18, 함께해요 6·10 | 48 | 425,844,928 | 광주환경운동연합 사무처장 |
| 28주년(2008) | 오월의 희망으로 세상을 보라! | 58 | 359,000,000 | 광주전남진보연대 집행위원장 |
| 29주년(2009) | 민중의 뜻대로! 다시 오월이다 | | | 광주민족예술인총연합 정책위원장 |

출처: 5·18민중항쟁 기념행사위원회, 각 년도 평가자료집.

화해'가 가져다준 5월행사의 의미들이다. 5월운동 주체들은 제도화의 대가로 저항의 무력화를 수용했다. 그 과정에서 5월행사는 현실정치를 버리고 보편담론 속으로 빠져들었다. 보편담론이 지배하는 5월행사의 공허함은 문화행사를 통한 오락과 볼거리 위주의 축제로 채워졌다.

매년 5월행사 기간에는 40~50여 개의 행사들이 운영되고 있다.[14] 또한 5월행사 속에 의미화되는 통일, 평화, 인권 등은 5·18의 의미를 확장시켜, 광주가 고정된 과거 기억 속에 제약되지 않고 새로운 사회운동적 가치를 적극적으로 실천하는 거점이 될 수 있는 가능성을 열어주기도 했다. 그러나 행사의 구체적인 내용이 이러한 의미를 효과적으로 반영하고 있는가는 의문이다. 더 큰 문제는 이러한 개념들이 정치적 정세와 민주주의의 과제와는 무관하게 주기적으로 반복·배치되고 있기 때문에, 결과적으로 정치적 실천의 지향점을 흐리게 하는 부정적 효과를 만들어낸다는 것이다.

2000년 5월행사에는 행정자치부와 문화관광부의 지원이 있었다. 2004년부터는 국가보훈처가 매년 1억 원 이상의 예산을 지원해 오고 있다. 이는 5월행사가 국가적 성격이 강한 행사라는 것을 말해 준다. 5월행사의 기획과 운영은 '5·18민중항쟁기념 행사위원회'(이하 행사위원회)에 의해 주도된다. 행사위원회에는 주로 5월관련 단체, 광주지역의 시민운동단체, 민중운동단체의 대표가 참여한다. 여기에 지역의 명망가와 재야 원로들이 참여함으로써 단일한 조직체를 형성한다.[15] 광

14) 행사는 기본행사(전야제, 추모제, 기념식, 기념대회, 부활제), 기획행사, 종교행사, 학술행사, 시민참여행사, 청소년 참여행사, 문화행사, 지역·부문별행사 등으로 나누어진다. 17주년을 예로 들면, 총 34개 행사 중에서 행사위원회 기획행사 4개, 행사위원회 기본행사 3개, 홍보행사 5개, 나머지는 공모를 통해 선정된 행사이다. 이 중에서 22개 행사에 대해 예산이 지원되었다. 18주년의 행사에 대해 행사위원회가 유형을 분류한 결과를 보면, 총 43개 행사 중에서 기념식 행사 1개, 문화행사 38개(지원 23개, 비지원 15개), 기타 부대행사 4개로 구분해, 문화행사가 차지하는 비중이 현저히 높다(5·18기념재단, 1998: 46).

주시, 전라남도, 광주시 각 구청, 광주시교육청, 전라남도교육청 등 지역 공공기관의 지원이 계속되고 있지만, 이러한 지원이 행사의 내용과 프로그램의 성격에 특별한 영향을 주는지는 명확하게 드러나지 않고 있다. 다만 행사위원회가 5월행사의 '수준'과 '색깔'을 스스로 조율하는 자발적인 내부 검열의 기제로 작용했을 것이라는 예측은 가능하다.

행사위원회는 매년 9~10월에 다음 해의 행사위원회 구성을 논의하지만, 행사위원회의 실질적인 출범은 대부분 해당 년의 3~4월에 이루어지고 있다. 5월행사가 실제로 장기적 준비 없이 시간에 쫓겨 조직되고 있다는 것을 말해준다. 행사위원장은 항상 10여 개의 시민사회단체 대표가 공동으로 구성하는데, 상임행사위원장 1인은 대부분 5·18기념재단 이사장이 맡았다.[16]

행사위원회 내부의 행사기획단은 기념행사의 기조와 방향설정 및 행사기획을 위해 기획단회의를 운영하고, 수립된 계획서를 행사위원장

---

15) 행사위원회의 역할을 담당했던 조직을 시기적으로 보면, 1985~1987년 '5·18 광주민중혁명 희생자 위령탑 건립 및 기념사업 범국민추진위원회', 1988~1990년 '민주쟁취국민운동전남본부', 1991년 '광주·전남민주연합', 1992~1995년 '민주주의 민족통일 광주·전남연합', 1996년 '5·18학살자 재판회부를 위한 광주·전남공동대책위원회', 1997~1998년 '5·18기념재단' 등 5월단체와 지역의 재야운동연합단체가 주축이 되었다. 이는 공식적이고 체계적인 절차에 의해 기획되고 진행되었다기보다는 5월운동의 공동투쟁 경험과 내부적 연대가 기반이 되었다(정문영, 1999: 17).

16) 지금까지 두 번의 예외가 있었다. 국가적 지원으로 이루어진 2000년에는 5·18기념재단 이사장이 제외되었다. 2008년에는 기획위원회의에서 그 동안 관행처럼 5·18기념재단 이사장이 맡아왔던 것을 추천으로 결정하기로 했고, 그 결과 ○○ 스님이 맡았다. 5·18기념재단은 1994년 설립 이후 5월행사를 주도해 왔다. 그러나 시민 및 다양한 단체들의 참여가 자유롭게 보장될 수 있도록 하자는 취지에서 5월단체 및 지역의 시민사회단체가 공동으로 참여하여 행사를 조직하고 운영하는 기념행사위원회 체계로 전환하는 것을 바랐다. 형식적으로 5·18기념재단은 행사위원회의 참여단체 중의 하나이지만, 단체의 성격과 위상으로 인해 5월행사에서 차지는 비중은 상대적으로 높다.

단 회의에 제출하여 이를 승인한 후 집행한다. 기획단장은 상임행사위원장의 위임사항을 집행하고 기획단 업무를 총괄한다. 이처럼 형식적인 위계체계가 존재하지만 기획단은 기획뿐만 아니라 실질적인 집행조직의 기능을 담당하고 있다고 볼 수 있다.

5월행사는 수많은 개별행사들로 구성되어 있다. 각각의 행사들은 광주 시민사회의 단체들이 자발적으로 조직하고, 이를 행사위원회에서 선정하고 재구성해 전체적인 5월행사로 확정된다. 그렇기 때문에 5월행사는 단순히 개별 이벤트들의 집합이라는 규정을 넘어선다. 이들 전반에 대한 기획·조정·평가가 존재하며, 의례적 시공간의 배분원리 그리고 시민 개개인의 행동양식을 규율하는 집단적 감수성이 존재하기 때문이다(정근식, 2005: 7). 그러나 이러한 원리 속에서 작동하는 내부의 시스템은 몇몇의 대표적인 단체들의 정형화된 행사들이 반복적으로 배치되어 재생산되고 있다. 행사의 형식과 내용, 조직과 운영에서 변하지 않는 패턴들이 스테레오타입으로 반복되고 있는 것이다.

행사 프로그램들은 공모를 통해 선정되는데, 공모행사는 심사원칙에 따라 기획위원회에서 3차례, 행사기획단 회의에서 1차례 등 모두 4차례에 걸쳐 심사한 후 최종행사로 채택된다. 그러나 지원 사업의 결정은 사업이 갖고 있는 의미와 성격에 따라 결정되기보다는 행사기획단에 참여하는 단체들이 각각의 단체들에게 배분하는 방식으로 진행되는 경우가 많다. 이는 행사기획단이 행사의 전체적인 윤곽을 미리 그리고 그것에 맞는 공모사업을 선정하는 것이 구조적으로 불가능하기 때문이다. 그래서 항상 공모과제 중에서 단체를 중심으로 '적절하게' 분배·배정하는 방식을 쓰게 된다. 행사기획단에는 지역에서 안정적인 활동력을 갖고 있는 특정의 시민사회단체들이 매년 반복적으로 참여한다. 이 참여단체를 중심으로 사업들을 배분하기 때문에, 사업의 성격과 내용보다는 단체 중심의 행사 선정이 이루어진다. 간혹 행사기획단 내에서 지원 사업 선정과 예산 배정을 둘러싼 갈등이 발생하고, 행사기획단이 독자적인 기획사업보다는 단체들의 사업을 배분하는 분배 기구 정도로 격하되는 것도 이러한 내부 작동시스템 때문이다. 행사기획단에 참여하는 단체의 반복, 단체별 행사의 배분은 5월행사가 매년 동일한 유형의 행사들이 반복적으로 배치되는 재생산 구조라 할 수 있다.

행사기획단에는 과거에 주도적으로 참여해 왔던 단체가 이후에도 반복적으로 참여한다. 일종의 기득권이 유지되는 정형화된 구조가 형성된 것이다. 따라서 이러한 구조에 참여하지 못한 단체는 계속 배제될 수밖에 없다. 이들 단체들에 의해 5월행사 역시 관성적으로 진행되고 상설프로그램은 고착화되는 것이다. 한 번 했다고 그 단체가 계속해서 행사의 참여단체가 되는 것은 행사의 스테레오타입화만을 강화시킨다.[17] 다양한 단체와 개인의 포괄적인 참여가 가능한 합리적 선정방식과 과정이 중시될 필요가 있다.

5월행사에서 중심 조직은 행사기획단이기 때문에 여기에 참여하는 단체들의 성격과 이념적 지향에 따라 그 해 5월행사의 '색깔'과 프로그램은 영향을 받기도 한다. 행사기획단에 참여하는 단체는 크게 5월관련 단체, 시민운동단체, 민중운동단체 등 세 유형으로 나눌 수 있다. 따라서 매년 5월행사에는 이들 단체들을 중심으로 세 가지 이해가 공존하고 있다(정근식, 2003: 453). 5월단체들의 현실적 이해에 입각한 당사자적 요구, 민주화의 완결이나 지역발전의 맥락에서 접근하려는 시민운동적 요구, 그리고 보다 근본적인 사회적 과제에 충실하려는 민중운동적 요구가 그것이다. 5월단체는 추모제, 부활제, 몇몇 체험행사를 고정적으로 전담하고 있다. 반면 시민사회단체는 시민참여를 강조하는데, 그로 인해 프로그램의 수가 증가하는 경우가 있다. 민중운동단체들

17) 현재와 같은 방식으로 인해 매번 광주민예총, 광주전남진보연대, 5월단체 순으로 예산이 배정되고 있다.

은 현재의 정치적 현안이나 민중의 삶의 문제에 개입하는 것을 강조하다 보니 5월행사에서 투쟁적인 분위기가 형성되기도 한다. 따라서 행사기획단장을 어떤 성격의 단체가 맡느냐에 따라 행사의 프로그램이나 색깔에 미미한 차이가 생기게 된다. 그러나 이것은 이념이나 가치가 의식적으로 반영된 결과라기보다는 행사기획단장을 맞고 있는 개인이나 소속 단체의 성향에 기인한 경우가 대부분이다.

또한 5월행사는 광주·전남을 넘어 타 지역에서도 독자적인 행사를 개최함으로써 그 외연을 넓히는 전국적인 행사를 지향한다. 행사위원들도 전국적인 인사를 포함시키지만 실질적으로 전국적인 연계망 속에서 행사가 추진되지는 않고 있다. 5월행사는 유형별로 기본행사, 전국화 행사, 국제행사, 정신계승행사, 단체행사, 5·18단체 주관행사, 종교행사, 민중문화예술행사 등으로 분류할 수 있다. 이들 행사는 의례적, 정서적, 심미적, 운동적인 의미를 내포하고 있는데, 이를 크게 세 유형으로 분리하면 1980년 5·18의 영령을 추모하는 행사,[18] 주요 상황을 사실적으로 재현하는 행사,[19] 그리고 현재적 관점에 5·18의 의미를 전달하는 계승사업[20]이다. 이 행사들은 대부분 5·18에 대한 기억작업의 일환으로 구성된 것이라 할 수 있다. 그러나 5·18에 대한 기억은 단지 사건을 사실적으로 드러내는 회상작업이 아니라 현재적 시점에서 5·18이 갖는 의미를 질문하는 작업이다. 이 작업은 구체적인 문화적 매체를 통해 진행되는데, 여기서 항상 기술적인 문제가 남게 된다. 즉, 어떤 양식과 어떤 형태로 재현할 것인가라는 기술적 완성도를 따지게 된다. 행사위원회의 사후 평가에도 항상 이 문제는 행사의 전문성이라

18) 추모제, 기념식, 부활제 등이다.

19) 계엄군의 학살 장면 재현, 민주기사의 날 시위 장면 재현, 주먹밥 나누기 행사 등이다.

20) 대부분의 문화행사, 학술행사, 인권상 수상식, 청소년 체험행사 등이다.

는 이름으로 지적되곤 했다. 그러나 이 전문성은 '5 · 18'에 대한 전문성인지 행사 '이벤트'의 전문성인지를 구분 짖지 못하고 넘어간다. 이는 행사위원회가 오랜 역사를 갖는 5월행사에 대해 분명한 성격 규정과 방향성을 설정하지 못하고 있다는 것으로 보여지는데, 특히 5 · 18행사에서 문화적 의미와 정치적 의미를 구분하려는 이분법적 사고는 벗어나야할 과제이다. 5월행사는 형식의 문제, 의미전달의 문제, 주체의 문제, 지역적 범위의 문제 등에서 재점검이 필요하다. 5 · 18에 대한 기억의 과잉은 미래 역사의 창조성을 약화시킬 수 있지만, 형식적인 측면의 창조성 강조는 5 · 18이 갖는 정치적 의미와 실천력을 상실시킬 수 있다. 과거의 5월운동을 추동했던 5월행사를 이상화된 표준으로 삼을 필요는 없을 것이다. 그러나 정치와 문화의 통합적 사고를 통해 현재 진행되고 있는 배분, 반복, 무정형의 스테레오타입은 시급히 개선되어야 할 과제이다.

## 4. '5 · 18의 문화화'와 5월행사

### 1) 5 · 18, 문화, 광주 문화중심도시: 연접과 이접

광주에서 '문화'라는 이름이 독립적인 실체로 드러나기 시작한 것은 1995년 광주비엔날레의 창설 이후라 할 수 있다. 이는 광주의 '문화화'를 지방정부가 정책적 차원에서 시도한 첫 실험이다. 그러나 당시 광주비엔날레는 광주의 상징이었던 5 · 18을 대체하려는 불온한 문화예술행사로 인식되기도 했다. 이후 광주비엔날레와 5 · 18 사이의 접점에 대한 모색이 이루어졌다. 이 과정에서 그 동안 축적된 5월행사가 광주만이 갖고 있는 고유한 문화양식이라는 판단이 생겨났다. 어쨌든, 광주비엔날레의 '문화'와 5월행사의 '문화'는 서로 대립적인 측면이 있지만,

부분적으로 타협하고 결합해가면서 광주의 문화를 지지하고 재생산하는 자원으로 성장할 수 있을 거라는 기대가 커 갔다. 그런데 이 둘의 접합은 이중적인 면을 갖고 있다. 하나는 '5 · 18'이 문화의 영역에서 형식과 성격을 달리하는 여타의 문화예술의 영역과 자유롭게 결합될 수 있는 가능성을 보여준 점이다. 그러나 다른 측면에서 보면, 5 · 18의 고유성이라고 하는 정치적 지향과 저항성이 이제는 그 시효를 다하고 특정한 조건에서 언제든지 변용가능하다는 것을 동시에 보여주었다는 것이다. 후자는 5월이 갖는 상징성과 역사성이 그만큼 견고하지 못하다는 해석으로 이어진다.[21] 이는 5월이 '문화'적 측면에서 어떠한 방식으로든 의미화 되어야 하고, 이를 통해 자신만의 문화적 위상을 설정해야한다는 것을 강제하는 것이다.[22] 그 계기는 지역 내부에서라기보다는 외부인 국가로부터 형성되었다. 2003년부터 본격적으로 논의되기 시작한 아시아문화중심도시 광주조성사업(이하 문화중심도시 조성사업)이 그것이다. 그렇다고 문화중심도시 조성사업을 국가권력의 정치적

---

21) 다음의 예는 위의 두 가지의 의미를 상징적으로 보여준다. 1995년 제1회 광주비엔날레 기간, 광주의 망월묘역에서는 1,200여 개의 만장이 솟대, 상여와 더불어 하늘을 뒤덮었다. 안티비엔날레로 알려진 1995년 통일미술제(9월 21일~10월 5일)였다. 이는 광주비엔날레가 5월정서의 부재, 문화 주체성의 상실, 추진 과정의 난맥상 등의 문제를 노출하자, 그에 대한 비판적 문화행사 성격을 지녔다. 이는 망월묘역이 '문화'의 생산지가 될 수 있다는 것을 당당히 증명해주었다. 그런데 통일미술제를 주도한 지역 출신의 화가는 1996년 4월 광주시립미술관장에 취임해 제2회 광주비엔날레를 총괄하게 된다. 5 · 18로 상징되는 '저항' 문화와 일반적인 '고급예술' 문화의 영역은 서로의 간극이 존재함에도 불구하고 연접이 가능하다는 것을 보여 주었다. 실제로 2001년 제4회 광주비엔날레에서는 5 · 18기념공간(5 · 18자유공원)을 작품의 전시공간으로 활용함으로써 두 진영의 화해와 결합이 이루어진다.

22) 사실 5월운동은 그 내부에 문화예술운동을 한 부문으로 담고 있다. 그렇기 때문에 5월운동은 그 자체로 저항적 문화운동의 역사를 지니고 있으며, 이것은 1995년 5월운동의 제도화 시기까지 다른 문화예술진영과 이념적으로 대립하고 갈등하는 관계를 만들었다.

선택에 의한 일방적인 '수혜적' 정책으로만 해석하는 것은 옳지 않다. 문화도시로서의 이념적 자원과 내부 환경을 갖추고, 이를 기초로 광주를 문화도시로 재구성하려는 지역 차원의 노력이 전개되고 있었기 때문이다.[23] 5월행사는 이 사업의 주요 자원 중의 하나이다. 1980년대 후반부터 주기적으로 열려왔던 5월행사는 고유한 의미와 상징성을 갖는 집합적 문화양식으로 자리잡아 왔다. 문화도시 조성사업이 자신의 이념을 5·18에 기초한다고 밝힘으로써, '5월'-'문화'-'광주'는 어떠한 방식으로든 단일한 의미체계를 형성하고, 이들이 도시의 삶과 환경에 직접적인 영향을 줄 수 있는 방안을 모색하도록 자극했다. 그러나 지역의 시민사회는 이 세 가지 요소를 어떻게 배치하고 의미화할 것인가에 대한 정확한 상을 찾지 못했다. 행사위원회도 매년 개최하는 5월행사의 주요 의제나 프로그램에 문화중심도시 조성사업을 적극적으로 끌어들이려는 시도를 공식적으로 시도해 본 적이 없다. 단지 습관처럼, 참여했던 단체들이 결합하고, 그들이 조직했던 행사들을 반복적으로 배치하는 문화행사 속에 5·18를 인위적으로 끼워 넣는 정도였다. 이는 문화중심도시 조성사업 자체에 대한 이해의 부족 탓일 수도 있지만, 근본적으로 '문화도시' 속에 '5·18'을 어떻게 배치할 것인가에 대한 이념적·기술적 차원에 대한 총체적 인식이 부족했기 때문이다.[24] 그렇기 때문에 국가가 주도하는 문화중심도시 조성사업을 지방정부가 적극 나서 이를 물리적 공간형성 전략으로 협소화시켜 인식하고, 이를 지역

23) 그러한 구상을 담은 계획은 1998년 『빛의 도시 광주 2020』(광주·전남발전연구원), 2000년 『빛과 생명의 문화광주 2020 기본계획』(광주시), 2003년 『세계적인 민주·인권·평화도시 육성기본계획』(광주시) 등이다.

24) 문화도시 조성사업이 본격화된 2004년 이후 문화도시담론 형성과 정책의 기획 단계에서 '문화도시 광주'와 '5·18'을 어떻게 관계 짓고 의미화할 것인가에 대한 공식적인 토론은 극히 미약했다. 문화관광부 주체로 진행된 "아시아문화중심도시 시민대토론회"(2005. 3. 16~18)의 소주제인 '문화중심도시와 5·18'을 다룬 것 이외는 이렇다 할 만한 것이 없다.

개발이라는 경제담론으로 전유하는 데 급급했다. 결국 문화중심도시 조성사업 속의 문화는 '문화예술 공간'과 '문화산업'에 의해 지배당하고 '5 · 18'의 의미는 관련 건물들의 보존 문제로 제약되고 말았다.[25)]

노무현 정부는 문화중심도시 조성사업을 통해 '5 · 18의 최종적인 완성'을 강조했다. 5 · 18의 역사적 의미와 가치를 문화화하기 위한 구상을 실현코자 했던 것이다. 이를 형식적으로 본다면, 일종의 '5 · 18의 문화화' 전략을 국가적 차원에서 시도했다고 볼 수 있다. 이 사업은 5 · 18관련 주체들과 시민사회의 소극성으로 인해 국가권력의 주도성만 더욱 강하게 드러났다. 지역의 시민사회는 사업이 대규모 정책으로 갑작스럽게 진행되었기 때문에 미리 대처하지도 못했지만, 보다 근본적으로는 문화도시에서 문화가 갖는 의미에 대한 인식론적 한계 때문에 국가의 정책을 수동적으로 바라볼 수밖에 없었다. '문화를 통해 지역의 이미지를 제고하고, 문화가 삶의 기반이 되어야 한다'는 정책적 구호에 갇혀 있었고, 5 · 18이 문화도시의 이념적 자원으로 어떻게 활용되어야 할 것인가에 대한 구체적 인식으로 나아가지 못했다. 여전히 광주에서 문화는 삶을 구성하는 포괄적인 문제라기보다는 정치의 하위범주 혹은 경제의 대상이 되는 것으로 선별적으로 인식되었다. 그렇기 때문에 '5 · 18과 문화'의 문제도 관련 공간의 건축 문제로만 비추어졌던 것이다. 문화 속에 복합적으로 존재하는 다양한 의미를 발견하고 이를 지역 현실의 삶 속에 구체화하려는 정책생산과 기획이 부재한 분위기 속에서, 국가주도의 '5 · 18의 문화화'는 극히 제약적일 수밖에 없다. 또한 이 '5 · 18의 문화화'는 광주를 직접적인 대상으로 하지만, 그 접근 범위가 한국과 아시아를 포괄하는 일종의 국가 이미지 전략의 성격을 갖고 있다. 그렇기 때문에 이 전략 속의 '5 · 18'은 다양하고 포괄

25) 이에 대해서는 9장을 참조할 것.

적인 문화적 자원 중의 일부로 구성되어질 것이다. 이런 점에서 광주지역 내부에서 추진되어온 '5 · 18의 문화화'와 구별되는 차이이다.

그 동안 지역 내부에서 논의되어온 '5 · 18의 문화화' 명제가 어떠한 과정을 통해 형성되었고, 어떻게 의미화 되었는가를 보면, 5월행사와 '문화' 사이의 관계를 보다 명료하게 인식할 수 있다. 5 · 18의 문화화는 5 · 18의 제도화가 본격화되기 시작한 1995년을 경과하면서 논의되기 시작했다. 어떻게 보면 뚜렷한 정치적 투쟁 대상을 찾지 못한 그야말로 '허허로운' 상황에서 5월은 너무나 자연스럽게 '문화'의 유혹에 빠져들었다. 1996년 5월행사부터 가장 중심적인 행사라고 할 수 있는 전야제에서조차 과거의 정치성과 저항성이 표백되고 문화행사가 중심의 자리를 차지하게 되었다. 5 · 18의 문화화는 사실 정치와 문화예술 중에서 두 가지를 서로 대립적인 갈등관계로 설정하고 전자를 지우고 후자의 비중을 강화하는 방식으로 진행되었다. 이러한 분위기 속에서 5 · 18의 문화화는 다음의 세 가지 서로 다른 수준에서 실천되었다고 볼 수 있다. 첫째, 기념사업과 결합된 문화화이다. 5월문제의 해결 원칙이 제시된 후, 기념사업은 다양한 재현 매체를 통해 5 · 18 정신을 상징화 혹은 의미화 하는 작업이었기 때문에 본질적으로 문화적인 성격을 갖는 것이었다.[26] 그러나 이는 제도화의 연장선에서 진행되었기 때문에 제도화가 의도했던 대로 저항성과 정치성을 보다 약화시키는 결과를 초래했다. 그러니까 정치와 문화 사이의 경계를 보다 높고 견고하게 쌓았던 것이다. 둘째, 문화관광상품으로서의 문화화이다. 이는 5 · 18의 역사를 유산산업으로 간주하고 5 · 18과 관련된 장소와 재현물을 문화관광상품으로 만드는 것이다. 여기에는 지방자치단체의 신산업전략으로 유행

26) 이런 관점에서 5월의 문화화를 보면, 문화화(culturalization)의 개념은 5 · 18항쟁의 기억과 경험을 문화예술적인 형식과 장치를 통해 재현하는 것을 의미한다. 이에 대해서는 정문영(1999)를 참조할 수 있다.

처럼 제기된 장소마케팅과 지역 축제의 활성화 논리가 작용하고 있다. 따라서 5월행사를 문화관광행사, 상업적 축제 및 이벤트 성격으로 전환해 이를 지역활성화의 경제적 자원으로 활용하자는 것이다(광주시, 2003; 이무용, 2007). 이는 사회운동의 퇴조와 문화를 통한 도시의 물질적 활력 제고라는 경제주의적 문화정책이 결합되면서 지역 내에서 지배적인 담론으로 작용하고 있다. 그러나 이러한 방식은 문화가 갖는 산업적 측면을 과도하게 강조함으로써 5·18이 지닌 정치성을 전혀 다른 방식으로 변용하려는 의도를 담고 있다. 셋째, 5·18의 '현재화' 담론이 지역 차원에서 실천되는 방식이다. 이는 1990년대 초반부터 제기된 5·18의 전국화 및 세계화 명제와 대비 혹은 병행 추진된 전략이다. 그러나 이것이 하나의 담론으로 실질적인 영향을 미쳤던 곳은 광주라는 지역사회로 제약되었다. 전국화와 세계화의 구호는 5·18정신의 보편 이념, 즉 인권, 평화, 통일 등을 자원으로 실천되었는데, 이 개념들은 정작 현실의 민주주의 문제와 거리를 두고 분리된 채로 받아들여지는 경향이 있었다. 그 과정에서 드러난 문제인 지역 단위의 생활 민주주의의 공백을 메우기 위한 실천담론으로 제기된 것이 5·18의 현재화였던 것이다. 그러나 이 담론은 지역 민주주의 실현이라는 정치적 과제를 담고 있었지만, 정치적 강제력과 조직적인 실천력을 갖추지 못했기 때문에 구체적으로 실행되지는 못했다. 다만 이러한 맥락의 현재화는 5·18의 의미를 '현실' 속에서 되묻는 질문 방식을 취하고 있기 때문에 끊임없이 반복되는 담론으로 남을 수 있다.

5월행사의 문화적 고유성은 광주비엔날레와 같은 예술행사나 김치축제와 같은 지역축제와 달리 강한 정치적 지향성을 갖는 집단적인 사회적 실천이었다는 데 있다. 문화와 산업의 연계, 그 둘 사이에서 5월행사를 의미화 하는 작업을 특정 이념이나 정치적 기준으로 비난하는 것은 안 될 것이다. 사실 문화와 경제 사이의 경계는 개념상으로만 존재하는 경우가 허다하기 때문이다. 중요하게 바로 볼 지점은 5·18을 과도하게 산업과 연관시킴으로써 돌아올 효과들이다. 제도화된 유산, 한번 상품화되기 시작한 과거는 자신이 가졌던 전복과 새로운 삶을 갈구하는 열정을 낳을 수 있는 능력을 박탈하고, 인간의 구원을 낳게 한 역사적 주체의 총체적 상실을 가져올 수 있기 때문이다(Lash·Urry, 1998: 362). 5·18의 경험은 삶을 재조직하는 이념적 자원으로 재구성되어야 하는데, 이런 맥락에서 보면 5·18의 문화화는 문화와 정치의 통합을 통해 삶의 공간, 환경, 제도 등의 차원에서 민주주의를 확장하고 삶을 풍요롭게 지속하기 위한 정치적 실천 전략의 일환으로 인식되어야 할 것이다. 이를 위해서는 문화에 대한 접근과 사고의 전환이 요구된다.

문화는 구체적 상징과 언어를 통해 표현된다. 그래서 문화는 이벤트나 행사보다 폭넓은 의미를 담고 있다. 다양한 의미의 문화 개념이 최종적으로 도달한 지점을 보면, 문화는 사회적 문제들을 평결하고 좀 더 나은 방향으로 인도하는 어떤 가치나 이상으로 제시된다(강내희, 2004: 17). 즉, 문화는 무엇보다 '결정하고 변형하고 새로운 대안을 찾는 인간의 활동'이다. 그래서 문화는 정체적이기보다는 역동적이고, 명사이기보다는 오히려 동사에 가깝다(Peursen, 1994: 132). 이 문화는 사회 현실을 반영하면서도 그 자체가 현실을 새롭게 구성하는 힘으로 작용한다. 5월행사가 이러한 문화적 성격에 기초한다면, 5월행사 역시 인간의 삶을 재조직하기 위한 표현의 장이자 경험의 장으로 활용할 수 있다. 상징, 이미지, 각종 담론이 복합적으로 작용하면서 특정한 의미를 전달하고 체험할 수 있는 그런 공간 말이다. 이러한 미래의 기획을 실천하기 위해서 5월행사는 1980년 5·18의 기억에 갇혀, 당시의 사실들을 투명하게 반영하는 기능적 행위에 그치는 것이 아니라, 삶을 둘러싸고 있는 다양한 문제를 적극적으로 정치화하려는 사회적 실천의 한복

판에 있을 수밖에 없다. 5월행사의 의미는 여전히 자신의 역사적 경험과 현실의 조건 속에서 전개되는 정치적 실천을 통해 구성되기 때문이다. 이것이 5월행사가 여느 축제와 달리 상품화의 대상이 아니라, 정치의 대상으로 남아야 할 이유이다.27)

### 2) 정치적 전략으로서 '5월행사의 문화화'

이제 과제로 남은 것은 현재의 5월행사에서 정치적 공백을 어떻게 메울 것인가이다. 이를 보다 명확히 하기 위해 5월행사가 '정치'와 맺어온 역사적 과정을 살펴볼 필요가 있다.

**표 10-2** 5월행사의 주요 국면의 변화와 '정치'의 성격

| 국 면 | 주요 내용 | 동원 이념 | 정치의 성격 | 주요담론 |
|---|---|---|---|---|
| ①저항적 기억투쟁 시기(1981~1992) | 진상규명 승인 투쟁, 민주화 운동 | 진실, 민주화 | 가시적 정치화 | 추모, 진상규명, 책임자 처벌 |
| ②타협적 제도화 시기(1993~2003) | 추모 의례, 스펙터클, 축제, 문화행사 | 인권 · 평화 · 통일 | 탈정치화 | 전국화 · 세계화, 산업화 |
| ③내·외적 문화화 시기(2003년이후) | 5월의 축제화, 삶의 문화화 | 공동체· 연대 | 비정치적인 것의 정치화 | 정치적 축제화, 문화화 |

27) 전 국민을 대상으로 5월행사에 참석하는 이유를 조사한 결과에 의하면(5 · 18기념재단이 2006년 9월에 전국 만 20세 이상 남녀 1,500명과 전국 시민사회단체 관계자 200명을 대상으로 한 조사), '의미 있는 행사'라는 응답이 43.3%로 가장 높았다. 다음으로 "단체로 참가하도록 되어 있어서"(12.9%), "가족 중에 5.18과 관련된 사람이 있어서"(7.9), "행사를 통해 5.18에 대해 조금 더 알고 싶어서"(7.4%) 순이었다. 이러한 응답은 국민들에게 5 · 18행사가 여느 축제 등과 다른 행사로 차별적으로 인지 되고 있음을 말해준다(5 · 18기념재단, 2006: 27).

〈표 10-2〉의 세 개 국면은 5월운동이 경과해 온 과정을 보여준다. 각 국면의 '저항' → '타협' → '문화'는 의미상으로 서로 중복되는 지점을 갖고 있지만, 상대적으로 두드러지게 나타난 현상을 추상화시켜 얻어진 것이다. 이 과정에서 정치의 영역은 가시성과 비가시성의 문제로 바라볼 수 있다. 적대와 갈등의 요소들이 명확하게 드러날 경우 정치는 보다 가시적으로 전개되고, 5월운동은 이를 자신의 영역으로 적극 끌어들었다. 적대와 갈등이 불명확한 경우에는 정치는 잠복된 형태로 존재해 구체적 모습을 드러나지 않는다. 이 때 5월행사는 문화로 위장하고, 시간이 경과되면서 보다 보편성을 추구하는 이념을 선택했다. 이러한 상황은 5월행사가 매년 특정한 정치적 상황에 의해 규정되고 있음을 보여준다. 마지막 '내 · 외적 문화화 시기'는 2003년 문화중심도시 조성사업으로 촉발된 강제성이 현재까지 지속되고 있는 상황이다. 이는 5 · 18을 지역정체성 형성의 자원으로 활용해 도시 이미지를 재구성하려는 작업이 진행되고 있지만, 다양한 수준의 갈등과 이념적 차이들로 인해 실천적 작업은 지체되고 있는 상황을 반영하고 있다. 일각에서는 '광주 = 5 · 18'이라는 인식을 부담스러워하기도 한다. 5 · 18은 광주에서 단일한 기억으로 공감하거나 의미화되지 않고 있다. 오히려 복합적인 의미와 다층적인 주체들에 의해 서로 다른 방식으로 의미화 하려는 경향을 드러내고 있다.[28] 이제 5월은 규정된 실체로 이미 정해진 것이 아니라, 채워야 할 빈공간으로 사고하는 것이 옳을 것 같다. 이

28) 이는 지난 문화중심도시 조성사업을 둘러싼 쟁점과 최근 옛 도청별관의 존폐를 둘러싸고 개진된 수많은 집단의 의견을 통해 확인할 수 있다. 여기에는 5월의 공간들을 상품화의 대상으로 전유하려는 산업주의 경향과 5 · 18의 원형을 사수하기 위한 원칙주의적 사고 등이 격돌하면서, 결과적으로 5 · 18과 문화가 서로 지향해야 할 내적 연계만을 지체시키고 있다. 이 두 입장은 모두 공간을 중심으로 문화와 5 · 18을 사고한다는 점에서 공간결정론적 사고의 틀에 갇혀 있다고 볼 수 있다.

빈공간은 일종의 복수적으로 공존하는 문화적 견해, 정치적 이념 등이 경합하며 채워질 것이다.[29)]

5월행사는 정해진 법 · 제도 · 구조의 테두리 내에서 특정한 날짜에 행해지는 의식이 되어 버렸다. 그래서 5월행사가 허가받은 축제이고, 그렇기 때문에 때론 사회통제의 수단으로 활용되는 정치적 의도가 실행되고 있기도 하다. 하지만 5월행사가 기존의 정치 제도로부터 규정된 일상의 억압을 해방적 욕구로 표출할 수 있는 잠재력을 지니고 있다면, 이를 다시 불러내는 작업도 의미 있는 일일 것이다. 이것이 곧 '5월행사의 문화화'가 갖는 정치적 의도이다.

5월행사의 문화화는 기본적으로 문화에 대한 정치학적 접근과 공학적 접근을 통일적으로 사고하는 데서 출발한다. 이는 5월행사가 그동안 외적 요인이라 할 수 있는 정치지형과 문화적 상황의 변화에 따라 어느 한 방향을 선택해 왔던 문제를 극복할 수 있게 할 것이다. 왜냐하면 문화공학은 심미적인 수단으로서의 문화와 기술적인 수단으로서의 공학의 평균적인 결합만을 의미하는 것이 아니라 이론과 현실, 생산물과 생산환경 등의 미래적인 요구를 담고 있기 때문이다(이동연, 1997: 79).

그 동안 5월행사에서 시민들은 단순한 행사의 구경꾼, 문화행사의 소비자 정도의 역할을 수행했다. 이제는 수동적인 소비자가 아니라 문화의 적극적인 생산자로 변환시키는 작업이 필요하다. 이는 개인이 갖고 있는 문제를 사적인 수준으로 가두는 것이 아니라, 사회적 관계 속에서 해결해야 할 공동의 과제로 인식하는 것이다. 결국 자신의 일상의 문제를 새롭게 인식하고 이를 정치화하는 능력과 이를 실천하는 행위

---

29) 문화는 인간이 의미를 만들어가는 의식적인 실천의 영역이다. 의미는 항상 상호주관적인 관계에서 형성되기 때문에 문화적 실천은 의미 사이의 경쟁이 전개되는 이데올로기적 투쟁의 성격을 동시에 갖고 있다.

자로 인식하는 작업이다. 예를 들어, 마을의 작은 문제, 어느 집안의 일도 5월행사의 소재가 되고, 정치적인 문제로 전환할 수 있다는 것이다. 이것이 비정치적인 것을 정치적인 대상으로 끌어올려 이를 투쟁의 대상으로 사고하는 방식이다. 비정치적인 것은 항상 일상의 개인적인 삶의 영역으로 비추어지기 때문에 문화의 수준에서만 이해 가능한 경우가 많다. 따라서 '5월의 문화화'는 구체적으로 5월의 기억을 통해 일상의 삶을 민주적으로 재편하는 미세한 정치적 전략이다. 이러한 관점에서 보면, '5월행사의 문화화'는 행사의 내용과 형식을 문화적 요소를 담아내자는 외형적이고 기술적인 차원의 문화실천이 아니다. 그 동안 5월행사가 보여주었던 탈정치화, 비정치화 경향은 시민들로 하여금 각종 이미지만을 수동적으로 소비하도록 강요했고, 상대적으로 삶으로부터 비롯된 직접적인 경험, 정서, 욕구 등이 5월행사 내부로 진입하는 것을 차단해 왔다. 5월행사의 문화화는 이러한 현상에 대한 역전과 재전유를 위한 시도이다. 이를 위해서 5월행사는 새로운 의미틀로 재구성될 필요가 있다.

우선 5월 주체의 문제이다. 5월운동의 동력이 상실되고, 5 · 18에 대한 기억의 시간이 멀어질수록 광주의 5월은 5 · 18당사자 집단의 배타적 공간으로 표상되는 경향이 있다. 이는 5 · 18관련 단체가 스스로 주도성을 요구하거나 의도적으로 주장해서라기보다는, 5월에 대한 시민들의 집단적 기억의 경험이 소실되면서 자연스럽게 나타난 현상이다. 5월관련 단체는 5월운동의 중심에서 5월의 진실을 규명하고 제도화하는 데 가장 주도적 집단이었다. 그러나 이 시기를 경과하고 나면 당사자 집단이라는 특성상, 제도화 이후의 정치적 실천에 대한 새로운 전망을 갖는 것은 쉬운 일이 아니다.[30] 이제 5월단체는 자신들의 독립성과

30) 예를 들어, 거창사건에 대한 국가적 차원의 기념사업이 진행되자, 관련 유족회는 과거 기억투쟁의 경험을 살려 국가폭력의 의미를 현대적으로 재현하기보다

권위를 통해 5·18의 역사성을 상징하는 주체로 남아, 5월행사에서 추모와 의례 등 5월에 대한 사실적 기억작업을 수행하는 주체로 존재해야 한다. 시민사회단체는 5월행사에 시민참여와 일상의 민주주의를 이끌어가는 삶의 재구성 주체로, 민중운동진영은 민주주의에 대한 정치적 전망을 보다 근본적인 차원에서 사고하고, 이를 정치적으로 실천하는 중심 주체로 설정되어야 한다. 하지만 그 동안 스테레오타입처럼 반복되는 5월행사를 통해 위와 같이 기억하고 실천하는 작업에 얼마나 많은 사람들이 지속적으로 관심을 가질지는 의문이다. 5·18에 대한 기억과 역사에 공감하기를 스스로 부담스러워하는 사람들에게 고루하게 갇혀 있는 5월행사는 그 자체가 장벽일 수 있다. 문화적 기획과 공학적 기술력을 함께 사고해야 하는 이유도 여기에 있을 것이다.

## 5. 나오는 말

현재 5월은 특별한 의미로 강제해 오는 사회적 시간과 공간이 되지 못하고 있다. 그러나 광주는 5월을 통해 문화를 만날 수밖에 없게 되었다. 5월을 통해, '문화도시'를 통해, 광주에서 문화는 하나의 실체로 등장한 것은 분명하다. 그러나 그 문화는 여전히 지역사회를 구성하는 '구조적 원리'로 인식되지는 못하고 있다.

이는 문화의 다양한 의미를 생산해 온 5월행사의 독특한 경험에서 기인하고 있다. 그 동안 5월행사는 정치와 문화 사이의 긴장 관계 속에서 어느 것을 중심에 둘 것인가를 선택하는 데에만 고민했다. 민주화의 진전과 5월문제의 제도화라는 정치적 상황은 5월행사에서 정치를 인

는 보상이라는 실질적 이해의 문제에 빠져든 것도 5·18 당사자 집단과 유사한 맥락에서 이해할 수 있을 것이다. 이 거창사건의 재현에서 나타난 쟁점은 김기곤(2009)을 참조할 수 있다.

위적으로 배제시키려 했다. 오히려 과도한 정치는 광주의 발전에 장애가 되는 것으로 간주하기도 했다. 이처럼 문화와 정치를 대립적 개념으로 인식하는 경향은 5월행사 뿐만이 아니라  문화중심도시 조성사업에도 그대로 이어졌다. 5 · 18이라는 정치적 사건 자체를 문화와 어떻게 연관시킬 것인가를 폭넓게 사고하지 못했던 것이다. 이는 문화의 의미를 정치성이 배제된 문화적인 행사, 도시공간을 포장하기 위한 도구 정도로만 사고했기 때문이다. 그러면서도 지역 내의 갈등과 정치 현안이 발생할 때마다 '5 · 18 정신'에 의지하려는 경향을 보였다. 그 만큼 광주와 5 · 18은 서로 배제할 수 없는 일종의 숙명적인 관계를 형성하고 있는 것처럼 보이지만, 여전히 5 · 18은 '불편할 때' 불려오는 만능 해결사 정도로만 간주되고 있는 실정이다. 여기에는 여전히 문화와 정치가 갖는 상관성을 애써 부정하고자 하는 심리가 작동하고 있기 때문이다. '5 · 18의 문화화'를 위한 실천 담론으로 제기되었던, '5 · 18의 축제화' 역시, 축제의 내용이 신명나는 문화적 행사로만 이루어지는 것이 아니라 삶과 가치, 놀이와 해방적 실천이 다양하게 결합되어 구성된다는 것을 간과하고 있다.

문화는 정체된 것, 만들어진 것에 대한 만족이 아니라, 새로운 것을 만들어가는 이데올로기 투쟁과 의미화 실천의 장이다. 그렇기 때문에 문화는 항상 정치적인 영역에 존재하면서, 정치의 내용을 보다 일상의 삶과 직결시켜내는 데 많은 아이디어와 자원을 제공할 수 있는 자원이다. 이 속에서 사람들은 문화가 단지 공간과 도시의 디자인에만 있는 것이 아니라 자신들과 타자들의 마음 속에도 존재한다는 것을 인식할 수 있을 것이다.

연대와 공동체는 이를 인식하는 핵심 개념이다. 이는 규범적 차원의 선언적 가치가 아니라 현실 속에서 새로운 민주주의를 만들어가는 동력이다. 민주주의는 정부의 형태만을, 특정 제도만을, 의미하는 것이 아니라 전체 사회조직의 형태이자 삶의 구성 방식을 의미한다. 광주는 아직 시민사회 내부에서 진정한 연대의 의미에 다가서지 못하고 있다. 지역 내에서 내부자만의 '집단연대'가 지배하고 있기 때문이다. 예를 든다면, 시민사회단체가 서로 결속되어 있는 것 같지만, 사실은 집단 내부에서만 그렇다는 것이고, 집단의 경계를 넘어서면 날카로운 경쟁과 갈등 관계에 놓여 있는 게 현실이다. 오늘날 필요한 것은 타자와의 연대로, 공동체, 집단, 개인의 한계를 넘어선 연대의 실현이다(Zoll, 2008: 15~22). 이를 위해서는 매년 오는 5월을 5·18, 삶, 집단, 개인이 복합적으로 얽혀 무언가를 생산할 수 있는 기회의 장으로 활용하는 것이 좋을 것이다. 그렇기 위해서는 조직의 역사가 아니라 개인의 삶도 중요한 역사가 될 수 있다는 인식 전환이 필요하다. 5월행사는 기존의 단체 중심의 공모 방식의 참여보다는 개인 혹은 소수자, 아파트 단위 주민조직, 주민자치회, 마을 단위의 생활 주체들이 참여하여 그들의 역사를 5월행사에 반영할 수 있는 방법도 모색해야 할 것이다.

# 제4편
# 지역과 다문화주의

Chapter 11

# 다문화가족 형성과 갈등: 광주·전남지역 사례연구[1)]

박 경 동

## 1. 들어가는 말

국제결혼을 통한 이주여성[2)]들의 유입, 그리고 이들과 한국의 남성

1) 이 장은 박경동, “다문화가족 형성과 갈등에 대한 연구”, 전남대학교 사회학과 석사학위논문(2007)을 수정·보완한 것이다.

2) 최근 국제결혼 관련 쟁점 중 하나가 용어의 문제이다. 보건복지부의 이주여성 실태조사(2005)에서는 ‘국제결혼 이주여성’이란 용어가 ‘국제결혼 이주남성’을 대립쌍으로 상정하기에 문제가 있으며 ‘결혼 이민자’라는 국제적 용례를 따르는 것이 적합하다고 했다. 한건수(2006) 또한 공식적인 이민을 허용하지 않는 한국 사회에 실질적 이민이 진행되고 있다는 점과 이들이 한국 국민을 한국 사회에 편입되고 있다는 현실을 강조하며 ‘결혼이민자’라는 용어를 사용한다. 그러나 김민정 등(2006)은 한국의 상황에서는 결혼을 통해 한국에 온 외국인 배우자가 여성인지 남성인지에 따라 결혼의 성격이 크게 차이 나기 때문에 성별이 구분되는 용어가 보다 적합 할 수 있으며, 결혼을 통한 이주가 곧바로 국적취득이라는 ‘이민’의 성격으로 이어지지 않는 상황을 고려할 때 ‘결혼이민자’라는 용어의 사용을 좀더 보류해야할 필요가 있다고 본다. 본 연구 역시

들이 다문화가족[3](multi-culture family)을 구성하고 있는 것은 최근 한국 사회에서 발생한 가장 큰 변화 중의 하나일 것이다. 국제결혼을 통한 가족의 형성은 이미 1950년대부터 목도해 온 것으로 새삼스러운 일은 아니겠지만 1990년대 이전까지 국제결혼은 다소 드문 현상이었고, 국제결혼 당사자도 대부분 한국 여성들이었다. 하지만 1990년대 이후 국제결혼은 이전의 양상과 몇 가지 큰 대조를 이룬다. 첫째는 국제결혼의 양적 팽창이다. 특히 2002년 이후의 급증세는 놀라울 정도인데, 2004년부터는 전체 결혼건수의 10% 이상을 국제결혼이 차지하게 되었고, 2010년의 경우 전체 결혼 326,104건 중 34,235건이 국제결혼이었다. 특히 주목할 것은 농어촌 남성의 결혼 중 40% 이상이 국제결혼이었다는 점이다(통계청, 2011). 두 번째는 국적의 다양화이다. 1990년대 초반 국제결혼은 조선족 여성들이 많았지만 위장결혼과 결혼실패 사례 등이 언론에 보도 되면서 안정적으로 가정을 유지하고 '잘 도망가지 않는'

---

'국제결혼 이주여성' 개념이 이민을 목적으로 한 결혼뿐 아니라 국제결혼의 다양한 동기를 설명할 수 있고, 국적취득 전의 상황과 국적 취득을 하지 않고 살고 있는 여성들을 포괄할 수 있으며, 초국적 정체성을 더 잘 드러낼 수 있기 때문에 이 개념을 사용하고자 한다.

3) 현재 국제결혼가정은 '이중문화가정'(dual-culture family), '온누리안', '다문화가족'(multi-culture family)등 다양하게 불려지고 있다. '다문화가족'이라는 용어는 아직 학문적으로 정립된 개념은 아니며 논쟁적인 개념이다. 현재 '다문화가족'이라는 용어는 기존의 '혼혈인', '코시안', '온누리안' 등의 용어가 내포한 혈통·민족·국적의 차이를 강조하는 효과와 그 차별성을 비판하며 한 가족 내에 다양한 문화가 공존하고 있다는 의미로 사용하고 있다. 또한 한국인 남성과 결혼한 이주여성 가족뿐 아니라, 한국인 여성과 결혼한 이주남성 가족, 이주민 가족(노동자, 유학생)을 포함 하며 '혼혈아'로 불리던 한국인과 결혼한 이주자 가족의 자녀들에 대해서도 다문화가족이라 부르고 있다. 하지만 본 연구에서는 다문화가족이란 개념을 차용하되 특수한 조건과 상황의 맥락에 맞춰 고정된 개념으로 사용하는 것은 지양한다. 여기에서 다문화가족은 각 주체들이 자신의 상황을 의미화하고, 핵심적 가치들이 충돌을 일으키며 끊임없이 구성하는 일종의 '헤게모니' 개념임을 강조하고자 한다.

이미지로 표상된 필리핀, 베트남, 태국 등 동남아시아의 저개발국 여성들이 새롭게 국제결혼 시장에 등장한 것이다. 동남아 여성들 중에서도 특히 베트남 여성의 결혼이 최근에 급증했는데[4], 그들은 피부색이 우리나라 사람과 비슷해서 동질감을 느낄 수 있으며, 오랫동안 중국의 영향을 받아 문화와 풍습이 비슷하고, 대가족 사회이기 때문에 시부모를 잘 모실 것이고, 나이 차이에 크게 구애받지 않으므로 연령에 관계없이 처녀장가를 갈 수 있다고 선전되었다.[5] 세 번째는 양적 팽창과 더불어 국제결혼 당사자들이 사회적으로 큰 관심을 받기 시작한 것이다. 국제결혼을 통해서 형성된 새로운 유형의 가족이 우리 사회에 정착하면서 그들이 겪는 다양한 어려움과 갈등들이 사회이슈로 부각되기 시작했다. 그 결과 2006년 국정과제 회의를 통해 「여성결혼 이민자 가족의 사회통합 지원 및 혼혈인·이민자의 사회통합지원방안」을 필두로 지자체별로 '다문화가족지원센터'가 설립되는 등 신속하고도 다양한 정책 대안들이 제시되기 시작했다.

주목되는 것은 이러한 양상에도 불구하고 국제결혼 가정에 대한 우리나라 국민들의 태도는 그다지 긍정적이지 못하다는 점이다. 아직까지 뿌리 깊은 '단일민족 신화' 또는 '순혈주의'가 사회 전반에서 다양한 편견과 차별을 양산하고 있어, 그들이 사회구성원이 되는 것에 제약을 가하고 있다. 특히 피부색과 생김새에서 다른 혈통임이 뚜렷한 이주여성과 그 자녀에 대한 사회 일반의 태도는 매우 배타적이다. 여기에는 국제결혼을 하는 한국인들이 대체로 사회·경제적으로 하층에 속한다는 인식도 한 몫을 차지하고 있다.

---

4) 2010년 한국남자와 외국인 여자의 혼인은 총 26274건으로 이 중 중국과 베트남이 동일하게 9623건으로 70%를 차지하고 있다. 베트남 여성과의 결혼은 2000년대에 가장 빠른 성장을 보이고 있다. 통계청, 2011.

5) 국제결혼정보회사 국제결혼인터웨딩 홈페이지(http://www.wedinter119.co.kr) 인용.

그러나 한국인이 외국인 배우자를 구하는 것은 일시적인 현상이라고 볼 수 없는, 사회구조적 요인에 기인한 것이다. 필연적으로 증가할 수밖에 없는 다문화가족을 우리 사회의 진정한 구성원으르 받아들여야 함에도, 우리는 인종적 · 문화적 다양성에서 기인하는 '차이'를 어떤 시각에서 보고 어떻게 대처할 것인가에 관해 진지하게 고민해 본 경험이 없다. 현재까지 진행된 이주여성 정책과 프로그램들을 살펴보면 살아온 문화적 환경이 너무도 다른 그들에게 한국 현실에 일방적으로 동화될 것을 요구하고 있음을 알 수 있다. 더구나 그들은 저개발국 여성이면서 현실적으로 높은 계급적 위치에 있는 사람과 맺어진 것이 아니기에, 인종적 · 계급적 불평등이 혼재된 상황 속에서 일방적으로 한국의 문화를 수용할 수밖에 없는 처지에 있다. 그러나 현실로서의 다문화사회가 도래한 상황에서 그들에게 동화를 강요하며 익숙한 문화를 지속하는 방식은 갈등을 양산할 수밖에 없다. 이는 결국 하위민족, 하위인종을 체계적으로 재생산하는 방식일 뿐이다. 그렇다면 새로운 문화적 공존의 방식은 무엇인가? 이것을 고민하는 출발점은 결국 관념적인 것이 아닌 구체적인 문화적 체험에서 시작되어야 한다. 중요한 것은 이들이 어떤 것들에 의해 도움을 받고, 어느 상황에서 충돌과 좌절을 경험하며, 무엇이 그들을 제약하는가를 구체적 맥락 속에서 살펴보는 일이다.

이런 전제에서 다음과 같은 질문을 던져보고자 한다. 첫째, 한국사회에서 국제결혼이 급증하게 된 사회구조적 요인은 무엇인가? '단일민족의식'과 '순혈주의' 전통이 강한 한국사회 특히 농촌지역에서 타민족 · 타인종과의 결혼이 보편화된 사회구조적 요인은 무엇인가를 살펴볼 것이다. 둘째, 한국사회에서 다문화가족은 어떤 과정을 통해 형성되는가? 각 주체들이 국제결혼을 선택한 동기는 무엇이며, 배우자 선택과정에서 중요하게 생각하는 기준은 무엇인가를 살펴보고자한다. 셋째, 다문화 가족의 갈등양상은 어떤 맥락에서 발생하며, 어떤 양상을 보이는가?

결혼 상대자를 구하는 과정은 사회구조적 조건 속에서 이뤄지는데 이때 서로에 대한 기대와 열망이 일치하지는 않는다. 기대수준이 어떤 맥락에서 충돌하며, 서로가 차이를 어떻게 해석하며, 어떤 경우에 심각한 갈등으로 표출되는가를 살펴볼 수 있을 것이다. 마지막으로, 다문화가족에서 드러난 갈등들이 어떤 방식으로 다루어지는가도 주목되어야 한다. 주체들은 주어진 상황과 조건에 수동적으로 적응하기도 하지만 한편으로 자신만의 대응전략과 행위들을 실천하기도 할 것이다. 이러한 주체들의 대응전략의 특성은 무엇이며 어떤 의미를 지니는가를 살펴보도록 하겠다.

## 2. 연구대상과 연구방법

이 연구를 위해 26명의 국제결혼 이주여성과, 이들의 남편 중 12명의 남성을 함께 조사하였다. 조사대상 여성을 국적별로 살펴보면 베트남 14명, 중국 8명, 필리핀 3명, 태국 1명이다. 조사 대상자의 명단은 다음과 같다.

**표 11-1** 국제결혼 남편 인터뷰 참여자 명단

| 사례 | 이름 | 부인 국적 | 연령 | 부인 나이 | 결혼년 | 학력 | 직업 | 거주지 | 결혼 경로 | 월소득 | 기타 |
|---|---|---|---|---|---|---|---|---|---|---|---|
| 1 | 이○렬 | 베트남 | 44 | 20 | 2005 | 고졸 | 건설일용직 | 나주 | 중개업소 | 200만 | |
| 2 | 최○성 | 베트남 | 37 | 23 | 2006 | 고중퇴 | 건설일용직 | 나주 | 중개업소 | 50만 | |
| 3 | 윤○백 | 베트남 | 45 | 23 | 2006 | 중졸 | 농사 | 나주 | 중개업소 | 300만 | |
| 4 | 김○만 | 베트남 | 36 | 21 | 2006 | 고졸 | 식품가공 | 광주 | 중개업소 | 300만 | |
| 5 | 김○섭 | 베트남 | 48 | 29 | 2006 | 중졸 | 농사 | 나주 | 중개업소 | 100만 | |
| 6 | 김○영 | 베트남 | 45 | 29 | 2006 | 대학 | 농사 | 영암 | 중개업소 | 120만 | |
| 7 | 김○수 | 베트남 | 50 | 27 | 2006 | 고졸 | 농사 | 나주 | 중개업소 | 30만 | 재혼 |
| 8 | 조○봉 | 베트남 | 39 | 20 | 2006 | 대졸 | 통신기사 | 영암 | 중개업소 | 120만 | |
| 9 | 윤○한 | 베트남 | 38 | 23 | 2006 | 고졸 | 과수원 | 나주 | 중개업소 | 200만 | |
| 10 | 강○호 | 필리핀 | 53 | 34 | 2004 | 대졸 | 농사 | 나주 | 중개업소 | 70만 | 재혼 |
| 11 | 임○선 | 필리핀 | 48 | 33 | 1999 | 초졸 | 농사 | 담양 | 통일교 | 70만 | |
| 12 | 이○수 | 필리핀 | 41 | 30 | 2003 | 고졸 | 전기기사 | 담양 | 통일교 | 200만 | |

**▌표 11-2 ▌이주여성 인터뷰 참여자 명단**

| 사례 | 이름 | 출신국적 | 연령 | 남편 나이 | 입국년 | 학력 | 본국직업 | 거주지 | 결혼 경로 | 기타 |
|---|---|---|---|---|---|---|---|---|---|---|
| 1 | 김○란 | 중국(조선족) | 36 | 41 | 2001 | 고졸 | 비서 | 광주 | 개인만남 | |
| 2 | 상○정 | 중국 | 35 | 39 | 2005 | 중졸 | 생산직 | 광주 | 지인소개 | 재혼 |
| 3 | 왕○외 | 중국 | 28 | 29 | 2004 | 고졸 | 한국생산직 | 광주 | 개인만남 | |
| 4 | 전○추 | 중국 | 34 | 47 | 2006 | 고졸 | 은행원 | 광주 | 지인소개 | |
| 5 | 김○옥 | 중국(조선족) | 34 | 39 | 1996 | 고졸 | 생산직 | 광주 | 지인소개 | |
| 6 | 서○숙 | 중국(조선족) | 36 | 43 | 1999 | 대졸 | 대학생 | 광주 | 지인소개 | |
| 7 | 보○니 | 태국 | 31 | 41 | 2000 | 대졸 | 대학생 | 무안 | 통일교 | |
| 8 | 제○니 | 필리핀 | 28 | 36 | 2000 | 대졸 | 대학생 | 광주 | 통일교 | 이혼중 |
| 9 | 헌○김 | 베트남 | 26 | 36 | 2001 | 초졸 | 과일장사 | 나주 | 중개업소 | |
| 10 | 웬○투 | 베트남 | 27 | 49 | 2006 | 초졸 | 무직 | 나주 | 중개업소 | |
| 11 | 팜○뮈 | 베트남 | 32 | 48 | 2005 | 초졸 | 홍콩회사 | 나주 | 중개업소 | |
| 12 | 윙○홍융 | 베트남 | 20 | 48 | 2005 | 초졸 | 미싱 | 나주 | 지인소개 | |
| 13 | 팜○투 | 베트남 | 21 | 43 | 2005 | 초졸 | 농사 | 나주 | 중개업소 | |
| 14 | 뤄○친 | 중국 | 30 | 37 | 2004 | 대졸 | 사무직 | 광주 | 개인만남 | |
| 15 | 윈○탄 | 베트남 | 27 | 47 | 2005 | 초재 | 생선가공 | 나주 | 중개업소 | |
| 16 | 누엔○홍피엔 | 베트남 | 21 | 37 | 2006 | 고졸 | 무직 | 나주 | 중개업소 | |
| 17 | 웬○베남 | 베트남 | 21 | 37 | 2006 | 중재 | 과일포장 | 나주 | 중개업소 | |
| 18 | 영테0타우 | 베트남 | 26 | 44 | 2003 | 고졸 | 신발공장 | 나주 | 지인소개 | |
| 19 | 웬티○트엉 | 베트남 | 23 | 38 | 2006 | 대졸 | 음료회사 | 나주 | 지인소개 | |
| 20 | 레티○항 | 베트남 | 26 | 49 | 2006 | 초졸 | 농사 | 나주 | 중개업소 | |
| 21 | 웽○탄 | 베트남 | 22 | 40 | 2005 | 초졸 | 농사/시장 | 나주 | 중개업소 | |
| 22 | 최○선 | 중국(조선족) | 38 | 42 | 2005 | 대졸 | 사무직 | 광주 | 지인소개 | |
| 23 | 웬○뚜 | 베트남 | 21 | 36 | 2006 | 고졸 | 무직 | 나주 | 중개업소 | |
| 24 | 딩○푸엉 | 베트남 | 29 | 27 | 2004 | 고졸 | 한국생산직 | 광주 | 개인만남 | |
| 25 | 마○셀 | 필리핀 | 36 | 42 | 1996 | 대졸 | 대학생 | 담양 | 통일교 | |
| 26 | 비아○리스 | 필리핀 | 37 | 사별 | 1998 | 대졸 | 대학생 | 무안 | 통일교 | 사별 |

연구방법은 심층인터뷰를 활용하였다. 조사 대상 여성들의 경우 아직 한국어가 능숙하지 않고 조사 경험이 없어, 설문조사보다는 심층인터뷰를 통해 자신의 삶의 경험과 의미화 방식 등을 이끌어내는 것이 바람직하다는 판단을 하였다. 비록 완벽한 문장은 아니더라도 한국사

회에서 겪었던 자신의 경험과 생각을 들어볼 수 있었고 이들이 어떻게 의미화하고 있으며 그들의 고충을 직접 들어 볼 수 있었다. 하지만 한국어가 서툴러 자신의 생각을 잘 표현하지 못하는 사람들은 통역자를 통해 조사할 수밖에 없었다.

## 3. 국제결혼과 다문화가족의 형성

### 1) 국제결혼 증가의 배경

먼저 국제결혼이 증가하게 된 사회구조적 원인을 간략히 살펴보자. 우선 국내 성비 불균형과 독신비율의 증가 등으로 인한 결혼시장의 교란을 꼽을 수 있다. 성비 불균형에 따른 결혼시장의 교란이 발생하면 결혼시장에서 취약한 위치에 있는 사람들은 그 배우자를 찾기가 힘들어지며, 독신으로 지내거나 아니면 외부시장에서 배우자를 충원할 수밖에 없다. 이러한 결혼시장의 교란 현상은 결혼 조건이 상대적으로 열악한 농촌지역에서 더 심화되어 나타난다.[6] 혼기를 놓치고 상대적으로 결혼시장에서 취약한 위치에 놓인 사람들에게 국제결혼은 현실적으로 선택할 수 있는 거의 유일한 대안이 되고 있다. 결국 성비 불균형 심화와 도·농간의 격차 그리고 초혼연령의 상승 등으로 특징 지워진 결혼시장의 교란현상은 여성 배우자를 외부에서 수급하게 했고, 결과적으로 국제결혼을 증가시킨 내적요인이 되었다.

두 번째 원인으로 극심한 빈곤과 실업에 시달리는 저개발국 여성이

6) 결혼적령기 연령대별·도농별 성비를 살펴보면 전국의 경우 25~29세 연령대의 2005년 성비가 102.5이고, 30~34세 연령대는 101.2이었다. 총체적인 측면에서의 성비 불균형은 극심하지는 않음을 확인할 수 있다. 그러나 같은 해 면부의 성비는 각각 136.1과 124.2로 극심한 성비 불균형에 시달리고 있음을 알 수 있다(통계청, 『인구주택총조사』).

계층 상승의 꿈을 갖고 부유한 국가로 이동하는 이주의 전지구화 현상을 들 수 있다. 자본이 없는 여성들은 상대적으로 거래 비용이 적게 드는 분야로 이주를 할 수밖에 없으며, 이들은 초기 거래 비용 모두를 남성들이 지불하는 결혼이나 유흥업 분야로 이주하는 경향이 높다. 특히 일본, 한국, 대만 등과 같은 동아시아 국가처럼 이주에 대한 법적규제가 심하고 비자 취득이 까다로운 나라로 이주하기 위해서 여성들은 상대적으로 경제적·법적 안정망을 부여해주는 결혼을 선택하는 경우가 많다(김현미, 2006).

세 번째는 결혼시장에서 소외된 한국남성들과 선진국으로 이주를 희망하는 여성들 사이에 새로운 시장이 형성되었고, 그 시장을 주도하게 된 국제결혼중개업소가 증가했다는 사실이다. 1999년 국제결혼중개업이 허가제에서 신고제로 전환되면서 현재 전국적으로 2,000여개 이상의 업체들이 난립하고 있다. 이들은 농촌 총각을 포함하여 도시의 재혼남성에 이르기까지 국내의 잠재적인 수요층을 찾아서 중개업 대상을 점점 확대하고 있다.

네 번째는 농촌총각의 문제와 지방의 인구 감소를 해결하기 위한 유인책으로 지방정부에서 국제결혼을 대대적으로 지원하고 있다는 사실을 들 수 있다. 최순영 민주노동당 의원에 따르면 전국 246개 기초지자체 중 4분의 1이 넘는 60개 이상이 결혼비용을 지원해주고 있으며, 이중 26개 기초단체는 아예 조례를 만들어 국제결혼을 지원하고 있다. 2007년 한해 예산만 전국적으로 284,850만원이며 수혜대상은 574명이다.[7] 하지만 지방정부에서 실시하는 다문화가족 지원 정책의 핵심은 다문화주의에 대한 내용과 비전은 부재한 채 지자체 존속을 위한 생존전략의 양상을 띠고 있다. 결국 이주여성은 아이를 낳아주러 온 고마운

7) 한국일보 2007년 6월 8일 보도

존재로 재현되고 만다.

마지막으로, 부분적이겠지만 한국의 대중문화가 아시아 각국에 확산되면서 한국을 동경하는 여성들이 증가한 것에도 그 원인이 있을 듯하다. 한국에 대한 충분한 사전지식이 없었던 그녀들은, 실제 자신들이 알고 있었던 한국에 대한 지식과 이미지가 경제적으로 부유한 도시 주민의 생활상일 뿐, 농촌의 사정은 전혀 다르다는 것을 도착하고 나서야 비로소 깨닫게 된다. 특히 중국과 베트남에서 온 이주여성 중 상당수는 한국으로 시집오기 전에 한국 드라마를 즐겨보았고, 이것이 한국을 선택하게 된 중요한 요인이었다고 진술하고 있다. 하지만 현실의 결혼생활은 이국적 문화에 대한 막연한 동경과 감수성으로 각인된 낭만적 환상을 깨게 했으며, 이는 경제적으로 무능력한 남편에 대한 불만으로 표출되기도 한다. 여성들이 국제결혼을 선택한 배경에는 한국남성들을 선호해서가 아니라 물질적 풍요와 근대화된 이미지로 재현된 '한국이라는 나라'에 대한 기대와 호기심이었음을 보여주었다. 이러한 기대와 열망은 한국의 대중문화의 확산으로 더욱 확고해지며 결과적으로 한국남성과 결혼을 희망하게 되는 원인이 되었다.

### 2) 여성의 능동적 선택

국제결혼 여성들의 이주 동기는 매우 다양하지만 기존의 연구는 대체로 경제적 요인에 주목하고 있다. 즉 결혼의 동기를 빈곤한 국가의 여성이 상대적으로 부유한 국가의 남성을 찾아가는 과정으로 주로 해석한다. 한편 여성주의적 연구들은 경제적 측면자체보다는 불평등한 사회구조 속에서 여성의 빈곤화가 가중되어 여성의 이주가 발생한다는 사실을 강조한다. 본 연구 역시 이러한 요인이 매우 중요한 지점임을 인정하지만, 이주의 다양한 맥락과 개인의 능동적 행위를 설명하지 못했기 때문에 여성을 피해자로 타자화한 점을 지적하고자 한다. 이주의 행위자적 측면, 즉 여성들이 다른 나라로 이주하는 이유는 경제적 어려움과 성별적인 구조적 조건뿐만 아니라 새로운 삶을 개척하려는 능동적 의지와 결합되어 있다는 점이 강조되어야 한다. 이러한 의지들은 다양한 구조적 강제들과의 협상을 통해 드러날 것이며, 이는 이주여성의 현실적 위치를 보다 다각도로 조명할 수 있게 해줄 것이다. 분명한 것은 Piper(2003)가 지적했듯이 이러한 능동적 행위들이 반드시 성공적인 것은 아니며, 행위자성에 근거하는 것이 미래에 희생을 초래할 수도 있다는 점이다. 예컨대 계층 상승의 열망을 위해 선택한 국제결혼이 현실적으로 더욱 빈곤 계층으로 전락하기도 할 것이며, 행복한 삶을 위해 선택한 결혼이 미래에 시련으로 다가오기도 할 것이다. 이처럼 능동적 행위자성과 피해자성이 교차하는 애매한 위치 속에서 여성들의 이주는 선택이 되고 이것이 현재 국제결혼 이주여성의 객관적 상황이라 볼 수 있을 것이다.

이주여성의 능동적 선택은 크게 세 유형으로 구분된다. 첫 번째는 계층상승에 대한 열망으로 국제결혼을 선택한 경우이다. 조사된 여성들 대다수는 경제적 상승에 대한 기대들을 가지고 있었다. 가난한 현실을 탈피하고 윤택한 생활을 지향하는 것은 인간의 기본적 욕망이다. 하지만 낭만적 사랑을 기반으로 한 이성 간의 결합이라는 결혼에 대한 관념은 현실적인 동기를 명백히 드러내기 보다는 감추거나 완곡한 형태로 드러낸다. 누엔○홍피엔은 20살의 베트남여성이다. 그녀는 한국남성과 베트남 남성이 별 차이 없지만, 인생에서 한번 하는 결혼이기에 이왕이면 가난한 베트남 남성보다는 경제적으로 부유한 한국 남성과의 결혼을 선택했다고 진술한다. 이 여성은 자신의 합리적 기준 속에서 한국남성과의 국제결혼을 선택했지만, 유입국의 가장 낮은 계층으로의 편입으로 귀결되었다. 결국 이주여성들의 열망은 더 부유한 국가의 남성과 결혼했다는 심리적 신분상승 효과로 나타나기도 하지만, 한국이라는 사회구조와 남편의 경제적 능력이라는 현실적 제약들로부터 자유로울 수 없다.

두 번째는 자국 남성에 대한 실망으로 국제결혼을 선택한 경우다. 이들이 국제결혼을 하게 된 동기에는 미래가 불투명한 자국 남성들을 선택하기 보다는, 비록 걱정과 우려는 있지만 행운의 가능성이 더 높은 것이 한국 남성일 것이라는 막연한 기대감이 내포되어 있다. 웬○투(베트남, 27세)는 자국의 남성을 일도 안하고 술 마시고 담배 피우며 여성의 의견을 무시하는, 배우자로서는 부적합한 인물로 형상화한다. 그리고 이러한 자국 남성들에 대한 실망을 한국 남성과의 결혼을 통해 보상받으려 한다. 그녀에게 한국 남성은 자신의 삶을 윤택하고 행복하게 할 수 있는 이상적인 배우자감으로 인식되고 있다. 보○니(태국, 31세)는 자국 내의 가부장적 체계에 대한 저항의 방편으로 국제결혼을 선택한 경우이다. 그녀는 자신의 아버지가 여러 명의 부인과 사는 것에 실망했으며, 한국을 자신이 배웠던 것들을 펼칠 수 있는 기회의 땅으로 여겼다. 태국에서 한국 남성은 열심히 일하고 술도 안마시고 바람을 안 피우는 모범적인 상으로 재현이 되고 있었다. 결국 국제결혼은 자신의 비관적인 현실을 타파하는 하나의 능동적 행위 전략이었다.

세 번째는 자신의 꿈과 이상을 실현하기 위해 국제결혼을 결심한 경우다. 인간의 삶 전체에서 결혼을 하나의 통과의례로 본다면, 국제결혼은 안정적인 생활을 보장하는 종착역이 아니라 자신의 이상을 실현하기 위한 진입로가 될 수 있다. 이러한 경우 비록 한국 남성과의 결혼이 불행하다는 이야기가 들려와도 설마 자기에게는 일어나지 않을 것이라는 믿음과 행운에 도전하는 계기가 된다. 웬티○트엉(베트남, 22세)은 대학을 졸업했지만 유학을 가고 싶어 지금의 남편과 결혼을 했다. 보○니(태국, 31세)는 대학에서 신문방송학을 전공했는데, 한국을 대학에서 배운 자신의 전공을 사회에서 펼칠 수 있는 기회의 땅으로 인식했다. 하지만 한국말도 못하고 그러한 기회가 박탈당한 현실적 상황을 이해하면서 자신의 졸업장이 그냥 종이일 뿐이라고 생각한다. 이처럼 그들은 한국생활을 경험하면서 자신의 현실적 제약들을 간파해 나간다. 물론 인생을 넓고 길게 본다면 현재의 제약들은 하나의 과정일 수 있으며 미래는 여전히 예측 불가능하다. 긍정적 행운들이 반드시 보장되지도 않을 것이다. 결국 자신의 꿈과 이상을 실현하기 위한 이주여성들의 합리적 선택이 국제결혼이었지만 그 미래는 객관적으로 불확실하고 불안정할 수밖에 없다. 이것이 현재 이주여성이 처한 현실인 것이다.

### 3) 남성의 전략적 선택

남성들은 한국 여성들이 결혼시장에서 여러 가지 조건을 따지며 남편의 권위에 도전하는 것에 반해 이주여성은 그렇지 않을 것이란 기대심리를 갖고 있었다. 필자의 조사에 따르면 남성들이 말하는 한국 여성들의 공통적인 특성은 조건을 많이 따진다는 것이다. 예컨대 '이자질을 많이 하는 여성', '나이 서른 먹고 직업도 없고 집에서 노는 여성', '현찰 3천만원을 자기 앞으로 해달라고 하고, 집에서 살림만 하겠다고 우기는 여성' 등으로 표현된다. 이에 반해 이주여성은 조건을 따지는 한국 여성들에게서 얻을 수 없는 여러 가지 기대를 갖게 한다. 특히 결혼정보업체는 이러한 남성의 기대심리를 이용하여 이주여성을 미화시킨다. 예컨대 순결을 강조하며 '숫처녀일 가능성이 높다'고 말하고, '가정을 중요시하며 일부종사할 것'이라고 과장한다. 따라서 한국여성에게서 기대할 수 없는 이국적인 성적인 매력과 고학력과 미모를 갖춘 젊은 여성을 얻었다는 사실은 손상된 남성성에 대한 보상심리로 작동한다.

따라서 그들에게 재현된 이주여성들은 조건만을 따지는 한국여성들과 달리 물질적 가치의 때가 덜 묻은, 가난하지만 순수하고 또한 생활력 강한 여성들로 인식된다. 이는 평생을 가난과 가족을 위해 인고를 감내한 전통적인 시골의 어머니 상, 그리고 가족을 위해 자신을 희생하며 팔려갔던 누이의 상의 재생산이다. 물론 이러한 여성상은 현실 속에 존재하지 않는 과거의 여성상이다. 당연하게도 이주여성들은 그러한 인고의 세월을 감내하기 위해 한국에 오는 것이 아니며, 또한 이들은 결과적으로 한국남성이 원하는 전통적인 여성상이 아니기 때문에 이들 사이의 갈등은 전면에 표출되기 시작한다.

두 번째는, 국제결혼을 선택한 남성들은 국내결혼에 비해 결혼비용도 저렴하며 비용대비 만족도가 높다고 생각한다. 남편들은 이주여성들이 한국여성과 달리 시부모를 모시고 살며, 남편에게 순종적이고 고학력이며, 농촌생활이 가능하다는 장점이 있다고 진술한다. 최○성(베트남여성과 결혼, 37세)은 한국여성과 결혼하려면 오천만원 이상이 들지만 국제결혼은 천백만원이면 된다고 경제적 효율성을 자랑한다. 강○호(필리핀여성과 결혼, 53세)는 국제결혼을 하나의 상품으로 볼 때 저렴한 비용으로 품질 높은 여성을 선택할 수 있는 장점이 있다고 진술한다. 이처럼 이주여성이 경제적인 안정성을 보장해줄 수 있다는 기대로 국제결혼을 선택하듯이, 결혼 시장에서 주변화된 농촌 총각들 또한 경제적인 이유로 이주여성에 대한 선택을 합리화하고 있음을 보여주고 있다. 하지만 선택의 배경은 비슷하더라도 드러나는 방식은 다르다. 즉 남성은 여성에 비해 나이도 많고, 학력도 높지 않다. 유일한 이점은 여성에 비해 국민소득이 높다는 것 뿐이다. 하지만 이것은 자신이 여성을 구원해 주었다고 판단하는 근거가 되며 여성의 상품화를 정당화하는 기제가 되고 있다. 결국 동일한 하위계층일지라도 자국의 경제력의 높다는 우월감은 이주여성을 자신보다 더 하위민족으로 인식하는 계기가 되며, 여성의 문화나 가치관들 역시 열등하다고 낙인찍는 방식이 되고 있다.

마지막으로 남편들은 자신의 의지와 무관하게 가족들의 강요와 가문의 존속이라는 명분 때문에 국제결혼을 선택할 수밖에 없었다고 진술한다. 결혼 시장에서 주변화 되어 국내에서 결혼상대자를 찾지 못하는 남성들은 결혼의 포기나 국제결혼을 대안으로 갖게 된다. 비록 사회적으로 국제결혼에 대한 부정적인 시각이 많이 없어졌지만, "오죽 지지리도 못났으면 외국여자랑 결혼하겠느냐"는 시선은 여전하기에 국제결혼은 선뜻 결정할 수 있는 대안이 아니다. 이러한 과정에서 국제결혼을 택할 수밖에 없는 이유는 자신의 의지보다는 가족구성원들의 요구 때문이었다고 진술한다. 자식이 부모를 봉양해야한다는 당위성은 산업화와 도시화된 지금의 현실에서 많이 퇴색되었지만, 아직까지 농촌공동체를 유지하는 지배적 가치로 작용하고 있다. 하지만 이러한 명분은 일견 타당하고 당위성을 갖지만 자신의 선택을 도구적으로 방어하는 전략이기도 하고, 이주여성에 대한 가부장적 통제와 지배를 강화하려는 명분이 될 수도 있을 것이다.

### 4) 배우자 선택과 배제의 메커니즘

현재의 국제결혼에서 배우자의 선택권은 전적으로 결혼비용을 부담하는 남성에게 있다. 선택권을 가진 남성들은 각자의 기준에 의해 여성을 선별한다. 선택기준은 개개인의 경험과 취향의 결과일 수도 있지만, 구조적이거나 혹은 사회적 억압이 개인에게 배태된 배제를 통해 발현되기도 한다. 또한 남성들의 배우자 선택과정은 불안한 결혼생활에 대한 억압된 심리를 엿볼 수 있는 대목이기도 하다.

먼저 가정해체에 대한 두려움은 도망가지 않는 여성이라고 선전된 국가의 여성을 선호하는 경향을 보여주었다. 조선족 여성의 위장결혼이 사회문제로 불거지고 중개업자들이 이윤추구를 위해 신원정보를 왜곡하는 현상이 사회문제로 대두되면서, 남편들은 안정적으로 가정을 유지하고 도망가지 않는 나라의 여성이라고 포장된 동남아 국가 여성들을 선호하게 된다. 비록 혼혈의 공포와 언어소통의 어려움 등이 있지만, 그럼에도 불구하고 중개업소를 통해 '안정적으로 가정을 유지할 수 있는 여성'이라는 조작된 담론을 받아들여 배우자를 선택하는 경향을 보였다. 이는 이주여성의 가출 원인을 내부에서 찾기보다는 언론 보도와 결혼중개업체등에 의한 조작된 편견으로 판단하고 있음을 보여준다. 조선족 여성은 베트남에 비해 언어소통의 문제가 없으며, 타국 출신 여성들에 비해 상대적으로 넓은 사회적 연결망을 가지고 있다. 이로 인해 결혼에 대한 만족이 낮을 때, 농촌의 열악한 현실을 탈출할 가능성이 더 커진다. 하지만 결혼생활 자체에 문제가 있거나, 혹은 남편들이 갖고 있는 문제점을 은폐한 채, 조선족 여성은 다 도망간다는 편견으로 남편들은 자신의 선택을 정당화하고 있음을 알 수 있다.

두 번째로, 혼혈에 대한 두려움으로 인해 남성들은 한국 여성과 유사한 외모의 여성을 선호하는 양상을 보인다. 배우자 선택권이 남성에게 있지만 남성 또한 전적으로 결혼중개업체를 통해 여성의 정보를 제공받기 때문에 현실적으로 선택의 폭은 매우 제한적이다. 이러한 제약들 속에도 나름대로의 선택기준을 보여주는 데 그 대표적인 것이 외모였다. 김○섭(베트남 여성과 결혼, 48세)은 얼굴이 한국 사람과 비슷한 배우자를 골랐다고 한다. 조○봉(베트남 여성과 결혼, 39세) 또한 이국적으로 보이지 않는 여성을 선택했다고 한다. 둘 다 혼혈에 대한 편견이 자녀들에게 미칠 영향을 고려했다고 한다. 한국사회는 그 진위여부를 떠나 혼혈을 '튀기', '잡종' 등의 비속어를 사용해 경멸하였고 또한 배척해 왔다. 결국 외형적으로 유사한 중국인과 일본인보다는 피부색과 이목구

비가 다른 동남아 여성의 경우 경멸과 차별을 받을 가능성이 높다는 것을 남성들은 경험적으로 알고 있다. 이러한 두려움은 위의 사례들처럼 국제결혼 과정에서 배우자 선택에 중요한 변수로 작동함을 알 수 있다.

세 번째로, 남성들은 배우자 선택과정에서 한국 농촌에 잘 적응할 수 있는 신체구조를 가진 여성에 대한 선호를 드러냈다. 남편들은 손이 까칠한 여성, 날씬한 여성보다는 체격이 있는 여성을 선택하는 양상을 띠었고, 고학력의 여성보다는 고생해본 경험이 있는 생활력이 강한 여성을 선택했다. 결국 이상적인 모델은 농촌에서 살 수 있는 한국 여성이고 이 기준에 얼마나 부합하는가가 중요한 기준으로 작동했음을 보여준다.

결국 선택과 배제의 과정은 여성이 이상화된 조건으로 어떤 특성을 소유하고 있는가가 중요한 것이 아니라, 여성이 한국여성과 얼마나 근접한가를 기준으로 일어나고 있었다. 비록 선택권자는 국제결혼 이주여성이 한국여성에 미치지 못한 조건을 객관적으로 인정하면서도, 가장 유사한 외모를 지녔거나 안정적으로 가정을 유지할 수 있는 여성을 선택하였고 농촌 생활에 적합한 체형을 선호하였다. 이처럼 이주여성은 선택과정에서부터 이미 '타자화' 된 존재로 규정된다. 결혼과정에서부터 이러한 선택과 배제의 메커니즘을 경험한 여성은 '타자성'을 체계적으로 수용함으로써 자신을 무의식적으로 열등한 존재로 규정하게 된다.

### 5) 배우자 인정과 생략된 의례

결혼식이 현지에서 이뤄지고 여성의 입국심사 기간이 3개월 정도 걸리기 때문에 법적으로 결혼을 했더라도 배우자로서 심리적 인정은 입국 후 여러 가지 경험을 통해 이뤄진다. 국제결혼이 현지에서 속전속결로 이뤄지고 관광과 신혼여행의 형태가 혼재되어 당사자들이 결혼을 실감하지 못하는 경우도 많다. 남편들은 부인들이 한국에 들어오기 전에 애타게 기다리기도 했지만, 자신이 결혼한 것인지 아닌지에 대해 인식하지 못하고 있기도 했다. 이는 남편들 스스로 현실로서의 결혼과 배우자에 대한 인정이 이뤄지지 않음을 보여주는 것이다.

만약 한국에서 결혼식이라는 공식적인 의례를 경험한다면 주위의 일가친지들의 인정과 동의를 자연스럽게 획득하게 될 것이며, 결과적으로 자신 역시 국제결혼 한 사실을 심리적으로 인정하게 될 것이다. 하지만 대다수의 경우 공식적인 의례는 생략이 되고 입국하자마자 적응기간 없이 현실에 직면하게 된다. 결국 이주여성들은 한국에 들어와서 임신을 한다거나 주위 사람들로부터 장기간에 걸친 대면 접촉 과정을 통해서야 비로소 인정을 획득하게 된다.

## 4. 다문화가족의 갈등과 대응

### 1) 다문화가족의 갈등 양상

국제결혼은 남성과 여성 모두에게 가능성과 딜레마를 갖게 한다. 여성과 남성 모두 사회적 선입견에도 불구하고 전략적으로 국제결혼을 선택했지만, 앞서 보았듯이 국제결혼의 구조적, 문화적 특성 때문에 다양한 갈등을 경험하기 마련이다. 이러한 갈등은 지각의 문제에서 발생하기도 하며 태도나 가치의 차이에서 비롯되기도 한다. 또한 한 개인의 자존감이 위협될 때도 갈등은 발생한다. 이처럼 갈등은 많은 요인들에 의해 발생하며 건설적 차원에서부터 파괴적인 차원에 이르는 다양한 결과를 가져오기도 한다. 다문화가족의 갈등 양상을 크게 경제문제,

역할과 역할기대의 불일치, 한국문화의 일방적 강요, 간섭과 통제, 사회적 편견, 이상화된 타자, 나이차 등으로 나누어 살펴보도록 하겠다.

### (1) 경제적 문제로 인한 갈등

국제결혼 이주여성들이 한국 남성과 결혼을 선택하는 중요한 이유 중 하나는 한국이 모국보다 경제적으로 풍족하다는 사실이다. 이러한 환상은 모국에서의 짧은 결혼과정 동안 남성들이 준비해간 목돈을 펑펑 쓰기도 하고, 자신의 경제력을 과시하려고 처가에 얼마의 돈을 주기도 하는 행동들을 목격함으로써 믿음으로 변화한다. 하지만 대부분의 경우 한국 남성들은 결혼하기 위해 빚을 지거나, 모아 두었던 목돈을 과시한 것에 지나지 않았다. 한국에 도착하면서 한국의 높은 물가와 턱없이 부족한 수입은 여성들로 하여금 한국의 경제적 풍요로움에 회의를 느끼게 한다. 보○니는 방콕에서 왔고 통일교를 통해 남편을 만났으며 한국생활이 7년 된 여성이다. 그녀는 방콕이란 대도시에서 한국의 농촌으로 이주해오며 기대와 현실 사이의 큰 괴리를 경험한다. 그녀는 처음 도착했을 때 주위엔 논밭 밖에 없고, 아는 사람도 없는 시골생활이 너무 외롭고 힘들었다고 회상한다. 또한 신용불량자가 된 남편 때문에 집안에 빨간딱지가 붙여지는 것을 체험하고, 빚에 허덕이는 생활을 경험하게 된다. 그녀는 아이가 없었다면 아마 살지 못했을 것이라 진술한다. 하지만 그녀는 남편을 좋은 사람인데 운이 없었다고 평가한다. 자신은 이러한 상황이 얼마나 지속되고 어떻게 변할지 모른다고 했다. 이처럼 계층상승 열망을 가지고 스스로 선택한 국제결혼이었지만, 한국 농촌의 현실은 열악했으며 본국에서보다 더 낮은 계층으로 하락할 수 있음을 보여준다. 그녀 자신이 선택한 길이기에 부모의 도움을 거부하고 아이에게 애착을 보이며 운이 없었다고 체념하는 형태로 자신의 삶을 정의하지만, 이러한 갈등은 구조적인 갈등이기에 쉽게 해결될 수 없음을 알 수 있다.

처가에 대한 송금을 둘러싼 갈등도 나타났다. 특징적인 사실은 남편은 송금문제를 갈등의 주요 원인으로 파악하는 반면, 여성은 송금을 남편이 해야 할 당연한 의무라고 생각한다는 점이다. 이처럼 남편과 아내 사이의 송금에 대한 인식차이가 존재하며, 남편이 안정적인 생활을 유지하지 못할 경우 송금 자체를 굉장히 부담스러워 했다. 특히 베트남이나 필리핀 여성들은 한국 남성과의 국제결혼에 송금을 통한 가족부양이 당연한 항목으로 포함된다고 사고하는 경향이 크다. 송금을 통해 친정식구들을 도울 수 있다는 것은 좋은 사람과 결혼해서 잘 살고 있다는 증거일 뿐만 아니라, 자신의 희생으로 인해 가족이 잘 살 수 있기에 보람이 된다. 하지만 이것은 결혼과정에 명시적으로 계약이나 합의가 이루어지지 않았기 때문에 갈등의 원인이 되는 것이다.

### (2) 역할과 역할기대의 불일치

남녀에 따른 성역할 유형은 문화적 배경이 다양한 만큼 모든 국가에서 획일적이지 않다. 가족의 관습 또한 마찬가지이다. 가족의 모습은 '이런 것이다'라고 단언할 수 없으며, 가족 내 역할모델도 고정되지 않고 매우 다양한 형태로 존재한다. 결국 가족성원들 간의 역할분담 문제는 당연한 것으로 수용되기보다는 갈등을 초래하면서 논의되고 협상되며 또는 거부된다. 국제결혼을 통해 형성된 다문화가족도 구성원 내의 역할과 역할기대의 불일치가 포착되어 역할긴장의 상태가 드러나고 있다. 서로 다른 지리적, 사회적, 문화적 배경을 가진 사람들 간의 결합이기에 이러한 역할긴장은 여러 곳에서 포착된다.

제○니는 결혼한 지 7년이 된 필리핀 여성이다. 그녀는 현재 남편과 별거 중이다. 그녀는 남편에게 함께 식사하며, 병원도 같이 가고, 교회도 함께 다니는 인생의 동반자 같은 역할을 기대했다. 하지만 남편은 자신이 차려준 밥도 먹지 않고, 혼자 다니며, 텔레비전만 보는 무심한 존재였다. 남편은 비록 심성은 착하고 술도 먹지 않지만, 자신의 존재를 무시하며 사랑하지 않는 것이라 판단하여 결국 별거에 들어갔다. 그녀의 남편이 보여주는 이러한 모습들은 한국의 남성들이 일상적으로 보여주는 모습일 수 있지만, 그녀에게는 심각하게 결함 있는 모습으로 인식된다. 필리핀에서 고학력 여성이 결혼해서 사는 모습은 부부가 함께 교회를 가거나 하는 등 일상적 영역에서 친밀감을 표현해야 하지만, 그녀의 남편은 그렇지 못했다. 그녀는 남편이 가장으로서 최소한의 역할을 하고 있지만 친밀한 남편으로서의 역할은 부정하고 있다고 평가한다. 이러한 상황은 아이가 있음에도 별거를 결심하게 만들었다.

김○영은 베트남 여성과 1년 전에 결혼했는데, 부인이 햇볕 쬐는 것을 거부해 밖에 나가려 하지 않고 설거지와 청소만 하려한다고 불만을 표출한다. 또한 춥다며 외출도 하지 않고 한국말도 전혀 배우려하지 않는 상황에서, 자신이 언제 폭발할지 모른다고 진술하고 있다. 그는 부인이 농촌의 현실상 농사일도 하면서 가사노동을 해야 하는데 노력조차 하지 않는다고 생각하고 있다. 그는 부인이 전혀 다른 환경에서 왔던 상황을 이해하기 보다는 한국의 상황에 적응하지 못한 것에 불만을 표현하고 있다. 그에게 여성의 역할은 어머님이 해왔던 것처럼 남편을 봉양하고, 자식을 양육하며, 힘든 농사일을 돕고, 가사노동을 수행하는 것이다. 하지만 여성은 이러한 기대에 충실하지 못하고, 이는 갈등으로 변모한다. 결국 그는 베트남 여성들이 가장 두려워하는 폭력행사를 통해서라도 이러한 갈등을 봉합하려 함을 내비친다.

남편들은 부인에게 세세히 설명할 만큼 의사소통이 잘 이루어지지 않기에 부인이 눈치껏 알아서 행동해주기를 기대한다. 또한 부인이 가출을 하는 등 심각한 상황이 오지 않는 한 자신은 문제가 없고 행복한 가족이라 인식하며, 부인이 고분고분하게 가족을 위해 헌신하는 역할을 당연시한다. 하지만 이러한 기대는 여성에게 부단한 자기희생을 요구하기에, 이러한 역할을 경험해보지 않은 여성은 갈등과 혼란을 겪는다. 결국 남편과 부인의 기대와 역할에 대한 불일치는 갈등으로 표면화되기도 하지만 누군가의 희생에 의해 봉합되기도 한다.

### (3) 한국문화에 대한 일방적 강요

국제결혼은 상이한 사회문화적 배경을 가진 사람들이 만나 살아가야하는 상황이다. 이주여성들은 문화가 다른 한국으로 이주해온 사람들이므로 여러 가지 상황에서 충격과 갈등 그리고 가치관의 혼란을 경험한다. 한국에 정착하고자 하는 이주여성에게 문화적 차이와 생활방식의 차이는, 비록 어려움은 있지만 수용하면서 적응해야할 문제들로 인식된다. 하지만 그녀들은 한국에 대한 충분한 사전 지식이 없었고, 기대했던 생활 역시 도시 중산층의 이미지로 인식을 했기에 현실의 문화적 차이는 클 수밖에 없다. 또한 익숙한 방식을 유지하려는 남편과 시부모들의 입장에서 여성의 모국문화는 관심 밖의 문제이고 오로지 한국의 문화에 빨리 잘 적응하게 하는 것이 당면의 목표가 되어 버린다.

뤄○친(중국, 30세)의 시어머니는 그녀에게 남편을 무조건 이해하고 내조하는 것이 여자의 본분이라고 말한다. 시어머니는 남존여비(男尊女卑)를 전통이라고 여긴데 반해 그녀는 모국에서 경험한 남녀평등 의식을 내면화하고 있다. 남편은 중국에서 생활해본 경험이 있기에 자신의 상황을 안쓰러워한다고 진술했다. 이러한 상황은 그녀와 시어머니 사이의 긴장과 갈등을 보여주고 있다. 외국인이며 며느리라는 가족 내 불리한 위치는, 불합리하지만 시어머니의 말을 따르도록 강요받는다. 위의 사례는 가족관계라는 일상생활 영역에서조차도 문화적 동화에 대한 압력이 매우 강하게 작동하며, 이는 결국 가부장적 질서를 옹호하는 형태로 드러나고 있음을 보여준다. 특히 남편과 시부모들은 전통이라고 인식되는 익숙한 방식들을 고수하며 그들에게 동화를 강요하고 있었다. 다문화가족이라는 어휘 속의 다문화는 수사일 뿐, 문화적 차이를 수용하는 것은 언제나 여성의 몫이다. 따라서 다문화가족 내의 헤게모니 주도권을 쥐고 있는 남편과 시부모들에게서 가부장제의 변형을 기대하는 것은 무리인 듯 보이며, 오히려 가부장적 질서의 재생산에 기여하고 있음을 알 수 있다.

최○성(베트남 여성과 결혼, 37세)은 부인이 김치를 먹지 않는 것을 보며 고집스럽다고 생각한다. 웬만한 여성들은 임신하면 신 것을 좋아하기에 먹을 줄 알았는데 전혀 입에 대지 않는 것을 보고 의아해한다. 그는 김치라는 음식이 다른 어떤 음식보다 우월하다고 생각하며, 베트남 음식은 저급한 것으로 간주한다. 가족들은 며느리의 삶의 양식과 문화에 관심이 없다. 우리보다 못사는 나라에서 왔다는 사실이 결국 그 나라의 문화의 가치를 대변해주기에 관심을 둘 필요가 없는 것이다. 이러한 문화적 차이에 대해 남편이나 가족들은 자신들이 상대방의 문화를 배우거나 이해해야 할 필요성을 느끼지 못한다. 오히려 아내와 며느리가 하루빨리 한국 문화에 익숙해지길 바랄뿐이다. 더구나 이들이 생각하는 적응은 한국인의 사고방식과 문화적 지식의 습득보다는, 김치 잘 먹고 의사소통이 되면 다 적응했다고 판단하는 정도의 수준이다. 이는 개인의 부단한 희생을 통한 일방적인 한국문화 적응인 것이다.

또한 문화적 차이를 차이로서 인정하기 보다는 개인의 성격문제로 오인하기도 한다. 예컨대 문화적 차이를 '베트남이 미국과의 전쟁에서 승리해 고집이 세다'는 등으로 '탈맥락적'으로 이해하고 있었으며, 부인이 알아서 행동하기를 기대하지만 그런 기대에 부응하지 못할 땐 '게으른 국민성'으로 해석한다. 결국 이러한 문화적 차이는 인정의 대상이라기보다는 개인의 성격, 국민성의 문제로 환원되고 우리의 문화를 일방적으로 강요하는 형태로 드러난다. 이러한 상황에 적응 못하는 이주여성들은 게으르고 고집이 센 개인의 성향으로 치부되었고, 문화적 차이는 문명과 야만의 이분법에 의해 비위생적인 것으로 인식되고 있었다.

문화라는 것은 상대적이고 그러한 문화적 차이를 인정하는 것이 필요하지만, 이것이 현실의 결혼생활에서 지켜지는 것은 쉽지 않은 일이다. 필자가 인터뷰한 다수의 남편들이 보이는 문제는, 이러한 문화적 차이에 대한 사고조차 없다는 점이다. 차이라는 관념이 존재하지 않을 때 취할 수 있는 유일한 방법은 한 문화적 기준을 일방적으로 강요하는 것이다. 한국에 대한 정보가 거의 전무한 상태에서 결혼한 이들 여성은 남편과의 관계에서 결국 백치상태가 되어버린 것이다. 따라서 여성들은 이제 일방적으로 한국 문화를 교육 받아야할 타자가 되고 끊임없이 적응 프로그램을 학습해야 하는 위치로 전락하게 된다.

### (4) 간섭과 통제로 인한 갈등

최근 우리 사회에서 국제결혼 이주여성의 이미지로 미심쩍은 부인, 도망가는 아내가 강하게 부각되었다. 짧은 기간에 만들어진 이 이미지는 국제결혼 상황에서 여전히 강력하게 작동하고 있고, 국제결혼에 관련된 남편뿐만 아니라 시부모들은 이러한 상황을 우려하면서 간섭과 통제를 그 해결책으로 선택하고 있다. 부인이 가정에서만 머무는 것, 그리고 다른 외부인으로부터 나쁜 영향을 받지 않도록 하는 것이 이러한 간섭과 통제의 주요한 목적이다.

영테○타우(베트남, 26세)와 헌○김(베트남, 26세)는 외롭기 때문에 자신의 처지와 비슷한 친구들을 만나고 싶었지만 시어머니와 남편은 나쁜 것만 배운다는 이유로 그녀를 통제했다고 한다. 이주해 온 여성들끼리 만나는 것은 나쁜 것을 배우는 것으로 의심되며, 이 나쁜 것이란 추론해볼 때 도망가기 위한 공모로 짐작된다. 전화통화 역시 두려운 일이다. 자신이 모르는 누군가와 통화하는 것은 무엇인가를 공모하는 것으로 의심된다. 이러한 것을 자신의 처지에 빗대어 볼 때 더욱 강력하게 부인을 통제해야 한다는 생각이 들게 하며 전화기를 빼앗아버려야 안심이 된다.

국제결혼 가정의 남편과 시부모들은 이렇게 부인이 외부에 노출되는 것, 이주여성들끼리 통화하며 만나는 것을 두려워한다. 두려움의 원천은 보다 많은 정보를 얻음으로써 부인들이 자신의 처지를 객관적으로 이해하고, 결국 가정을 더 이상 지탱할 수 없게 만든다는 우려인 것이다. 이것은 매우 모순적인 것이다. 남편들은 매우 빨리 한국에 적응하기를 바라면서도, 그 적응은 자신의 가정에만 충실히 하는 것이길 기대한다. 이것을 해결할 방법이 간섭과 통제밖에 없다는 것은, 결과적으로 남편이나 시부모가 가진 이상적인 모습이 매우 왜곡되어 있음을 반증하는 것에 다름 아니다. 그들에게 이주여성은 한국사회의 성원으로서 적응이 아니라 가족 내의 고립된 존재로만 한정되기를 기대한다. 결국 이러한 압력은 여성들에게 스트레스로 작용하고 계속적인 갈등의 소지가 된다. 하지만 드러난 형태로서 부인의 가출을 둘러싼 갈등은 현재 국제결혼 가정이 처하고 있는 간섭과 통제로 인한 갈등의 극히 일부분에 지나지 않는다. 보다 중요한 것은 이러한 일상적 감시와 통제는 여성을 가족 안에서도 고립된 존재로 만들며 한국사회 성원으로 누려야 할 권리와 가능성들을 거세시킨다는 것이다. 가족을 안정적으로 유지해야 한다는 명분이 여성의 고립을 통해 해소되고 있음을 보여주고 있다.

### (5) 사회적 편견으로 인한 갈등

한국사회는 타문화를 수용해 본 역사적 경험이 짧고 순혈주의를 지나치게 강조하는 특성 때문에 이주여성에 대한 편견과 차별이 과다하게 증폭되는 경향이 있다. 이러한 편견과 차별에는 그들을 비정상적인 가족 등 사회문제의 원천으로 보는 시각, 불쌍하다거나 불행한 삶을 살고 있다고 예단하는 시각, 위장 결혼자가 대부분이라고 보는 시각 등이 혼란스럽게 섞여 있다. 또한 언론은 이주여성들을 돈에 팔려온 사람으로 이해한다거나 돈벌기 위해 정상적인 결혼을 할 의사가 없으면서 온 것으로 생각하는 등 편견을 만드는데 일조하고 있다.

강○호(필리핀 여성과 결혼, 53세)는 주위 사람들이 '색안경을 끼고 본다'고 진술한다. 외국에서 왔다고 대부분 도망갈 것이라는 편견과, 자기와 다르기 때문에 평가절하 하는 이야기를 들을 때 불쾌함을 느꼈다고 한다. 남편들은 부인을 피부색이 다르다는 이유로 이방인으로 대하거나, 무턱대고 도망갈 것이란 사회적 편견들을 경험했음을 보여준다. 그들은 그러한 주위 시선을 피부로 느끼며 불쾌해하고 격분하기도 했다. 그러면서 동시에 자신의 부인이 자신과 결혼했기에 자기 스스로 그러한 편견을 극복해야 한다고 여기며, 사회적으로 한국인으로 대우받기를 희망하고 있다. 남성들은 이를 세계화된 상황, 발전하고 있는 국가 등의 표현을 통해 한국 사회가 자신의 상황을 수용해야 한다는 주장으로 스스로의 입장을 옹호하고 있다.

하지만 이주여성에 대한 편견은 실상 가족 내에서도 강하게 작동하고 있다. 남편과 시어머니조차 이주여성들을 경제적으로 못사는 나라에서 온 열등한 여성으로 비하하고 있었다. 뤄0친(중국, 30세)은 자신의 시어머니가 '중국 음식은 무조건 느끼하고 맛없다'라고 표현하는 것에 불쾌해 했다. 또한 중국물건이 '가짜며 불량품이 많다'고 평가하는 것에 대해 사안의 단면만을 보고 판단하고 있음을 지적하며, '안 좋으면 본인이 안사면 되는데' 노골적으로 불만스러워했다. 이렇듯 시어머니는 언론에서 보도된 내용을 토대로 며느리의 모국을 비하한다. 시어머니는 하위민족이라는 열등감을 그녀에게 의식화함으로써 자신과 결혼해준 아들이 고마운 존재임을 느끼도록 강요하고 있다.

가족 내에서조차 열등한 존재로 무시당한다는 것은 이주여성의 가족 내 위치가 그만큼 취약하다는 것을 보여준다. 이들은 이주여성을 동등한 아내이며 며느리가 아니라 돈 주고 사온 며느리, 가족의 일을 전담하는 하녀쯤으로 생각하고 있을지도 모른다. 이는 결과적으로 갈등으로 나타날 수밖에 없다. 또한 사회 전반적으로 국제 결혼한 여성이 불행할 것이라는 편견이 보편화되어 있다. 이러한 것들은 결국 차이를 자연스럽게 인정하고 상대방을 동등한 존재로 대하며 존중하려는 사회적 분위기가 부재함을 드러내면서, 결국 여성들 스스로 열등한 타자로 내면화하는 기제가 된다. 문화적 차이가 상호 인정되어야 한다는 토론은 이런 질곡 때문에 사라져 버린다.

### (6) '이상화된 타자'

한 사회 내의 타자는 일반적으로 열등한 인종적 정체성이나 성적 도착의 형태로 등장한다. 하지만 동시에 타자는 내집단에 없는 특성들이 이상화된 존재로 투사된 결과로 만들어지기도 한다. 예컨대 오리엔탈리즘은 동양을 신비로운 곳으로 '타자화'시킨다. 이러한 이상화된 타자로서의 이주여성은 한국인 여성보다 더 나은 자질을 갖춘 존재가 될 것을 기대받게 되고, 그 기대가 충족되지 않을 때는 타자로서 배척된다. 하지만 이렇게 투사된 모습의 여성들의 전제는 언제나 '가족을 잘 돌보는 것'이다. 그녀들은 병든 시부모를 수발들면서, 무뚝뚝한 남편을 내조하고, 자녀를 키우며, 가족생계에 도움을 주는, 한국여성도 하기 힘든 역할을 수행해야 한다. 그녀들은 이상화된 모델에 맞추기 위해 과도한 노동력을 지출해야 하며 현실의 고통을 감내해야 한다. 이러한 것은 "효 실천 일본인 며느리의 휴먼드라마-농협 효행상 대상 받은 미야자키 히사미씨"[8], "대학생 된 필리핀 세 아줌마-전남 곡성 아나타 등

전남과학대 호텔조리학과 입학"[9], "우리 동네 부녀회장은 일본인"[10], "여자들의 정류장 '봉 미용실'로 오세요-미용사, 자동차 운전면허, 한식 조리기능사 자격증의 여왕"[11]등으로 언론매체를 통해 더욱 부각된다. 남편과 시부모들은 언론매체에 투사된 모습을 보고, 또는 자신의 경험을 통해 이상화된 모습으로 부인들이 따라줄 것을 기대한다. 남편과 시부모들은 이러한 기대를 여성들에게 각인시키고, 그녀들과 비교하면서 기대에 충족되지 못한 부인들에게 화를 내거나 실망한다. 결국 이상화된 타자의 모습은 한국사회 가부장적 가족 유지를 위해 자신을 헌신하는 여성의 이미지다. 이주여성은 가족을 위해 존재해야하고 이러한 가족을 지원하는 정부와 다수 민간단체의 사업 또한 이러한 역할을 묵시적으로 동의하게 한다. 이러한 모순적인 현실이 다문화가족의 현재 모습인 것이다.

### (7) 나이 차이

본 조사에서 이주여성과 남편의 나이차는 평균 12년이었으며, 베트남 여성들은 평균 16.9년의 차이가 났다. 나이차가 가장 많이 난 사례는 베트남 여성인 윙○홍융으로 28년이었다. 나이차는 물론 세대 차이를 수반하지만, 이들을 더욱 힘들게 하는 것은 미래에 대한 불안감이다. 인터뷰 사례에서 나이 차이가 다문화가족에게 현재 직면한 가장 심각한 문제는 아니었다. 오히려 남편들은 나이 차이가 많은 것이 자신을 젊게 하고 남에게 자랑할 수 있는 것이라고 느끼기도 했고, 면접자 중 가장 많은 나이 차이를 기록했던 여성 역시 나이차보다는 한국말을 배우는 것과 금방 태어날 아이에 대한 걱정이 더 중요한 사안이었다. 하

8) 세계일보 2007년 5월 4일자 보도.
9) 문화일보 2006년 3월 4일자 보도.
10) 한겨레신문 2006년 7월 18일자 보도.
11) 『특별한 며느리의 행복찾는 결혼생활』, 농촌정보문화센터, 2006.

지만 장기적으로 나이차는 한국 농촌의 현실에서 남편에게 의존적으로 살아가야할 이주여성에게 심각한 고민거리가 될 것이다. 특히 남편이 경제적으로 부유한 상황도 아니고, 여성들은 여전히 한국말에 서툴며 대다수가 컴맹이라는 현실, 한국사회에서 여성이 쉽게 직업을 가질 수 있지도 않은 상황들은 아이가 커 갈수록, 그리고 남편이 늙어갈수록 미래에 대한 불안감은 가중되어질 것이다. 이는 개인과 가족의 사소한 문제로 인식할 수 있지만 장기적으로 본다면 한국사회 다문화가족의 불안한 미래의 모습이기도 하다.

### 2) 대응

면접자들의 이야기를 통해 살펴본 것처럼 다문화가족의 갈등은 여러 가지 양상을 띤다. 남편들은 대체로 익숙한 생활과 문화를 지속하려는 반면, 여성은 자신에게 불리한 삶을 인정하기도 하고 때로는 적극적으로 개선하려는 움직임을 보이기도 했다. 이 절에서는 다양한 갈등을 해결하기 위한 남편과 여성의 능동적 전략을 살펴보려 한다. 다문화가족은 서로 다른 문화를 가진 주체들의 결합이기에 공유하는 의미, 가치, 삶의 방식 또한 다르다. 따라서 가족 내에서 누가 상황을 정의하고, 누구의 의지가 관철되는가하는 헤게모니적 특성을 지닐 것이며, 대응전략을 구사하는 계기와 갈등을 타협하고 해소하는 방식 역시 다양할 것이다. 이러한 갈등에 대한 대응전략과 타협방식은 대략 다음과 같이 유형화 해볼 수 있다. 먼저 '인내와 타협'은 근본적인 해결책이라기보다는 현실의 이해를 당분간 보류하는 가장 일반적이면서 소극적인 방식이다. '통제'는 문화적 차이를 교정하려는 시도에서부터 사회적 관계를 차단하는 행위, 물리적 폭력 상대방에게 자신의 의지를 관철시키기 위해 압력을 행사하는 전략이다. '저항'은 자신의 조건과 현실을 유리하고 긍정적으로 바꾸기 위해 선택한 전략이다. 저항은 크게 취업을 통한 자율성을 탈환과, 가출과 이혼을 통해 불합리한 현실을 돌파해나가는 방식으로 나타나고 있다. '연대'는 아무런 연고 없이 국경을 넘어 가정이라는 사적영역에 유입된 이주여성들이 새로운 환경에 정착하고 적응하면서 자신과 처지가 비슷한 사람과 또는 자신을 지원해줄 세력들과 유대관계를 맺는 과정이다. 이는 내부네트워크 형성을 통해 이뤄지기도 하고, 자신과 입장을 같이하는 사람들과 일상의 정치실천을 함께 하면서 강화되기도 한다. 이 절에서는 각각의 대응전략별로 그 특성과 사례를 살펴보고, 그 대응전략을 주체가 어떻게 의미화 하는가를 분석하고자 한다.

### (1) 인내와 타협

이주여성에게 인내는 일상생활이며 새로운 삶을 받아들이기 위해 자신의 고통을 참아내는 과정이다. 남편에게는 새로운 이방인과 살아가는 과정에서 자신의 익숙한 방식을 잠시 보류하고 여성이 적응하는 기간 동안 참고 기다리는 과정이다.

딩○프엉은 한국에 와서 탕수육, 피자, 된장국 냄새만 맡아도 다 토했다고 한다. 그런데 지금은 괜찮다고 하며 스스로 적응을 한 것이라고 진술했다. 이○렬은 국제결혼을 상담하는 과정에서 인내심이 없으면 외국인 여성과 살 수 없다는 것을 듣고 인내를 주된 갈등 해결의 전략으로 취하고 있다. 그는 남편임에도 자신의 처지를 '시집살이'와 유사하게 해석하면서 3년 정도를 참아야 한다고 생각한다. 자신이 조급해 하지 않고 참고 기다린다고 생각하기에 1년이 지난 지금 어느 정도 살만하다고 평가한다. 그는 국내결혼에 비해 국제결혼이 다양한 갈등이 유발 될 것을 예상했고, 그러한 대응전략으로 인내하기를 선택했다. 인내는 서로간의 이해와 상호존중이 필요한 과정이지만 고착화될 경우 또

다른 갈등의 소지가 될 수 있다.

이○수의 사례는(필리핀 여성과 결혼, 41세) 부인의 월급을 두고 갈등하며 타협하는 경우다. 일을 하고 있는 부인은 자신의 월급 중 다달이 50만원씩 친정에 송금하겠다고 했다. 하지만 남편의 입장에선 기분 좋은 상황은 아니었다. 남편과 직장동료들은 그녀가 번 돈이지만 친정보다는 현재의 가족을 위해 지출해야 할 상황이라고 설득시켜 나갔다. 결국 부인은 협상의 불리한 위치 속에서 다달이 10만원씩 송금하는 것으로 타협했다. 타협은 갈등상황에서 주체들 간의 양보를 통해 긴장을 조절해 나가는 과정이다. 타협의 과정은 상호 설득과 동의를 요하기도 하지만 주체들 간의 불평등한 위치 속에서 일방적으로 이뤄지기도 한다. 갈등의 타협은 근본적인 해결책이기 보다는 현실의 이해를 당분간 보류하는 방식이다. 그런 점에서 타협적인 갈등해결 방식은 타협으로 해소될 수도 있고 다시 갈등으로 발전할 수 있는 유동적인 특성을 지닌다.

### (2) 통제

통제는 갈등의 주요한 원인이기도 하지만, 한국의 남성들이 갈등을 해결하기 위해 취하는 강한 전략이기도 하다. 통제는 한국에 왔기 때문에 한국문화를 따라야 한다며 일방적으로 동화를 요구하거나, 부인이 자신의 의지대로 따라주지 않을 경우 경제적·물리적 압력을 행사하는 방식이다. 통제는 일상적으로 문화차이를 교정하려는 시도에서부터 사회적 관계를 차단하는 행위, 그리고 가장 극단적인 경우 폭력을 통한 방식까지 매우 다양하게 나타난다. 남편은 한국사회에 대한 지식이나 경제관념이 없는 부인을 가르친다는 명목으로 부인의 일상을 통제하고 관리해 나간다. 부인이 돈을 어떻게 썼는가를 세심히 관찰하며, 누구를 만나 어떤 이야기를 나눴는가를 꼼꼼히 체크하고 자신만의 가이드라인을 만들어 놓고 부인을 감독한다.

이러한 일상적 감시 이면에는 다른 처지와의 비교를 통해 부인이 불만을 가질 수 있는 두려움과, 근본적으로 여성을 신뢰하지 못한다는 사실이 잠재해 있다. 순수한 사랑을 통해 결혼한 것이 아니기 때문에 여성의 기대를 충족시켜주지 못한 경우, 자신의 상황을 만족하지 못하고 여성이 다른 선택을 하는 것에 대한 두려움 때문인 것이다. 이러한 상황에서 남편이 여성의 고립화를 통해 통제하려하지만 이러한 상황은 오래가지 못한다. 결국 사전에 갈등을 봉합하기 위한 남편의 통제전략은 완벽한 고립과 통제가 아니기에 현실을 간파한 여성들은 계속적으로 자신의 강요된 역할에서 벗어나려 한다.

### (3) 저항

저항은 조건과 현실을 자신에게 유리하고 긍정적으로 바꾸기 위해 선택한 전략이다. 저항은 주로 취업을 통한 자율성을 탈환과 가출과 이혼을 통해 불합리한 현실을 돌파해나가는 방식으로 나타났다. 취업은 여성에게 불평등한 가족구조 속에서 자신의 종속적 위치를 탈피하는 수단이고, 가족관계에만 한정된 고립된 존재가 아니라 사회성원으로 자신의 능력을 발휘하며 정체성을 찾아가는 과정이었다. 마0셀은 결혼 한지 10년이 되었고 두 아이를 둔 엄마인데, 그녀는 필리핀에서 대학을 졸업하였고 통일교를 통해 결혼했다. 그녀는 자녀가 어느 정도 성장하면서 자신도 가계에 도움이 되는 일을 하고 싶었다. 그녀가 가진 자원은 영어이기에 학습지 교사를 선택했다. 그녀는 한국어에 능통하지 못해 염려했으나, 결국 취업에 성공을 했고 자신감을 얻게 되었다. 그녀는 가정주부로서 역할에 만족하지 않고 사회의 성원으로서 인정을 받으며 기쁨을 느꼈다. 그녀에게 취업은 고립된 가족 존재에서 벗어나, 매일 화장도 하고 출근하며 자신의 능력을 인정받는 잃어버린 주체성의 탈환이었다. 그녀는 자신이 번 돈을 가지고 시부모님에게 선물도 하고 생활비를 충당하면서 한국사회에서 자신의 존재를 인정받는 과정을 경험한다. 취업이 그녀에게 제공한 것은 단순한 금전적 이득이 아니라 잃어버렸던 자신의 존재의 회복이었다. 그녀의 수입은 가족 생활비로 충당이 되지만, 예전에 비해 남편과 동등한 협상의 위치를 점하게 된 것이다. 또한 자신이 사적 영역에서 해왔던 보조적 역할에서 벗어나 자신의 삶과 인생을 개척하는 주도적 상황을 마련했다는 것은 주체성의 탈환이라고 해석된다.

가출과 이혼은 결혼생활의 부당한 현실을 변화시킬 자원이 없는 여성들이 선택하는 가장 극단적인 전략이었다. 몽골 출신의 18세 여성은 인터뷰를 한 날 오후 가출했다. 이유는 남편이 자신에게 폭력을 행사했고, 결혼정보업체에 1,000만원 주고 사왔다는 말까지 했다는 것 때문이었다. 이러한 것들은 그녀에게는 너무 큰 상처였고 결국 가출을 결행했다. 이주여성의 사회적 지지는 한국여성에 비해 상대적으로 열악하다. 이주여성이 결혼 초기에 유일하게 기댈 수 있는 것은 남편과 가족인데 몽골여성의 경우는 이러한 인간적 유대가 깨진 상황이다. 그녀에게 가족은 창살 없는 감옥이었고 이러한 현실을 돌파하는 유일한 선택은 가족으로부터 탈출하는 것이었다.

### (4) 연대

최근 이주여성 내부에서 두드러지게 나타나는 것이 연대와 소통의 모습이다. 이전에는 소수로 이주해왔기 때문에 먼저 정착한 사람들을 중심으로 결속력이 있는 모습을 보였다면, 최근에는 다양한 지원프로그램들을 통해 소통하고 연대해 나간다. 이러한 연대활동은 정서적 안정과 사회적 유대를 강화시키기도 하지만, 자신들의 불평등하고 부당한 처우를 개선하는데 힘을 발휘하기도 한다.

조선족의 경우 먼저 입국한 사람은 나중에 들어온 친구들에게 한국사회 생활에 대한 조언과 정보를 제공하기도 했고, 여성들에게 한글을 가르쳐주기도 했다. 필리핀 여성의 경우는 종교가 비슷하기에 종교모임을 통해 집단정체성을 강화해 나갔다. 그들은 크리스마스 같은 정기모임을 만들어서 서로 소통하며 정보를 공유하고 유대 관계를 강화시켰다. 베트남 여성들의 경우는 대다수 결혼중개업체를 통해 입국했기에 점조직처럼 분화되어 있지만, 쉼터와 지원센터 프로그램을 수강하면서 친구를 사귀고 한국사회를 알아가게 된다. 이처럼 내부네트워크는 국적별 차이는 있지만 대체로 외로움을 해소시켜주는 역할을 하며, 힘든 일이 생길 때 고민상담자가 되기도 하고, 일자리를 구하거나 모국에 대한 정보를 제공해주기도 했다.

또한 이주여성들은 개인적이며 일상적인 고민들을 토로하고 정부와 사회에 자신의 입장들을 요구하고 있다. 이러한 일상의 정치적 실천은 '한국 국민'이지만 그들과 다른 자신들만의 차이들을 자각한 것이며 자신의 정체성을 재구성하는 과정이다. 그들은 중요한 사안이 있을 때 공동기자회견을 하기도 하고 사안에 따라 성명서를 발표하며 자신들의 집단결속력을 강화하기도 했다. 최근에는 한국사회 생활경험을 연극으로 공연하기도 했다.

예컨대 그들은 2006년 6월 광주에서 '무지개다문화가족' 모임을 결성하면서 자신의 경험 속에서 느낀 현실의 시급한 문제들을 시정해줄 것을 요구했다. 그들이 요구한 내용은 개인적이며 가장 현실적인 고민들이다. 자신이 비록 한국에 결혼해서 살지만 자신의 이름을 버리고 한국식 이름으로 개명하는 과정을 문제제기하고 자신의 정체성을 인정해줄 것을 요구했다. 또한 자신들이 친정을 먹여 살리기 위해 결혼한 것으로 바라보는 사회적 편견을 문제시 했으며, 인격을 모독하는 상품화한 결혼 행태를 꼬집었다. 그러면서 자신들을 문제가 있는 소외계층으로 보는 시선을 비판했고, 능력 있는 사회인으로 대우해줄 것을 요구했다. 그리고 자신이 한국 국민으로 한정된 존재가 아니라 자신의 모국과의 관계를 유지할 수밖에 없는 위치임을 드러냈고, 자신의 자녀들이 단일 민족 순혈주의 전통에 의해 차별받지 않기를 희망했다. 이처럼 이주여성들은 연대를 통해 자신들의 집단 정체성을 드러내기 시작했고 현실의 제약을 극복해가고 있다. 물론 이러한 상황을 지원하는 단체들이 있었기에 가능한 것도 사실이다. 하지만 중요한 점은 자신의 차이를 '오점'으로 여기며 살아가는 것이 아니라 스스로가 인정하고 말하기 시작한 것이다. 이렇듯 대상화된 타자가 아니라 자신의 정체성을 재구성하는 움직임을 보이기 시작한 것이다.

이주여성은 한국 국민이라는 고정된 위치가 아니라 두 나라를 넘나들면서 초국적 정체성을 형성하고 있음을 보여주고 있다. 앞장에서 언급했듯이 이주여성들은 친정방문, 송금, 전화, 내부 네트워크를 형성을 통해 모국과의 관계를 유지하고 있음을 알 수 있다. 이러한 디아스포라 정체성은 자신의 차이를 자각하기 시작한 것과 더불어, 한국문화를 자신의 입장에서 평가를 하며 역이주의 가능성을 제시하기도 한다. 예컨대 필리핀 여성 마○셀의 경우 한국의 교육시스템을 필리핀과 비교한 후, 더 저렴하고 알차게 자녀를 교육시키기 위해 자녀들을 필리핀으로 유학시킬 계획을 하고 있다. 즉 이주여성은 '한국 국민'이라 틀 지워진 고정된 정체성을 지닌 존재가 아니라 모국과의 관계를 유지하면서, 또한 다른 공간으로 이주하면서 주어진 삶을 의미 있게 하는 변화시키는 실천을 모색하기도 한다. 물론 이러한 실천들이 아직은 일반화되거나 두드러지는 것은 아니다. 또한 이러한 행위성의 결과가 반드시 긍정적인 것도 아니다. 하지만 한국사회의 구조적 제약들을 간파하고 부단한 경합을 통해 자신의 삶을 능동적으로 개척해나가는 과정은 희생자로 고착된 이주여성들을 재해석하는 계기가 될 것이다.

## 5. 결론 및 의의

본 연구를 통해 얻은 연구 결과가 한국사회 다문화가족에 대한 연구 흐름 속에서 가지는 의의와 한계에 대해 살펴보도록 하겠다.

첫째, 기존연구들은 국제결혼 이주여성을 연구대상으로 선정하여 인종적, 계급적, 성적 차별을 받는 피해자성에 초점을 맞추었다. 이는 불합리한 국제결혼의 현실을 폭로하고 사회적 관심을 환기시킨다는 긍정적 측면에도 불구하고, 일부의 현실을 지나치게 과장하거나, 혹은 이주여성을 주어진 조건에 수동적으로 반응하는 고착화된 존재로 재현할 위험을 내재하고 있다. 이 연구는 이주여성의 피해자성을 극복하기 위해 주체성을 강조하기 보다는, 어떤 맥락과 상황에서 피해자성이 드러나며 그러한 관계를 어떻게 역전해 내는가를 살펴보고자 했다. 즉 능동적 행위자와 피해자의 이분법으로 이주여성을 설명하는 것이 아니라, 행위자와 피해자의 애매한 경계선에 위치한 이주여성의 현실을 객관적으로 드러내고자 했다. 이 때문에 연구대상을 이주여성뿐 아니라 다문화가족으로 확장하였다. 특히 기존에 미진한 남편에 대한 연구를 보완함으로써 다문화가족이 형성되는 복합적 양상을 통해 이주여성의 객관적 위치를 보여주려 했다.

둘째, 본 연구는 다문화가족을 단순히 결혼을 통해 형성된 고정된 공간이 아니라 주체들 간의 경합을 통해 재구성되는 '헤게모니' 장으로 해석하였다. 연구결과에서 드러난 다문화가족은 주체들의 전략적 실천을 통해 타협하고 경합하는 능동적 모습을 보여주기는 장이기도 했지만, 익숙한 방식들을 고수하며 문화적 동화에 대한 압력이 매우 강하게 작동되는 공간이기도 했다. 특히 다문화가족 내의 헤게모니 주도권을 쥐고 있는 남편과 시부모들은 이주여성을 가난한 나라에서 왔다는 이유로 그들의 문화에 관심을 갖거나 배울 필요가 없으며 무시해도 되는 것으로 인식하였다. 이러한 문화적 차이에 대한 사고조차 없는 상황에서 다문화교육을 받아야 할 대상은 이주여성이 아니라 남편과 시부모 그리고 우리사회 전체임을 시사해준다.

셋째, 다문화가족의 형성과정은 여성과 남성의 전략적 선택이 결합하는 과정이지만 결혼비용 자체를 부담한 남성의 입장이 주도적으로 관철되는 과정임을 보여주었다. 남성은 도망가지 않는 여성, 한국여성과 피부색이 가장 유사한 인물, 농촌생활에 적합한 체형을 고려하여 배우자를 선택하였다. 이러한 선택과 배제의 메커니즘을 경험한 여성은 선택과정에서부터 이미 '타자화'된 존재로 규정되며, 여성들은 이러한 '타자성'을 결혼과정에서부터 체계적으로 수용함으로써 자신을 '열등한 존재'로 내면화하게 된다. 이는 결국 상대방을 동등한 존재로 대하며 존중하려는 사회적 분위기가 부재함을 드러내며, 새로운 문화 공존의 방식에 대한 논의가 시작되어야 할 시점임을 환기시킨다.

넷째, 다문화가족의 갈등은 언론에 드러나는 단편들과 달리, 심층적이고 매우 복합적인 양상을 띠고 있었다. 예컨대 이주여성에 대한 기대는 현실에 없는 '이상화 된 타자'로 투사되었다. '이상화된 타자'의 모습은 한국사회의 가부장적 가족 유지를 위해 자신을 헌신하는 이미지이다. 그녀들은 이상화된 모델에 맞추기 위해 한국여성도 하기 힘든 역할을 부여받고, 과도한 노동력을 지출해야하며 현실의 고통을 감내해야 한다. 또한 남편들은 부인이 매우 빨리 한국에 적응하기를 바라면서도 그 적응은 한국의 가정에만 국한될 것을 기대한다. 남편과 시부모들은 부인이 외부에 노출되는 것, 이주여성들끼리 통화하며 만나는 것을 두려워한다. 두려움의 원천은 보다 많은 정보를 얻음으로써 부인들이 외부와의 처지를 객관적으로 이해하고 결국 가정을 더 이상 지탱할 수 없게 한다는 우려인 것이다. 이것을 해결할 방법으로 간섭과 통제밖에 없다는 것은 결과적으로 남편이나 시부모가 가진 이상적인 모습이 매우 왜곡되어있음을 반증하는 것에 다름 아니다. 이러한 모순적인 현실이 다문화가족의 현재 모습임을 알 수 있었다.

다섯째, 다문화가족의 갈등에 대한 대응전략은 남성과 여성이 차별적임을 보여주었다. 남성은 안정적 가족유지라는 명분을 내세워 부인에게 한국문화에 대한 일방적 적응이나 강요를 요구했고, 심한 경우 물리적 폭력을 통해 통제하려 했다. 역설적으로 다양한 문화적 공존이 가능하리라 예상되었던 다문화가족이 오히려 가부장적 지배질서를 재생산하고 지배문화로 고착화되고 있음을 보여주었다. 반면 이주여성은 인내, 타협의 소극적 대응에서부터 취업을 통한 주체성의 탈환, 내부 네트워크 형성 등의 적극적 대응을 시도하였다. 특히 이주여성이 갖는 디아스포라 위치는 새로운 가능성을 제공하였다. 그들은 현실 속에서 개인적이며 일상적인 고민들을 문제제기하고 정부와 사회에 자신의 입장들을 요구하고 있다. 이러한 일상의 정치적 실천은 '한국 국민'이지만 그들과 다른 자신들만의 차이들을 인정한 것이며 자신의 정체성을 재구성하는 과정이다. 결과적으로 이주여성은 한국 국민이라는 고정된 위치가 아니라 두 나라를 넘나들면서 초국적 정체성을 형성하고 있음을 보여주었고, 익숙한 방식을 고수하려는 우리에게 다문화주의 실천이라는 성찰의 계기를 제공하고 있다.

마지막으로 이 연구는 다문화가족에 대한 연구이지만 자녀와 시부모관계를 체계적으로 다루지는 못했다. 특히 다문화가족의 자녀문제는 향후 핵심적 이슈가 될 것이다. 또한 다문화가족의 형성과 갈등에 주목한 나머지 의미 있는 문화적 실천에 대한 접근은 미흡했다. 특히 가족 내 혼성적 문화의 공존 양상이나 초국적 정체성이 드러나는 맥락에 대한 실증적 사례들을 면밀하게 분석해 내지 못했다. 이러한 사항들은 앞으로 수행되어야 할 연구의 중요한 과제가 될 것이다.

Chapter 12

# 국제결혼 이주의 서사[1)]

박 해 광

## 1. '국제결혼 이주여성'이라는 이야기

'단일 민족'이 우리의 민족 서사를 대표한다면 국제결혼 이주 이야기들은 이에 대립하는 이질적 서사를 대변한다. 1990년대부터 등장하여 빠른 시간에 정형화된 서사로 만들어진 이 국제결혼 서사는 우리 사회의 어떤 구조적 상황 변화를 반영하고 있다. 그런데 흥미로운 것은 최근 국제결혼을 통해 한국 사회에 등장한 이주 여성들만이 유독 주목받는 담론이 되고, 그 이전부터 우리 사회에 있어 왔던 외국인들은 비가시적 존재가 되어버린 채 그 어떤 주목도 받지 못하고 있다는 사실이다. 이것은 현재의 국제결혼 문제가 단지 '외국인' 이주자의 문제가 그 핵심은 아닐 것이라는 사실, 또 국제결혼 이주여성을 서사의 주인공으

1) 이 장은 『한국사회학연구』 2호(2010)에 게재된 박해광, "국제결혼 이주의 서사"를 수정 · 보완한 것이다.

로 지목하는 어떤 구조적 층위가 존재한다는 사실을 함축한다.

이 이질적 서사가 갖는 특별함은 그것이 야기하는 격렬함에 있다. 국제결혼을 통해 이주해온 여성들의 서사는 단일민족 신화에 침투하는 이질적 요소로 작용하면서 격렬한 화학 반응을 불러일으키고 있는 것이다. 한편으로 이주의 서사는 외부의 낯선 존재들이 '우리' 속으로 들어오게 되는 모험의 여정을 담고 있으면서, 다른 한편으로는 이들을 익숙한 '동화'의 서사, 혹은 우리의 신화 속에 내재하는 요소들과의 친연적 결합의 서사로 변형시키고자 하는 노력의 담론들을 포함한다. 즉 국제결혼 이주 이야기는 신화화된 '단일 민족' 사회에서 외부의 이질성이 침투하여 손상된 사회로 변형되려는 시점에 발생한 하나의 대응이자 사회적 담론인 것이다. 그렇기 때문에 그것이 완전히 새로운 이야기이건 기존의 한국인 관념을 고수하는 것이건, 그것은 '한국인 만들기'라는 과제와 필연적으로 연결되어 있는 이데올로기적 서사일 수밖에 없는 것이다.

이 서사는 크게 두 이야기를 담고 있다. 하나는 실패한 국제결혼 경험인 '도망가는 여성' 서사다. 1992년 한·중 수교를 기점으로 본격화된 중국 조선족 여성과의 국제결혼은 잃어버린 민족과의 결합, 언어적·문화적 이질감이 없는 여성들과 결혼 못한 농촌 총각들을 맺어주는 이상적 결합으로 주목을 받았지만, 위장 결혼과 도망가는 여성이라는 실패한 프로젝트로 결론내려졌다.[2] 두번째 서사는 첫번째 서사의 종결 이후 형성된 국제결혼의 서사로, 가난한 나라에서 온 여성의 한국 정착기이다. 이 두가지 서사는 모두 일종의 '모험담'에 해당된다. 프롭(Propp)이 유형화하고 있듯이, 모험담은 전형적으로 금기의 위반과 길 떠남으로 시작되어, 반대자를 물리치고 보조자의 도움을 받아 목적을

2) 물론 이러한 서사는 정형화된 얘기로, 그것이 얼마나 구체적인 사실들을 왜곡, 은폐하고 있는지를 이후 살펴볼 것이다.

이루거나 다시 집으로 귀향하는 이야기다. 국제결혼 이주 서사도 이와 유사한 모험담이지만, 보조자나 마법적 해결 등의 구조적 계기가 결여되어 있는 모험담이다. 그것은 아마도 애초에 주인공의 길떠남이 어떤 환상적 해결도 기대할 수 없는 정당화될 수 없는 여정이거나, 혹은 주인공의 신체적, 인종적 혹은 도덕적 결함으로 인해 보조자의 도움을 기대할 수 없기 때문일 것이다. 그런 점에서 국제결혼 이주 서사는 요술담과 같은 행복한 귀향이 아닌, 지극히 현실적인 불행한 이야기에 더 가깝다.

나는 국제결혼 서사를 일상의 수준에서 가족을 중심으로 작동하는 한국인 됨의 무의식적 존재론을 발견하고 이해할 수 있는 하나의 계기로 간주한다. 이주의 서사가 그만큼 격렬한 반응을 일으키는 것은 이것이 민족의 동질적 정체성을 구성하는 편견들을 건드리고 있고, '우리'를 구성하고 있는 민족적 정체성을 확인, 보호하려는 태도를 자극하기 때문일 것이다. 이를 해명하기 위해 나는 첫째, 조선족 여성의 도망가는 아내 서사를 주로 신문보도 자료를 통해 분석할 것이다.[3] 둘째, 가난한 여성과의 안전한 결혼 서사를 신문보도 및 이주여성 40여명의 심층 인터뷰를 통해 분석할 것이다.[4] 마지막으로 국제결혼을 선택한 한국 남성들에 대한 심층 인터뷰를 통해 두 개의 구조적 서사를 인지, 이용 혹은 부정하는 한국인 남편과 가족 구성원들의 의미구조를 분석해 볼 것이다.

---

3) 신문보도 자료는 언론재단 데이터베이스의 1991년 이후 주요 일간지 보도를 자료로 이용했다.

4) 이 자료는 2007년 한해 동안 광주・전남 지역 국제결혼 이주여성을 대상으로 이루어진 조사의 결과물이다. 인터뷰에 참여한 사람들의 명단은 11장의 〈표 11-1〉, 〈표 11-2〉에 제시되어 있다.

## 2. 한국의 국제결혼과 이주

국제결혼을 선택한 여성들의 이주가 본격화된 것은 1990년대였다. 특히 1991년은 조선족이라는 민족의 잊혀졌던 일부를 발견한 해였다. 한국과 중국의 관계가 급속히 개선되면서 결혼 못한 농촌총각과 연변 처녀를 연결시키려는 담론이 서서히 등장하기 시작하고, 연변 처녀들이 한국인과의 결혼을 '열망'한다는 보도들이 잇따랐다. 1992년 한・중 수교는 이를 더욱 확대하는 계기가 되었다. 아래 기사는 농촌 총각과 연변 처녀를 연결시키려는 국제결혼의 시작점에서 얼마나 민족적 정서가 크게 작동했는지를 잘 보여준다.

> 결혼상담 전문잡지 계간「가교」의 발행인 김정수씨(57)는 7일 중국 교포여성 3백20명이 농촌총각 등 한국 남성과의 백년가약을 애타게 희망하고 있다며 관심있는 남성들의 연락을 호소. 지난 62년부터 국제결혼사업을 벌이고 있는 김씨는 신부감을 구하지 못하는 농촌 노총각들의 고충을 해결하기 위해 지난해 9월 직접 중국으로 건너가 연변, 심양, 흑룡강성 등에 있는 한인 결혼상담소에 신청접수를 의뢰, 지금까지 3백20명의 신청카드를 접수했다는 것. 김씨는『중국교포 남성들까지도 고국동포와의 결혼을 강력하게 원하고 있다』면서『농촌총각 문제는 조만간 1백% 해결될 수 있을 것』이라고 낙관. (경향신문, 1992년 6월 8일)

1992년부터 조선족에 대한 심층 기획기사들이 보도되기 시작하고[5], 여러 단체들 및 지자체들이 합동 맞선 및 결혼을 주선하는 일이 빈번해지면서 조선족 여성과의 결혼이 본격적으로 이루어지기 시작했다. 조

5) 대표적으로 한국일보, "중국조선족: 더 가까워진 2백만 동포의 어제와 오늘". 2003년까지 18회 연재.

선족 여성은 언어나 전통적인 풍습 등을 많은 부분 공유하고 있기 때문에 국제결혼이 야기할 수 있는 부작용들이 거의 없을 것이라 기대되었고, 심지어는 이미 사라져버린 전통적 여성상을 여전히 간직한 모범적인 여성상으로 부각되기까지 했다.[6] 농촌의 결혼 문제를 해결하기 위한 유력한 대안이 되면서 국제결혼은 1990년대 동안 빠르게 증가하기 시작했다.

2000년대에는 이 국제결혼이 급속히 확대되면서 또한 그 상대국이 필리핀, 베트남, 캄보디아, 몽골 등으로 확대되었다. 아래의 표에서 보듯, 중국과의 국제결혼이 여전히 다수를 차지하지만 베트남과의 국제결혼이 매우 빠른 속도로 증가하고 있다. 2010년 전체 국제결혼은 34,235건이며, 이는 그해 전체 결혼건수의 10%를 상회하는 수치다. 이처럼 다양한 사회들로 국제결혼이 확대되면서 국제결혼 문제는 우리 사회의 주요 현상으로 자리 잡게 되었다.

**표 12-1** 한국의 국제결혼 추이: 2001~2010

| | 2001 | 2002 | 2003 | 2004 | 2005 | 2006 | 2007 | 2008 | 2009 | 2010 |
|---|---|---|---|---|---|---|---|---|---|---|
| 국제결혼총건수 | 14,523 | 15,202 | 24,776 | 34,640 | 42,356 | 38,759 | 37,560 | 36,204 | 33,300 | 34,235 |
| 한국남자+외국여자 | 9,684 | 10,698 | 18,751 | 25,105 | 30,719 | 29,665 | 28,580 | 28,163 | 25,142 | 26,274 |
| - 중국 | 6,977 | 7,023 | 13,347 | 18,489 | 20,582 | 14,566 | 14,484 | 13,203 | 11,364 | 9,623 |
| - 베트남 | 134 | 474 | 1,402 | 2,461 | 5,822 | 10,128 | 6,610 | 8,282 | 7,249 | 9,623 |
| - 필리핀 | 502 | 838 | 928 | 947 | 980 | 1,117 | 1,497 | 1,857 | 1,643 | 1,906 |
| - 일본 | 701 | 690 | 844 | 809 | 883 | 1,045 | 1,206 | 1,162 | 1,140 | 1,193 |
| - 캄보디아 | - | - | 19 | 72 | 157 | 394 | 1,804 | 659 | 851 | 1,205 |
| - 태국 | 182 | 327 | 345 | 324 | 266 | 271 | 524 | 633 | 496 | 438 |
| - 몽골 | 118 | 194 | 320 | 504 | 561 | 594 | 745 | 521 | 386 | 326 |
| - 우즈베키스탄 | 66 | 183 | 328 | 247 | 332 | 314 | 351 | 492 | 365 | 317 |
| - 기타 | 1,004 | 969 | 1,218 | 1,252 | 1,136 | 1,236 | 1,359 | 1,354 | 1,648 | 1,643 |

출처: 통계청, 『인구동태통계연보』, 2011.

6) "도시 처녀들은 농사를 싫어해 농촌으로 시집오기를 꺼려하는 것 같다"며 "연변 처녀들은 농촌에 대해 이해해줄 것 같아 이번 여행에 참여했다"와 같은 국제결혼 남성들의 인터뷰 기사들이 자주 보도되었다. 한국일보 1991년 3월 24일.

하지만 단기간에 다양한 사회들로 확대된 국제결혼, 그리고 여전히 단순히 '농촌총각 장가보내기'라는 소박한 동기에 추동된 국제결혼은 그것이 어떤 결과를 가져올 것인지를 짐작하지 못하는 블랙박스와도 같은 것이다. 그리고 이 20여년의 짧은 기간 동안 전개된 농촌총각 장가보내기와 국제결혼을 통해 형성된 서사가 바로 국제결혼 이주의 서사다. 다음 절에서는 이 서사들의 구조와 이야기소(素)들을 분석해 볼 것이다.[7)]

## 3. 두개의 국제결혼 서사(narrative)

시기별로 또 국적별로 다양한 여성들이, 또 제각각의 이유로 인해 한국 남성과의 국제결혼을 선택하였지만 이들의 이주 과정에는 상당한 유사성이 존재한다. 이를 일종의 '국제결혼 서사'로 정의하고 그 유형을 도출해 볼 수 있다. 구조화된 서사가 만들어지는 이유는 무엇보다 개별 사건들에서 발견되는 공통점, 혹은 환유적인 과장된 이야기나 사례들이 존재하기 때문이다. 즉 이야기의 특정한 요소가 과장, 부각되는 것은 그 이야기의 요소가 주는 충격, 환기, 정서적 소구력 등이 존재하기 때문이다. 이런 과정을 통해 우리 사회의 국제결혼이란 하나의 정형화된 서사로 굳어지고 있다.[8)] 그 서사는 결혼을 위해 이주해 오는 여성들

7) 이 글에서는 서사이론을 직접 다루지는 않는다. 필자는 기호학적 서사이론에 관심을 갖고 있는데, 이 연구는 서사분석을 통해 보여줄 수 있는 서사구조와 이데올로기에 대한 연구에 해당된다. 서사란 신화나 민담과 같이 하나의 구조화된 이야기로서 오랜 시간을 두고 만들어진 문화적 결과물로서의 텍스트를 지칭한다. 우리의 국제결혼 서사는 짧은 기간에 굳어진 서사라는 특징을 갖는다. 그것은 국제결혼 서사가 이미 이전부터 굳어진 편견, 민족적 믿음 등을 구성요소로 하는 이야기임을 반증한다.

8) 이는 곧 다양한 그 이외의 이야기 요소들이 정형적 서사에서 탈락하고 있음을 의미한다.

의 모험담이자, 이들을 '한국인'으로 만드는 모험담이기도 하다. 즉 국제결혼 이주의 서사는 정형화되고 구조화된 하나의 이야기로 만들어지고 있으며, 이는 그러한 정형성을 창출하고 고정시키는 구조적 조건들이 작동한다는 사실을 의미하는 것이기도 하다.

### 1) 서사 1: '도망가는 아내'

1990년대에 시작된 첫번째 서사의 출발점은 농촌 총각 장가보내기라는 사회적 운동으로 시작되었다. 농촌 총각 장가보내기가 국제결혼이라는 해결책을 찾아낸 것에는 몇가지 요인이 작용했을 것이다. 우선 일본이나 대만 농촌에서 우리보다 일찍 국제결혼이 시작되어 그 전례가 있었다는 점과, 무엇보다 잇따른 몇 건의 농촌 총각 자살 보도 등이 농촌 총각의 결혼 문제를 사회적 이슈로 부각됨에 따라, 그 어떤 대안이라도 관계없이 농촌의 비극을 해결해야 한다는 정서적 공감대가 형성되었기 때문일 것이다.[9] 이런 상황에서 국적만 다를 뿐인 연변 조선족 처녀와의 결혼은 농촌 문제의 대안으로 강력하게 부각될 수밖에 없었다.

#### (1) 잃어버린 민족

국제결혼이 결혼 못한 농촌 총각 문제의 대안으로 쉽게 떠오를 수 있었던 가장 중요한 요인은 그 대상이 같은 민족이라는 사실이었다. 그 대상이 인종적, 민족적으로 달랐다면 국제결혼은 쉽게 그 대안으로

---

9) "9일 오후 4시께 전북 고창군 아산면 남산리 정재정(28 · 농업)씨 집 안방에서 정씨가 공기총으로 왼쪽 가슴을 쏘아 스스로 목숨을 끊었다. 경찰은 숨진 정씨가 지난해 11월과 지난달 27일 두 차례에 걸쳐 선을 보고 결혼얘기가 오갔으나 농촌총각이라는 이유로 거절당하자 이를 비관해왔다는 가족들의 말에 따라 장가 못 간 것을 비관해 자살한 것으로 보고 정확한 사인을 조사중이다." 한겨레신문 1993년 7월 11일.

정착하기 어려웠을지도 모른다. 더구나 이들이 한국 농촌 남성들과의 결혼을 선호한다는 사실이 알려지자, 모든 언론은 이 잃어버린 민족의 발견에 대해 호의적인 시선을 보냈다. 이는 다음 기사에서 단적으로 확인할 수 있다.

> 중국 교포3세 처녀와 한국의 영농후계자가 올해 초 전격적으로 결혼을 하게 돼 화제가 되고 있다. 오는 29일 상오11시30분쯤 강원도 춘천시 강원예식장에서 백년가약을 맺을 이들은 김상익씨(33 · 강원도 춘성군 남면 발산2리)와 이춘연양(25 · 중국 흑룡강성 방정현 건설가 309). 이들의 인연은 지난해 12월18일 친척을 찾기 위해 아버지 이창진씨(50 · 흑룡강성 방정현 도서관장)를 따라 춘천에 온 이양이 그곳에서 농촌총각인 김씨를 소개받아 맺어졌다. 이들은 몇차례의 데이트 끝에 지난 8일 김씨가 김양에게 구혼하고 이양의 아버지에게 승낙을 받아 전격적으로 결혼날짜까지 잡게 됐다. 김씨는 가평고등학교를 나와 현재 고향에서 4백여평 규모의 비닐하우스에서 버섯을 재배하고 있는 영농후계자. 김씨의 청혼을 흔쾌히 받아들인 이양은 아버지가 관장으로 재직하고 있는 도서관에서 일을 하고 있으며 우리말을 자유자재로 구사할 수 있는 재원. 한편 이들의 결혼사실이 알려지자 춘천시 강원예식장 대표인 최제인씨(56)는 예식장비용 전액을 무료로 제공하겠다고 밝혔다. (서울신문, 1991년 1월 11일)

그래서 초기 조선족 여성과의 결혼은 엄밀히 말해 정서적으로 '국제결혼'으로 인식되지 않았다. 외모나 인종적 차이가 전혀 없고, 언어와 문화를 공유하고 있는 이들은 다만 국적상 외국인일 뿐이었다. 더구나 이들이 농촌에서 사는 것에 아무런 거부감을 가지고 있지 않고, 심지어 전통적인 여성상인 현모양처의 모습을 보여줄 수 있을 것이라는 기대감마저 존재했다. 한국보다 경제적으로 낙후되고 삶의 수준이 낮은 이들이기에 농촌에서 살아가는데 아무런 문제가 없을 것이라는 인식은 분명 이들을 하위적 존재로 대상화하고 있는 것이었다.

하지만 이러한 사회적 기대는 조선족 여성, 그리고 조선족 사회에 대한 아무런 배경지식 없이 이루어진 환상적 투사일 뿐이었다. 조선족과의 국제결혼이 시작되자마자 바로 불거진 문제가 바로 위장결혼 문제였다.

(2) 위장결혼, 도망가는 아내

위장결혼 문제는 국제결혼 이전부터 이미 시작된 또다른 사건, 즉 위장취업 및 취업 사기와 긴밀히 연결되어 있다. 90년대 한중 수교를 계기로 시작된 친인척 초청을 계기로, 초청 및 인력송출 사기가 연변 조선족을 대상으로 빈번하게 발생했다.[10] 코리언 드림을 꿈꾸는 연변 사람들에게 취업알선 등을 미끼로 비싼 수수료를 챙기고는 잠적해 버리는 한국인들의 사기 행위가 연변 사람들의 공분을 사고 있었다. 이런 과정에서 생겨난 위장결혼은 취업을 목적으로 한 한국행의 한 방편으로 이미 널리 퍼져 있던 방법이었다.

위장결혼 문제는 초기부터 굳어진 현지 국제결혼의 형식에도 그 책임이 있었다. 국제결혼 초기부터 현재와 같은 모습으로 구조화된 결혼, 즉 현지에 가서 한꺼번에 많은 여성들을 동시에 만나고, 이 중 마음에 드는 사람을 선택하여 현지에서 결혼, 신혼여행을 진행하는, 맞선에서부터 결혼식에 이르기까지 일주일여만에 이루어지는 간편 결혼은 형식 자체가 매매혼의 성격을 띠고 있었다는 점에서 그 자체로 문제적인 것

10) 대표적으로 "빚더미 앉아 가정파탄… 15만명 직간접 피해동포가 동포를 등칠 수 있느냐는 피맺힌 목소리는 중국 동북3성 어느 곳에서나 들을 수 있었다. 연변 일대에서만 15만여명이 직·간접적인 한국송출 사기에 휘말려 삶의 뿌리를 송두리째 뽑히는 참경을 맞고 있었다." 한겨레, 1996. 12. 25.

이었다. 본격적으로 이 결혼이 문제화된 것은 위장 결혼과 '도망가는 아내'였다.[11] 위장결혼이나 도망가는 아내 사례가 얼마나 많았는지는 알 수 없지만, 적어도 '자살하는 농촌 총각'에 대비되는 '도망가는 아내' 이야기는 그 극적인 요건들로 인해 사회적으로 폭발적인 관심을 불러 일으키기에는 이미 충분한 것이었다.

> 조선족 여성들 가운데는 진정한 사랑에 의한 결혼보다는 국적취득과 돈벌이를 염두에 두고 이를 악용하는 경우도 많이 있는 것으로 조사되고 있다. 반대로 한국 남자들 중에는 자신을 지나치게 과대포장해 조선족 여성들과 결혼하는 사례도 발견되고 있다. 동북3성의 지역 언론들은 연변으로 신부감을 얻으러 오는 일부 한국남자는 신분과 직업이 확실하지 않은 노총각과 홀아비들이라고 지적, 주의를 당부하는 보도를 하기도 한다. (한국일보, 1996년 2월 28일)

도망가는 아내 이야기는 취업을 목적으로 한 조선족 여성의 위장결혼, 그리고 위장결혼을 조직적으로 주선한 한국인 조선인 브로커 등의 합작품이었다. 중국 쪽에서는 '섭외 혼인'이라 이름 붙여진 이 위장결혼이 얼마나 광범위하게 이루어졌는지는 다음 기사에서 단적으로 드러난다.

> 가짜이혼과 위장결혼이 돌림병이라면, 그 병원균을 퍼뜨리는 쪽이 분명히 있을 것이다. 섭외혼인소개소가 바로 그쪽인데, 동북3성 대도시에는 어디든지 다 있다. 장사에 눈이 밝은 한국 사람이 조선족을 끼고 진가반반으로 시작한 이 혼인교역사업은 한국 농촌총각을 울리기도 했다. 섭외혼인 대상은 한국만이 아니라 미국 · 러시아 · 일본 · 홍콩으로 확대되어 가히 국제적이다.

11) 대표적으로 경향신문, "농촌총각 울리는 국제결혼", 1993년 11월 9~11일.

> 중국교포 여성들이 우리나라 농촌총각과 결혼, 한국국적을 취득한 뒤 가출 또는 이혼하는 사례가 속출하면서 농촌총각들의 이혼 및 혼인취소 청구소송이 잇따르고 있다. 2일 서울가정법원에 따르면 중국교포 처녀와 결혼한 한국남자들의 혼인취소 또는 이혼청구 소송은 최근 2개월 사이 모두 9건이다. 소송사유는 교포처녀가 혼인신고를 통해 국적을 취득한 뒤 야반도주한 경우, 이혼녀 이면서도 처녀인 것으로 호적을 위조해 결혼한 직후 잠적한 경우, 결혼을 약속하고 혼인신고를 마친 뒤 패물및 입국비용 등을 받고서도 입국하지 않은 경우 등이다. (한국일보, 1996년 2월 28일)

물론 이 과정에는 단지 위장 취업 후 도망가는 아내 이야기 뿐만 아니라, 여성에 대한 냉대와 학대 등으로 인해 어쩔 수 없이 집을 나온 여성들이 이야기도 포함되어 있었다. 여전히 지금까지도 문제가 되고 있는 학대와 인권침해, 중개업자에 의해 과장된 남편에 대한 잘못된 정보 등으로 인해 어쩔 수 없이 결혼을 거부하고 집을 떠나는 여성들이 생겨났다. 예컨대 다음과 같은 보도는 그 전형적인 얘기에 해당된다.

> 중국 조선족 자치주의 연길에 사는 이혼녀 김모씨는 생활고에 시달리다 못해 한국으로 시집을 갔다. 무허가 중매업자의 소개로 11세 연상의 홀아비 상가주인과 결혼했던 것. 그러나 막상 결혼후 한국으로 가보니 남편은 말과는 달리 직업없는 떠돌이였다.식당일로 남편 먹여살리랴, 집안 일하랴 고생이 심했지만 남편은 오히려 걸핏하면 김씨를 때렸다. 결국 김씨는 집을 뛰쳐나왔고 이 소식을 들은 연길의 늙은 부모는 걱정이 태산같다. (한국일보, 1996년 3월 25일)

그런데 이 첫번째 국제결혼 서사에서 주목해야 할 것은, 조선족 여성이 '믿을 수 없는' 여성으로 이미지화된 데에는 실은 국제결혼 중개업자 혹은 브로커라는 사람들의 사기 행위가 결정적이었다는 사실이 은폐되고 있다는 점이다. 대부분의 '도망가는 아내'는 실상 애초에 결혼이 목적이 아닌 취업을 목적으로 한 위장 결혼, 섭외혼인이 대부분이며, 이들을 국제결혼으로 조직하고 이용한 이들 역시 중개업자들이었다. 중국에서의 섭외 혼인에도 사기 사례들이 빈번했는데, 한국 취업을 위한 위장 이혼 및 결혼, 그리고 이를 알선하면서 사례비만 챙긴 사건들로 인해 조선족 사회에서 반한 감정이 폭발하기도 했다.[12] 그럼에도 불구하고 도망가는 아내 서사는 국제결혼한 조선족 여성에게만 그 모든 책임을 묻는 편파적 서사였다.

더 놀라운 것은 1990년대 초반 열풍처럼 몰아쳤던 농촌총각과 조선족 여성과의 결혼의 결과가 실은 대부분 도시지역 남성과의 결혼이었다는 사실이다.[13] 게다가 이 시기 조선족 여성과 결혼한 커플의 10% 정도가 이혼하는 것으로 보고되었는데, 이것은 널리 알려진 도망가는 여성 이야기에 비해서 그 비율이 결코 높다고는 볼 수 없다. 즉 농촌으로 온 조선적 여성, 그리고 결혼을 거부하고 도망가는 아내 얘기는 그

---

12) "반한감정 폭발직전 『이젠 우리 어떻하나요. 집도, 소도 다 빼앗기고….돈벌어 아이 다리를 고쳐 걷게 해주고 싶었는데…』 영하의 날씨속에 얇은 여름옷 차림의 권신애할머니(60 · 돈화시 대신진 대구촌)는 흘러내리는 눈물로 목매어 말을 잇지 못했다. 지난 94년 10월 친척방문 초청으로 한국에 가게 해주겠다는 말에 빚낸돈 2만5천위안(1위안은 약 1백원) 등 3만위안을 한국인 김모씨에게 사기당한 권할머니와 남편 조용환씨(62)는 2년만에 불어난 이자로 집도 빚쟁이에게 빼앗기고 땅도 내놓고 친척집을 전전하며 연명중이다." 서울신문 1996년 11월 25일.

13) "중국교포 여성들과 결혼한 우리나라 남자의 66%가 「농촌총각」이 아니라 「도시총각」인 것으로 밝혀졌다. 또 우리나라 남자들과 결혼한 중국교포 여성들 중 10%가 가출 또는 이혼 등의 이유로 정상적인 결혼생활을 하지 못하고 있는 것으로 드러났다. 이같은 사실은 법무부가 최근 농촌총각과 결혼한 중국교포 여성들이 한국국적을 취득한뒤 가출하는 사례가 늘고 있다는 여론에 따라 전국 12개 출입국관리사무소를 통해 중국교포 여성들과 결혼한 우리나라 남자 전원을 상대로 벌인 실태조사결과 3일 밝혀졌다." 서울신문 1994년 1월 4일.

서사의 전형성에도 불구하고, 그 밖은 많은 진실은 삭제되거나 은폐된 채 만들어진 서사이자, 사실과의 불일치에 불구하고 정형화된 과장된 담론인 것이다.

그렇다면 이 시기 조선족과 농촌 총각과의 결혼이라는 이야기들은 무엇이었는가? 조선족 여성과 농촌 남성을 사기에 동원했던 중개업자들의 이야기는 서사에서 탈락하고 오로지 '도망가는 아내'만이 전면으로 부각되는 이 서사는 어쩌면 실패한 한국인 만들기 프로젝트가 낳은 격렬한 상징적 분출이 아니었을까? 그것은 '조선족'이라는 잊혀졌던 민족을 발견하자 마자 국제결혼 대상으로서의 부적합함을 결론내리고, 보다 적합한 국제결혼 대상 여성이 갖추어야 할 요건이 무엇인지를 만들어내는 원형적 서사가 된 것이다. 조선족은 일종의 과도적 존재였다. 이들은 한국인이기도 하고 외국인이기도 한 이중적 정체성을 대표하며, 또한 한국 여성에 대비되는 하위적 여성이었다. 이들과의 국제결혼이 '실패'로 규정됨으로써 국제결혼은 다른 대상, 즉 인종적·민족적으로 완전히 다른 여성상 혹은 보다 적합한 여성상을 찾도록 하는 근본적인 원인이 되었다. 또한 국제결혼을 동일 민족과의 결합이 아닌, 완전한 외국인, 그러면서도 결혼의 안전을 보장할 수 있는 조건을 모색하고 그 가능성을 확장하는 계기가 되었다. 그 결과 등장한 두번째 서사인 이 '안전한 결혼'은 농촌 생활의 적응과 결혼의 지속을 위한 조건으로서 가난한 나라의 여성을 호명하는 이야기다. 그 모든 점에서 두번째 서사는 도망가는 아내 서사와는 많은 반대상을 갖는 일종의 대안적 서사에 해당된다.

### 2) 서사 2: '안전한 결혼'

조선족 여성과의 국제결혼이 파국을 맞으면서, 여전히 해결되지 못한 농촌 총각 결혼문제는 조선족 이외의 아시아 여성들에 눈을 돌리게 하였다.[14] 1990년대 후반부터 시작되는 국제결혼 2라운드는 '도망가지 않는, 안전한 여성'을 발견하려는 노력의 모험담이다. 이 모험담의 주체로 호명된 여성들은 베트남, 몽골, 캄보디아, 필리핀 등지의 여성들이다. 조선족 여성들과의 결혼을 주도했던 중개업체들은 이제 새로운 신부감들이 가진 최대의 장점이 '도망가지 않는' '숫처녀'임을 부각시키기 시작했다.

**그림 12-1** 베트남 여성 국제결혼 광고

대략 1990년대 후반부터 본격화되는 베트남, 필리핀, 몽골, 캄보디아 등으로부터 한국으로 이주해오는 여성 이야기는, 가난한 나라 여성이 부자 나라 남편을 만나게 되는 모험담이라는 전형적 서사를 구성한다. 이 서사는 다음과 같은 주요 계기별로 유형화된 전형을 따른다.[15]

### (1) 가난의 해결이라는 약속

한국 남성과의 국제결혼을 선택한 많은 여성들 대부분은 아주 어린 시절부터 농사와 장사를 비롯한 고된 노동을 지속해 왔고, 그럼에도 불구하고 이런 생활이 가난의 재생산으로 귀결될 뿐이라는 것을 잘 인

14) 물론 이 파국은 실제 국제결혼의 파국을 의미하지는 않는다. 앞서 표에서 보았듯이 여전히 조선족과의 결혼은 국제결혼의 높은 비율을 차지하고 있다.

15) 이 두번째 이야기에 대한 자료는 국제결혼 여성 및 남성의 심층 인터뷰를 이용하였다.

식하고 있는 사람들이다. 이런 이유 때문에 상대적으로 부유한 한국 사회에서 배우자를 찾게 되는 것은 가능한 합리적 선택의 하나로 이해될 수 있다. 물론 이러한 합리적 선택을 부추긴 사람들은 한국 및 현지의 중개업자들이었다. 이들은 현지 여성들에게 한국 사람들을 '돈 많은 사장님'으로 소개했다.

> 우리는 처음에는 한국사람 만났을 때는 양복 입잖아. 필리핀에서는 양복 입으면 사장이에요, 사장. 그러니까 우리 생각에는 이 사람이 부자겠다 생각했는데. (한국에) 왔을 때는 보니까, 와서 보니까 전혀 그렇지 않아요, 아 그래도 나중에는 괜찮을 것 같애 생각하고... (제O니, 필리핀, 27세)

물론 베트남, 캄보디아, 필리핀 등의 여성들은 이미 한국 이전에 일본, 대만의 농촌 남성과 국제결혼이 빈번히 있었기 때문에 한국 남성과의 국제결혼은 그다지 낯선 경험도 아니었다. 이 가난을 벗어나기 위한 국제결혼에는 결혼을 통해 집안에 경제적 도움을 주기 위한 목적이 추가되기도 한다. 그런데 이 결혼의 목적은 남성들도 능히 짐작하고 있는 바여서, 매우 큰 갈등의 원인이 되기도 한다. 이는 때로 '노골적으로 돈을 밝히는' 것에 대한 경멸이나, 돈의 액수를 둘러싼 투쟁의 형태를 띠기도 한다. 그런데 사실 이들이 '밝히는' 돈은 그다지 큰 액수가 아니기 때문에, 돈을 둘러싼 갈등은 서로에 대한 정체성 규정을 재확인하는 과정의 성격을 띤다. 즉 '돈 밝히는 아내'와 '인색한 남편'을 서로 재확인하게 되는 것이다.

> 이 사람들이 제일로 좋아하는 것이 돈입니다 돈 돈에 굉장히 민감해서 자꾸 돈 벌라고 그러고 20살 먹어서 마흔 네 살 먹은 사람한테 시집 올때는 뭐 솔직한 얘기로 뭐하러 왔겠어요 우리 어머니들 우리 자식들

이 귀한 듯이 거기 부모님들도 자기 자식 좋은거 아닙니까 그런데 보냈을 때는 뭐 아무 거시기 없이 보냈겠어요? 나름대로 가서 밥 세끼는 먹을거라고 생각하고 보냈을꺼 아닙니까 (2. 이O열, 45, 건축 일용직, 베트남 여성과 결혼)

돈을 내가 지금 얼마나 보내야 하는지 나도 어저께 확실히 몰라서 7만원을 보낸다고 그랬거든. 7만원을 보낸다고 했더니 영 순탄치 않게 생각을 하는 것 같더라고. 7만원이면 거기서는, 한 그 나라 돈으로는 그 나라 한달 월급 되거든, 공무원 월급 정도. 근데 그 정도 설맞이 해서 돈을 보낸다고 했는데 좀 마음에 안들어 하는 것 같더라고. 어저께 나도 기분이 좀 안좋아. (김O영, 47세, 농업, 베트남 여성과 결혼)

가난을 벗어나기 위한 선택은 또한 가난한 모국의 남성과는 결혼하기 싫다거나, 혹은 농촌이 아닌 도시에 살고 싶다는 욕망을 반영하는 것이기도 하다. 모국 남성과의 결혼은 결국 가난의 재생산으로 귀결될 뿐이라는 인식이 매우 명시적으로 드러나며, 또한 이러한 인식에는 모국의 게으르고 가난한 남성과 한국의 부유하고 부지런한 남성이라는 대비가 작동하고 있다. 이런 이유 때문에 한국 남성과의 결혼이 때로 얼굴을 보지도 않은 채 결혼을 선택하는 극단적인 형태로 나타날 수 있는 것이다.

미스터 조를 통해 그 친구의 처남이 있는데 결혼할 의향이 있는가를 물었고 사진 한장을 가져오라고 했습니다. 저는 사뭇 기쁘기도 했지만 당혹스럽기도 했습니다. 한번도 만나보지 않은 사람과 결혼을 운운하는 것이 부끄럽기도 하고 수치스럽기도 했기 때문일 것입니다. 그러나 제 마음 속에 열려 있는 국제결혼의 열망을 외면할 수는 없었습니다. 사실 저에게 구혼하는 남성은 많았지만 선뜻 결혼할 수 없었던 것은 가난이 싫었기 때문입니다. (라포마라, 캄보디아)[16]

하지만 가난을 벗어나기 위한 이들의 선택은 결국 새로운 가난을 접하게 되는 역설적인 결과를 맞게 된다. 한국 남성들은 돈 많은 사장님이 아니며, 막연하게 꿈꾸었던 한국에서의 삶, 마법과도 같았던 가난의 탈출이라는 환상은 한국에 입국하여 그 실체를 확인하면서 무너지게 된다.

### (2) 마법에서 깨어남

여성들이 한국에 도착함과 동시에 진행되는 전형적 이야기는 기대와는 너무 다르다는 것, 즉 마법에서 깨어나는 이야기다. 국제결혼을 선택한 여성들은 거의 예외없이 잘사는 한국인 이미지에 깊이 사로잡혀 있으며, 농촌에 살지라도 도시와 똑같은 삶을 누릴 수 있을 것이라는 기대에 차 있다. 하지만 이들은 또한 공통적으로 '불빛도 없는 시골길'을 달리면서, 모국의 집과 별로 다르지 않은 집들을 발견하고서 큰 충격에 빠진다.

> 베트남에서는 한국 남자들이 잘 살고 돈 많은 걸로 알고 있습니다. 그런데 막상 한국에 와 보니까 생각처럼 잘사는게 아니었어요. (찬O탄티, 베트남, 25세)

> 중국에서 상상했던 한국 주부의 이미지는 좋은 아파트에서 깔끔하게 차려입고 백화점에서 쇼핑 다니는 것이었는데 막상 와보니 전혀 딴판이었다. (박O복, 중국, 38세)

농촌 생활과 가난이 싫어 국제결혼을 선택한 이들에게 결과적으로 주어지는 삶이란 정확히 가난하고 힘든 농촌 생활의 반복이다. 결혼한 한국 남성들은 잘 살지 못할 뿐 아니라, 모국에서의 삶과 비교해도 그

---

16) 보건복지가족부, 2008: 13.

다지 나은 삶이 아니라는 사실을 얼마 지나지 않아 깨닫게 된다. 직접 심층인터뷰를 했던 남성들의 직업과 소득을 보아도(〈표 11-2〉 참조), 이들의 삶의 조건이 매우 낮은 처지에 있음을 알 수 있다.

하지만 국제결혼 이주여성들을 더 힘들게 하는 것은 이런 환상의 좌절 보다는, 현실에서 감당해야 하는 어려움, 특히 노동강도가 높기로 유명한 한국의 농촌 생활일 수도 있다. 우리와는 농사의 여건과 방법이 다른 사회들에서 온 여성들은 한국의 농촌 노동에 적응하기가 쉽지 않다. 필리핀의 경우는 기후적 조건 때문에 대개 아침 늦게 농사일이 시작되는데, 이러한 리듬에 익숙해진 여성들은 한국의 농촌생활에서는 '게으르다'고 낙인찍히기 십상이다. 이런 과정에서 한국 남성들 역시 농촌에 잘 적응할 것 같은 여성이라는 환상에서 깨어난다.

> 한국은 베트남보다 농사짓기가 훨씬 힘들다. 1년에 최대 4모작까지 하지만 거긴 직파법이라 일이 많지 않다. 하지만 한국은 엄청 일이 많고 복잡하다. (찬O탄티, 베트남, 25세)

게다가 문화적 차이, 시부모와 함께 살아야 하는 생소한 환경, 무관심한 남편 등은 여성들의 적응을 더욱 어렵게 만드는 요소들이다. 대부분의 민담 서사들은 환상에서 깨어남이 문제의 행복한 해결인 반면, 국제결혼 서사에서 마법에서 풀려남이란 이제 고난의 삶이 시작된다는 사실을 의미할 뿐이다. 마법적인 해결을 꿈꾸며 선택한 한국 남성과의 국제결혼은 마법에서 깨어남과 함께 이제 극복해야 할 고난의 현실을 맞이하게 된다.

### (3) 왜곡된 한국 이미지

국제결혼을 선택한 많은 여성들이 한국 남성과의 결혼을 선망하며,

한국 남성을 부자로 상상하는 것에는 한국이라는 사회에 대한 막연한 이미지가 결정적으로 작용했다. 그런데 이러한 인식에는 의도적으로 제시된 잘못된 정보나 한국 남성을 이상화시키는 몇가지 이미지들의 조합에 의해 작동하는 경우들이 상당히 많다. 그 속에는 결혼 중개업자의 의도적인 정보 왜곡도 포함된다.

> 그때 .. 그 사람(중개업자: 필자) 말.. 좋게만 말해요. 한국에 한국에서 연속극 나와... 그거 다 맞다 해요. 멋쟁이 나라, 잘사는 나라라고.. (헌O김, 베트남, 38세)

> 예 그냥 느낌에. 아 한국 나라 멋쟁이. 하고 아 사람 착한 사람, 그렇게 알고 결혼해요. 그냥 결혼해요. (팜O뮈, 베트남, 34세)

> 월드컵을 치른 한국에 시집갈 수 있다는 희망이 생긴 것입니다. 너무나 기뻤습니다. (라O마라, 캄보디아)

실제로 국제결혼 중개업자들이 최대의 이윤을 얻어내기 위해 무차별적으로 결혼을 성사시키면서, 한국 남성에 대한 정보를 아주 과장하거나 왜곡함으로써 결혼 후에도 이러한 문제가 갈등을 낳게 된 사례들은 상당히 많이 보고되고 있다. 중개업자들이 이렇게 정보를 왜곡하는 것은, 한국 남성들이 보다 좋은 조건에 있을수록 보다 많은 결혼, 보다 많은 이윤을 획득할 수 있다는 단순한 이유 때문이다. 국제결혼을 선택하는 여성의 입장에서는 중개업자의 정보를 신뢰하는 것 이외에 달리 확인할 방법이 없다. 또한 아이러니하게도 이러한 불확실성은 한국인과의 국제결혼을 더욱더 마법적인 것으로 상상하게 만들기도 했다.

이렇게 얄팍한 근거로 이루어지는 국제결혼이 실제로 가능한 이유는 중개업자들이 만들어 놓은, 1990년대부터 이미 굳어진 구조화된 국제결혼 절차 때문이다. 한국 남성이 직접 여성들의 사회로 가서 맞선을 보고 결혼을 결심하고, 실제 결혼식과 집안 방문, 신혼여행을 치루는 데에는 대략 4~7일이 소요된다. 그 후 남성은 한국으로 돌아오고, 여성은 국제결혼을 위한 서류 수속을 밟는데, 이 과정이 대략 2달에서 3달이 소요된다. 아주 급하게 현지에서 이루어진 결혼에 비해 상당히 긴 기간이 소요되는데, 이 과정에 선택을 후회하거나 철회하는 등의 일이 거의 없다는 것은 놀라운 것이다. 이를 가능하게 하는 것이 바로 국제결혼의 매매혼적 폭력이다. 4~7일 동안의 짧은 기간에 이루어지는 국제결혼의 핵심은 여성과 신혼 첫날밤을 보내는 것에 있다. 심지어 2006년경 까지는 맞선과 성관계가 직접 연결되는 관행도 존재했었다. 남성에게 많은 여성을 소개하고 여러 명을 선택하게 한 후, 각 여성들과 성관계를 갖는 것이 일반적으로 이루어졌다고 한다. 이것은 '한번 정 준 여성은 변심하지 않는다'는 지극히 전근대적인 한국 남성의 인식, 그리고 결혼을 더 빨리 성사시키려는 중개업자의 이윤 동기가 공모하여 만들어진 결과였다.

또한 11장에서 분석하고 있듯이, 국제결혼을 위해 현지에서 많은 돈을 쓰는 - 사실은 이를 위해 남성들이 만들어낸 목돈이거나 빚인 경우가 많지만 - 한국 남성의 모습은 여성들로 하여금 한국에서의 삶을 충분히 마법적으로 상상하도록 만들기에 충분한 것이었다.

### (4) 한국인이 되기 위한 노력

부유한 한국 남성과의 결혼이라는 환상에서 깨어난 후, 여성들에게는 혹독한 한국 적응의 과제가 주어진다. 이 과제의 어려움은 도움을 주는 이들이 거의 없이, 오로지 여성 혼자 감당해야 한다는 점 때문에 가중된다. 90년대 국제결혼은 이런 한국인 만들기의 이야기들이 거의 알려지지 않았다. 하지만 한국인 만들기라는 민족적 과제의 성격을 띠는 국제결혼은 일관되게 이주여성들의 한국인화를 추구해 왔다. 2000년대 들어 이러한 한국인 만들기는 국제결혼 이주여성에 대한 여러 조사들을 통해, 그리고 몇몇 불행한 사건들을 통해 알려지게 되었다. 한국인으로의 동화에 대한 강제는 거의 예외 없이 일상에서 발생하며, 그 핵심에는 언어와 음식 문제가 있다. 혹은 이러한 언어와 음식으로 상징되는 문화적 폭력이 이 과정의 핵심이다. 이 과정에는 거의 모든 가족들이 공모자로 개입한다. 언어와 음식에 적응하지 못하는 것은 정상성의 범주 안으로 들어오지 못한, 부족한 어떤 상태를 의미한다. 그래서 이들은 훈육되고 교육되어 정상화되어야 할 대상으로 간주된다.

언어 문제에 관해서는 거의 예외 없이 이주 여성 언어에 대한 철저한 부정이 이루어진다. 여성의 언어는 잊어야 할 대상이 될 뿐만 아니라, 2세 교육에서도 이중 언어 교육은 거의 이루어지지 않는다.[17)]

> 음식요, 음식하고 살면서 옷 입는 것 하고 모양 다 바꿔야 하요. 베트남 음식 먹고 싶지만 한국 음식만 먹고. 그리고 또 한국 사람 어떻게든지 따라가 똑같이 해라, 베트남 잊어버려라. 이제 베트남 사람 아니다 한국 사람이다. (헌O김, 베트남, 38세)

최근 지자체별로 다문화가족지원센터가 설립되어 언어 교육을 비롯한 한국 적응에 필요한 교육들이 이루어지고 있고, 센터가 설립되기 이전에도 결혼이민자지원센터 등 다양한 기관들을 통한 언어 교육이 이루어져 왔다. 그런데 이러한 기관에서의 언어 교육 역시 강압적이기는 마찬가지다. 한국어를 제대로 습득하지 못하면 자녀까지 피해를 입

---

17) 예외적인 경우는 영어권에서 온 필리핀 여성이나 일부 중국 여성이다. 영어나 중국어는 2세에게 가르쳐도 되는 언어이며, 이러한 언어 능력을 갖춘 여성은 다른 여성에 비해 남성들에 의해 훨씬 선호된다.

을 수 있다는 위협까지 행해진다. 다음 사례는 매우 전형적이며 협박을 통해 교정을 수행하는 폭력적인 한국어 교육을 모습을 보여준다.

> 재잘거리느라 수업 분위기가 흐트러지면 저는 이렇게 긴장감을 조성합니다. "좋아요 공부하기 싫으면 떠들어요. 그러나 아기가 태어나면 누가 말을 가르치지요? 아기가 커서 학교에 가서 말도 못한다고 친구들에게 왕따당하면 누구 책임?" (김O자, 경북 안동 다문화가족지원센터 강사)

음식에의 적응 역시 한국인이 되기 위한 혹독한 통과의례다. 특히 거의 모든 여성들이 '김치'에 적응하는 어려움을 호소하고 있다. 반대로 남성과 가족들은 여성이 김치를 잘 먹게 되면 비로소 가족이 되었다고 인정한다.

> 음식도 머리 아픈 일 중의 하나이다. 매일 거의 똑같은 반찬을 먹어야 되고 매운 맛의 여러 가지 김치를 먹어야 된다. 하지만 나는 매운 맛을 잘 먹지 못해서 많이 힘들었다. (차O샤, 41, 중국)

안전한 결혼 서사에서 여성들이 겪는 모험담은 이 모든 고난을 극복했을 때 비로소 '모범적인 국제결혼 사례'로 기록되고 행복한 결말을 맞게 된다. 하지만 이것이 정말 행복한 결말일까? 도망가는 아내의 서사는 이제 사라지고, 안전한 결혼은 국제결혼을 안전하게 지켜주고 있는가? 나는 이 두개의 국제결혼 서사가 상호텍스트적으로 서로를 참조하면서 여전히 우리의 국제결혼을 규정하는 현실적인 힘으로 작동하고 있다고 여긴다. 이를 보여주기 위해 이 서사를 구성해내는 주체들, 즉 남성과 가족들의 시선을 분석해 볼 것이다.

## 4. 적응 과정의 폭력과 공모

국제결혼 서사가 보여주는 정형화된 형태는 문화적 위계와 우월성의 관념을 전제로 하여, 결혼 이민자의 과거를 철저히 청소하고 이를 한국적인 것으로 대체하려는 폭력적 노력의 형태를 띤다. 이는 마치 국민형성기 국가의 폭력이 전쟁을 통해 신체에 각인되는 것과 유사한 정체성의 폭력적 형성이라는 현상에 비견될 수 있다. 여성에 가해지는 직접적인 폭력, 불신에 찬 시선과 감시, 행동과 이동의 통제, 말이 서툰 것을 이유로 한 노골적 비하 등 이러한 폭력은 '사건들'로서도 이미 충분히 보고되고 있다. 하지만 여기서 분석해보고자 하는 것은, 이주여성의 결혼 서사에 대응하는 남편 및 가족, 혹은 우리 사회 전체의 일종의 '공모적 시선'들이다. 즉 원형적 서사인 도망가는 아내로부터 도망가지 않는 여성의 요건을 찾아가는 과정은 결국 남성에게 완벽하게 종속적일 수 있는 여성, 기존의 한국 남성의 상황들을 재조정하거나 반성할 필요 없이 가족의 일원으로 들어올 수 있는 여성을 발견해가는 과정이었다. 이러한 인식의 필연적인 결론은 가난한 나라에서 온 여성, 순종적인 여성, 정절을 지키는 여성 등의 조건을 기본으로 하여, 결국은 한국 남성의 가부장적 편견을 그대로 정당화할 수 있는 여성을 찾는 방식으로 드러났던 것이다.[18] 심지어 이는 전혀 현실적이지 않은 남성들의 이상을 국제결혼에 투사하는 방식으로 드러나기도 했다.

### 1) 외국인 아내에 대한 이중적 시선

국제결혼을 선택한 대부분의 남성들에서 발견되는 것은 여성을 바라보는 철저히 이중적인 시선이다. 그 첫번째는 한국 여성이 갖지 못한

18) '베트남 여성은 도망가지 않습니다'라는 중개업체의 광고가 그토록 설득력을 가졌던 이유이기도 했다.

이상적 여성상을 외국인 아내에게서 기대하는 것이다. 농촌 총각으로서 한국 여성과 결혼할 수 없다는 현실은 한국 여성이 가진 결점으로 해석되고, 이러한 결점이 없는 여성을 외국인 여성에게서 발견하고자 한다.

> 한국여자하고 결혼하믄은 물론 좋긴 좋아요 좋은데 왜그냐 왜 요즘 한국 남자들이 왜 외국여자랑 결혼 많이 하겄어요 이 자질을 많이 한다는 거에요 자질을 엉? 그걸 하다 많이 하니까는 한국 남자들이 한국 여자하고는 결혼을 안한다 이말이에요. .. 그 나라 사람들은 베트남 사람들은 여자들이 좀 순수하잖아요. 근데 베트남 여자들은 일단은 우리같이 여러게 한 남자를 만나잖아요? 그 남자한테는 순정을 바친다는거. 순수하다는거. 뭐 이남자 저남자 안허고 한국여자들은 글잖아요. 이남자 저남자  뭐 양다리를 걸쳤네 막 그러잖아요. 근데 베트남여자들은 무조건 나를 만났으면 그 남자한테는 충성. 자기 순정을 다 바쳐요. (최O성, 39, 건축 일용직, 베트남 여성과 결혼)

남편들이 한국 여성의 결점으로 지적하는 것은, 조건을 따진다, 여러 남자를 만난다, 순정이 없다 등이다. 이러한 결점은 한국 여성과 결혼을 할 수 없었거나 혹은 하고 싶지 않았던 좋은 이유가 되며, 그 반대의 이미지들은 모두 외국 여성들에게 투사된다. 대부분의 남편들은 자신의 외국인 아내가 조건을 따지지 않으며,[19] 한 남자만을 만나며, 자신에게 순정과 충성을 바친다고 믿는다. 바로 이상화된 여성상인 것이다.

그렇지만 이들이 실제 이 여성들을 이상적인 여성으로 간주하는 것은 아니다. 그 시선에는 근본적으로 '돈으로 사온 여성', '큰 노력을 들이지 않고 한 결혼'이라는 부정적 인식이 깔려 있다. 무엇보다 이 결혼

---

19) 이미 가난한 나라에서 온 여성들이기 때문에.

에 관한 한 전적으로 여성에 대해 자신의 의지대로 편하게 할 수 있다는 권위적 시선이 전제되어 있다. 비단 남성들 뿐만 아니라 가족들 역시 '돈으로 사온 여성'이라는 비하의 태도들을 노골적으로 표출하기도 한다.

> 첫째 일단은 오천만원 있으면 결혼식장에서 깨지는 돈이 얼마요. 대부분 한 삼천만원은 깨지잖아요. 그리고 또 살림살이 같은 거 사고, 방 얻고, 오천만원 모지라요. 근디 베트남사람하고 결혼하면 천백만원이면 해결되야 블죠. 돈 천백만원은 비싼 가격은 아니라는 거요. (최O성, 39, 건축 일용직, 베트남 여성과 결혼)

> 그들은 나의 언어에 대해서도 업신여겼다. 그리고 자꾸만 나에게 너의 나라에는 이것이 있니 너의 나라에는 저것이 있니 하면서 물었다. 그리고 내가 밥을 맛있게 먹으면 또 나를 보면서 내가 내 나라에서 굶어서 그렇다고 했다. 나는 그때 정말 큰소리로 나는 거지가 아니다 하고 소리치고 싶었다. (공O나, 38, 중국)

짐작할 수 있듯이, 이런 이중적 태도에는 남편들의 손상된 정체성이 깔려 있다. 한국 여성과 결혼할 수 없는 남편의 결함은 근원적으로 국제결혼의 성격을 규정한다. 그 결혼은 편의적인 것(plastic marriage)이며, 해보고 안되면 다시 할 수도 있는 것이다.[20]

> 마음에 들어서 결혼한 것은 하나도 없습니다. 아시다시피 그 전날 봐가지고 선보고 만나서 저녁에 집으로 가버리고 그 다음날 결혼식 올렸는데 그게 뭐 있겠습니까? 막말로 자포자기라고 할까요. 그러는게 없지 않아 있었죠. 그냥. (이O열, 45, 건축 일용직, 베트남 여성과 결혼)

20) 인터뷰 대상자 중에는 국제결혼을 세번이나 한 남성도 있었다.

남성들은 이주해 오는 여성의 사회에 대해서는 거의 아무런 관심도 없다. 배우고 적응해야 하는 것은 전적으로 여성의 몫이지 남성의 의무는 아니다. 열등한 사회이기 때문에 배울 것이 없으며, 돈으로 사왔기 때문에 배우고 적응하는 것은 남성이 아니라 여성의 몫인 것이다.

> Q: 홍보 책 같은거 주나요? 베트남에 관련된 상식이나 이런거..
>
> A: 아 우리는 그런거 봐도 우리는 머리 아퍼. 긍께 여기서 갈때는 베트남 책 같은건 없어요 안줘요. 그냥 내가 필요한 소지품 옷같은거 신발같은 거 세면도구 같은거 이런거만 여기서 가지고 가요. 글고 돈하고. (최O성, 39, 건축 일용직)

이렇게 여성에 대한 이중적인 남성 및 가족들의 시선은 모두 국제결혼을 편의적인 것, 값싼 것으로 만든다. 역설적이게도 이런 시선은 자신의 결혼을 항상 불만족스런 어떤 것으로 구조화시킨다. 그래서 이상화된 여성이면서도 동시에 근원적으로 불만족스러운 아내의 상이 바로 국제결혼을 통해 만들어진 여성의 모습인 것이다.

### 2) 인종적 편견

첫번째 국제결혼 서사인 조선족 여성과의 실패한 결혼담은 실상 여전히 진행 중이다. 조선족 보다는 한족 중국여성이 더 늘어난 것이 90년대와의 약간의 차이다. '도망가는 아내' 서사가 여전히 중요한 이유는 인종적, 민족적, 언어적, 문화적인 측면에서 거의 차이가 없는 사람들의 이야기이기 때문이다. 하지만 '도망가는 아내'라는 큰 결함이 다른 국가의 여성들을 호출하도록 했기에, 여전히 인종적, 민족적 유사성에 대한 집착은 국제결혼을 선택한 남성들에게서 강하게 드러난다. 외모에서의 인종적 유사성, 즉 한국 여성과 비슷한 여성을 찾으려는 노력이 노골적으로 추구된다.

> 아~한국, 난.. 생각에. 한국사람 비슷하니깐.. 얼굴이.. 그래서 했지. 키도 좀 크고.. 키도 그리 안 크더라니깐 보면. 얼굴이 나, 한국사람 비슷한 사람했는디.. 그 자세히 보면 한국사람 안같어. 한국사람 비슷한 사람 할라고.. 그것을 많이 노력했어. 그래야 야기를 낳으더라도 한국사람 비슷한 사람 낳을거 아녀요. 한국 사람하고 얼굴이 틀려 블믄 안되지! 그걸 많이 생각했어 나는. (김O섭, 48세, 베트남 여성과 결혼)

외모에서 한국 여성과 차이가 없는 여성을 고르는 노력은 표면적으로 2세 문제라 표현되지만, 실제로는 '다른 외모'가 주는 이질감과 창피함도 크게 작용한다. 그래서 결국 인종적 유사성을 추구하는 노력은 역설적이게도 인종주의, 즉 다른 인종의 사람들을 차별하는 사회적 제도와 관행, 편견을 재생산하는 과정이 되고, 남성들은 그러한 차별에 공모자가 되어 버린다. 이들은 대부분 사회의 편견을 그대로 수용할 뿐 적극적인 반대를 표시하지 못한다.

> 솔직한 애기로 한국에 들어와서 좋았던 것은 하나도 없고요. 지금 애기 낳고 살지만 솔직히 챙피했어요. 챙피해가지고 시골 가서도 그냥 안 있고 싶어서 그냥 와버렸어요. 이쪽으로, 왜냐믄 그래도 한때는 잘나가지는 않았지만 밥술 꽤나 뜬다고 떳던 사람이 시골 베트남 여자 우리 주변에 의식이 돈주고 사가지고 들어왔다 이런 인식이 조금은 있었거든요. 서글펐고.. 그렇게 데리고 갔다는 내 자신이 좀 거시기 했고 혼자서 그날 낮에 왔는데 밤에 데리고 갔어요. 시골을 방에 들어가서 어머니한테 인사만 시키고 그냥 데리고 갈라요 하고 와버렸거든요. (이O열, 45, 건축 일용직, 베트남 여성과 결혼)

> 시장 요리 가믄은 애기 엄마가 보믄 그러거든요? 베트남? 베트남? 중

국? 중국? 이런 식으로 물어보거든요? 그~ 내가 듣는 톤이 그것이 호감적인 톤이 아니라는 거죠. 그거이 길가다가도 가끔 우리가 야야 해도 같은 야를 했는데, 친구가 불렀을 때는 호감적인 야가 되지마는 모르는 사람이 기냥 그, 야 하면은 어떤 그 시위적인, 같은 야라도 그 느낌이 베트남? 중국 중국? 이런게 속되게 얘기 엄마한테는 툭툭 쏠 땍에 느낌이 별로 좋지 안해요. (김O섭, 45, 농업, 베트남 여성과 결혼)

남성들은 이러한 외모에서 드러나는 인종적 차이를 '코가 섰다' 여부로 표현하기도 한다. 즉 피부 색이 조금 달라도 코가 선 경우는 훨씬 한국 여성과 유사하게 보인다는 말이다. 이들은 2세를 낳았을 때, 애의 코가 섰을 때 비로소 안도한다고 말한다. 이 코가 선 여성은 국제결혼을 통해 배우자를 선택하는 상당히 중요한 기준으로 작용하고 있다. 적어도 부인은 외형적으로 차이가 있더라도, 2세는 한국인의 외형과 가까워야 한다는 것이 그 선택의 이유이다.

여성의 역할을 '농촌에서 일을 잘 할 수 있는' 사람으로 간주하고, 이러한 인종 유형을 발견하려는 노력 역시 또다른 인종적 편견이기도 하다. 즉 농촌에서 일할 만한, 노동으로 단련된 손이나 발을 가졌는가를 선택의 기준으로 삼는 것이다.

발만 봤어요. 왜 그러냐면, 발도 그러고요..발 이렇게..발보고..있잖아요, 발. 그것, 그것보고 그랬어요. 인자..일헐라고.. 인자 데꼬와서 인자...저기 저..발이나 보고.. 착해서 내가 데리고 온거에요. 그니깐 이제 손발 보면 많이 고생해본 사람이다. (윤O백, 47, 농업, 베트남 여성과 결혼)

어쩌면 국제결혼을 선택한 남성들이 보여주는 인종적 편견이란 한국인이라는 정체성을 둘러싼 사회적 담론으로부터 이탈하지 않으려는 소극적인 노력일지도 모른다. 그럼에도 불구하고 이들이 보여주는 결혼 이주 여성에 대한 인종적 편견은 이주 여성을 하위적 인종으로 고착시키고 그럼으로써 결혼 자체를 영구히 결함 있는 것으로 만들어 버리는 결과를 낳고 있다.

## 5. 한국의 다문화주의?

한국에서 국제결혼은 구조화된 서사, 즉 순응과 동화를 키워드로 하는 이미 정형화되어버린 서사라 할 수 있다. '도망가는 아내'와 '안전한 결혼'의 서사는 순응과 동화에 실패하는 첫번째 서사를 금기시하고 두번째 서사를 배타적으로 옹호하면서, 오로지 한국 남성의 고착된 편견을 승인하고 강화하는 신화가 되었다. 더구나 문제는 이렇게 편견에 가득한 국제결혼이 현실에서 여전히 가능하다는 것, 즉 남성들에게는 다른 선택지들이 존재한다는 점이다. 앞서 표에서 보았듯이 2000년대에 들어 몽골, 캄보디아, 우즈베키스탄 등 한국 남성과 결혼하는 여성들의 국가가 다양화되고 있기 때문에, 남성으로서는 조선족에서 베트남으로, 또 캄보디아와 몽골로 선택지만 바꾸면 되는 것이다. 결국 2개의 국제결혼 서사는 상호텍스트적(inter-textually)으로 서로를 강화하면서, 한국 남성들이 편의적으로 국제결혼을 선택하게 만드는 구조적 요인이 되고 있는 것이다. 즉 국제결혼이 맞을 수 있는 가장 끔찍한 악몽인 '도망가는 아내'를 피하고, 보증할 수 있는 '안전한 결혼'을 확보하려는 노력이 국제결혼을 지배하는 동기이다. 이것은 다음과 같은 기사에서 여전히 국제결혼 이주의 서사들이 굳건하게 작동하고 있음을 확인할 수 있다.

중국 동포와의 결혼에 대해서는 43.3%가 사기 및 위장결혼을 걱정했

> 고, 금전적인 부담(13.4%)과 문화적인 차이(17.8%)와 같은 결혼 적응상의 문제도 걱정했다. 농촌 노총각의 58.8%는 조선족 여인들이 결혼 후 도망간다고 믿고 있지만 실제 조사한 바에 따르면 조선족 여성의 80%가 농촌 노총각과 결혼해서 잘 살고 있다. 20%만이 이혼, 도망, 갈등을 겪는 현실에 비해 과다한 피해의식을 갖고 있었다. (매일경제, 2006년 11월 11일)

이런 현실에서 논의되는 있는 '다문화'(multi-culture)는 한국 사회에서 매우 역설적인 개념이다. 다문화라는 개념은 실상 문화적 다양성을 용인하지 않고 있으며, 이제는 전근대적인 것으로서 사라져가는 남성들의 가부장적 편견이 국제결혼을 통해 되살려지고, 또 강화되고 있다는 역설을 그 속에 내장하고 있다. 나아가 다문화는 단일민족, 순수혈통 등에 대치되는 개념으로서, 끊임없이 대중으로 하여금 국제결혼의 위험성, 그로 인한 민족적 동질성의 훼손을 자각하고 환기하게 만드는 부정적 경험의 총체로 자리잡아가고 있는지도 모른다. 그리고 이로부터 단일민족이라는 민족적 정체성을 재확인하고 옹호하게 만드는 개념이 다문화주의로 이해되고 있는지도 모르겠다. 이 때문에 한국의 다문화주의 개념, 혹은 다문화를 운위하는 담론은 근본적으로 재성찰될 필요가 있다.

그래서 나는 다음과 같은 새로운 서사의 형성 가능성에 주목하고 싶다. 이 서사들은 아직 정형화되지 않았고 부정적인 편견에 사로잡힌 서사지만, 동시에 지배적인 국제결혼 이주 서사, 그리고 다문화주의에 강하게 대립할 가능성을 갖고 있는 서사 원형들이다. 그 하나는 도망간 아내의 진실이라는 서사다. 이것은 위장취업이 아니라 남편과 가족의 부당한 대우와 인권침해를 주체적으로 거부하고 스스로 독립적인 삶을 선택한 사람들의 서사다. 예컨대 다음과 같은, 아직은 불확정적인 얘기들이다.

> 저도 그렇고 중국 출신들은 한국말을 하기 때문에 언제든 집을 나갈 수 있죠. 하다못해 식당에서 일을 하더라도 먹고 살수는 있을 테니까. 그리고 중국 출신 여자들이 다른 나라 사람들과 다르게 그저 참고만 살지 않거든요. 무조건 바람나서 나갔다고 그러는데, 실제로는 남편의 폭력이나 생활고 등으로 나가는 경우가 아마 대부분일 거예요. (박O복, 중국)

이들 도망간 아내의 서사는 편견으로 가득 차있는 지배적 서사에 저항하면서 다른 얘기들을 만들어 낼 것이다. 그리고 우리 사회에 뿌리를 내리면서 이질적이지만 새로운 문화의 한 구성부분이 될 것으로 기대된다.

또 다른 서사는 결혼 이민자들의 연대의 서사다. 최근 나주에서 몽골 출신의 결혼 이미자 강체첵씨가 살해되는 사건이 발생했다. 정작 사건이 발생하자 관계 기관들은 사건을 빨리 무마하는데 급급했던 반면, 몽골 결혼이주 여성의 모임인 몽골여성회는 서둘러 집행하려는 장례를 저지시키고, 피의자의 엄격한 수사를 촉구하는 집회를 열었다. 이들은 여성들을 철저히 개별화시키는 한국의 가족 문화에 맞서 연대의 노력을 발휘했다. 비단 이 뿐만이 아니라, 다문화가족지원센터 등을 통해 만난 같은 국가 출신 여성들은 친목으로 시작해서 자신의 요구를 주장하는 연대의 모임을 만들어가고 있다.

이 이질적이고 아직은 하위적인 서사들이 어떤 현실을 주조해 갈 것인지는 지금으로서는 알 수 없다. 하지만 적어도 이들이 구조화되고 고착되어 버린 국제결혼 서사에 균열을 일으키고 불협화음을 창출할 것을 기대해 볼 수는 있을 것이다.

## 참고문헌


Alexander, Jeffery C. 2007. 『사회적 삶의 의미: 문화사회학』, 한울아카데미. (박선웅 옮김)

Anderson, B.R. 2003. 『상상의 공동체: 민족주의의 기원과 전파에 대한 성찰』, 나남출판. (윤형숙 옮김)

Appadurai, A. 1990. "Topographics of the Self: Praise and Emotion in Hindu India", C.A. Lutz and L. Abu-Lughod (eds), *Language and the Politics of Emotion*, Cambridge University Press.

Appadurai, A. 1996. *Modernity at Large: Cultural Dimensions of Globalization*, University of Minnesota Press.

Apple, M. W. 2002. 『학교지식의 정치학: 보수주의 시대의 민주적 교육』, 우리교육. (박부권·심연미·김수연 옮김)

Barker, C. 2003. *Cultural Studies: Theory and Practice*, London: SAGE Publicstions.

Benjamin, W. 2005. 『아케이드 프로젝트』 1, 2권, 새물결. (조형준 옮김)

Berger, Arthur A. 2000. 『문화비평: 주요개념의 이해』, 한신문화사. (김기애 옮김)

Berman, M. 2004. 『현대성의 경험』, 현대미학사. (윤호병·이만식 옮김)

Bhaskar, R. 1975. *A Realist Theory of Science*, Brighton: Harvester Press.

Bourdieu, Pierre. 1997. 『상징폭력과 문화재생산』, 새물결. (정일준 옮김)

Bourdieu, Pierre. 2005. 『구별짓기: 문화와 취향의 사회학 上, 下』, 새물결. (최종철 옮김)

Bourdieu, Pierre and J. Passeron. 2000. 『재생산』, 동문선. (이상호 옮김)

Calvino, Italo. 2007. 『보이지 않는 도시들』, 민음사. (이현경 옮김)

Cohen, Robin. 1997. *Global Diasporas: An Introduction*, University of Washington Press.

Cohen, S. & L.M. Shires. 1997. 『이야기하기의 이론』, 한나래. (임병권·이호 옮김)

Davis, J.S. 2005. "Representing Place: 'Deserted Isles' and the Reproduction of Bikini Atoll", *Annals of the Association of American Geography*, 95(3).

Debord, Guy. 1996. 『스펙터클의 사회』, 현실문화연구. (이경숙 옮김)
Dirlik, A. 1997. *The Postcolonial Aura*, Westview Press.
Dirlik, A. 2005. "Global and Local", in Rob Wilson and Wimal Dissanayke ed.
Duvignaud, Jean. 1998. 『축제와 문명』, 한길사. (류정아 옮김)
Eagleton, Terrry. 1995. "벤야민과 축제", 『바흐친과 문화이론』, 문학과지성사. (여홍상 엮음)
Erikson, Erik H. 1997. 『아이덴티티』, 삼성출판사. (조대경 옮김)
Esposito, Roberto. 2003. 『문화란 무엇인가2』, 시공사. (강주헌 옮김)
Gans, Herbert J. 1995. 『고급문화와 대중문화』, 현대미학사. (이은호 옮김)
Gupta and Ferguson eds. 1999. *Culture, Power and Place*, Duke University Press.
Hobsbawm, Eric. 2005. 『만들어진 전통』, 휴머니스트. (박지향 · 장문석 옮김)
Hall, S. and Paul Du Gay. 1996. *Cultural Identity*, SAGE Publications.
Harvey, D. 1995. "공간에서 장소로, 다시 반대로", 『공간과 사회』 제5호. (박영민 옮김)
Henault, Anne. 2003. 『서사, 일반기호학』, 문학과지성사. (홍정표 옮김)
Ife, J. 2005. 『지역사회개발』, 인간과복지. (류혜정 옮김)
Jameson, Fredric. 2007. 『지정학적 미학』, 현대미학사. (조성훈 옮김)
Johnson, R. 1985. 『문화비평사』, 동아서원. (윤지관 옮김)
Johnston, R.J., D. Gregory, G. Pratt and M. Watts. 2000. *The Dictionary of Human Geography*, Blackwell.
Kymlica, Will. 1995. *Multicultural Citizenship*, Oxford: Clarendon.
LaCapra, Dominick. 1995. "바흐친, 마르크스주의, 그리고 축제적인 것", 『바흐친과 문화이론』, 문학과지성사. (여홍상 엮음)
Lakoff, George. 1987. *Women, Fire, and Dangerous Things: What Categories Reveal about the Mind*, University of Chicago Press.
Lash, Scott & John Urry. 1998. 『기호와 공간의 경제』, 현대미학사. (박형준 · 권기돈 옮김)
Lefebvre, H. 1991. *The Production of Space*, tran. by D. Nicholson-Smith, Oxford: Blackwell.
Lefebvre, H. 1996. *Writings on Cities*, Blackwell.
Lynch, K. 1960. *The Image of the City*, The M.I.T Press.
Margalit, A. 2008. 『품위 있는 사회』, 동녘. (신성림 옮김)

Massey, Doreen. 1996. "정치와 공간 · 시간", 한국공간환경학회, 『공간과 사회』 제7호, 한울. (박세훈 옮김)

Merrifield, Andy. 2005. 『매혹의 도시, 맑스주의를 만나다』, 시울. (남청수 · 김성희 · 최남도 옮김)

Miles, Malcom. 2000. 『미술, 공간, 도시』, 학고재. (박삼철 옮김)

Norberg-Schulz, C. 2001. 『장소의 혼』, 태림문화사. (민경호 외 옮김)

Nye, J. S. 2004. 『소프트 파워』, 세종연구원. (홍수원 옮김)

Peursen, Cornelis Anthonie van. 1994. 『급변하는 흐름 속의 문화』, 서광사. (강영안 옮김)

Procter, James. 2006. 『지금 스튜어트 홀』, 앨피. (손유경 옮김)

Propp, V.Y. 1996. 『민담의 역사적 기원』, 문학과지성사, 1996. (최애리 옮김)

Relph, Edward. C. 2005. 『장소와 장소상실』, 논형. (김덕현 · 김현주 · 심승희 옮김)

Robinson, M.E. 1990. 『일제하 문화적 민족주의』, 나남. (김민환 옮김)

Rossi, Aldo. 2006. 『도시의 건축』, 동녘출판사. (오경근 옮김)

Safran, William. 1991. "Diasporas in Modern Societies; myth of homeland and return", Diaspora, vol 1 no 1.

Said. E. 2007. 『오리엔탈리즘』, 교보문고. (박홍규 옮김)

Sales, Roger. 1983. *English Literature in History 1780~1830: Pastoral and Politics*, London: Hutchison.

Schlesinger, P. 1987. "On national identity", *Social Science Information*, 26(2).

Schwarz, V.R. 2006. 『구경꾼의 탄생』, 마티. (노명우 · 박성일 옮김)

Sen, A. 2001. 『자유로서의 발전』, 세종연구원. (박우희 옮김)

Sharp, Elaine B. ed. 1999. *Culture Wars and Local Politics*, University Press of Cansas.

Short, J. R. 2000. 『인간의 도시』, 한울. (백영기 옮김)

Short, J. R. 2002. 『문화와 권력으로 본 도시탐구』, 한울아카데미. (이현욱 · 이부귀 옮김)

Smith, A.D. 1986. *The Ethnic Origin of Nations*, Oxford: Blackwell.

Smith, A.D. 1991. *National Identity*, University of Nevada Press.

Smith, Philip. 2008. 『문화이론-사회학적 접근』, 이학사. (한국문화사회학회 옮김)

Soja, E. 1997. 『공간과 비판사회이론』, 시각과언어. (이무용 옮김)

Stallybrass, Peter & White, Allon. 1995. "바흐친과 문화사회사-위반의 정치학", 『바흐친과 문화이론』, 문학과지성사. (여홍상 엮음)
Story, John. 1994. 『문화연구와 문화이론』, 현실문화연구. (박모 옮김)
Thompson, E. P. 2000. 『영국노동계급의 형성』, 창작과비평사. (나종일 외 옮김)
Throsby, David. 2004. 『문화경제학』, 한울아카데미. (성제환 옮김)
Tomlinson, John. 2004. 『세계화와 문화』, 나남. (김승현·정영희 옮김)
Tuan, Yi-Fu. 1995. 『공간과 장소』, 대운. (구동회 옮김)
Veblen, T. 2005. 『한가한 무리들』, 동인. (이석재 옮김)
Venturi, R. 2004. 『건축의 복합성과 대립성』, 동녘출판사. (임창복 옮김)
Virilio, Paul. 2004. 『속도와 정치』, 그린비. (이재원 옮김)
Warnier, Jean-Pierre. 2000. 『문화의 세계화』, 한울. (주형일 옮김)
Williams, R. 1982. 『이념과 문학』, 문학과지성사. (이일환 옮김)
Williams, R. 1988. 『문화와 사회 1780~1950』, 이화여자대학교출판부. (나영균 옮김)
Wilson, Rob & Wimal Dissanayake ed. 2005. *Global/Local*, Duke University Press.
Wolin, S. S. 2007. 『정치와 비전1』, 후나미타스. (강정인·공진성·이지윤 옮김)
Zoll, Rainer. 2008. 『오늘날 연대란 무엇인가』, 한울아카데미. (최성환 옮김)

경향신문
광주일보
동아일보
매일경제
무등일보
서울신문
전남매일
전남일보
전라도닷컴
한겨레신문
한국일보

5·18기념재단. 1998. 『재단법인 5·18기념재단 후원회 자료집』.

5·18기념재단. 2006.『5·18 국민 여론조사』.
김동원. 1988.「상계동 올림픽」, 푸른영상.
강내희. 2004. "문화적 관점",『문화과학』38호.
강만길. 1987.『일제시대 빈민생활사 연구』, 창작사.
강상중·요시미 슌야. 2004.『세계화의 원근법』, 이산.
강유진. 1999. "한국 남성과 결혼한 중국 조선족 여성의 결혼생활 실태에 관한 연구",『한국가족관계학회지』4(2).
강준만. 2008.『지방은 식민지다』, 개마고원.
건설교통부. 2003.「참여정부 신국토관리전략 수립방안」.
고동우. 1998. "DJ가 '5월 광주'의 침묵을 강요하고 있다",『길』5호.
고석규. 2006. "근대도시 목포의 대중문화를 통해 본 식민지 근대성",『지방사와 지방문화』9권 1호.
공제욱·정근식 편. 2006.『식민지의 일상지배와 균열』, 문화과학사.
곽건홍. 1999. "일제하의 빈민: 토막민, 화전민",『역사비평』통권 46호.
광주광역시. 1996.『지도로 본 광주 도시계획사』.
광주광역시. 2000.『빛과 생명의 문화광주 2020 기본계획』.
광주광역시. 2003a.『광주 근대 문화유산 목록화 및 조사보고서』.
광주광역시. 2003b.『세계적인 민주·인권·평화도시 육성 종합기본계획』.
광주광역시. 2007.『문화중심도시조성 시 자체 종합계획수립 최종연구보서(요약)』.
광주광역시 동구. 2009.『동구통계연보』.
광주민속박물관. 2004.『일제강점기 광주문헌집』.
광주직할시사료편찬위원회. 1993.『광주시사』.
구견서. 2003. "다문화주의의 이론적 체계",『현상과 인식』가을호.
구광모. 1998. "우리나라 문화정책의 목표와 특성: 80년대와 90년대를 중심으로",『중앙행정논집』제12권.
구모룡. 2009. "장소와 공간의 지역문학: 지역문학의 문화론", 한국문학언어학회,『어문론총』제51호.
국립국어원. 2005.『국제결혼 이주여성의 언어 및 문화적응 실태 연구: 전라북도 임실군 (및 순창군 남원시) 일원 사례 보고서』.
국정회의자료. 2006.『여성결혼이민자 가족 사회통합 지원 대책 국정회의자료』.
권명아. 2007. "기념의 정치와 지역의 문화 정체성: 저항과 글로벌 마케팅의 사이",『인문연구』53호.

권영성. 2003.『헌법학 원론』, 법문사.
김경일. 1986. "일제하 도시 빈민층의 형성-경성부의 이른바 토막민을 중심으로",『사회와 역사』 제3권.
김경일. 2003.『한국의 근대와 근대성』, 백산서당.
김경학. 2006.『국제 이주와 인도인 디아스포라』, 집문당.
김광억. 1998. "다문화주의 시각",『현대사회와 인권』, 나남출판.
김광우. 1994. "20세기초 광주시가지형성에 관한 계획사연구",『국토계획』 제29권 3호.
김귀옥. 1999.『월남민의 생활 경험과 정체성』, 서울대학교출판부.
김기곤. 2008. "문화도시의 구성과 공간정치 연구", 전남대학교대학원 사회학과 박사학위논문.
김기곤. 2009. "국가폭력, 하나의 사건과 두 가지 재현"『민주주의와 인권』 제9권 1호.
김기형. 2009. "전국민속예술축제의 역사와 성격",『한국민속학』 제50집.
김남국. 2005. "심의 다문화주의: 문화적 권리와 문화적 생존",『한국정치학회보』 39호.
김덕영. 2007. "화석화된 전통, 박제화된 문화",『인물과 사상』 88호.
김민정 · 유명기 · 이혜경 · 정기선. 2003. "국제결혼 이주여성의 딜레마와 선택: 베트남과 필리핀 아내의 사례를 중심으로",『한국문화인류학』 39(1).
김백영. 2007. "제국의 스펙터클 효과와 식민지 대중의 도시경험: 1930년대 서울의 백화점과 소비문화",『사회와 역사』 제75집.
김성경. 2005. "지역주의와 만들어진 전통",『한국근대문학연구』 6(2).
김세훈. 2006. "지역거점 문화도시 조성사업 추진 방향",『2006~2010년 국가재정운용계획 공개토론회 자료집』.
김영정. 2003. "자립적 지방화와 지역혁신체제의 구축",『동향과 전망』 59호.
김용규. 2008. "로컬리티 문화정치학과 비판적 로컬리티 연구", 부산대 한국민족문화연구소,『한국민족문화』 제32호.
김우창. 2000. "깊은 마음의 생태학-환경, 도시, 마음",『21세기의 환경과 도시』, 민음사.
김욱동. 1998. "다문화주의의 도전과 응전",『미국학 논집』, 30(1).
김정하. 2005. "근대식민도시 부산의 성격에 관한 고찰",『동북아 문화연구』 제9집.

김지원. 2005. "시민사회와 광주문화중심도시론", 『지역의 비전과 광주문화중심도시』, 전남대학교 문화예술특성화 사업단 · 광주전남문화문화연대.

김지은. 2007. "적응과 세계화의 경계에 선 "외국인 아내들": 농촌지역의 베트남 결혼이민자 사례 연구", 서울대학교 인류학과 석사학위 논문.

김진송. 2002. 『서울에 딴스홀을 許하라』, 현실문화연구.

김진안. 2004. "광주광역시 근대건축물의 건축적 특성에 관한 조사 연구 - 현존 근대건축물을 중심으로", 전남대학교 건축공학과 석사학위논문.

김창민. 1995. "문화의 지배와 지배의 문화화: 한라문화제의 사례", 『문화과학』 7호.

김태현. 1998. "지역문화론: 그 전진을 위하여", 『문학의 시대』 제4집.

김하림. 2006. "광주문화중심도시 문화거버넌스 구축방안", 『광주문화중심도시 조성을 위한 문화거버넌스 구축 토론회 자료집』, 광주 · 전남지역혁신연구회.

김현미. 2006. "국제결혼의 전 지구적 젠더 정치학: 한국남성과 베트남 여성의 사례를 중심으로", 『경제와 사회』 제70호.

김현주. 2005. 『이광수와 문화의 기획』, 태학사.

김형균 · 주경미 · 김현지. 2006. "여성이민자 실태와 사회적 통합방안: 부산지역을 중심으로", 『동북아 "다문화"시대 한국사회의 변화와 통합』.

김혜순. 2006. "한국의 '다문화사회' 담론과 결혼이주여성: 적응과 통합의 정책마련을 위한 기본 전제들", 『동북아 "다문화"시대 한국사회의 변화와 통합』.

김호균. 1993. "김영삼 시대 광주의 길 찾기", 『말』 83호.

김효정. 2006. "현대도시들의 새로운 도전, 문화도시", 『살기좋은 지역만들기』, 국가균형발전위원회, 제이플러스 애드.

나간채. 1999. "5 · 18민중항쟁의 현재적 과제" 학술단체협의회 편, 『5 · 18은 끝났는가』, 푸른숲.

나병철. 2000. 『근대서사와 탈식민주의』, 문예출판사.

남근우. 2006. "민속의 문화재화와 관광화: 강릉단오제의 포클로리즘을 중심으로", 『한국민속학』 43호.

남성숙. 1996. 『호남인물 100』, 금호문화.

농림부. 2006. 『2006년 농가경제조사』.

농촌정보문화센터. 2006. 『특별한 며느리의 행복찾는 농촌살이』, 도서출판 리젬.

라도삼. 2008. “새정부 문화예술정책의 비전과 방향”, 『새정부 문화체육관광정책 토론회 자료집』, 문화체육관광부.
메타기획컨설팅. 2003. 『세계적인 민주·인권·평화도시 육성 종합기본계획』.
문경희. 2006. “국제결혼 이주여성을 계기로 살펴보는 다문화주의와 한국의 다문화현상”, 『21세기정치학회보』 제16집 3호.
문재원·이상봉. 2010. “마산의 지역성을 둘러싼 정체성의 정치: ‘가고파’ 이미지의 전유와 기획을 중심으로”, 『석당논집』 47집,
문화관광부 문화중심도시조성추진기획단·5·18기념재단. 2008. 『국립아시아문화전당 내 5·18보존건물 활용방안 연구』.
문화관광부 문화중심도시조성추진기획단. 2005. 『아시아문화중심도시조성사업 예비종합계획 1, 2, 3』.
문화관광부. 1998. 『국민의 정부 새 문화정책』.
문화관광부. 2003. 『광주 문화중심도시 계획을 위한 기초 연구 보고서』.
문화관광부. 2004. 『창의한국』.
문화관광부. 2005. 『광주사회문화현황조사』.
문화관광부. 2007. 『아시아문화중심도시조성 종합계획』.
문화비전 2000위원회. 1997. 『문화비전 2000-문화의 세기가 오고 있다』.
문화연대 공간환경위원회. 2002. 『문화도시 서울 어떻게 만들 것인가』, 시지락.
문화중심도시조성위원회. 2005. 『아시아문화중심도시 시민토론회 자료집』.
문화체육관광부. 2008. 『2008년 문화체육관광부 업무보고』.
문화체육관광부. 2011. 『2012년 기준 관광동향에 대한 연차보고서』.
민형배. 2005. “광주문화중심도시 추진과정의 성찰과 대안”, 『지역의 비전과 광주문화중심도시』, 전남대학교 문화예술특성화 사업단·광주전남문화문화연대.
박광순. 1978. “근대 광주경제의 성장단계”, 『경제사학』 vol. 2.
박구용. 2007. “문화, 인권 그리고 광주정신”, 『민주주의와 인권』 제7권 1호.
박규택. 2009. “로컬리티 연구의 동향과 주요 쟁점”, 『로컬리티 인문학』 창간호.
박근원. 2010. “저소득층 지역주민들의 일상생활: 광주광역시 동구 산수1동지역을 중심으로”, 전남대학교 사회학과 석사학위논문.
박명규. 2004. “이주사를 넘어서 디아스포라 연구로”, 『한국사회학』 제38집 5호.
박병섭. 2006. “다문화적 소수자 문제에서 한국의 특수성”, 『사회와 철학』 제12호.

박선영. 2003. "국제결혼", 변화순 · 조은희 편, 『다양한 가족 출현에 따른 쟁점과 가족관련법의 방향 정립에 관한 연구』, 한국여성개발원.

박선홍. 1994. 『광주1백년』 1 · 2 · 3, 금호문화.

박선희. 2007. "일제강점기 도시공간의 식민지 근대성: 전주를 사례로", 『문화역사지리』 제19권 2호.

박은실. 2005. "도시재생과 문화정책의 전개와 방향", 『문화정책논총』 제17집, 한국문화관광정책연구원.

박의준. 2002. "우리나라 남부지역 읍성지의 지형경관 분석: 광주 읍성지를 사례로", 국토지리학회, 『지리학연구』 Vol.34, No.4.

박이문. 2002. "문화다원주의", 『철학과 현실』, 봄호.

박종관. 2006. "지역 문화예술정책의 변화와 지역 문예진흥", 『지역문화』 1호.

박해광. 2003. 『계급, 문화, 언어』, 한울아카데미.

박해광. 2007. "문화연구와 담론분석", 한국문화사회학회, 『문화와 사회』 2호.

박해광. 2008. "한국 노동자문화의 성격: 대중문화와의 관계를 중심으로", 『민주주의와 인권』 제8권 3호.

박혜자. 2003. "광주문화수도론의 정책논리 개발 및 육성방향 모색을 위한 시론", 『한국거버넌스학회보』 제10권.

법무부. 2006. 『2005년도 출입국관리통계 연보』.

변재상 외. 2006. "도시 이미지에 기초한 도시유형 분류", 『국토계획』 제41권 3호, 대한국토 · 도시계획학회.

보건복지가족부. 2008. 『2008 다문화가족 지원활동 수기집』.

보건복지부. 2005. 『국제결혼 이주여성의 실태조사 및 보건 복지 지원 정책 방안』.

서순복. 2004. "문화수도론의 쟁점과 정치적 성격에 관한 연구", 한국정부학회, 『한국행정논집』 제16권 2호.

서우석 · 이호영. 2006. "문화취향이 정보 불평등에 미치는 영향", 『정보화정책』 가을호.

설동훈. 2006. "국민 · 민족 · 인종: 다문화가족 자녀의 정체성", 『동북아 "다문화" 시대 한국사회의 변화와 통합』.

성경륭. 2008. "이명박 정부의 지역정책과 지방의 위기", 『지역사회 발전, 대학 그리고 사회적 경제』, 지역사회학회 2008년 가을정기학술대회 자료집.

소라미. 2004. "국제결혼 가정의 이주여성에 대한 법률지원 현황 및 과제", 『이주의 여성화와 국제결혼』, 이주여성인권센터.
손정목. 1986. 『한국 개항기 도시사회경제사연구』, 일지사.
송도영. 2004. "식민지화와 도시공간의 근대적 재편성", 한국사회학대회논문집.
신란희. 2004. "국제결혼 여성의 가족 일 그리고 정체성: 우즈베키스탄과 필리핀 여성의 생애사 연구", 서울대학교 인류학과 석사학위 논문.
신민경. 2006. "문화도시 조성을 둘러싼 참여주체들 간의 갈등에 관한 연구", 단국대학교 대학원 도시계획 및 부동산학과 석사학위 논문.
아쿠타가와 류노스케 · 나카지마 아쓰시 · 유아사 가쓰에. 2008. 『식민지 조선의 풍경』, 고려대학교출판부.
야마우치 후미타카. 2000. "일본대중문화 수용의 사회사: 일제강점기 창가와 유행가를 중심으로", 『계간 낭만음악』 제13권 1호.
양순미. 2006. "농촌 국제결혼 부부의 적응 및 생활실태에 대한 비교 분석:중국, 일본, 필리핀 이주여성 부부 중심", 『농촌사회』 제16집 2호.
양현미 · 심광현. 2007. 『문화의 사회적 가치: 행복연구의 정책적 함의를 중심으로』, 한국문화관광연구원.
엄한진. 2006. "전지구적 맥락에서 본 한국의 다문화주의 이민논의", 『동북아 "다문화"시대 한국사회의 변화와 통합』.
여성가족부. 2006. 『결혼이민자 가족실태조사 및 중장기 지원정책방안 연구』.
역사문제연구소 엮음. 2002. 『전통과 서구의 충돌: '한국적 근대성'은 어떻게 형성되었는가』, 역사비평사.
연세대학교 국학연구원 편. 2004. 『전통의 변용과 근대개혁』, 태학사.
염복규. 2004. "식민지근대의 공간형성: 근대 서울의 도시계획과 도시공간의 형성, 변용, 확장", 『문화과학』 39호.
오명석. 1998. "1960-70년대의 문화정책과 민족문화담론", 서울대학교 비교문화연구소, 『비교문화연구』 제4호.
오재일 · 민형배. 2002. "5 · 18항쟁 기념과 계승", 나간채 · 강현아 편, 『5 · 18항쟁의 이해』, 광주광역시.
요시미 순야. 2004. 『박람회: 근대의 시선』, 논형. (이태문 옮김)
우규승. 2006. "국립아시아문화전당 당선작, 빛의 숲", 『space』 통권 458호, 공간사.
위경혜. 2005. 『광주의 극장문화사』, 다지리.
유네스코 아시아 · 태평양 국제이해교육원 엮음. 2008. 『다문화 사회의 이해』,

동녘.

윤기봉. 2000. "5 · 18기념행사의 발전과정과 문제점." 전남대학교 행정학과 석사학위논문.

윤영도. 2007. "냉전기 국민화 프로젝트와 '전통문화' 담론-한국 · 타이완의 비교연구", 『중국어문학논집』 43.

윤인진. 2003. 『코리안 디아스포라』, 고려대출판사.

윤정숙 · 임유경. 2004. "성별화된 이주 방식으로의 국제 결혼과 여성에 대한 폭력: 필리핀여성과 한국남성의 결혼을 중심으로", 한국여성학회 추계학술대회 발표논문.

윤천근. 2003. "문화 속의 우리와 타자: 문화의 지역성과 세계성", 『철학연구』 제87호.

윤택림. 2004. 『문화와 역사연구를 위한 질적연구방법론』, 아르케.

윤해동. 2007. 『식민지 근대의 패러독스』, 휴머니스트.

윤형숙. 2004. "국제결혼 배우자의 갈등과 적응", 최협 · 김성국 · 정근식 · 유명기 편, 『한국의 소수자, 실태와 전망』, 한울아카데미.

은우근. 2006. "5 · 18문화담론에 대한 비판적 고찰", 『민주주의와 인권』 제6권 2호.

이 호. 1996. "인간주의에 기반한 도시정치", 『공간과사회』 제7호, 한국공간환경학회 편, 한울.

이귀우. 1999. "비판적 다문화주의와 문학연구", 『인문논총』 6.

이규수. 2007. 『식민지 조선과 일본, 일본인』, 다홀미디어.

이동연. 1997. "한국 문화연구의 과정과 실천 토픽들." 『현대사상』 3.

이득재. 2008. "문화와 이념-레이먼드 윌리엄스에서 알튀세르를 거쳐 들뢰즈로", 『문화과학』 53호, 문화과학사.

이득재. 2011. "공간, 계급, 그리고 로컬리티의 문화", 『로컬리티 인문학』 6호.

이무용. 1998. "도시공간의 문화정치", 『현대 도시이론의 전환』, 한국공간환경학회 엮음, 한울.

이무용. 2007a. "아시아문화중심도시 조성사업의 비전과 철학에 대한 분석", 광주전남문화연대 등, 『아시아문화중심도시종합계획과 지역발전』 시민포럼 자료집.

이무용. 2007b. "5 · 18 공간의 문화전략과 영화세트장의 활용방안", 『5 · 18민주항쟁공간의 보존과 문화적 전략』, 민주인권평화센터 · 광주전남문화연대 문화기획포럼 자료집.

이수자. 2004. “이주여성 디아스포라: 국제성별분업, 문화혼성성, 타자화와 섹슈얼리티”, 『한국사회학』 제38집.

이승수. 2007. “민속 원형의 창출과 제도화: 밀양백중놀이를 중심으로”, 『한국민속학』 46집.

이승종 외. 2003. 『축제와 문화』, 연세대출판부.

이영범. 2005. “도시담론으로서의 문화와 창조적 문화전략을 통한 도시재생”, 『문화정책논총』 제17집, 한국문화관광정책연구원.

이용승. 2003. “호주의 다문화주의”, 고려대학교 대학원 석사학위논문.

이용일. 2007. “이민과 다문화 사회로의 도전: 독일의 이민자 사회통합과 한국적 함의”, 『서양사론』 제92호.

이재정. 2003. “한국에서의 다문화주의 모색 - 재한외국인 정책을 중심으로”, 『민족연구』 11.

이주영. 2004. “한국내 조선족 여성 이주자의 가사노동 경험”, 연세대학교 사회학과 석사학위 논문.

이토오 야스오 외. 2002. 『예술경영과 문화정책』, 역사넷. (이흥재 옮김)

이해응. 2005. “중국 조선족 기혼여성의 한국 이주경험을 통해 본 주체성 변화에 관한 연구”, 이화여자대학교 대학원 석사학위 논문.

이해준. 1998. “지역문화 연구의 과제와 자료활용 방향”, 『지방사와 지방문화』 1, 역사문화학회.

이현식. 2003. 『왜 지역문화인가?』, 로크미디어.

이혜경. 2005. “혼인이주와 혼인이주 가정의 문제와 대응”, 『한국인구학』 28(1).

이흥재. 2006. 『문화정책』, 논형.

임상오. 2006. “창조형 경제시대의 도래와 창조도시”, 『살기좋은 지역만들기』, 국가균형발전위원회, 제이플러스 애드.

임안나. 2005. “한국 남성과 결혼한 필리핀 여성의 가족관계와 초국가적 연결망”, 서울대학교 인류학과 석사학위 논문.

임재해. 2002. 『지역문화 그 진단과 처방』, 지식산업사.

장희권. 2009. “문화연구와 로컬리티: 실천과 소통의 지역인문학 모색”, 한국비교문학회, 『비교문학』 제47호.

장희권 · 류지석 · 이상봉. 2009. “지역학 연구의 새로운 패러다임”, 『독일어문학』 Vol. 46.

전수현. 2002. “필리핀 노동자와 결혼한 한국 여성의 주변적 지위”, 서울대학교 대학원 인류학과 석사학위논문.

전재호. 1998. “민족주의와 역사의 이용: 박정희 체제의 전통문화정책”, 서강대 사회과학연구소, 『사회과학연구』 17호.

전재호. 1999. “5 · 18담론의 변화와 정치 변동”, 학술단체협의회 편, 『5 · 18은 끝났는가』, 푸른숲.

전진성, 2005. 『역사가 기억을 말하다』, 휴머니스트.

전형권. 2006. “모국의 신화, 노동력의 이동, 그리고 이탈: 조선족의 경험에 대한 디아스포라적 해석”, 『한국동북아논총』 38호.

정근식. 1995. “한말 · 일제하 전남의 사회 · 경제”, 『역사학연구』 vol. 9.

정근식, 1996. “지역정체성과 상징정치”, 『경제와 사회』 30.

정근식. 1997a. “지역정체성과 도시상징 연구를 위하여”, 『지역사회 연구방법의 모색』, 전남대 사회과학연구소.

정근식. 1997b. “민주화와 5월운동, 집단적 망탈리테의 변화”, 『광주민중항쟁과 5월운동 연구』, 전남대학교5 · 18연구소.

정근식. 2003a. “문화수도론의 이념적 지향과 전망”, 『광주문화수도론의 진단과 전망』, 광주전남문화연대 · 광주문화자치회의.

정근식. 2003b. “5월운동과 혁명적 축제,” 『저항, 연대, 기억의 정치2』. 문화과학사.

정근식. 2005a. “문화중심도시론의 전개와 평가”, 『지역의 비전과 광주문화중심도시』, 전남대학교출판부.

정근식. 2005b. “항쟁기억의 의례적 재현”, 『민주주의와 인권』 제5권 1호, 전남대학교 5 · 18연구소.

정근식 · 이종범. 2001. 『문화도시만들기: 이론과 구상』, 경인문화사.

정문영. 1999. “광주 ‘5월행사’의 사회적 기원: 의례를 통한 지방의 역사 읽기”, 서울대학교 인류학과 석사학위논문.

정미라. 2006. “광주의 문화담론과 5 · 18”, 『민주주의와 인권』 제6권 1호.

정상준. 2001. “다문화주의를 넘어서”, 『미국학』 24호.

정성구. 2008. “새정부의 문화정책과 아시아문화중심도시 조성을 위한 과제”, 『포커스 광주』, 광주발전연구원.

정치영 · 김미숙. 2011. “지방자치단체 상징물의 지역성에 관한 고찰”, 『한국도시지리학회지』 제14권 1호.

정호기. 2001. "5·18기념행사와 기념사업", 『5·18민중항쟁사』, 광주광역시 5·18 사료편찬위원회.

정호기. 2007. "저항의례의 국가화와 계승 담론의 정치", 『경제와 사회』 76호.

정호기. 2009. "'5 · 18'의 기억과 계승, 그리고 제도화", 김보현 외, 『5 · 18민중항쟁에 대한 새로운 성찰적 시선』, 한울아카데미.

제17대 대통령직 인수위원회. 2008. 『백서1 · 2』.

조명래. 2005. "도시에서 문화공간이 갖는 힘", 『space』 통권 450호, 공간사.

조명래. 2006. "지역공간의 피폐와 생태 문화적 회생전략", 『문화시선』 창간호.

조명래. 2007. "생태적 지역발전 패러다임의 모색-지역공간의 피폐와 생태문화적 회생전략", 한국지역개발학회, 『한국지역개발학회지』 제19권 3호.

조성룡. 2004. "문화도시를 생각하는 몇 가지 에피소드", 『문화과학』 39호.

조성원. 2000. "외국인 노동자와 노동계층 한국여성의 결혼사례를 통해 알아본 새로운 마이너리티의 형성과 재생산", 한양대학교 대학원 문화인류학과 석사학위논문.

조정규. 2000. "일제 강점기 광주 충장로의 토지이용 변화", 『문화역사지리』 제12권 2호.

조정규. 2001. "일제 강점기 광주 금남로 지역의 토지이용과 소유의 변화』, 『한국지역지리학회지』 제7권 1호.

조정규. 2002. "광주 충장로와 금남로의 경관변화 연구", 전남대학교 지리학과 박사학위논문.

조정남. 2001. "현대국가와 다문화주의", 『민족연구』 6권.

지정남. 2007. "시민 누가 문화전당 뒤집자 했나", 「광주드림」, 2007.3.6일자.

천득염 · 신태양 · 한승훈. 1996. "개항이후 해방까지 광주지역의 건축", 『대한건축학회논문집』 12권 4호.

천정환. 2006. "근대적 대중문화의 발전과 취미", 『민족문학사연구』 30.

천정환. 2007. "지역성과 문화정치의 구조: 근대화 연대의 문화정책과 지역성의 재편", 『사이間SAI』 제4호.

최금해. 2004. "한국남성과 결혼한 중국 조선족 여성들의 한국에서의 적응기 생활 체험에 관한 연구: 여성주의적 고찰", 『아시아여성연구』 제44집 1호.

최정운. 2007. "문화와 권력", 서울대학교 국제문제연구소 편, 『세계정치』 제28집 1호, 논형.

최준영. 2006. "문화도시, 관성과 선입견을 넘어 시민의 삶과 일상으로",

http://www.culturalaction.org/webbs/view.php?board=cncr_13_2&id=11.
추용욱 · 강준모 · 황기연. 2006. "문화도시 조성을 위한 도시경관 관리방안 연구", 『한국도시설계학회 추계학술대회 자료집』.
통계청. 2006. 「2006년 혼인 · 이혼 통계 결과」, 『인구동태통계연보』.
통계청. 2011. 『인구동태통계연보』.
하시야 히로시. 2005. 『일본제국주의, 식민지 도시를 건설하다』, 모티브. (김제정 옮김)
하효숙. 2000. "1970년대 문화정책을 통해 본 근대성의 의미: 문예중흥5개년계획과 새마을 운동을 중심으로", 서강대학교 대학원 석사학위논문.
한건수. 2006. "농촌 지역 결혼 이민자 여성의 가족생활과 갈등 및 적응", 『한국문화인류학』 제39권 1호.
한국문화관광정책연구원. 2003. 『문화향수실태조사』.
한국문화관광정책연구원 편. 2008. 『한국의 지역문화: 현황 및 정책방향을 중심으로』, 대왕사.
한국문화관광정책연구원 · 문화관광부 광주문화중심도시조성추진기획단. 2004. 『광주 아시아문화중심도시 조성 기초 구상안』.
한국문화예술교육원. 2009. 『생활문화공동체 현황조사 연구』.
한국문화정책개발원. 2000. 『문화향수실태조사』.
한국문화정책개발원. 2006. 『문화향수실태조사』.
한국사연구회. 2000. 『한국지방사 연구의 현황과 과제』, 경인문화사.
허정도. 2005. 『전통도시의 식민지적 근대화』, 신서원.
홍기혜. 2000. "조선족 여성과 한국 남성간의 결혼을 통해 본 이주의 성별 정치학", 이화여자대학교 여성학과 석사학위논문.
홍석준. 2010. "지역연구의 이론과 방법론에 대한 인류학적 성찰: '호남 지역문화' 연구의 새로운 지평을 위하여", 동아대 석당학술원, 『석당논총』 제46호.
홍성민. 2004. 『피에르 부르디외와 한국사회』, 살림.
홍순권. 2010. "글로컬리즘과 지역문화연구", 동아대 석당학술원, 『석당논총』 제46호.
후지다 히로오. 1997. 『도시의 논리』, 도서출판국제. (이정형 옮김)

# 찾아보기

## ㄱ



## ㄴ



## ㄷ

## ㄹ



## ㅁ

## ㅂ



## ㅅ



## ㅇ

## ㅈ



## ㅊ

## 저자 소개

■ **박해광**

전남대학교 사회학과 부교수. 언어와 담론, 정보 문화적 현상들, 지역문화 등의 주제에 관심을 두고 연구하고 있다. 『계급, 문화, 언어』(2003), 『정보사회와 문화: 신화와 현실』(2006), 『과학기술과 사회』(2008) 외 다수의 책을 집필하였고, 최근 "한국 노동자문화의 성격"(2008), "한국 시민사회의 참여정치 구조"(2010), "시민사회의 담론적 실천과 영향력의 정치"(2011) 등의 논문을 발표하였다.

■ **김기곤**

광주발전연구원 부연구위원. 전남대학교 5·18연구소 학술연구교수를 지냈다. 문화, 인권 등을 중심으로 도시공간의 문화적 재현과 지역사회의 대안적 정책 등을 연구하고 있다. 주요 연구논문으로는 "인권정치의 공간적 해석"(2010), "한국의 문화권 구성과 제도화"(2011), "광주지역의 인권과 사회복지를 어떻게 볼 것인가"(2011) 등이 있다.

■ **박경동**

광주문화재단 정책기획팀 근무. 전남대학교 사회학과 박사과정 수료. 호남대 호남신학대 시간강사를 거쳤다. 지역사회문제, 문화이론, 문화정책 등이 관심 연구 분야이며, 발표 논문으로는 "한국사회 다문화가족의 형성과 갈등에 대한 연구"(2009), "소록도 공간의 의미변화와 한센인 공동체의 대응"(2010) 등이 있다.

■ **박근원**

전남대학교 사회학과 박사과정. 동 대학원에서 석사과정을 마쳤고, 석사학위논문 제목은 "저소득층 지역주민들의 일상생활 : 광주광역시 동구 산수1동지역을 중심으로"(2011)이다. 현재 공공성, 로컬리티(Locality)를 큰 주제로 하여 공공서비스의 정치사회적 구성과 지역정치 등을 연구하고 있다.

■ **송유미**

전남대 사회학과 BK21 창의적지역전문가양성팀 참여대학원생. 전남대 사회학과 박사과정 수료. 지역문화, 문화예술교육, 문화 민주주의 등의 주제를 중심으로 연구하고 있고, 지역사회 생활문화공동체의 자발성과 지속가능성에 관심을 갖고 있다. 석사학위논문 제목은 "문화적 불평등과 문화적 정체성: 광주지역 사례를 중심으로"(2007)이며, 발표 논문으로 "간도지역 민생단 사건의 성격과 의미 연구"(2010)가 있다.


지역문화와 문화정치

Regional Culture and Cultural Politics

인쇄 | 2012년 9월 20일
발행 | 2012년 9월 25일

저 자 | 박해광 · 김기곤
발행인 | 송경안
발행처 | 전남대학교출판부

등 록 | 1981. 5. 21. 제53호
주 소 | 500-757 광주광역시 북구 용봉로 77
전 화 | (062) 530-0571~2, 마케팅 | (062) 530-0573
팩 스 | (062) 530-0579
홈페이지 | http://www.cnup.co.kr

값 20,000 원

ISBN 978-89-97620-51-7 (93330)

이 도서의 국립중앙도서관 출판시도서목록(CIP)은 e-CIP홈페이지(http://www.nl.go.kr/ecip)와 국가자료공동목록시스템(http://www.nl.go.kr/kolisnet)에서 이용하실 수 있습니다.
**(CIP제어번호: CIP2012004277)**